府判錄存

[清]邱煌 著

謝晶 劉浩田 點校

本書爲2020年度全國高等院校古籍整理研究工作委員會直接資助項目
"《府判録存》整理與點校"(批准編號:2006)的成果,
本書出版得到"中央高校基本科研業務費專項資金"資助

"律例叢刊"編委會

(以姓氏拼音爲序)

黄　海	黄山杉	姜　歆	李文彬	栗銘徽	劉之楊
茆　巍	邱玉强	蘇亦工	索　寧	王奧運	王承山
王榮堂	王帥一	王肅羽	王一義	王稚芸	吳　杰
肖　飛	謝　晶	姚　宇	袁翔珠	張曉慶	趙博揚

"律例叢刊"發刊旨趣

　　中國是擁有五六千年悠久文明史的東方古國,中國的法制傳統源遠流長,獨具特色。自先秦李悝"撰次諸國法,著《法經》"六篇以迄明清,歷經兩千餘年的發展演變,其間雖代有增損,但却前後相隨,綿延流潤,終於形成了以律例爲代表的中國固有法典的最後形態。如果説,律彰顯了法律的穩定、統一和簡明的必要性,例則展現了法律的變通、歧異和繁複的必然性;同時也隱喻了宇宙自然廣狹恒暫與人類理智情感交織並在的光彩多姿,充分印證了《周易》所揭示的不易、變易、易簡的辯證統一哲理。

　　要言之,我國的傳統律例,深藴歷代法制之精粹,凝結國族數千年文化之真髓,堪稱"無上之家珍""曠世之瑰寶",理當與時俱進,發揚光大。惜乎晚清以降,國人自暴自棄,甘居下劣,置中國固有律例簡易、通權、持久之三諦於不顧,取西洋之土苴緒餘,奉爲神聖。如今,西法東漸業已百年有奇,考其成效,雖不無可取之處,但其蔑棄人倫、偏逐物利、標榜繁苛之流弊亦已暴露無遺,貽害深重!

　　是知中西法律,寸有所長,尺有所短,不可不慎加采擇,棄惡從善、取精用弘,方是正道!太史公有言曰:"居今之世,志古之道,所以自鏡也,未必盡同。"朱子亦有詩云:"問渠那得清如許,爲有源頭活水來。"我們編纂"律例叢刊"之目的,既非返古,亦非泥古;而是述古、知古,着意於從中國固有文化的源頭活水中發掘自新自强之動力。

　　"律例叢刊"選輯作品不拘形式,專著、譯著、論文集、古籍整理等,凡與中國固有法律及其文化相關者,皆在收録之列;惟以前沿性、學術性爲首要考量。本"叢刊"將以開放的心態,寬闊的視野,廣邀海内外學人,尤其年輕學子加盟共建,以文會友、以質取文,不以作者之聲名地位爲限!

《詩·大雅·文王》不有言乎,"周雖舊邦,其命維新"!"律例叢刊"編纂之旨趣,在此!

編委會同仁謹識
丙申年四月初九日
西元 2016 年 5 月 15 日

目　錄

静觀法意，動緣民情
　　——知府邱煌的理訟生涯（代序）　／　1
凡　例　／　37
何增元序　／　39
路德序　／　40
鄧廷楨序　／　43
朱爲弼序　／　45
自　序　／　48

卷　一

道光十六年二月初五日
　　扶風縣民朱得利等控郿縣民趙魁等違案混争越界案　／　53
道光十六年二月十八日
　　甘肅秦州民李信義上控郿縣監生李枝茂等率衆搶奪木
　　椽案　／　56
道光十六年二月十九日
　　鳳翔縣民吳生秀呈控吳倉珠等争繼案　／　59
道光十六年二月二十日
　　鳳翔縣監生任鼉等上控生員王燦等合夥詐欺案　／　62
道光十六年二月
　　寶雞縣民孫康控捐貢雷兆升等合夥外債案　／　70
道光十六年三月初九日
　　郿縣民張應瑞控張文科等賣地糾紛案　／　72

道光十六年三月

    鳳翔縣孀婦李党氏控生員宋炳麟欠債爭罥案　/　73

道光十六年三月十八日

    郿縣民王文龍控告黃美玉等通姦案　/　75

道光十九年十月初八日

    隴州客民萬興成上控王大倉等不論交界、串通爭奪案　/　77

道光十九年十月十八日

    鳳翔縣民景遇春控族孫景喜年等賣地、立嗣糾紛案　/　79

道光十九年十月二十日

    甘肅清水縣客民范遵箴之舖夥汪巨川控告鳳翔縣民周懷等重典案　/　80

道光十九年十月二十日

    寶雞縣民毛生玉控告毛生田等立繼、鬥毆案　/　81

道光十九年十月二十日

    馬騰蛟具控劉天增等竊瓜、鬥毆案　/　82

道光十九年十一月十四日

    鳳翔縣民段大興控劉雙周等爭產奪地案　/　83

道光十九年十一月十四日

    郿縣監生包琳控包彰等析產案　/　85

道光十九年十一月十四日

    扶風縣民張全德以朋火□業等事控李春等案　/　87

道光十九年十一月十四日

    鳳翔民武生王鎮西具控宋玉經賒欠案　/　88

道光十九年十一月十六日

    郿縣民陳瑜具控程世儒錢債清算案　/　89

道光十九年十一月十六日

    扶風縣民王正新控告成會賴債案　/　92

道光十九年十一月十六日

    鳳翔縣民張一順具控張義賢等強欲贖地案　/　94

道光十九年十一月十六日

  岐山縣職員楊建春控告武舉亢振藩藉端訛詐案　／　95

道光十九年十一月十六日

  王全控鳳翔縣民鄭德麟欠債案　／　96

道光十九年十一月二十一日

  朝邑縣客民張廷秀控山西太谷縣客民杜幹等錢債糾紛案　／　97

道光十九年十一月二十一日

  郿縣客民文朝興控嚴天清等誣竊議罰案　／　98

道光十九年十一月二十五日

  鳳翔縣監生馬驥控告馬效龍匿產未分案　／　100

道光十九年十一月二十五日

  郿縣民黃應兆控生員高振鐸等積金會錢債案　／　104

道光十九年十一月二十五日

  四川涪州民戴南斌、陳金山同控李奉禄強搶索債案　／　105

道光十九年十一月二十五日

  麟遊縣民竇秉元具控楊學太挖墻致損案　／　107

道光十九年十二月初一日

  寶雞縣監生王鳳鳴控告胞叔王巘等家產分析案　／　109

道光十九年十二月初一日

  鳳翔縣民關師琴控張化鵬等拖欠租銀案　／　110

道光十九年十二月初一日

  扶風縣從九胡震離控侯振國等塋地短少、偷當案　／　112

道光十九年十二月初三日

  鳳翔縣民張芹控張相過繼、分產案　／　114

道光十九年十二月初三日

  鳳翔縣孀婦周李氏具控周應祥承繼、分產案　／　117

道光十九年十二月初三日

  鳳翔縣民黃思恭控黃思賢家產分析案　／　118

卷　二

道光十九年十二月初三日
　　呂輔成控呂福家產分析案　／　125
道光十九年十二月初三日
　　鳳翔縣民白錢控白錫等家產分析案　／　129
道光十九年十二月初七日
　　扶風縣民畢得祿控告畢桂、何振甲等欠債、誣姦案　／　131
道光十九年十二月初七日
　　鳳翔縣民梁邦彥等控告寶雞縣民楊永等口角鬥毆案　／　133
道光十九年十二月初七日
　　扶風縣民楊春秀等控告石珍父子掘樹侵墳案　／　134
道光十九年十二月初七日
　　扶風縣民馮開玉控岐山捐職州同鄭元春買賣糾紛、訛詐案
　　／　136
道光十九年十二月初七日
　　鳳翔縣監生孫永清等控告李龍等逞強擾害、訛索案　／　138
道光十九年十二月初九日
　　鳳翔縣民牛榮控寶雞縣生員張榮強挖黨參抵債案　／　139
道光十九年十二月初九日
　　鳳翔縣貢生楊永清控告任平德鋪賬糾紛案　／　142
道光十九年十二月初九日
　　鳳翔縣民白芳控白喜秀等家產分析案　／　144
道光十九年十二月十一日
　　岐山縣民汪永順控增生史光緝等錢債、當買田地案　／　146
道光十九年十二月十一日
　　武功縣民張伯熊具控扶風縣民任永興領本虧空、訛騙案　／　148

道光十九年十二月十一日
　　富平縣民趙成玉控鳳翔縣民魏花等同謀串害案　/　153
道光十九年十二月十一日
　　鳳翔縣民劉長春控武舉楊震離錢債糾紛案　/　155
道光十九年十二月十一日
　　鳳翔縣民薛蔚起控薛友芝等賣地糾紛案　/　156
道光十九年十二月十四日
　　鳳翔縣民王爵控萬順義號王思連等錢債糾紛案　/　158
道光十九年十二月十四日
　　鳳翔縣武生魏效畢呈控監生李三樂錢債糾紛案　/　159
道光十九年十二月十四日
　　甘省固原州民謝太平具控寶雞縣民柏仲魁等變賣遺產、寡婦牟利案　/　161
道光十九年十二月十四日
　　岐山縣民薛福凝具控薛保娃等承繼糾紛案　/　163
道光十九年十二月十四日
　　鳳翔縣民婦周張氏具控胞侄周元超家產分析案　/　165
道光十九年十二月十六日
　　扶風縣民崔彥芳呈控崔喜等爭繼結仇尋毆案　/　167
道光十九年十二月十六日
　　鳳翔縣民炊世泰具控賈珍等奪地案　/　170
道光十九年十二月十六日
　　岐山縣民人凈迎春失竊牛隻案　/　172
道光十九年十二月十八日
　　鳳翔縣民趙萬順、呂世德控生劉賀兒等挾嫌誣竊案　/　173
道光十九年十二月十八日
　　鳳翔縣民石昉具控王鍾奇出賣房屋、抗不清交案　/　174
道光十九年十二月十九日
　　扶風縣民王簫、王義具控王恒興私賣公產案　/　175

道光十九年十二月二十一日
　　寶雞縣民楊潮控焦魁欠債案　　/　178
道光十九年十二月二十一日
　　鳳翔縣王相即王保兒具控王冠等圖産誣控案　　/　179
道光十九年十二月二十一日
　　鳳翔府爲縣訊兩歧業不歸贖、懇恩提訊事　　/　182
道光十九年十二月二十一日
　　寶雞縣鄉約景繼春等控告鳳翔縣民董兆祥等買賣烟斤糾紛案　　/　184
道光十九年十二月二十二日
　　鳳翔縣民李映梅控監生白子肇等合夥錢債案　　/　185
道光十九年十二月二十三日
　　甘肅静寧州民朱含真等控鳳翔縣民秦魁等藍靛、羊隻買賣糾紛案　　/　187
道光十九年十二月二十五日
　　固原州民謝太平攔輿喊禀聲稱鄉約柏仲魁等盜賣伊胞叔地畝瓦房案　　/　189
道光十九年十二月二十六日
　　扶風縣民婦張王氏具控岐山縣民魏成買娶己妻案　　/　190
道光二十年正月十六日
　　寶雞縣民白理具控雷卓囑托代覓柏木棺槨不認案　　/　192
道光二十年正月十六日
　　謝太平具控柏仲魁盜賣房地案　　/　194
道光二十年正月十九日
　　鳳翔縣民宫萬榮呈控宫生花等圖産争繼案　　/　196

卷　三

道光二十年二月初八日
　　岐山縣民薛福凝控告薛保娃等爭繼復控案　　/　207
道光二十年二月初八日
　　汧陽縣民任林桂控告生員李惟見等妄控尋毆案　　/　209
道光二十年二月初八日
　　鳳翔縣民人叚仲材控告差役王和等妄控漁利案　　/　211
道光二十年二月二十日
　　鳳翔縣民易海等具控譚中魁等地畝糾紛案　　/　212
道光二十年二月二十日
　　鳳翔縣民劉喜福具控封相等侵占地基案　　/　214
道光二十年二月二十日
　　鳳翔縣民張雲路控告潘喜儒等欠債案　　/　215
道光二十年二月二十日
　　鳳翔縣民武生李西成具控魏明通等侵占地畝案　　/　216
道光二十年二月二十日
　　寶雞縣民趙元功呈控尉麻子等侵占灘地案　　/　218
道光二十年二月二十日
　　鳳翔縣民婦郭何氏具控郭生蕊不交幫給錢文並占地案　　/　221
道光二十年二月二十二日
　　四川省民婦趙陳氏具控武生劉承先買賣房屋糾紛案　　/　223
道光二十年二月二十二日
　　岐山縣民婦王田氏具控王福娃等分家不公並謀害案　　/　226
道光二十年二月二十二日
　　扶風縣民田顏慶呈控該縣民宋永永等包納完糧案　　/　228
道光二十年二月二十二日
　　鳳翔縣民賈應魁等具控賈雙保將伊逐出、不准承繼案　　/　229

道光二十年二月二十二日
　　鳳翔縣民張科具控張維等家產分析案　／　234
道光二十年二月二十四日
　　鳳翔縣民梁秉離具控梁祥娃等強割麥石案　／　236
道光二十年二月二十四日
　　山西太谷縣民白生煥控張本禮錢債糾紛案　／　238
道光二十年二月二十四日
　　扶風縣民范純熙控張建烈等合夥錢債糾紛案　／　240
道光二十年二月二十四日
　　扶風縣民李思寬具控胞侄李興俊等叢毆胞叔案　／　243
道光二十年二月二十四日
　　鳳翔縣民張倉控李運泰錢債糾紛案　／　245
道光二十年二月二十五日
　　署鳳翔府爲詳請斥革衣頂以便質審事　／　247
道光二十年二月二十七日
　　岐山縣武生史作彬控扶風縣民馮連合夥賬目糾紛案　／　259
道光二十年二月二十七日
　　鳳翔縣民魏壽具控蔡文瑞當地糾紛案　／　262
道光二十年二月二十七日
　　鳳翔縣民楊潤具控監生馬登雲賃房糾紛案　／　263
道光二十年二月二十七日
　　鳳翔縣民高銳具控高林等阻撓賣地案　／　264
道光二十年二月二十八日
　　蒲城縣民張遵程具控鍾士賢等欺詆資東案　／　265
道光二十年三月初一日
　　鳳翔縣民嚴戀修具控堂兄嚴戀德家產分析案　／　269
道光二十年三月初一日
　　鳳翔縣民劉毓懷呈控劉毓才等家產分析案　／　271

道光二十年三月初二日

　　山西稷山縣民韓四子具控郿民劉吉等再許嫁女案　　／　276

卷　四

道光二十年三月初三日

　　鳳翔縣民鄭萬和具控李九功等相鄰糾紛案　　／　283

道光二十年三月初三日

　　鳳翔縣武生彭毓靈具控武生彭應陽錢債、口角案　　／　285

道光二十年三月初五日

　　寶雞縣民李添土具控符仁義、符從靈、王世祥等占種地畝案　　／　286

道光二十年三月初八日

　　鳳翔縣民李萬康具控李譚氏歸支分析案　　／　291

道光二十年三月初八日

　　扶風縣民樊朋具控王九禄等合夥賬目糾紛案　　／　293

道光二十年三月初八日

　　寶雞縣民婦王羅氏呈控王錫魁等爭產爭毆案　　／　296

道光二十年三月初八日

　　鳳翔縣民婦李王氏具控邵登福等合夥賬目糾紛案　　／　298

道光二十年三月初八日

　　岐山縣民婦蘇鄭氏具控蘇芳等爭繼案　　／　300

道光二十年三月初十日

　　寶雞縣民婦蒲蔣氏具控蒲先春等家產分析案　　／　301

道光二十年三月初十日

　　鳳翔縣民劉芳義控劉玉、劉淪等家產分析案　　／　305

道光二十年三月初十日

　　扶風縣民竇時清具控竇良佐、竇貞等欠債案　　／　308

道光二十年三月十二日

　　扶風縣民王青選具控董緒成欠債案　／　310

道光二十年三月十三日

　　鳳翔縣民賈增文、薛世榮具控楊秀林炭廠股分糾紛案　／　312

道光二十年三月十二日

　　扶風縣民田作喜具控張起孔捏約圖賴案　／　315

道光二十年三月十三日

　　鳳翔縣民宋樴具控趙樴等埋墳占地案　／　317

道光二十年三月十三日

　　寶雞縣民董雙喜具控吳騰雲等承繼遺業糾紛案　／　319

道光二十年三月十三日

　　汧陽縣民孫進倉具控孫待時等霸地并捏姦案　／　320

道光二十年三月十五日

　　鳳翔縣民周豐控告張賓抗不謄房案　／　322

道光二十年三月十五日

　　鳳翔縣民段棠華具控監生賈永裕等欠債案　／　323

道光二十年三月十五日

　　汧陽縣民齊重具控胞侄齊興娃等家産分析糾紛案　／　325

道光二十年三月十七日

　　岐山縣民楊萬財具控梁維清毆傷案　／　326

道光二十年三月十七日

　　鳳翔縣民景福具控馬良等指抵欠債、平空失地案　／　328

道光二十年三月十七日

　　盩厔縣民寇十萬具控郿縣民楊天貴等重利盤剥並毆辱案　／　330

道光二十年三月十九日

　　郿縣孀婦任王氏具控鍾萬鎰捏典作賣案　／　332

道光二十年三月十九日

　　汧陽縣廩生喬第等具控李玉等土地糾紛案　／　337

道光二十年三月十九日
　　汧陽縣民鄭醇儒具控武舉魏貞祥等錢債糾紛案　/　339
道光二十年三月十九日
　　寶雞縣民柳英控任憲等佃地糾紛案　/　341
道光二十年三月十九日
　　寶雞縣民許倉控王錫玉姦拐其妻案　/　344
道光二十年三月十九日
　　汧陽縣民隆毓靈具控武生胡逢時荒地糾紛案　/　346
道光二十年三月二十日
　　寶雞縣民陳大功具控楊生春、陳寅等意圖兼併地畝並毆辱案　/　347
道光二十年三月二十二日
　　扶風縣民王全智控王三仁地畝糾紛案　/　349
道光二十年三月二十二日
　　扶風縣民人屈良臣具控強離中等賴租、捆毆、捏姦案　/　351
道光二十年三月二十二日
　　鳳翔縣民鄧連璧控告鄧和璧家產分析案　/　352
道光二十年三月二十二日
　　扶風縣生員黃登甲具控黃裕等聘娶糾紛案　/　354

卷　五

大荔縣民王萬同上控郃陽縣武舉曹振魁等錢債糾紛、強收麥禾案　/　361
朝邑縣民齊宇慨上控白水縣民劉滿囷兒等疊次糾搶案　/　363
大荔縣孀婦董黃氏具控楊王氏等立繼、析產糾紛案　/　365
澄城縣客民張恒順上控楊志安等疊次欺詐案　/　367
渭南縣民孟維邦上控蒲城縣武生郭廷桂等率衆搶奪案　/　369

朝邑縣監生李舒花上控雷聲純等錢債糾紛案 / 371

白水縣民李枝智呈控李日曇拒付租籽、妄圖霸地案 / 375

蒲城縣民蔣添恩呈控劉振清等錢債糾紛案 / 377

華州民人何聞簡上控楊發雲盜買地畝、威逼伊弟何聞成投井身死案 / 379

蒲城縣孀婦楊唐氏具控楊蔚宗等搶奪並糾人持械尋鬧案 / 381

大荔縣民人劉金梁控告監生杜思明等欠債案 / 385

郃陽縣民人趙全盛上控趙佐清等錢債糾紛案 / 387

大荔縣民人梁鳳儀具控雷雙喜等買賣地畝糾紛案 / 391

郃陽縣生貢楊作舟具控王日新等抗債並毆傷案 / 393

韓城縣武生王茂清控告捐貢王國典等爭繼案 / 397

蒲城縣民人張貴卿呈控張得兒等不肯找補地價及找完地糧案 / 400

郃陽縣民人侯連陞上控監生雷鳴治合夥賬目糾紛案 / 402

咸寧縣民人張彥隆上控郃陽縣民人黨起旺等誣姦訛詐案 / 411

蒲城縣民人李元峰上控武生段振南知情偷典、鬥毆案 / 413

大荔縣民人文本雲、孀婦文周氏先後上控蒲城縣民李雙元等姦拐糾搶案 / 417

德安縣旗丁屈必申等具控該縣革役范仲露把持擾害案 / 421

道光二十五年五月十五日奉撫憲札開候補典史吳恒具控陝省驛務 / 424

上林制軍書（其一） / 427

上林制軍書（其二） / 429

静觀法意，動緣民情

——知府邱煌的理訟生涯（代序）[①]

劉浩田

> 黄河濁瀉心偏潔，崋嶽高騫政自平。
> 誦得容松李侯句，使君今日續循聲。
> ——[清]張澍《寄邱叔山煌太守》[②]

> 政府洪綱舉，公庭訟牘清。
> 聽聲能得理，絜矩務持平。
> ——[清]邱煌《政平訟理》[③]

一、邱煌生平述略

邱煌（1784—1858），本名邱若水，嘉慶皇帝御筆改爲邱煌，字叔山，又字樹山，號闇甫，晚號曼叟，貴州畢節人，少年中舉登科，嘉慶十年（1805）二十一歲中進士。邱煌早年選任翰林院庶吉士，因與胞兄邱勛先後入玉堂，"兄弟齊名，人艷稱之"[④]。道光二年（1822）以前，邱煌先在國史館、文淵閣、會典館等處鍛煉，未幾轉任順天鄉試同考官，丁憂後特授湖廣道監察御史，復掌山西、浙江、河南各道，輾轉於

[①] 本文原載《法制史研究》第38期（2021年12月），收錄時有修改。
[②] [清]張澍：《寄邱叔山煌太守》，《養素堂詩集》卷二四，道光二十三年（1843）刻本，第26頁b。
[③] [清]邱煌：《政平訟理》，《一漁草堂試律稿》卷下，光緒二十年（1894）刻本，第46頁a。
[④] 畢節市七星關區地方志編纂委員會辦公室編：《畢節縣志：乾隆 同治 光緒校注本》，方志出版社2017年版，第578頁。

爲朝廷遴選新士與風聞劾奏,以剛直見聞於世。

邱煌後期治理刑獄的思想,也可在其御史任內找到不少痕迹。如嘉慶二十四年(1819)八月,邱煌奏斥刑部核勘的揭帖與案情剝離,將湖北江夏縣和監利縣的兩名罪犯顛倒入檔。他詰問道:"既於姓名、案由之顯而易見者尚未寓目,又安望於案情之畸輕畸重者細爲經心?"① 嘉慶二十五年(1820)正月,邱煌以山西道監察御史的身份稽查儲濟倉,發現倉庫人員私自將好豆抵換積剩土豆,企圖趁戶部變賣土豆時大肆漁利,數量達一萬石之多。雖然儲濟倉書吏王四辯稱,"本倉掃積土豆,因成色不敷變價,是以除報明開放外,尚剩有數千餘石,伊等實無抵換情弊",希望邱煌核查現存土豆數目並無短少,從而證其清白。但是,邱煌熟諳抵換盜賣的通常手段,他建議刑部在審擬時考慮"該書吏等如果以好豆抵換土豆至一萬餘石之多,則廠中現貯好豆自必短少,是該書吏之曾否抵換不在土豆之現在有無存貯,而在好豆之有無短少,非將各廠現存豆石全數盤查,不足以成信讞"。② 這宗案件經由邱煌揭示犯罪行爲和犯罪結果的慣常狀態,清理出查辦此案的關鍵綫索,較早地呈現了他訊理案件的思路。

不過,邱氏因言成名,也因言獲咎。嘉慶二十五年(1820)七月,邱煌奏告貴州平遠有匪徒集衆竄擾數月,而貴州地方官未曾上報,致使嘉慶皇帝"實深詫異",乃至申飭署理貴州事務的伯麟説"如伯麟存化大爲小之見,含混覆奏,將來別經查出,必當加以重懲"。③ 雖然伯麟隨後奏復稱並無邱煌所指民苗集衆事,"惟查有安順府屬之響水洞地方有端公劉紀以符水治病、傳徒騙錢一案,已將首從七人問擬流徒……上年平遠州實無閉城戒嚴之事,自即係響水洞一案訛傳至

---

① 《錄副奏摺》,嘉慶二十四年(1819)八月初一日,檔號:03-2486-016,中國第一歷史檔案館藏。
② 《錄副奏摺》,嘉慶二十五年(1820)正月十七日,檔號:03-1852-021,中國第一歷史檔案館藏。
③ 《仁宗睿皇帝實錄》卷三七一,中華書局1986年版,第901頁。

京"①,但嘉慶帝依舊憂心忡忡,認爲二人所奏"情節大小迥不相侔,着莊保再行詳查"②。如此種種,致使邱煌在京官團體中受到排擠和傾軋,新帝道光登基兩年之後,他便被簡放陝西延安出守知府,從此開始了長達二十載的三秦宦游。

　　道光十三年(1833)以前,邱煌的治理能力並不被道光皇帝賞識。道光二年(1822)、十年(1830),邱煌分別上呈選用知府與俸滿引見的謝恩摺,皆受朱批曰"平常"及"中下之材"。③ 道光十三年(1833),邱煌率領延安地方鄉紳修浚河道、重築城垣,"調度經營,綜司會計,倡捐銀三千六百餘兩"④,大計卓異,經陝西巡撫史譜保薦,以原任加一級,受道光帝評價曰"似可"。⑤ 只是,據道光早年方志《秦疆治略》記載,邱煌長期爲官的延安府訟風不強,下轄十縣如甘泉縣"詞訟間有,盜賊亦稀",延川縣"質任自然,詞訟甚少"。反而是後任的鳳翔府及下轄各縣,不少繁難詞訟,爲邱煌理訟提供了舞臺。如鳳翔縣"民情類多好勝,不肯稍受委抑,以故無關緊要之詞訟較鳳屬各縣爲繁",岐山縣"東鄉風氣鬥狠好訟"。⑥ 除鳳翔縣、岐山縣健訟有年,⑦寶雞縣亦"好酒好博好訟",鄉間"賭博爭鬥,動興獄訟,轉移之術正有賴於主持風教者"⑧。故此,在攝篆鳳翔府知府後,邱煌面對"有祖父涉訟至子孫不休者"⑨,或"構訟數十年,其人地歲月、戚友世系與

---

① 《嘉慶朝上諭檔》第九〇七盒,第一册,嘉慶二十五年(1820)七月十九日,第一條,文件號:0308409071129,中國第一歷史檔案館藏。
② 《嘉慶朝上諭檔》第九〇七盒,第一册,嘉慶二十五年(1820)七月二十日,第一條,文件號:0308409071135,中國第一歷史檔案館藏。
③ 《朱批奏摺》,道光二年(1822)六月四日,檔號:04-01-13-0226-037;《朱批奏摺》,道光十年(1830)五月初九日,檔號:04-01-13-0244-028,中國第一歷史檔案館藏。
④ 《道光朝上諭檔》第九八二盒,第二册,道光十三年(1833)八月初二日,第二條,文件號:0309409822017,中國第一歷史檔案館藏。
⑤ 《朱批奏摺》,道光十三年(1833)十月初五日,檔號:04-01-13-0251-039,中國第一歷史檔案館藏。
⑥ [清]盧坤:《秦疆治略》,成文出版社1970年版,第85、87、143、153頁。
⑦ 明人章潢在《圖書編》中對鳳翔、岐山皆有"煩""刁""訟"的評價。雍正間的《陝西通志》云,明末關中"漸澆古樸,閭閻構訟,百僞朋興",岐山縣"訟獄興而逋賦積,奸僞日滋矣"。參見[明]章潢:《圖書編》卷三八,文淵閣四庫全書本,第8頁b;[清]劉於義等監修,[清]沈青崖等編纂:《陝西通志》卷四五,文淵閣四庫全書本,第8頁a、第15頁a。
⑧ 強振志等:《寶雞縣志》,成文出版社1970年版,第509、510頁。
⑨ [清]路德:《路德序》,見本書第41頁。

静觀法意,動緣民情　3

事之隱微曲折,爲後人所不及"的積壓塵牘,①據說可以"立時定斷,無須再讞,憑案疾書,不資他手"②。當地百姓稱奇,譽之爲"神人""邱一堂",延安百姓還特意爲邱煌建生祠以感念邱氏"以實心行實政"。③雖然這種說法有隱惡溢美之嫌,但從氏著《府判錄存》所收大部分牘件源於鳳翔、岐山諸縣及判詞內容看,邱氏處理糾紛的方法和智慧皆有可圈點之處。

在陝西的二十年間,邱煌不僅竭力消解民間矛盾和引導地方風化,在十九世紀的嘉道變局下,面對社會積弊、西方衝擊和治亂交替不息,邱煌亦常爲家國不振而忿忿不平。道光二十年(1840)英國侵入浙江之後,奏議不能"上達天聽"的邱煌不滿朝廷的對英政策,堅持"條陳時務",由巡撫富呢揚阿代奏。④從《邱給諫奏議遺稿》所收的《奏陳軍務機要首在安內摺》及《奏請收復三城解散漢奸摺》兩份奏摺來看,邱煌主張攘外必先安內,"劃界遷民爲堅壁清野之計""令其無所刷掠",再輔以間諜誘敵、壓制漢奸,才是治本之策。⑤不過,邱煌所稱"該夷本無大志,其所以屢次肆擾者,志不在土地而在財帛,縱得土地,必不能久占,轉瞬之間自當棄去"等論斷,恐怕誤判了英國人侵擾的深層目的,也難以解決當時清廷面臨的困局,故道光帝原摺擲回道:"坐補陝西延安府知府邱煌並無言事之責,輒繕寫封章,條陳時務,懇請該撫代奏,本屬非是,且於現在辦理情形並未知悉。姑念摺內所言尚係因公,亦無違悖語句,邱煌著從寬免議。"⑥

兩年後,因捐輸海疆記功,邱煌擢升湖北督糧道,加按察使銜,權按察使、布政使,主持道光二十三、二十四年(1843、1844)兩次督糧北上。頭次督運,杖斃了長期克扣公款、勾結害民的差役范仲露,"兩岸

---

① [清]朱爲弼:《朱爲弼序》,見本書第46頁。
② [清]鄧廷楨:《鄧廷楨序》,見本書第44頁。
③ [清]何增元:《何增元序》,見本書第39頁。
④ 《朱批奏摺》,道光二十年(1840)十二月初九日,檔號:04-01-01-0789-067,中國第一歷史檔案館藏。
⑤ 參見[清]邱煌:《邱給諫奏議遺稿》,商務印刷所1924年版,第1頁a—第17頁a。
⑥ 《宣宗成皇帝實錄》卷三四三,中華書局1986年版,第223—224頁。

観者數萬人,額首歡呼,於黃鶴樓懸'恩流江廣'楔以志愛戴"①;二次督糧又因查驗關税與龍江關監督瑞長衝突,經制軍參奏後被道光帝親提裁處。邱煌與瑞長爭端的直接起因在於,監督瑞長將原設於下游儀徵縣的税賦提早在龍江關查驗和徵榷,導致江西、湖北各處運糧"停幫候查",遲滯良久,拖累來往商賈,②而二人的深層衝突遠不止於此。如羅威廉(William T. Rowe)指出,由於嘉慶和道光早期運河淤塞嚴重,長江流域及漕糧北運的航道被官員、船幫和中介等"任務編組"把控,道光四年(1924)抵京漕糧僅有原定額的四分之一。道光六年(1826)始,江蘇巡撫陶澍、布政使賀長齡等人在包世臣、魏源的倡導下施行漕糧海運,河運路綫遭到傾軋和懷疑。③ 至道光後期,爲了應對沿海開關擠壓常關關税的失衡,調整九江關、蕪湖關一綫因自然災害、糧價浮動及木植運輸疲軟導致的貿易問題,④關税改良的倡議逐漸演化爲紛爭。就龍江關而論,據李星沅記載:

  先生(按:即邱煌)以爲九江、蕪湖係收過税,而龍江關則只收落地税,蓋過税出自賣主,而落地税出自買主,義各不同。若三關俱收過税,則賣木之商力有不給。且龍江關既收過税,又向買木之商徵收落地税,是爲税外加税,更覺事有窒碍。況糧船向由北岸行走,俱不由龍江關經過,若赴龍江關盤查,勢必改由南

---

① [清]全慶:《誥授通議大夫晋贈資政大夫原任湖北督糧道前兵科給事中邱公墓志銘》,載馮楠編:《貴州通志·人物志》,貴州人民出版社 2001 年版,第 160 頁。
② 龍江關的一般税則制度,可參見清高宗敕撰:《欽定大清會典則例》卷一三六,文淵閣四庫全書本,第 15 頁 a—第 17 頁 a。19 世紀 60 年代前,龍江關地位顯赫,與毗連的西新關每年共徵税近二十萬兩,但太平天國覆滅後該關日漸萎縮,左宗棠更是稱"實有萬難開關之勢",最終被清廷抛棄。參見[清]左宗棠:《龍江等關仍請從緩開辦摺》,《左宗棠全集·奏稿八》,劉泱泱等校點,嶽麓書社 2014 年版,第 290—291 頁。
③ 參見〔美〕羅威廉(William T. Rowe):《中國最後的帝國:大清王朝》,李仁淵、張遠譯,臺大出版中心 2013 年版,第 169—170 頁。有關包世臣改革漕運的《説儲》《海運南漕議》《海運十宜》等政論以及漕糧海運的分析,請參見〔美〕羅威廉:《言利:包世臣與 19 世紀的改革》,許存健譯,倪玉平校,社會科學文獻出版社 2019 年版,第 105—126 頁。
④ 參見倪玉平:《危機中的調適:嘉道時期的關税改革》,《江蘇社會科學》2009 年第 3 期,第 206—212 頁;倪玉平:《清朝嘉道時期的關税收入——以"嘉道蕭條"爲中心的考察》,《學術月刊》2010 年第 6 期,第 134—146 頁。

岸行走,不惟丁舵人等不習水性,且大江之中惟北風最猛,若猝遇北風,則船身必與南岸互相衝擊,貽誤非輕,再四圖維,惟有仍沿北岸行走,停船北岸,知會監督赴船盤查。如此略爲變通,以人就船,不必以船就人,庶爲兩全之道。①

简言之,邱煌認爲長江關口税則有門類之别,龍江關不宜跨類徵斂,徒添商民負擔和航運風險,這顯然與瑞長的想法相左。邱煌赴京後,細陳上述利害,力主漕運以寬簡爲要,切不可擅加課税,"不惟四省粮艘可利巡行,而四省數十萬丁商,亦均沾浩澤于無暨矣"②,一定程度上促使道光帝裁撤龍江關查驗,並將瑞長嚴處革職。邱煌雖切中龍江關課徵的弊病,亦因督糧驗税"辦理不善"議處致仕。③

道光二十五年(1845),年逾花甲的邱煌回到家鄉畢節,先組織耆老社扶掖後進,又置買義田贍養宗族,却没有能夠避免晚年的數度風波。道光二十七年(1847),畢節人劉聶昌、劉化南京控邱煌誣告加扣鉛斤國帑一案(此案劉聶昌之兄、劉化南之父劉景昌牽涉其中),欲興大獄扳倒邱煌。劉聶昌控稱,劉景昌被貴陽府公局傳訊七次,"胞兄見親族多人均被公事嚴刑酷押,並有拿問之話,更爲鬱悶,以致胞兄氣鬱身死"。並且,據劉聶昌所控,邱煌與大定府黄知府過從甚密,致府審不公,又"開挖聖廟宫墻脚下與縣署後墻下例禁重地,至一百餘丈之大河大塘"。④ 京控之前,劉聶昌便帶同劉氏族人霸居邱煌所購新屋,肆意毁壞門窗石欄,致使邱、劉兩家之間勢同水火。實際上,經林則徐查辦,邱煌是公同紳士十一人購買荒廢公田,以便畢節鄉紳另買良地幫補書院膏火,劉聶昌所控純屬子虛烏有,劉景昌之死亦與邱

---

① [清]李星沅:《附記》,見本書卷五第422—423頁。
② [清]李星沅:《附記》,見本書卷五第423頁。
③ 有關道光二十三年(1843)至道光二十五年(1845)龍江關查驗關税糾紛始末,參見《宣宗成皇帝實録》卷四〇五,第73、75—76頁;卷四〇八,第121頁;卷四一五,第207—208頁。
④ 參見《録副奏摺》,道光二十八年(1848),檔號:03-3828-016,中國第一歷史檔案館藏。

煌無關。邱煌爲息事寧人，情願退地棄財，做到"懲忿睦鄰""衆情皆稱允協"。①

咸豐四年（1854）貴州楊龍喜起義後，邱煌聯合畢節耆老組織民衆守城，抵禦了咸豐六年（1856）的起義軍進攻，又將保衛軍功讓與劉戩昌，使後者官復原職，"劉至感激，泣不可仰，鄉之人蓋莫不多公之盛德云"。此後，爲了躲避戰亂的連年侵擾，邱煌在咸豐八年（1858）遷往四川，在長子邱瑀爲官的松潘休養。是年恰逢邱煌中舉周甲，四川總督王慶雲爲其奏請在川重赴鹿鳴筵宴。宴上，朝廷加賜邱煌二品銜以示恩寵，邱煌連作《重宴鹿鳴謝恩摺》及《重赴鹿鳴四首》以表感戴，不久病逝於瀘州，終年七十五歲。兹録《重赴鹿鳴四首》其三，或可總結邱氏生平事功：

> 游宦追隨州載中，馳驅秦楚接飄蓬。
> 行春既乏循良頌，轉漕曾無利濟功。
> 防海撤兵容未議，過江裁稅鑒孤忠。
> 殘年燕銜恩猶渥，又晉冰銜到退翁。②

同時，作爲一名傳統的文人士大夫，邱煌一生著述門類甚廣，除判牘《府判録存》外，又有詩集《一漁草堂試律訂正》（現藏國家圖書館、天津圖書館，書名《一漁草堂試律稿》）、書法《顔楊合璧法帖稿》（現藏蘇州圖書館）、經學釋讀《讀左觿言》及《今文質疑》（現藏上海圖書館、四川大學圖書館，署名曼叟）等，1924年商務印刷所輯有《邱給諫奏議遺稿》（現藏國家圖書館），上述絕大部分刊作没有亡佚。又據其摯友路德（1785—1851）所言，邱煌"幼秉矩訓學之册，餘年不少倦，得之手、應於心，當未下筆時，成竹在胸，不泥迹象，解衣槃礴，

---

① ［清］林則徐：《參革道員劉戩昌京控案審明定擬摺》《折獄問條》，載林則徐全集編纂委員會編：《林則徐全集》第四册，海峽文藝出版社2002年版，第330—339頁；第五册，第334—352頁。

② ［清］邱煌：《重赴鹿鳴四首》，載畢節市七星關區地方志編纂委員會辦公室編：《畢節縣志：乾隆 同治 光緒校注本》，方志出版社2017年版，第396頁。

與古人精神時相往來",其懸筆書法有名於時,在陝西時,"太守作書,無論擘窠大字、蠅頭小楷,皆縣臂雙鈎,即判公牘、草家書亦然",①在清代書法史上亦有留名。②

近年來,法律史學界對明清地方官員及其司法判牘、契約文書和檔案材料的整理和研究日趨精深,包括邱煌所著《府判錄存》在內的清中期案例集受到關注和詮釋。既有研究中,較注重對《府判錄存》記載的工商業合夥、繼承析產和聽訟方法加以闡發,③而對於全書的通盤稽考和系統分析不足,特別是一些成果對於作者邱煌的生平瞭解較爲籠統,對其審理模式似乎也存有偏見和誤讀,值得重新審視和商榷。比如,對中國傳統聽訟形態爭論激烈的日美學界,都曾援引《府判錄存》的部分判案作爲己方證據,以證明清地方官斷案究竟是不是"卡迪司法"(Kadi-justiz),是否嚴格恪守律例和其他明確的法律規範。有趣的是,這場爭辯對中國法的疑惑似乎發端於樊增祥等清末地方官,而當代的日美兩方都能找出邱煌實施了非規範層次的"教諭式調停"④,抑或是"費心辨析條例和法理而作成的公平判決"⑤,這

---

① [清]路德:《題葆筠堂顏楊合璧石刻卷後有序》,《檉華館全集》詩集卷四,《續修四庫全書》第一五〇九册,上海古籍出版社2002年版,第578頁。不過,有書法史學家考證,《顏楊合璧法帖稿》爲邱煌之父邱翰所臨,由邱煌在延安刊刻,故帖首題爲"葆筠堂邱氏家傳顏楊合璧法帖",而非路說所說的"《顏楊合璧》二卷,邱叔山太守節臨魯少師書跋而勒之石者也"。參見梁披雲主編:《中國書法大辭典》下册,香港書譜出版社、廣東人民出版社1984年版,第1756頁。

② 參見趙祿祥主編:《中國美術家大辭典》上册,北京出版社2007年版,第803頁。

③ 典型成果如張小也:《從分家繼產之訟看清代的法律與社會——道光、光緒年間陝西相關案例分析》,《清史研究》2002年第3期,第36—47頁;羅冬陽:《清中葉陝西工商業的合夥經營》,《東北師大學報(哲學社會科學版)》2003年第1期,第29—37頁;呂寬慶:《論清代立嗣繼承中的財產因素》,《清史研究》2006年第3期,第22—30頁;王俊霞、李剛、廣紅娟:《明清陝西商人"合夥股份制"經營模式初探》,《西北大學學報(哲學社會科學版)》2010年第3期,第122—125頁。

④ 〔日〕滋賀秀三:《清代訴訟制度之民事法源的考察——作爲法源的習慣》,王亞新譯,載王亞新、梁治平編:《明清時期的民事審判與民間契約》,法律出版社1998年版,第66—68頁;〔日〕滋賀秀三:《清代訴訟制度之民事法源的概括性考察——情、理、法》,范愉譯,載王亞新、梁治平編:《明清時期的民事審判與民間契約》,法律出版社1998年版,第35頁;〔日〕寺田浩明:《清代民事審判:性質及意義——日美兩國學者之間的爭論》,《權利與冤抑:寺田浩明中國法史論集》,王亞新等譯,清華大學出版社2012年版,第300頁。

⑤ 參見〔美〕黃宗智:《清代的法律、社會與文化:民法的表達與實踐》,上海書店出版社2001年版,第75—106頁。兩岸學者對此的看法,亦可見張偉仁:《中國傳統的司法和法學》,《法制史研究》第9期(2006年),第201—222頁;杜軍強:《法律原則、修辭論證與情理——對清代司法判決中"情理"的一種解釋》,《華東政法大學學報》2014年第6期,第127—140頁。

不禁使人疑惑:究竟是邱煌有八面玲瓏的司法功夫,可以在用"法"與不用"法"之間移形換影,還是我們通過史料切割"妝扮"出自己稱心如意的邱煌,進而"包裝"出清代地方司法的面貌?筆者此語,無意於指摘這場曠日持久的論辯,而旨在跳出過往"結論先行"的思維窠臼,從邱煌本身出發,探尋《府判錄存》全書的審判技巧和審理理念,回顧一位普通而不平凡的知府的理訟生涯。

二、惠保斯民——邱煌聽訟的宗旨

《府判錄存》所收錄的案子以繼承分析、土地房屋交易(含買賣、典當和租佃等)、借貸、合夥、土地侵占和立嗣等六類糾紛爲主,其餘案子中,又散見貨物買賣、毀壞財物、侵占墳塋、婦女嫁賣、租穀納糧甚至是奸淫奸拐、小額盜搶、鬥毆傷人和光棍擾民等五花八門的案例。不難發現,邱煌面對的案件絶大部分屬民間細故,只有個別是人命重案;不過,這並不代表理訟難度會相應降低,如路德所言,其主要原因在於:

> 聽訟難,聽今人之訟尤難。今人之謹愿不如古,而其黠且悍也則遠勝於古……於是乎右其所左,而左其所右,辱罵也,鬥毆也,誆騙也,盜竊也,兄弟之析產也,商賈之分財也,親朋之負債也,買賣質劑之轇轕不清也,田廬渠堰之攘奪不定也,大都佞多勝、訥多負,狠多勝、怯多負。①

加上誣告、毀滅(僞造、隱匿)證據、串通鄉保差役及逃匿避禍者大有人在,致使邱煌斷案往往面臨各種障礙。

兹舉一例"鄜縣孀婦任王氏具控鍾萬鎰捏典作賣案"言之,大致案情是:乾隆四十五年(1780),任王氏的家翁任聚良將水地十畝典當

---

① [清]路德:《路德序》,見本書第40頁。

給同村人鍾建黃耕種，後任王氏主張贖地，不料鍾建黃謊稱買得該地不予回贖，於乾隆五十三年（1788）將當地賣給范國彩，焚毀原契，致使任王氏在十九年內，於縣、府、道、藩先後控告八次而無果。在沒有直接證據的困難下，邱煌敏鋭地指出，鍾建黃分別供稱乾隆末年、道光二年（1822）八月失火，自述過失燒毀契約的時間不一，更無法佐證其所稱的道光三年（1823）七月曾約同任王氏檢查契約的説辭，訴狀內容前後矛盾。同時，鍾建黃在訴狀中稱，賣地與范國彩"受價錢三十五千文，隨即經任王氏之夫兄任儉曾與范守德名下親過糧四斗，有紅簿可查"，企圖以合法的交易手段蒙蔽官府。但既然買得任聚良之地，又何必通過任儉過糧？① 通過刺穿控訴人行為的邏輯漏洞，邱煌得以拼湊出滅失的證據痕迹與重構案件事實，實現追求結果正義之司法。

統觀《府判錄存》，類似這樣剖明真相、保民生計的牘件還有很多，而邱煌似乎並不滿足於單純地查清事實，他曾經表示，其理訟宗旨是通過"視民事如家事"，解決一方爭執，教化一方風俗，保養一方民生。用他自己的詩句來説，便是"臨民宜主敬，敷教務從寬……典能通子妷，刑不尚申韓"②。比較顯著的是，邱煌在訴訟中突出保護弱者利益，以實現矜貧憐老、懲惡揚善的目的。

一是在大量的錢債、繼承糾紛中，邱煌着重考量當事人的貧富情况，力圖實現"經濟公平"和人本關懷。諸如"山西稷山縣民韓四子具控郿民劉吉等再許嫁女案"中的返還彩禮③、"扶風縣民竇時清具控竇良佐、竇貞等欠債案"中的清還債務④、"蒲城縣民人李元峰上控武生段振南知情偷典、鬥毆案"中的追償高利當價⑤，都是對赤貧者體恤，一般只需要債務人清繳本金。在特殊案件如"鳳翔縣民景福具控馬良等指抵欠債、平空失地案"中，景福的三畝土地被堂弟景喜用作

---

① 見本書卷四第 332—336 頁，引文見第 335 頁。
② ［清］邱煌：《一漁草堂試律稿》卷上，第 113 頁 a。
③ 見本書卷三第 276 頁。
④ 見本書卷四第 308—309 頁。
⑤ 見本書卷五第 413—416 頁。

抵償私人債務十年，景福損失約有錢三四十串，雖然邱煌感嘆"一介貧氓，豈堪受此重累！"但是面對同樣困窘的景喜，只能無奈地判決"姑念景喜力亦不給，酌斷出錢六串"，惡意買受地畝的馬良、景發各賠錢兩千文並歸還地畝，所得賠償只是損失的三分之一至四分之一。①

這在現代民法學看來似乎是不可接受的。主流觀點認爲，民法的損失填補原則要求，"在補救方法上，也要充分貫徹平等性。無論主體在所有制、經濟實力等方面存在何種差異，當其權利受到侵害時，法律都給予一體保護。從損害的角度看，應當按照實際損失給予救濟，而不能因人而異"②，否則不能完全彌補受害人的損失，恢復到權利未被侵害的狀態。但是，民事主體首先是以社會主體的身份存在的，既存的損害如果能夠以純粹的金錢填平，則"金錢萬能論"不免橫行，亦有損社會利益的配置得宜、交易風險的信用保障及法律責任的公平承擔。這種希望"溯及既往"、恢復原貌的填補規則，說到底是要促使已經破碎的當事人利益關係破鏡重圓，防止當事人糾纏不休地擴大既有糾紛，推動社會裂痕儘早彌合。要言之，填補損害手段在復舊，而目的在開新，它是一條面向未來的法律原則。如果將之僵硬適用，則可能會爲了"絕對平等"，放棄了"相對生計"，激發糾紛的膨脹，得到適得其反的效果。一些學者注意到了完全損害賠償原則的缺陷，提出在特殊的個案中"緩和完全賠償原則，例外酌減侵權人的賠償額"，以"實現對人的終極關懷、鞭策行爲及避免責任的輕重失衡"，③實際與邱煌的判決有異曲同工之妙。此外，面對孀婦（如"鳳翔縣民婦郭何氏具控郭生蕊不交幫給錢文並占地案"④）、孤老（"鳳

---

① 見本書卷四第 328—329 頁，引文見第 329 頁。
② 王利明主編：《中華人民共和國民法總則詳解》上冊，中國法制出版社 2017 年版，第 23 頁。有關全面填補損害的類似觀點，亦可參見楊立新：《侵權損害賠償》（第五版），法律出版社 2010 年版，第 233—237 頁；王澤鑒：《損害賠償》，北京大學出版社 2017 年版，第 112—127 頁。
③ 徐銀波：《侵權損害賠償論》，中國法制出版社 2014 年版，第 391 頁。
④ 見本書卷三第 221—222 頁。

翔縣民白芳控白喜秀等家產分析案"①）、瞽目（如"鳳翔縣民鄧連璧告鄧和璧家產分析案"②）等弱勢群體告訴，即便原告存有過錯，邱煌一般也會判決被告人適當幫扶，或用作養老殮葬，或供人醫療生理，以示"憫惻"。

　　二是在懲戒對象上，邱煌寬民嚴吏，不常苛責事犯過錯（甚至是嚴重違法）的當事人，而對差役、鄉約和保人等却要求異常嚴格。邱煌對當事人免予責處的事由大略有三類，數目最多的是自首免責，判詞結尾往往以"姑念俯首認罪""尚與怙終有間"，或者更加直白的"姑念據實供吐，情同自首"，表明當事人具有認罪認罰情節，人身危險性顯著降低，故不必予以責罰。第二類是親屬互訟，爲了保全親情、全其情面，經過勝訴方的寬宥和懇求，對敗訴人不加懲罰。典型案例是"鳳翔縣王相即王保兒具控王冠等圖產誣控案"，案中王朝青、王冠父子爲了侵奪胞弟王朝榮遺產，趁王朝榮之妻王周氏癱痪，強占窑院、霸占遺產，誣告王朝榮的嗣子王保兒傷損王朝榮墳基，並無嗣單可證爲嗣子，案情不可謂輕。只是"王冠等父子叔姪，圖產誣控，殊屬不合，姑念到案俯首認罪，且經王保兒懇求免究，俯如所請，以全友愛"。③ 同類免責還有"富平縣民趙成玉控鳳翔縣民魏花等同謀串害案"的"母子詰訟"④，以及"鳳翔縣民張科具控張維等家產分析案"中的"弟兄叔侄詰訟"⑤，等等。第三類是消除後果，即當事人當堂或承諾在一定期限內履行義務，或者違法行爲的惡劣影響已經基本消弭，亦可從寬免議。如"鳳翔縣民炊世泰具控賈珍等奪地案"中，"諭令該保正等眼同賈珍將地畝錢文彼此交清，以贖前愆，姑免責處"⑥。"寶雞縣民楊潮控焦魁欠債案"的"情願交錢"⑦，以及"寶雞縣民柳英

---

① 見本書卷二第 144—145 頁。
② 見本書卷四第 352—353 頁。
③ 見本書卷二第 179—181 頁，引文見第 180 頁。
④ 見本書卷二第 153—154 頁，引文見第 154 頁。
⑤ 見本書卷三第 234—235 頁，引文見第 235 頁。
⑥ 見本書卷二第 170—171 頁，引文見第 171 頁。
⑦ 見本書卷二第 178 頁。

控任憲等佃地糾紛案"的"姑念事逾兩載"①,也有同樣的免責效果。

與之相反,邱煌對公差役使處分嚴苛,若差役在公職政務上越雷池一步,一般都會受到直接責處。如收受賄賂的閆廷秀"承票傳人,得受飯食草鞋錢五千文",便"照不枉法一兩至一十兩杖七十律折責革役,所得飯食草鞋錢追繳入官";②傳喚人證遲延數月的屈花"照不應重律杖八十,折責革役";③如果傳喚當事人不力,或者在訴訟中有纏鬥、誣告的,更要加處"當堂枷責"及"杖責示懲"等肉體刑罰,④以確保差役盡職奉公,減少擾民。

不難想見,邱煌之所以在懲戒上如此權衡,是因爲在百姓的日用生活中,衙門差役扮演的角色十分多元——既可能是傳喚押解、緝捕逃亡的刑差,也可能是催徵錢糧、看管戶口的户差。一旦輕縱了受財害民、玩忽職守的"蠹吏",則百姓日受魚肉之苦在所難免。是故王夫之曾痛陳道:"嚴者,治吏之經也;寬者,養民之緯也。並行不悖,而非以時爲進退者也。"⑤可以發現,類似邱煌有意遏制差役下鄉擾民的舉動,在當時的有識之士中並非罕見:道光十年(1830),僅"山東州縣差役,大縣多至一千餘名,小縣亦多至數百名,一省如此,他省可知",至朝廷推行直隸限制差役員額的做法,裁汰"差役不准過八十名","所有白役,概行禁革"。⑥ 但是,此舉在地方推行倍顯艱難,直至光緒二十七年(1901)的整整七十年後,朝廷依舊表示"至差役索擾,尤爲地方之害,其上司之承差,則藉公需索州縣;州縣之差役,更百般擾害閭閻;甚至一縣白役多至數百餘名"⑦,差役之害甚至已經蔓延至府衙系統內部,比之道光年間有過之而無不及。因此,在吏治環境並不清明的背景下,邱煌也並不能時刻以高壓姿態苛求善吏長存,有時候

---

① 見本書卷四第341—343頁,引文見第342頁。
② 見本書卷一第77—78頁,引文見第78頁。
③ 見本書卷五第413—416頁,引文見第415頁。
④ 見本書卷一第81頁,卷一第82頁。
⑤ [清]王夫之:《讀通鑑論》,舒士彦點校,中華書局2013年版,第200頁。
⑥ 《宣宗成皇帝實錄》卷一六九,中華書局1986年版,第618頁。
⑦ 上海商務印書館編譯所編纂:《大清新法令(1901—1911)》點校本第一卷,李秀清、孟祥沛、汪世榮點校,商務印書館2010年版,第4頁。

爲了避免當事人遭遇事後報復,還不得已做出退讓和寬減。如在"甘省固原州民謝太平具控寶雞縣民柏仲魁等變賣遺產、寡婦牟利案"中,差役李芳串同保正柏仲魁、郭世芳、曹氏之父曹義出賣孀婦謝曹氏,分使財禮錢七千文,又變賣謝姓遺產。此案本屬"仗鄉約差役之勢",亟須退還惡意出賣的地畝房屋,但"謝太平係屬客民,此次與柏仲魁等詰訟,難保伊等不挾仇陷害,另起爭端",只得斷令李芳等人退錢賠償,亦不追究謝曹氏被賣之責。甚至面對李芳等人事後故意不執行前述判決,邱煌也只得"刻速批差解轅,立等訊追給領"。[1] 如此周旋,目的不離爲生民立命、以百姓爲重,是難能可貴的。

不得不提及的是,邱煌堅持公開審理和獨立判斷的斷獄模式,是使得百姓受益的基本條件。據朱爲弼序説,邱煌折獄"從無内堂決事之時,嘗謂人曰:'心有直枉,不妨萬人共質;判有得失,不妨萬人共見。'其意可謂公溥,其才可徵肆應矣"。[2] 由於邱煌"每日正衙理事,洞啓重門,任民往聽,黄童白叟,習以爲常",百姓是非公心養成,以至另一位"某守在郡審斷詞訟未能允協,致其人當堂刎頸者凡二案,民間稱爲'二把刀',至是得先生而又稱爲'一面鏡',以與前後反對,亦可見是非之心,人皆有之矣"。[3] 像邱煌一樣樂於"日坐堂皇",受百姓"萬目環觀"者,在明清時期恐不多見。汪輝祖指出:"聽訟者往往樂居内衙,而不樂升大堂,蓋内衙簡略,可以起止自如,大堂則終日危坐,非正衣冠、尊瞻視不可,且不可以中局而止,形勞勢苦,諸多未便。"[4]

重要的是,邱煌與汪輝祖都不謀而合地認識到,大堂斷訟的效果不在於在民衆前顯擺官威,而在於開導義理、宣明教化,在化解大量家常日用的糾紛時,使"大堂則堂以下,佇立而觀者,不下數百人。止判一事,而事之相類者,爲是爲非,皆可引伸而旁達焉,無訟者可戒,

---

[1] 見本書卷二第 161—162、189 頁。
[2] [清]朱爲弼:《朱爲弼序》,見本書第 47 頁。
[3] [清]李星沅:《案後識》,見本書卷五第 420 頁。
[4] [清]汪輝祖:《佐治藥言 學治臆説》,徐明、文青校點,遼寧教育出版社 1998 年版,第 51 頁。

已訟者可息"。所以,在《府判録存》內,愈是反復上控、糾纏不休的案件,愈是旁聽者衆,邱煌判詞則愈能宣惠德、出妙判。典型案例是"何甡控何文炳合夥分析不公案",兩造爲堂兄弟,因承繼已父共開的鋪產不合,詰訟七年,七次上控,皆爲何甡敗訴。但經邱煌發現二人所持分單內容不一,所分錢文也與呈驗的合夥股數不符,推斷何文炳串通代書人私改分單,又"估畢書生《九章》未習,遂欲移此伎倆售欺公堂也"。① 經過訊問當事人、證據比對和筆迹鑒定,邱煌直擊要害地表示:

> 查何文炳、何甡(道光,下同——筆者注)七年分錢與二人股數相符,何以十一年又不按照股數攤算? 據何文炳供稱,七年分錢之時因生意未曾歇業,須留護息存鋪未分,是以所分之錢較少,到了十一年生意歇業,將護息一併分給,是以伊父分錢獨多等語。查護息一項,原係在於衆夥應分息錢之內撥留在鋪,彌補將來生意虧耗,係屬公項,衆夥俱應仍照股數攤分,不應伊父一人獨占,其所供實屬巧言支飾。研訊之下,奸僞畢露,萬目環觀,何文炳無可抵賴。②

此案"懸案未結"七載之久,涉案金額高達萬兩,最終何文炳被上請革去監生衣頂,何甡按股分析,並獲賠養老銀若干。正因邱煌運用察聞習慣和邏輯推理能力,使得一個司法個案可以發揮良好的社會效用。無論是現場旁觀還是口耳相傳,皆有助於人們銘記"天網恢恢,疏而不漏"之理,迫使爲惡之人痛改前非,保護行善之輩安享福蔭。③

---

① 見本書卷三第 247—258 頁,引文見第 250 頁。
② 引文見第 250—251 頁。
③ 有關晚明之後司法實務與"善惡有報"等功過格思想相結合的內容,可參見邱澎生:《當法律遇上經濟:明清中國的商業法律》,五南圖書 2008 年版,第 71—94 頁。

在時人看來，地方官教養百姓，首要在農桑，最末爲詞訟，①甚至是與邱煌深交的路德、何增元，在爲《府判錄存》一書作序時，都有意無意間流露出"聽訟雖（云）末務"的態度。② 但在邱煌的爲政觀中，"守土者務在正其疆里，悉其物宜，審其風俗，因時而損益之，而非參稽載籍，則無由權利弊之輕重，酌今昔之變通"，審理獄訟與興修城堤、編撰縣志的本質皆不過是"實心實政"，其根本宗旨也無外乎"正人心，厚風俗"，③如果爲官從政只談本末之別，不看瑣屑爭辯，則禮教民俗不免偏廢一隅，乃至不可保恤民命，更何談他務？誠如李星沅在讀邱氏判詞後所點明的：

　　然雀鼠之爭，間間常有，若遷延守候，受累實多，弱肉强食，含冤何極？不保身命，遑恤農桑……讀此判者，每遇一案，試先代爭訟者設境置身，測其情僞，復代聽訟者凝神渺慮，審其權衡，而又參以先生所判，庶可領會誠求赤保、慘淡經營之盛心矣。④

三、折服其心——邱煌明審的方法

爲了實現折獄保民的目標，邱煌在陝各府主政期間磨礪出一套獨特的審判技巧，務在折服當事人（特別是誣告者）的興訟之心，達到基層社會治理的良善效果。歸結起來，邱煌審理的手段在於：認定事

---

① 如遇毆傷保辜，清人王泰宇曰："每見有司官員，凡遇此等詞狀，多視爲末務，不即拘審，爲之相驗傷痕。即已相驗，亦不責被告調理，恣原告之所爲，故被傷者十死八九。"朝鮮李朝著名學者丁若鏞也説："訴牒酬應，本是末務，精神有限，不可盡詳埋頭没身。"參見［清］金庸齋：《居官必覽》，中國商業出版社 2009 年版，第 256 頁；［韓］丁若鏞：《牧民心書》，作家出版社 2001 年版，第 14 頁。
② 路德原話比何增元多一"云"字。參見［清］何增元：《何增元序》，見本書第 39 頁；［清］路德：《路德序》，見本書第 42 頁。
③ ［清］邱煌：《重修延川縣志序》，載［清］謝長清纂修：《道光重修延川縣志》，《中國地方志集成·陝西府縣志輯》第四七册，鳳凰出版社 2007 年版，第 2—3 頁。
④ ［清］李星沅：《案後識》，見本書卷五第 418—419 頁。

實以證據爲本,定分止爭以"合理"爲要。

縱觀《府判錄存》的判詞結構,一般可分爲三層:第一層是案情簡述,以"道光某年某月某日審(訊)得某縣甲(具/上/呈)控(告)某縣乙(等)一案"起首,説明當事人的籍貫、姓名、審訊時間及是否經過縣衙處理,少數判首還有案由總結,繼而陳述兩造爭拗的案情。需要説明的是,這裏的"案情"有可能由歷次審理的卷宗記載,也可能從當事人的訴狀歸納而成,不具有據以結案的效力。第二層是認定事實,即主審官邱煌通過證據勘驗、個别訊問和邏輯推理,試圖還原案件的真實情況。如遇複雜案件,他還會總結爭論焦點,采取逐個擊破的方式查明事件的來龍去脉。對兩造爭執的内容,邱煌則因案而異地説理,或稽考地方風俗,或援引交易習慣,或采取法律規範,不一而足。在涉及倫常風化的案件中,他也會考量當事人的意願和情面。第三層是判決平爭,根據查清的案件事實權衡利弊,判令當事人承擔一定的責任,恢復一定的秩序,最終達致"兩造悦服"的效果。①

就《府判錄存》所見案例而論,第一層所總結的案情往往經不起推敲和詰問。無論是當事人誣告,抑或是前審官紕漏,一般都會在證據鑒别和推理考驗下露出馬脚。其中,有無契約文書保留可供呈證,在判别方式上有所差異——對無契約文書保留的訴訟而言,當事人陳述、證人證言以及損害鑒定等是主要的證據形式,爲防供詞虛僞誇大,通常需要委托鄉約保甲、中見人或同族長老查證事實,增强證據的證明力。

對有契約文書保留的訴訟而言,契約代表了當事人願意發生利益牽連的真實意思,審理竅門在於辨别契約真假和多份契約的效力優劣。如果契約文據不違反律例倫理,通常選擇尊重真實契約約定的内容。少數技術比較拙劣的僞造證據,僅通過比對契約的書寫筆迹、署名落款及記載日期等便可辨明真僞,從而輔助邱煌直接認可或

---

① 這種判詞結構和今天訴訟判決書的樣式規範、撰寫原理並無二致。參見臺灣地區"司法院"司法行政廳編:《裁判書類通俗化範例彙編(二)》,臺灣地區"司法院"2002年版,第3—50頁;姚瑞光:《民事訴訟法論》,作者自刊2012年版,第362—367頁。

否認持契人的主張。如"鳳翔縣民賈應魁等具控黃雙保將伊逐出、不准承繼案"中，賈應魁假報過繼給從堂叔賈必善爲子，呈出僞造嗣單，但查賈必善生辰祝單、賈必善之妻嚴氏去世綾區，賈應魁均落款"堂侄"，又曾與賈必善之親子買賣槐樹，與同居共産不合，其冒充嗣子無可抵賴。① 又如"鳳翔縣民梁秉離具控梁祥娃等強割麥石案"中，梁應蘭爲了侵占族産，謊稱該地爲其外祖父在乾隆年間所買，孰料"縣内契尾必須據實書寫，斷不敢倒填年號"，呈出稅契的投稅時間却在興訟後的道光十九年（1839）七月，其謊言不攻自破。② 然而，大量糾紛所依憑的契約都没有明顯的篡改痕迹，要求司法官結合其餘證據合理判斷契約全部或部分内容的效力，審慎地得出案件真相，方可平息兩造爭端。從類型上看，此類契約的瑕疵及審斷方法大致有：

其一，記載内容缺失者，以他據印證與補強。如契約没有載明當事人的姓名，並不代表會徑直剥奪其出資資格。"四川民婦趙陳氏具控武生劉承先買賣房屋糾紛案"中，趙陳氏委託外甥范先禮出名代買房屋，導致房契上没有記載趙陳氏姓名，趙陳氏無法主張房屋産權。後邱煌查明，范先禮向他人借款買房時曾披露實際購房人是趙陳氏，結合放貸人和中人的證詞認定了趙陳氏的出資。③

其二，記載内容衝突者，常見數份契約文據的衝突、契約與締約人真實意志的衝突，需要以"常理"及他據考證，憑經驗與邏輯推理。一般而言，經過前審州縣勘驗和存檔的文約具有排他的優先效力，也即邱煌所説"分關……經前縣朱標存卷，此而尚不可信，則一切文約皆屬可廢"④。而面對純粹由當事人呈送的文約，情况則複雜許多。比如，在爲數不少的合夥夥計損害合夥人（資東）利益的案件中，合夥人（資東）控稱受到蒙騙、脅迫簽署了負債文約，必須結合合夥店鋪的

---

① 見本書卷三第 229—233 頁。
② 見本書卷三第 236—237 頁，引文見第 237 頁。
③ 見本書卷三第 223—225 頁。
④ 見本書卷二第 125—128 頁，引文見第 126 頁。《府判録存》所見的一些例外情况是，官府存檔的文約是當事人串通文書人員私自夾入卷宗之中，導致原本應該在縣控時塗銷的契約成爲了誣告人的憑據，這種契約自然不具有證據能力。見本書卷二第 158 頁。

實際經營狀態、當地工商業的交易習慣等辨明是非。"蒲城縣民張遵程具控鍾士賢等欺誆資東案"中,"恒益祥號"錢鋪的領本夥計鍾士賢、石兆林黌夜關閉店門,佯裝躲避追債,欺騙資東張遵程寫立欠債字據,將鋪面生意抵作清償。邱煌認為,店鋪負債的償還需要遵循借債的相對性,"鋪內欠有外賬,該賬主等亦只能向鋪夥索取,而鋪夥再向資東清算",逼迫資東直接向債務人承擔責任,不符合合夥債務的消滅原理。① 同時,"恒益祥號"開業七年"生意興旺,鄰右周知",如果該店資不抵債,則"其未關閉之前,必有不能撐持之勢為人所逆料,未有赫赫方隆陡然匿迹銷聲,不待智者而知其偽托也"。②

其三,極端情況是舉證不能或文契滅失,以回溯法反證契約利益和證據責任。善於構訟者,通常也是長於毀證者。《府判錄存》中至少出現了借約不還、塗抹契約、隱匿不呈及焚毁扯破等四種故意破壞契約正常存續形態的惡行,導致原本依據契約享有合法利益者"空口無憑",持有假契者反倒坐享"白紙黑字"之惠。對此,邱煌的解決辦法有先後次序之分:如果毀約隱匿人在堂訊之下承認了原契上對自己不利的事實,則要求其當堂默寫文契,防止反復翻供;③如果其堅決否認原契內容並主張所持契約的真實性,則根據現有文約及其"情理"推理,甚至可以做到完全不依賴原約而剖明清白。如"郃陽縣民人侯連陞上控監生雷鳴治合夥賬目糾紛案"中,全案涉及七個契約,其中兩個滅失,一個偽造,三個因欺詐或脅迫訂立,只有一個即粟炭行分夥合同是完全沒有瑕疵的。富於邏輯思辨能力的邱煌,以有限的證據反對案件事實,從分夥合同、借債收據反推出侯、雷二人曾經合夥、借貸,從而確證了粟炭行是二人第一次合開之鋪,絕非侯一人出資。以此為基礎,邱煌繼續推論,認為分夥必定算明賬目,第一次

---

① 在邱煌看來,領本夥計和資東對合夥產生的債務需要權衡分擔,特別是針對領本夥計獨立從事的貿易活動,其債務不能徑由資東償還,反而要求資東對領本夥計承擔選任過失責任。原因在於"鋪夥承領資東本錢,比比皆是,若鋪夥睽欠,儘派令資東償還,則鋪伙皆得肆行無忌,貽害資東,而資東人人自危,誠於風俗人心,大有關係"。見本書卷一第 88 頁。
② 見本書卷三第 265—268 頁,引文見第 266、267 頁。
③ 見本書卷二第 139—141 頁。

合夥折本之後雷借貸二千兩是清算結果,當時没有侯欠債的説法,則第二次合夥雷無資本可入,侯亦不會欠雷債務,所謂侯簽署的因欠債而將第二次合夥頂手給雷的字據與推理不符,更與情理相悖。①

除此之外,耕耘陝西近廿載的邱煌十分注重瞭解、搜集和熟稔地方風俗習慣,对陝西獨有的、奇異的締約方式,以及幾近消亡的過往風俗,他可以在不少判詞中如數家珍。面對當地借貸契約不由締約人親自書寫的慣例,他坦率地説:"查陝省風俗,借券内只有中見,並無親筆書字之事。本府於道光二年履任秦中,見民間具控錢債,券非親筆,頗爲駭異。今閲歷十八年來,始知風俗歷係如斯,不足爲異。"並就此識破了被告否認借錢的詭計。② 這種借貸形式要件的省略和對借款人的高度信賴,至民國則進一步演化成陝西乾縣的"借約不畫押,代筆不書名",即"民間解借款項,只書墨票,所有中管人等及債務人,均不畫押蓋章,亦無代筆人姓名";寧陝縣的墨票甚至"僅載錢數、期日,並無圖記,其形式雖較簡略,而信用仍極昭著"。③ 另一個典型案例是,鳳翔地區在乾隆年間未設差局,軍地徵權勞苦,爲了兼顧私下推讓地畝和防止官府查禁,當地百姓多在契約中書寫"錢便許贖"字樣,以至道光年間仍有狡詐之人憑此回贖軍地,嚴重破壞了鳳翔民間形成近百年的土地流轉秩序。邱煌在"鳳翔縣民炊世泰具控賈珍等奪地案"的判詞中對知縣認可"錢便許贖"不以爲然,明確指出:

  風俗不惟南北異宜,而今昔情形,亦隨時遷易,必須酌量變通,庶免膠執之弊。查鳳郡七八十年以前,未立差局,差繁費重。每年地土所出,徭役以外,常虞不給,人以承糧爲苦,故有熟荒之

---

① 見本書卷五第 402—410 頁。
② 見本書卷一第 92—93 頁,引文見第 92 頁。
③ 前南京國民政府司法行政部編:《民事習慣調查報告録》下册,胡旭晟、夏新華、李交發點校,中國政法大學出版社 2000 年版,第 718、724 頁。

諺,而軍地尤爲受累。居其時者,多有舍價推糧之事,只圖卸去重擔,得免追呼。是以現在軍地,俱係輾轉相推,並非本來業主,其所稱"錢便許贖"之處,係屬虛裝門面,在爾時秉筆,原謂空有其言而不必實有其事。今則設局支差,徭役輕減,尺土寸田,盡須價買,絕無舍價推糧之人,是今昔情形大不相侔,不可準今以例古。

在判決部分,邱煌承認了實際承糧人炊世泰的管業權,還特意參考鳳翔南北兩山承種山地之人的契約書寫習慣,要求當初推地人的繼承人賈珍"仿南北山地畝章程,書明'許退不許奪'字樣,給炊世泰收執,以杜覬覦而息争競"。①

在中國傳統法律文化裏,風俗與民情呈現出互爲表裏的緊密關係。地方官利用風俗認定案件事實,其實是探求地方民情、改良地方治理的一種手段,甚至可以説,所謂"情理法",審理之"情",不僅有"人情世故"的考量,也有"下慰民情"的需要。張亮采在百年以前有一段精闢的論述説:

> 《記》曰:禮從宜,事從俗。謂如是則便,非是則不便。聖人治天下,立法制禮,必因風俗之所宜。故中國之成文法,不外户役、婚姻、廄牧、倉庫、市廛、關津、田宅、錢債、犯奸、盗賊等事,而慣習法居其大半。若吉凶之禮,則嘗因其情而爲之節文。無他,期於便民而已。雖然,風俗出於民情,則不能無所偏。②

---

① 見本書卷二第170—171頁。有趣的是,日本學者滋賀秀三同樣引述了前面兩段案例,以説明"風俗習慣與情理的關係",但滋賀秀三的觀點有西方中心主義的色彩,導致他對邱煌的評價有失偏頗。篇幅所限,將另文探討。參見〔日〕滋賀秀三:《清代訴訟制度之民事法源的考察——作爲法源的習慣》。對滋賀秀三研究方法和視角的批評,請參見蘇亦工:《清代"情理"聽訟的文化意藴——兼評滋賀秀三的中西訴訟觀》,《法商研究》2019年第3期,第178—192頁;王帥一:《"無法"之訟:傳統中國國家治理體系中的田土細故》,《學術月刊》2019年第12期,第106—120頁。

② 〔清〕張亮采:《中國風俗史》,上海三聯書店2014年版,第1頁。

在此,"民情"一詞約有二義:第一種含義是兩造糾紛的案情,如《周禮·秋官》記載,小司寇"以五聲聽獄訟,求民情",司刺掌三刺、三宥、三赦,"以此三法者求民情,斷民中,而施上服下服之罪,然後刑殺"。孫詒讓解釋説:"謂察民情之虛實,求民罪之中正,必用此三法。"[1]第二種含義則常指民間情勢和習俗,它不僅對國家立法者有所拘束,[2]也是歷代地方官審理獄訟時期望援引和維繫的重要因素。原因在於,訴訟作爲社會糾紛激化後的化解方式,一般是地方官瞭解治理缺陷的重要渠道。然"民情"不易全盤求得,便往往通過察看、矯正以"民情"爲底色的"風俗",研判地方治理風險,抵禦外來惡俗衝擊。從前引兩案來看,民間借貸和土地交易的特殊風俗便是邱煌在長期訴訟實踐中得知的,並且,二者業已分別蔓延至陝西全省和鳳翔地區,如果苛求"超人格或無個性的規則",是很難保證"查清事實"和"准情酌斷"的。更重要的是,假設司法官刻意規避或否認各地風俗,則百姓不免流於反覆上控,此乃民情必然,即孔子所謂"舉直錯諸枉,則民服,舉枉錯諸直,則民不服"[3],顯然是不符合傳統時代"爲官一方,治理一方,保養一方"的價值觀的。《府判錄存》之所以反覆強調"折服其心",便是邱煌旨在摸透"民情"、杜絕糾紛的體現。從地方綜合治理的角度説,把握"風俗"並順勢穿透至"民情",是邱煌修養政績的門道,也是以他爲代表的古代地方官員統轄地方的常用方法。

清代名臣陳宏謀認爲:

民生之休戚,風俗之美惡,固由積漸使然,非一朝一夕之故,而因俗立教,隨地制宜,去其太甚,防於未然,則皆官斯土者所有事也,苟非情形利弊熟悉於心胸,焉能整飭興除,有裨於士庶?

---

[1] [清]孫詒讓:《周禮正義》第八册,汪少華整理,中華書局 2015 年版,第 3338、3428 頁。
[2] 除了張亮采的論述,《漢書·刑法志》亦言:"聖人既躬明哲之性,必通天地之心,制禮作教,立法設刑,動緣民情,而則天象地。故曰先王立禮,'則天之明,因地之性'也。"參見[漢]班固:《漢書·刑法志》,中華書局 1962 年版,第 1079 頁。
[3] 楊伯峻譯注:《論語譯注》,中華書局 2009 年版,第 19 頁。

府曰"知府",州曰"知州",縣曰"知縣",則四境之內有一不爲官司所當知者乎?①

比邱煌稍晚在陝西長期爲官的樊增祥,亦對察訪風俗、定分止爭多有論述。樊增祥認爲,"考風俗、察地形"之目的在於"知在官之程度,悉民生之利病"。②在一些個案中,樊增祥還直接引述陝省流風,批駁了大荔縣孀婦董方氏控詞云:"陝中風俗,凡有自戕之案,無不藉命圖訛,況爾爲子鳴冤,應如何奮迅迫切,何以遲延半載有餘,始行上控? 其爲意存拖害,不問可知。"③如此看來,樊增祥與邱煌的詞訟觀、審理法大有會通之處。那麽,邱氏理訟與樊增祥等衆多循吏有否差異,或許更待本文揭橥。

從空間上説,樊增祥自光緒十年(1884)正月任陝西宜川縣知縣後,累次主政咸寧、富平、長安、渭南諸縣,光緒二十七年(1901)六月因扈駕之功升陝西臬司,調署布政使,其間在光緒二十五年(1899)二月入榮祿府以道員銜參武衛軍事,④恰恰空缺了在陝知府一級的履歷,與邱煌二十年的知府生涯互有補充。同時,樊增祥對待小民訴訟的態度與邱煌頗有分異。在陝西臬藩任上的樊增祥高度重視州縣自理戶婚田土等細故的成效,常常批令州縣官先察己過,杜絕民衆反復上控。他説:"陝民上控風氣十案九虛,又有纏訟之一法,一控不准,再控三控,甚或四五控而不已。……陝西七十餘廳州縣,豈能人人聽訟公明? 凡有上控,當先察其官之賢否,再詳其情之僞真。"⑤但是,面對千里上控至省的地方小民,樊增祥的一些批詞未免嚴苛於民。比如,樊增祥認爲"細故固無提訊之理,飾訴亦無寬免之由",定遠廳、紫

---

① [清]陳宏謀:《諮詢民情土俗諭》,載[清]賀長齡輯:《皇朝經世文編》,文海出版社1972年版,第754頁。
② [清]樊增祥:《樊山集》,文海出版社1978年版,第725頁。
③ [清]樊增祥:《樊山政書》,那思陸、孫家紅點校,中華書局2007年版,第78頁。
④ 參見[清]樊增祥:《樊山政書》,那思陸、孫家紅點校,中華書局2007年版,第1頁;程翔章、程祖瀚:《樊增祥年譜》,華中師範大學出版社2017年版,第81—194頁。
⑤ [清]樊增祥:《樊山政書》,那思陸、孫家紅點校,中華書局2007年版,第209頁。

陽縣等距離省府較遠的民人前來上控,在證據周延審查和事實徹底查清前,即被斥責曰"不遠千里,來省上控,而所控者無非買賣田地錢財膠葛之事,輒敢指控被證九人之多。其健訟拖累已可概見","爲買賣田地之故,與族衆結訟不休,輒欲本司提人於千里之外,居心陰毒已極"。① 雖然身處臬藩,詞訟煩擾及虛假訴訟極多,打擊惡意上控的刁訟之徒在所難免,但此類做法會否催生新一輪控訴和冤案沉積,亦令人懷疑。②

有學者指出,面臨瑣碎的錢債、田土糾紛,樊增祥等省級官員通常不親自審理,而是轉發原審機構重審,但因爲官員監督成效的逐級遞減,監督者"人存政舉",對財政困局、生齒日繁視而不見,最終結果大都石沉大海。樊增祥一方面深刻洞悉了州縣自理詞訟遲延、謊報、虛報導致積壓嚴重,另一方面又十分反感小民越訟,最後表現爲對上控少有受理和嚴厲申斥。③ 其中蘊含的悖論是,小民細故在州縣自理詞訟化解失敗者越多,上級官員要求地方重新處理者便越多。基層詞訟的壓力難以向上疏導,反而向下越壓越實,難保地方官自顧不暇,積案打成死結。而在《府判錄存》中可見,邱煌在府一審級中,較少將地方瑣碎詞訟推回州縣審理,對於來訟者的地域、身份和訟由亦不甚挑剔。小至演戲口角打損鼓鈸④、追索業已確定的債務⑤等事由,遠至甘肅省静寧州、甘肅省固原州、西安府武功縣、西安府盩厔縣民人來控,⑥雖分别經鳳翔縣、寳雞縣、扶風縣、郿縣等知縣審斷,邱煌仍剖分决獄,試圖化解糾紛。當然,這與清代訴訟由被告

---

① [清]樊增祥:《樊山政書》,那思陸、孫家紅點校,中華書局 2007 年版,第 3—4 頁。
② 從《府判錄存》卷一所收案例也可以發現,原告人籍貫不隸陝西而事涉鳳翔者,亦多有批鳳翔府審理的。如甘肅秦州民李信義上控郿縣監生李枝茂(見本書卷一第 56—58 頁)、原籍甘肅平涼府的隴州客民萬興成上控王大倉(見本書卷一第 77—78 頁),便是由藩憲批令回訊的。
③ 參見鄧建鵬:《清代州縣詞訟積案與上級的監督》,《法學研究》2019 年第 5 期,第 173—190 頁。
④ 見本書卷二第 133 頁。
⑤ 見本書卷一第 96 頁,卷三第 215 頁。
⑥ 見本書卷一第 80 頁,卷二第 161—162 頁,卷二第 148—152 頁,卷四第 330—331 頁。

地、事發地管轄①及邱煌個人的審理興趣有很大關係,亦非要求每位地方官都事無巨細地處理細故。但這揭示出,小民訴訟爭端不大,卻也容易在各衙門反覆周轉的過程中蛻變成"刁民纏訟"的刻板印象,加深了地方治理的困難。如果可以用剖明事實、折服其心的方法疏導細故利害,或許比單純的壓制和批回能達到更佳效果。這似乎與西方法諺"法律不干細事"(De minimis non curat lex)②有所區别。

　　同時,西學傳入和新政推行後,樊增祥對西方近代法律的態度有所轉變,在中西訴訟觀上有所躑躅。先是,他對西學之弊比較警惕,認爲"人習和文,士多橫議。西學好處,一無所知、一無所能,而專以平權自由之謬説互相誇煽,此偏於新學之弊也"③,並清楚地看到,"今日雖力行新政,中國之民猶是舊日之民也。性情風俗,迥異島人,蠢愚冥頑,未受教育。若必盡改中國之法律,而以外國自治其民者治吾之民,是猶男穿女衣、俗戴僧帽,吾未見其有合也。法政誠不可不學,中律亦不可盡棄"④。但正是因爲學法政和保中律平衡難取,樊增祥有時滑向了"不必分中外,惟以有用爲歸"⑤的實用主義思維。在被指摘"守舊"時,樊增祥也一度承認了西學和西化對自己的影響。他並不諱言地説:"西人每作一事,皆積勞苦思而後成。中人則鹵莽施之,滅裂報之,可謂官失而守在夷矣。……今人皆詆吾爲守舊,不知吾作事甚似西人,其不合於時賢者,世皆襲西人之貌,吾則取其意也。"⑥因此,雖然樊增祥表達出"情理外無法律"的觀點,但整句話却是"判斷各案,實獲我心。情理外無法律,抱舊本者不知,講西例者亦

---

① 《大清律例》"告狀不受理":"若詞訟原告、被論(即被告)在兩處州縣者,聽原告就被論(本管)官司告理歸結。"戴炎輝先生指出:"清制,原被兩造的住縣不同時,以被告的住縣爲準,而定其土地管轄。唯若一律以此爲準,則諸多不便。故於事犯地方告理,不得於原住州縣呈告。"參見[清]薛允升著述:《讀例存疑重刊本》,黄静嘉編校,成文出版社1970年版,第990頁;戴炎輝:《中國法制史》,三民書局2007年版,第146頁。
② 鄭玉波:《法諺(一)》,法律出版社2007年版,第178頁。
③ [清]樊增祥:《樊山政書》,那思陸、孫家紅點校,中華書局2007年版,第274頁。
④ [清]樊增祥:《樊山政書》,那思陸、孫家紅點校,中華書局2007年版,第594—595頁。
⑤ [清]樊增祥:《樊山政書》,那思陸、孫家紅點校,中華書局2007年版,第40頁。
⑥ [清]樊增祥:《樊樊山詩集》下册,涂曉馬、陳宇俊校點,上海古籍出版社2004年版,第1753頁。

未合也"。① 有學者指出,樊增祥此言表明其尚未透徹瞭解西方,對西法的態度大抵是溫和緩進的。② 確實,樊增祥所說"西學"可能未中肯綮,但他對中法亦不免產生些許懷疑態度。③ 因爲偏離了中國"舊本"的"情理",恐怕是有危險的。

其實,樊增祥和邱煌在理訟過程中都主張"執法原情"和情法兩盡,不過,一旦受西學衝擊和官員位置的左右,如何把控情理的走向便十分考驗司法官的智慧。就傳統時代尚未受西學滲透的邱煌而論,"揆情察理"遵循一條主綫:貼合民衆日用之觀念,符合通行社會之道理。從外在形態上講,邱煌利用所說的"情理"根據涉及錢債交易習慣、繼承分割習慣、供詞及行爲人行事的邏輯以及衡量責任的要素,並無固定的内涵。但只要細加體察就會發現,邱煌所考量的"情理兩協",都是符合普遍民情的道理。諸如繼承分割之後的債務是個人債務,通奸者應被捆綁報官,償還債務需要當面稱明銀兩和偏愛子侄而常施周濟等,④都無外乎人倫日用的"常識",一個社會人通常不會反其道而行之,一般沒有贅述的必要。如果能通過衆人通曉的"情理"查清案情,達到"此時無聲勝有聲"的效果,便不必大費周章地尋找所謂"成文法法源"。從樊增祥到今天,衆多學人所糾結的情理司法與西方法源說相衝突的根源,可能正在於此。⑤

在中國文化裏,"情理"本就有一種以心揣摩的意味,一如香菱學詩時所說的:"詩的好處,有口裏説不出來的意思,想去却是逼真的。有似乎無理的,想去却是有理有情的。"⑥判決的"情理"也莫過於此。

---

① [清]樊增祥:《樊山政書》,那思陸、孫家紅點校,中華書局2007年版,第556頁。
② 參見霍存福:《沈家本"情理法"觀所代表的近代轉折——與薛允升、樊增祥的比較》,《華東政法大學學報》2018年第6期,第108—109頁。
③ 這裏似乎與孫家紅教授的觀察不同。參見孫家紅:《代前言:轉型中的法律與社會——樊增祥和他的〈樊山政書〉》,載[清]樊增祥:《樊山政書》,那思陸、孫家紅點校,中華書局2007年版,第5—6頁。
④ 見本書卷一第85—86頁,卷四第337—338頁,卷四第351頁,卷三第265—268頁,卷一第92—93頁。
⑤ 參見蘇亦工:《清代"情理"聽訟的文化意藴——兼評滋賀秀三的中西訴訟觀》,《法商研究》2019年第3期,第178—192頁。
⑥ [清]曹雪芹:《紅樓夢》上册,人民文學出版社2008年版,第647頁。

若把目光置於今日,民國時期民事訴訟有關規定便有:"事實於法院已顯著或爲其職務上已所知者,無庸舉證。"傳統時代官衙與百姓融通的"情理",恐怕與此之"顯著"及職務"已知"是相通的。① 或問:同節規定亦有,要求當事人對法院所不知之"習慣"負擔舉證責任,"法院得依職權調查之",若與上文比較,又當作何理解?按拙見,這恰好表明,中國古代地方官與當代法官在統攝公共事務範圍上的寬狹有別。經西方權力分立理論重塑國家政治結構後,地方官爲民父母的全方位治理,蛻變爲法院的司法專業化,由此導致後者不負擔勤於查訪管轄地方風俗習慣的義務,自然不可苛責法院事事知悉。但有趣的是,由於本條的"習慣"是"客觀性之存在於多數人之反覆持續性活動"②,僅由當事人呈證效力較弱,民國時期最高法院"18 年上字第 2259 號"判例要求,"習慣法則之成立,必先有習慣事實存在,故法院認定習慣法則與認定事實,同應依法爲種種之調查,以資認定,不得憑空臆斷","19 年上字第 916 號"判例重申了"法院應依職權調查之"。③ 在訴訟裁判資料搜集從辯論主義向當事人與法院協同主義或協力主義的過渡下,④法院對習慣的瞭解需要趨於主動和深入,一定程度上體現出傳統司法智慧的回歸和轉化。

更明顯的是,近現代訴訟法的"自由心證制度"也要求"必須依照理論法則、經驗法則來判斷","近代的訴訟法廢除了認定事實的形式化的作法,取而代之的是完全信任法官的智慧,以法官的自由心證來判斷。也就是說只期望於有良心、有辨別能力和經驗的法官的具

---

① 今天亦有類似的民事訴訟證據規則。2015 年的《民事訴訟法》司法解釋第 93 條規定:"下列事實,當事人無須舉證證明:……(二)眾所周知的事實;(三)根據法律規定推定的事實;(四)根據已知的事實和日常生活經驗法則推定出的另一事實……"
② 姜世明:《"民事訴訟法"(第六版)》下册,新學林 2019 年版,第 10 頁。
③ 以上兩則判例,見姜世明編:《"民事訴訟法"注釋書》第四册,新學林 2013 年版,第 259 頁。
④ 參見許士宦:《證據搜集與紛爭解決:新"民事訴訟法"之理論與實務(第二版)》第二卷,新學林 2014 年版,第 189—191 頁。

體確信"。① 如日本《民事訴訟法》第二四七條曰："裁判所於做出判決時,應斟酌口頭辯論全趣旨以及證據調查結果,依自由心證,對事實主張的真實與否作出判斷。"②若循序追問,從"實體法"的角度看,一旦承認了"審判"的依據是"成文、先例或習慣等任何實證基礎","各人心中的感覺而不具有實定性",那麽西方所推崇爲近現代民法"理想"和核心的"意思自治原則"(或稱"私法自治原則")及在此原則指導下所締結的合同,③是否會因締約人千差萬别的"感覺"而爲民事審判所排斥呢?既然如此,則邱煌的"情理聽訟"與"意思自治原則"和"自由心證"名分雖異,本質實近,即不束縛於孤立的、片面的"規範",而是充分衡量個案的、變動的"情理",依據公正的理念查清事實、分配利益,實現當事人平息爭訟的融洽效果。樊增祥所謂"抱舊本者不知,講西例者亦未合",或許需要顛倒爲"舊本"與"西例"應用相合的意涵,正在於情理之間。此是邱煌理訟所顯化和提醒今人的特色之一。

四、剛者易折——邱煌訟外的落寞

在理訟時"日坐堂皇""樂此忘疲"的邱煌,在訴訟之外也是一個鮮活的生命個體。據他的好友路德記載,邱煌痴迷公務、不問家事,日常生活亦不改剛直秉性,只能由繼妻王氏寬慰照料直至陝西任職結束。"計前後敘歷中外凡三十餘載,恭人恆與之俱。先生性嚴峻,恭人勸之以寬。先生任事勤,能案無稽牒,不暇問閫内事,悉以委恭人,恭人攬大綱執大目而不爲苛察以苦人,事無巨細,應機立斷,自戚

---

① 〔日〕兼子一、〔日〕竹下守夫:《民事訴訟法》,白绿鉉譯,法律出版社1995年版,第106—107頁。關於自由心證之精彩論述,亦可參見〔日〕松岡義正:《民事證據論》,張知本譯,中國政法大學出版社2004年版,第62—72頁。
② 《日本民事訴訟法典》,曹雲吉譯,廈門大學出版社2017年版,第77頁。
③ 參見〔日〕我妻榮:《新法律學辭典》,董璠輿譯,中國政法大學出版社1991年版,第421頁;〔日〕星野英一:《意思自治的原則、私的自治的原則》,《現代民法基本問題》,段匡、楊永莊譯,上海三聯書店2012年版,第105—146頁。

族賓從下逮臧獲之屬,罔不悅服。"王氏去世後,邱煌痛哭説:"已矣!吾失良友,不得復聞過矣!"①

同時,處於嘉道變局下的邱煌對國運多舛常思"憂患"。如羅威廉所言,"鹽政、漕運、河工構成了清朝的'三大政'",自18世紀末到19世紀,如包世臣、魏源等中國士大夫群體逐漸跳出樸學的樊籠,走嚮對實學和經世致用的探索,力去三政之弊。② 隨着嘉、道二君廣開言路、"詔求真言",類似邱煌這樣原無直接奏事權的地方官員也輾轉尋求上奏之法,提出外交、漕運的變革之道。雖然如前述,邱煌有關對英事務的奏議遠見不足,但在經世之學的鼓呼下,他在理訟之中同情四野疾苦,也逐漸推廣至其愛惜民力、擔憂國勢的心緒和體悟。《府判錄存》的最後三篇文章與全書的其他判詞不同,是邱煌針對陝西驛務和雲南回變問題提出的報告和諫議,均體現出邱氏在詞訟之外的理政思想。時任護潼關道的邱煌爲了徹查陝西州縣驛務有無"克減例額""派累民間",遍訪渭南等十餘個州縣,發現"東西兩路衝途州縣額設驛馬,除遞送文報之外,遇有大差過境,本不敷用,不得不藉資民力",如果百姓與官府不能在驛馬租借問題上達成共識,不唯官府用馬徒耗成本、貽誤情報,且百姓在軍務之上亦少合作機遇,可謂兩敗俱傷。他建議保留民間在緊急時供應驛馬的傳統,同時禁止官府對供應推舉插手左右,"一聽民間公舉殷實公正紳耆董辦其事,自爲經理,而官人不得干預,既不没該士民急公踴躍之忱,又可杜官胥等染指分肥之患",以最大限度地平衡驛務攤派和減少擾民,"斯爲公私兩盡",是頗有見地的。③

---

① 〔清〕路德:《王恭人墓志銘》,《檉華館全集》卷五,《續修四庫全書》第一五〇九册,上海古籍出版社2002年版,第466頁。當然,路德的記述很可能有溢美的成分,其所言邱煌爲官數十年積攢極少,王氏爲貼補家計,只得"時鬻釵釧,以佐薪水"。而邱煌在道光二十二年(1842)得以推升湖北督糧道,正是其根據《海疆捐輸章程》"捐銀一萬兩以上"的結果,可見他的經濟生活起碼不是路德所言的高度貧困。參見《録副奏摺》,道光二十二年十二月初十日,檔號:03-3247-009,中國第一歷史檔案館藏。
② 參見〔美〕羅威廉:《言利:包世臣與19世紀的改革》,許存健譯,倪玉平校,社會科學文獻出版社2019年版,第8—9、29、130頁。
③ 見本書卷五第424—426頁。

同樣具有特色的是，邱煌對滇西永昌漢回相殺一事的見解，與歷次處理此事的賀長齡、李星沅和林則徐都有分異。賀長齡、李星沅采取嚴厲的鎮壓態度，大力剿滅回民武裝以累至無辜回民，導致事件愈演愈烈。林則徐到任雲貴總督後，以"但分良莠，不論漢回"①爲原則，設法懲治引起動亂的漢回人等，却放過了屠殺回民的迤西道羅天池、知州恒文及練總沈聚成等人，僅以"革職永不叙用"了事，親自殺燒搶掠的沈聚成更因"在監病故"而無法歸責。② 在邱煌看來，上述做法都沒有抓住漢回糾紛的核心，也即"從前漢回衅起爭勝，並非謀逆，只因地方官意存偏袒，致回民等輾轉仇殺，釀成巨案"③，"其誤在官而不在民"。就地方百姓而言，無論是漢民還是回民"儼然以忠義自許"，漢回相殺皆想證明己方"不甘居叛逆"而主動剿叛。因此，要充分化解漢回矛盾，關鍵不在於"申威"鎮壓，而在於嚴厲"追究禍首"，滌除偏見，贊賞百姓"忠義之初心"。④ 爲了達到漢回雙方心服口服、永息爭競的目的，邱煌還以湖南、貴州的苗民叛亂處置爲鑒，建議不稱回民財産爲"叛産"，也不將其没官，而是充作當地回民的書院教育和科舉費用，"俾回民等共知大造無私，傾者覆而栽者培"，"以激發其忠義之氣，並宣示德意，不奪其固有之利，以杜異日爭端"。⑤邱煌的看法，既刺中了處事者放任地方官殺虐回民的痛處，又帶有憐憫回民和漢回"一視同仁"的態度，恐怕是不能被林制軍所完全接受的。同時，如孟森先生所言："回之變也，多由聚族而居，與漢人痕迹不化。始而以漢貌回，迨天下多故，則以回仇漢，而漢人無以御之，則變作矣。"⑥清代回變之誘因十分多元，恐非邱煌一語所能中的。他所

---

① ［清］林則徐：《叠次搶劫焚擄各犯審明定擬摺（附清單）》，載林則徐全集編纂委員會編：《林則徐全集》第四册，海峽文藝出版社2002年版，第267頁。
② 參見［清］林則徐：《保山案犯審明定擬並陸續撤兵摺》《保山回民兩起京控案審明定擬摺》，載林則徐全集編纂委員會編：《林則徐全集》第四册，海峽文藝出版社2002年版，第241、303頁。
③ 見本書卷五第429頁。
④ 見本書卷五第427—428頁。
⑤ 見本書卷五第429—430頁。
⑥ 孟森：《清史講義》，中華書局2007年版，第489頁。

責備的"其誤在官而不在民",實質上是譴責一些地方官(如羅天池、沈聚成之流)推行歧視政策,刻意分化和區別對待漢回民衆,導致漢回仇視日益加劇。他批評一些原本可以在平等原則上妥善處理的糾紛一發不可收拾,最終釀成漢回相殺之禍。

可惜的是,邱煌之心並不能够時常得到大多數人的理解和支持。以後輩學生自居的李星沅從道光十六年(1836)開始出守漢中,自言"深叨教益,三載之間于役趨公,往來漢鳳",在詞訟之學上深受邱煌之影響,還爲《府判録存》第五卷的一些案例作了詳細批注。但是,在邱煌爲中英外交事務上奏時,李星沅却表示:"邱叔山前輩太守忽有論英夷封事請奏,詢其立意,秘而不宣,咄咄怪事也。"[1]不論是李星沅根本不瞭解邱煌之心志,還是邱煌刻意隱瞞不願讓他人知曉,對邱煌而言,這恐怕都是苦悶和無奈的。

道光二十七年(1847)劉晟昌誣告事件之後,邱煌又寫下了《匡俗末議》,以抨擊學田名不正、言不順、分不定,因此士風不古、世道衰頹,充斥着對劉晟昌之訴玷污文教的反感和憤慨。他首先譏諷地方學田仿造孔廟命名爲"祀田"是"名之不正",以至於林則徐審理此案時先"不勝駭異",後"笑其不學無術"。繼而,他批評地方生員説:"誠以一邑生員人數既衆,良莠不齊。其善良者,必不肯挺身攬事,而庸惡陋劣者實繁有徒。此等之人以貪黷爲本心,以險詐爲智術,以桀驁爲才能,以衣頂爲護符。"因此,他强烈建議保持學堂碑石舊章所規定的"不許生員子弟干預公事,即有切己之事,亦只許家人代告,凡一切利病不得上書陳言,如有一言建白,即以違制黜革治罪",以便實現"分定"。有意思的是,這塊學堂卧碑記載的内容,實質就是《大清律例》"上書陳言"條的例文。薛允升在《讀例存疑》中對本條表示疑惑:"專言生員,不知何意,舉人貢監自應准其建白矣。"[2]而邱煌却對此做出了自己的解答:

---

[1] [清]李星沅:《李星沅日記》,袁英光、童浩整理,中華書局1987年版,第140頁。
[2] [清]薛允升著述:《讀例存疑重刊本》,黄静嘉編校,成文出版社1970年版,第432頁。

但所謂士者，其字義爲將仕之人，蓋專指甲科以及副貢至生員一項，名爲弟子員，不稱士而稱士子，義視士人之子弟。地方公事既有父兄經理，子弟即不得干預其事，其分專在讀書敦品。定例不許生員干預公事。……原欲其底於有成。不使出入公門，有玷人品也。而杜漸防微之意即寓其中。……倘許其干預公事，必至呼朋引類，互相黨援，始而欺壓鄉里、武斷鄉曲，繼而包攬錢糧，甚而勾通雜色人員，狼狽爲奸，把持官府，攻訐陰私，自破靴有黨，而正印無權。①

简言之，生員任務在讀書明理，一旦允許其上言建白，則不免離學入政、結黨營私、橫行鄉里，背離了書院學堂設立的本意，也不符合培育國家官吏的規律和程序。如果不是對地方惡劣的士風、生員培養的要義和書院教育的風尚有切實的體會，恐怕很難理解該條例文的用意。因此，雖然邱煌將自己的這篇文章謙虛地命名爲"末議"，但其急於匡救時弊的心情布於全紙，所以才會在文末不無贅述地重申"如其忠言逆耳，覆轍相循，則罪自投，噬臍何及？"②期待時人能夠通過這件冤案反思學田設置、生員管理和文教禮俗的現狀。

只不過，從官場到家鄉，邱煌的剛直開罪了太多人，導致他從仕途波折到鄉里被誣，可謂荆棘滿布。全慶爲邱煌嘆息說："慶幼侍鯉庭，熟聞年伯叔山先生與其兄伯猷爲名翰林，有古諫臣遺風，均以外用不竟其才爲惜。"③李星沅也爲邱煌鳴不平道："太阿斂芒甘沉埋，

---

① [清]邱煌：《匡俗末議》，載畢節市七星關區地方志編纂委員會辦公室編：《畢節縣志：乾隆 同治 光緒校注本》，方志出版社2017年版，第401頁。
② [清]邱煌：《匡俗末議》，載畢節市七星關區地方志編纂委員會辦公室編：《畢節縣志：乾隆 同治 光緒校注本》，方志出版社2017年版，第401—402頁。實際上，在道光二十年（1840），爲了給自己"越職言事"尋找合法性，邱煌運用精到的法律知識，區分了《大清律例》禮律中的"上書陳言"條和刑律中的"擅遞封章控訴"例，認爲"蓋立法之意，既使例准奏者概得盡言，又爲不准奏事者特立上書陳言之條以廣獻納，誠爲法良意美"。這對揭示清代地方官的法律素養亦有啓示意義。參見《錄副奏摺》，道光二十年，檔號：03-2701-097，中國第一歷史檔案館藏。
③ [清]全慶：《邱觀察伯猷、叔山兩先生合傳》，載畢節市七星關區地方志編纂委員會辦公室編：《畢節縣志：乾隆 同治 光緒校注本》，方志出版社2017年版，第363頁。

未遂飛騰驅風雷,大才小試,爲之扼腕。"①公堂之外的邱煌,無疑是頗顯落寞的,這不僅是因爲他清高孤僻"性嚴峻",讓人望而生畏,更因"過剛者易折",其所言又未必椿椿深中肯綮,故難爲世俗所"海涵"。但從此引申開去,"所謂大臣者,以道事君,不可則止",而"以道事君者,不從君之欲,不可則止者,必行己之志",②雖外人爲之長嘆,但"儒者在本朝則美政,在下位則美俗"③,今人亦不該抛棄之。

五、餘論——邱煌理訟的"橘枳之辨"

"逝者如斯夫,不舍晝夜",雖然"邱一堂"已經作古百餘年,但今天重讀其洋洋大作,依舊不令人感到艱澀和陌生。這不僅出於古今利益糾紛的形態相仿,更因古今辨明是非的情理相通。身處嘉道變革時期的邱煌,試圖以靈活的地方治理策略解決關中民衆的紛爭,以經世致用的態度拯救東南失陷、漕運困局和動亂危機。雖然他只是隱約認識到,道光晚期面臨的衰退與清朝前代的顛簸不同,因此提出了與抗擊尋常海盜相似的海防對策;但是他面對陝西商業、貿易及深層經濟結構變化所誘發的糾紛時,卻没有拘泥於固有訴訟方法。他的政治遠見、從政嗅覺在清廷近三百個府級機構長官中不算顯赫,④但其理訟生涯却獨具魄力和色彩。錢穆先生説:"從人物來講歷史,近人或許已認爲是落伍了。至於研究歷史而注意到這些無表現的人物,近人將更認爲此與歷史無關。此話亦不錯,此等人本可以不載入歷史。但歷史的大命脉正在此等人身上。中國歷史之偉大,正在其由大批若和歷史不相干之人來負荷此歷史。"⑤可惜的是,誠如陳寅恪先生所言:"因今日所得見之古代材料,或散佚而僅存,或晦澀而難

---

① [清]李星沅:《附記》,見本書卷五第 426 頁。
② [宋]朱熹:《四書章句集注》,中華書局 2012 年版,第 130 頁。
③ [清]王先謙:《荀子集解》,中華書局 1988 年版,第 120 頁。
④ 據光緒朝《大清會典》,當時全國共有府 185 個,直隸廳 34 個,直隸州 73 個,皆屬於府級機構。參見劉子揚:《清代地方官制考》,紫禁城出版社 1988 年版,第 96—109 頁。
⑤ 錢穆:《中國歷史研究法》,生活·讀書·新知三聯書店 2001 年版,第 112 頁。

解,非經過解釋及排比之程序,絕無哲學史之可言。然若加以聯貫綜合之搜集及統系條理之整理,則著者有意無意之間,往往依其自身所遭際之時代、所居處之環境、所熏染之學説,以推測古人之意志。"①不唯一些成果可能誤解了邱煌判案的本意,今人也不易從有限的史料和既存的經驗中跳脱出來,比較周全地還原和解讀邱煌理訟的原貌。但可以肯定的是,知府邱煌的斷案水平比較高明,其所掌握的訪查習慣、審查證據、堂内訊問及邏輯推理等訴訟技巧不遜色於今人,不宜以現代理論影射和生搬硬套。如果要問,這種"影射"與原審之差異何在? 答案可能是:現代訴訟理論的短視性、碎片化,很難正面回應傳統司法對社會治理的教化能效。

兹舉一例試言之。在"富平縣民趙成玉控鳳翔縣民魏花等同謀串害案"中,趙成玉繼母康氏聽人奸拐,被趙成玉及趙氏族人要求從鳳翔返回老家富平,康氏不隨,反而誣告趙成玉逼母改嫁。如此惡劣,其實已經觸犯《大清律例》"犯姦"條,律文曰:"其和姦、刁姦者,男女同罪。姦生男女,責付姦夫收養。姦婦從夫嫁賣,其夫願留者,聽。"②邱煌亦指出,"該氏實有戀姦情事,此等犯姦之婦,原應當官嫁賣",但在趙成玉等人的懇求下,改説"本應責懲,姑念現係母子詰訟,若驟予責處,其知者謂康氏以淫蕩受刑,其不知者將謂趙成玉訟母得直,轉非明刑弼教之道",將康氏從寬免責,趙成玉將其搬回富平同度。③

可見,邱煌並非不瞭解律例,反而刻意放棄使用具有"確定性"的國家基本法典斷案,這與現代訴訟的規範適用準則有所出入,可能也是不能被一些西方學者所接受的關鍵。④ 但是,傳統時代的官員理

---

① 陳寅恪:《馮友蘭〈中國哲學史〉上册審查報告》,《金明館叢稿二編》,生活·讀書·新知三聯書店 2009 年版,第 279—280 頁。
② 〔清〕薛允升著述:《讀例存疑重刊本》,黄静嘉編校,成文出版社 1970 年版,第 1079 頁。
③ 見本書卷二第 153—154 頁。
④ 如滋賀秀三指出,邱煌斷案中,"習慣絶不可能結晶成爲一套具有實定性的規範體系……只能主要停留在'情理'這一非實定性規範的狀態之中"。參見〔日〕滋賀秀三:《清代訴訟制度之民事法源的考察——作爲法源的習慣》,王亞新譯,載王亞新、梁治平編:《明清時期的民事審判與民間契約》,法律出版社 1998 年版,第 68 頁。

訟,有爲官一方、教化一方的政治責任,也難免有"所以公好惡、移風易俗"①的個人影響。僵硬地將國家律法搬用到兩造糾紛中去並非難事,不會成爲司法官之羈絆;但如此斷案,不僅難以長遠地定分止争,也不易實現吏治清明、百姓安居,甚至有誘發反復上控和地方失序的危險,通常會爲地方官所不齒。申言之,傳統時代的司法不停留在通過客觀證據安排兩造責任,而是從客觀事實穿透到主觀認知,使當事人産生訴訟結果的自我體認和真正信服。它的着眼點在後訴訟時期,即當事人可以藉助訴訟瞭解善惡公理、倫常秩序,放棄無謂的争拗,拾起敦睦的自覺,以此影響鄉梓、達致善治。這種訴訟的精神境界和文化意涵,恐怕不是現代理論所能完全覆蓋的。所以,地方百姓對邱煌的稱頌中,除了大量感慨邱氏"片言折獄"之神,更多的是感念他宣教得宜,即"應變無方,回天有力,本愷悌以化凌嚚,通下情而宣德意。彼不言之教,既曲賜矜全,而無盡之慈,又普相沾丐",使人心歸於三代。② 如果我們偏執於以西方視野解讀中國源流,則一切從中國土壤生根發芽的制度和智慧,都會不可避免地蒙上"瑣碎""封建"和"落後"的面紗。晏子早云:"橘生淮南則爲橘,生於淮北則爲枳,葉徒相似,其實味不同。所以然者何?水土異也。"③不亦爲的論乎?

---

① [清]何增元:《何增元序》,見本書第39頁。
② [清]李星沅:《附記》,見本書第421—423頁,引文見第423頁。
③ 《晏子春秋》,廖名春、鄒新民校點,遼寧教育出版社1998年版,第70頁。

凡　例

一、本書以國家圖書館藏《府判録存》(簡稱"國圖本")爲底本整理點校。原書諸本無牌記等刊刻信息，國家圖書館出版社影印時(《明清法制史料輯刊》第一編，國家圖書館出版社 2008 年版)，似徑以撰者邱煌自序落款"道光十有九年"爲刻年，稱"道光十九年刻本"。但原書所收諸序、判牘及公文注明之時間多有在此之後者，本書以模糊稱其爲道光間刻本爲宜。

二、本書以美國密歇根大學藏本、北京大學藏本爲參校本。若底本與參校本顯異而能判定正誤者，本書將之釋明於每卷後之校勘記；諸本雖異，但文義皆通，未能遽定是非之文字以及序文次序、存缺情況等，則於脚注列明諸本異同，以免整理譌謬。若不涉諸本差異，乃整理者據文義酌改之處，亦將判斷説明置於校勘記。對於諸本皆無法識認但可加以推測之字，以及須作詮釋的異體字、通假字，於脚注進行説明。另，原書援引或論涉之典故、律例條文等，則於脚注引釋原典。

三、底本有誤之字句及衍文，以圓括號"()"標出；底本經修改後之正字，以及據他本補正之脱文，以六角括號"〔〕"標出；底本字迹模糊或脱漏無法辨認補正者，以虛缺號"□"標出。

四、本書文字尊重原刻本，對於異體字、俗體字、通假字等一般不予改動。但原刻本顯誤者，如"己""已""巳"之混、"訊"刻爲"訉"等，本書予以徑改，不另出校。對於因刊刻等造成的無法正常録入之文字及已經新字形替換之舊字形，本書以通行字加以替校，亦不單獨出校。

五、本書以繁體字横排。原書系豎排本，本書改爲横排，故原書中標識上下文之"右"字改爲"上"字,"左"改爲"下"。對於原書所刻之公文擡字、契約落款及所附圖表等,本書在原書基礎上對其版式加以調整修改,並根據文義分段,以便今人閱讀。對於原書已有的句讀,本書予以最大限度之保留。

　　六、原書無目錄及標題,本書目錄標題乃據每件判牘(多爲首句)所載時間、事主、所屬州縣及主要案由等,由整理者擬寫,以便讀者檢索。

　　七、本書之整理點校,由劉浩田、胡静儀進行初步錄入、句讀,謝晶負責統理、細校,楊馨寧、楊景程輔助校正。由於整理者學識水平之限,本書點校疏漏難免,敬請讀者諸君不吝批評、指正!

何增元序[①]

  叔山三兄同年再攝鳳翔,以察吏安民爲務,日坐堂皇,平反庶獄。凡數十餘年未結者,迎刃而解,不假思議,不資他手,五官並用,樂此忘疲。數月之間,清釐塵(牘)〔牘〕[1]至數百件之多,實爲從來所罕覯。夫一介維嚴,點[②]塵不染,清也;低昂揣合,情法持平,慎也;洪纖具舉,昃食不遑,勤也。殆一舉而三善備焉,郡之夫迄今稱道弗衰。

  竊念牧令職在親民,惟休戚相關,乃能好惡與共。聽訟雖末務,固小民利害之切身者,區曲直所以辨淑慝,亦即所以公好惡,移風易俗,實基於此。牧令之所關大矣!然牧令親民,而郡守又親牧令,牧令之賢否,惟視郡守爲轉移。漢宣帝有曰:與我共斯民者,其惟良二千石。[③]旨哉言也!

  叔山由詞垣御史出守延安十有七年,余每見延安人士,具悉遺愛在人。去官之後,郡人思之,建祠於城西桃李芳園,爲位以祝,益歎叔山以實心行實政,故能惠保斯民。所在輒留,去後思是,自信者已堪與吾民共信矣,又何妨以共信者反而自證自慰耶?固不必視境遇通塞爲寸心忻戚也。

  余蓬〔廬〕[2]戢影,與叔山分袂有年,輖飢正切。辱示《府判錄存》,披讀數日,如親謦欬。爰識數言,藉擴紉佩。

道光庚子嘉平
年愚弟何增元拜題

---

 ① 北京大學本無此序,原標題僅爲"序",現標題爲點校者改寫。
 ② 同"點"。
 ③ 原文爲:"與我共此者,其唯良二千石乎。"參見《漢書》卷八九《循吏傳》。

路德序①

　　天下良民多乎？曰：多。莠民多乎？曰：不少。良可轉爲莠，莠可變爲良乎？曰：可。民之良莠無定，視乎習俗而已矣。俗尚謹愿則爲良，尚黠且悍則爲莠。人人樂爲謹愿，則莠可變爲良，而良民多；人人樂爲黠且悍而不樂爲謹愿，則良亦轉爲莠，而莠民多。莠民之日見其多，而良者少也，聽訟者爲之也。良民畏訟，莠民不畏訟；良民以訟爲禍，莠民以訟爲能，或因而利之，其始不必有訟也。謹愿者無事不屈，黠且悍者無事不伸，以言語侮人，以勢力脅人，以厚貌欺人，以陰謀陷②人。謹愿者身受其屈，自度不能與較而隱忍不訟者，不知凡幾矣。及不得已而訟，必冤抑之甚者也。黠且悍者則無冤抑而訟，有罪辜而訟，事不干己而訟，朋比同謀而訟，借端影射而訟，憑虛結撰而訟。

　　聽訟難，聽今人之訟尤難。今人之謹愿不如古，而其黠且悍也則遠勝於古。訟師之畫〔策〕[3]、得役鄉保之舞弊，其伎倆更巧於古，非智者不得其情。智者或不盡得其情，不得其情而曲直溷淆、勝負顛倒，猶可言也。得其情矣，而曲直依然溷淆，勝負倘③不免顛倒者，豈必有請託之行與賕賄之人哉！謹愿者一入公門，則趑趄囁嚅，震動悼慄，望而知其無能爲也，雖苦之而彼亦受也。黠且悍者反此，望而知其不易馴也，將執法以罪之，而彼且退有後言也。柔則茹，剛則吐，於是乎右其所左，而左其所右，辱罵也，鬭毆④也，誆騙也，盜竊也，兄弟

---

①　密歇根大學本此序爲第三篇，北京大學本無此序，原標題僅爲"序"，現標題爲點校者改寫。
②　同"陷"。
③　密歇根大學本作"仍"字，亦通。
④　同"毆"。

40　府判錄存

之析產也,商賈之分財也,親朋之負債也,買賣質劑之轇轕不清也,田廬渠堰之攘奪不定也,大都倖多勝、訥多負,狠多勝、怯多負,善爭多勝,能讓反負。

勝負之視乎曲直也,天下之平也,不得其平則鳴。謹愿者雖畏訟,而負屈之極,則亦不免再訟。彼黠且悍者,視謹愿者如蟻,且逆料官吏之無如我何,雖自知其曲,而亦不憚於訟。州縣訟不解則訟之府,府訟不解則訟之司道,司道訟不解則訟之督撫,督撫訟不解則訟之京師,至京師而情僞(岐)〔歧〕[4]出,失其本真,雖有皋陶不能窮詰。且督撫者,總覈一省之訟,而不暇徧爲聽;京之三法司,總覈天下之訟,愈不暇徧爲聽。況訟經數載,其隱情必深,其機謀必幻,其株連必衆,其事緒必紛,其布置早定。調一卷、提一人,近者數日,遠者數十日;誅一胥、糾①一吏,少則累及數員,多則累及數十員。縱能洞燭奸邪,實有不易平反之勢。即力爲平反,而謹愿者已不勝困憊矣。彼黠且悍者見此事之不數有也,益肆行無忌,嚇詐良民。在一鄉則一鄉畏之,在一邑則一邑畏之,在一郡則一郡畏之;否則從而效之,擾害見②增,貧富交困。民俗之不醇,民生之不厚,〔其漸〕[5]積蓋出於此。

前輩叔山先生由御史出守延安,距省千餘里,治績之詳,不可得而聞也。及再攝鳳翔,余每見鳳翔人,輒問曰:郡守何如?曰:神人也!治郡月餘,已周知一郡事,言之如數家珍。數十年塵(牘)〔牘〕,兩造不盡知者,守則知之,且貫串始末,纖悉不遺。有祖父涉訟至子孫不休者,守一訊而定,不勞再鞫③,羣稱爲"邱一堂"。每聽訟,必於外堂縱民觀聽,至夜分不輟,耳聽目視,口辨手批,五官並用,而無悴容,無倦色,不知具何術至此?余解之曰:無術也。子未觀水乎?人莫鑒於流水,而鑒於止水,靜也。水靜則明,能燭須眉,水靜則平,大匠取法,人必亦然。利害動於中,是非眩於外,惟不靜,故不明,事之得其平者寡矣。學者堅持此心,庶幾其近之乎。

---

① 同"糾"字。
② 密歇根大學本作"日",亦通。
③ 通"鞫",下文同。

庚子夏見寄新刊《府判録存》,披讀數日,直而不激也,明而不炫也,寬而不縱也,嚴而不苛也。竊歎曰:用心不分,乃疑於神心之用,大矣哉!用以讀書,則殫見洽聞,窮原竟委;用以摛文,則課虚叩寂,通幽洞微①;用以制事,則拊本引綱,分條析縷;用以觀人,則望表測裏,辨甲知乙;用以聽訟,則旌淑别慝,生枯弱强。皦如白日,而不能照覆盆之下者,隔也,去其隔,斯顯矣;明如離朱,而不能求赤水之珠者,伏也,揭其伏,斯出矣。當夫堂下環跪,嘵聒不休,雖塗其隙,必留其痕,雖强於外,必餒於内。惟静者見微知著,徐出一言以折之,黠者不能對,悍者不能争,謹愿者乃適得其意中之所欲言,使積久不伸之冤抑一旦伸之,天下快事無逾於斯。道路傳聞,猶饔鼓軒舞,稱道不衰,況身受者乎?

夫親民之官,莫如牧令,親牧令者,郡守也。使得如先生者數百人分治天下諸郡,牧令聽訟必矢勤矢慎,不掉以輕心,不參以成見,不以毁②譽爲是非,不以愛憎爲喜怒。州縣持其平,則訟於府者必稀,府持其平,則訟于督撫司道者必稀,更奚有匍匐京師扣帝閽而煩星使者乎?刑罰清於上,習俗美於下,使人人樂爲謹愿而不樂爲黠且悍,即有黠且悍者,亦息跡休影,不敢以身試法。斯良民多而莠民日少矣!聽訟雖云末務,而正本清源之道未始不寓於斯也。顧安得如先生者數百人分治天下諸郡哉?

道光辛丑閏三月
館侍生盩厔路德拜序於興平郭村之養園

---

① 同"微"。
② 同"毁"。

鄧廷楨序①

　　《府判録存》若干卷,我世叔叔山太守攝篆鳳翔,審理訟獄②,此其判詞也。世叔既彙鈔付梓,郵以見示,披讀③一過,蓬心頓啟,眼前關鍵,任人熟視諦聽,罟無睹聞,一經扶誦④,頓使狡獪者無從置喙,而樸愿者竟得代言其所不能言,天下快事無有過於是者。誠使盡得若人分布郡縣,則善良吐氣,鬼蜮潛蹤,吏治民風行見蒸蒸日上。

　　蓋⑤聽訟而可使無訟,孰使之?惟無情者不得盡其詞,則不期無而自無,即不啻使之也。吾於是而歎我世叔之吏才不可及,而其本庭誥以爲治譜者,固操之爲有本焉。竊惟我太夫子西園老人,德懋傳經,澤貽式穀,我師芙川先生與我叔山世叔稟承庭訓,接武蓬山。廷楨南宮獲售,幸列芙川先生門墻,數載以來,渥蒙陶鑄,恩深義篤,有逾尋常。迴憶甲子、乙丑之間,太夫子就養京華,廷楨與及門潘紅茶、查訒荅、朱虛齋、那竹汀諸君,登堂拜謁,謦欬親承,而廷楨(又)〔尤〕[6]對宇望衡,侍型密邇。太夫子慈祥樂易,不倦誨人,末學小生備叨誘掖。或竹杖幽探,流連野刹;或梅花〔清〕[7]課,小集蕭齋,未嘗不追陪几席焉。興之所至,輒復掀髥論古,給札聯吟。於斯時也,玉署芝蘭,鯉庭桃李,怡怡如,誾誾如。一堂環侍,鏘玉鏗金,太夫子顧而(藥)〔樂〕[8]之,親加點定,(祥)〔詳〕[9]賜品題。廷楨維時,亦惟傾心於我世叔之才雄學博,駮駕醜夷,而不圖其〔吏〕[10]才精敏,一至於

---

① 密歇根大學本此序爲第二篇,北京大學本爲第一篇,原標題僅爲"序",現標題爲點校者改寫。
② 國圖本、密歇根大學本作"審理訟獄",北京大學本作"斷理庶獄"。
③ 國圖本作"讀",密歇根大學本、北京大學本作"閱"。
④ 國圖本作"扶誦",密歇根大學本、北京大學本作"抉摘"。
⑤ 同"蓋"。

斯。是又我太夫子之教,忠有素而流澤孔長也。

廷楨既爲外吏,而太夫子旋歸道山,吾師芙川先生亦繼捐館舍,迄今殆三十五①年矣。我世叔一麓出守,所至以除莠安良爲務,而於獄訟尤爲留意,衡情準理,務在持平,始於公溥,濟以明敏,成以果決。數月之間,清釐塵牘至數百件之多。當兩造紛争之會,立時定斷,無須再讞,凭案疾書,不資他手,實爲從來所罕見。昔人望隆典郡,若何大司空之於沛,張忠定之於杭,據一劍一書,奪點墐搆争之〔産〕[11],運太守之智成婦翁之智,致婦翁含笑九泉。其事膾炙輿情,昭垂青史。以今方古,何多讓焉?雖一時齟齬同人,吾知閭里祥和之氣,與吾心喜悦之神,相熏相洽,必有盎然洋溢而快然自慊者。譬諸春雨優霑,農夫是利,不必進途人而問之也,况暫懟於儔人者,固已自慰於幽獨哉!

噫!驊騮失路,彳亍鹽車,有愧揚糠,無緣推轂。吾不獨抱疚師門矣!

道光二十年,歲在庚子端陽
世愚姪鄧廷楨拜題於三山節署

---

① 國圖本作"五",密歇根大學本、北京大學本均作"餘"。

朱爲弼序[①]

　　國家愼簡牧令爲斯民任保障,而以表率之責寄之郡守。郡守以察吏安民爲務,所以宣上德而通下情者,胥於是乎在獄訟,其一端也。然州縣斷擬庶獄,自城旦以上,例由郡守審轉以達於臬司,外有督撫考其成,内有三法司執法以議其後,其人苟非甚不肖,斷無敢輕心以從事者。獨至自理詞訟,則并無文法之相繩,惟有利欲之是誘,且也精詳者無由登上考,踏駁者無由列彈章。是以琴堂訟牘大半塵封,即偶有清釐,亦不無任情軒輊。蓋此事爲人所易忽,此獘尤人所易犯,勢則然也。及其銜牌赴郡,俯伏待命,而領郡者或耽於逸樂,則不欲以之自苦;或限於才識,則不敢以之自任;其忌存投鼠、志在徇人者,又不必言。

　　蓋訟而受理,理而得直者,百不逢一焉。竊以爲上控而不受理,則胥役之訛索,鄉保之偏袒,地棍之憑陵,訟師之慫恿,從而蜂起,變本加厲。謂昔也吾慮其覆盆是戴,一旦獲伸,今則無可復忌矣,盍肆志以逞其毒?日復一日,相習成風,牢不可破,反謂控而受理之樂事吹求也。民隱無可通,民氣無由和,積忿譸以干天地之和,謂非此階之厲乎?若控而受理則反是,蓋負屈者樂於昭雪,作僞者憚於燭照,而胥役、鄉保等亦不敢以身試法,必多方調劑以息其争。遵斯道也,可以馴致無訟。近者臺臣申嚴上游提審之令,玉音迭賁,誥誡諄諄,誠有見於息事安民,此其要領也已。

　　爲弼與我同年叔山親家大人交最久,亦最篤,又申之以婚姻,其知之也最悉。叔山資秉英異,讀破萬卷,顧深自韜晦館閣數十年,迄

---

① 北京大學本此序爲第二篇,原標題僅爲"序",現標題爲點校者改寫。

無標榜。一行作吏，浮沈宦海，聲施闇然。所異者，儔人廣坐，吶吶若不出諸口。及其莅黄堂、披簡牘，據理辯論，萬言不竭，爲之披卻導窾①，爲之發奸摘伏，觸類引伸，動中機要，萬目争觀，萬耳傾聽，無不動容稱歎。是何所存與所發之大相左也？蓋穎悟之性，根於天生，而恬退之情，能安慎默，故無由窺其素藴。然智者觀人于微，則處囊之錐，其末早見，特人忽不加察耳。迴憶丙寅之夏，爲弼與平叔、荔園、叔山同謁朱文正師於御園之直廬，適後圃芍藥盛開，公命分韻賦詩。叔山詩先成，有云："金帶横腰等閒事，翩翻何異空中花。三巴轉戰未蘇息，願丐餘春沾桑麻。"文正公恚曰："此子自居歐陽修，强把老夫當晏殊，卻來如此作鬧！"蓋寓規於頌，戇直之氣流溢楮墨，更不恤拂意於函丈前也。

　　道光十九年初冬，攝篆鳳郡，以除莠安良爲任。封篆後猶日坐堂皇，平反庶獄，手口交用，樂此忘疲，漏三下猶未休。九十日之間，政績焕然，發聾振聵，耳目一新，吏治民風行見蒸蒸日上。雖古之良二千石，何以加兹！

　　披讀是編，諸美咸臻，應接不給。其比事類情，則趙張之辨也；其揣聲聽色，則婁曠之察也；其剛勁不撓，則鯁狐之直也；其堅定不移，則管商之制也。而文章之妙，又如秋水瀠洄，曲折清快；如春雲舒卷，澹宕夷猶。或清辯滔滔，飛泉萬斛；或名言犖犖，峭壁千尋。理明詞達，言簡意賅，即以文論，其亦此道老斲②輪手乎？蓋其乎居誦讀，十行并下，是以盈尺案牘，一覽無遺。每事必探本窮源，胸有把握。閒有其祖若父，搆訟數十年，其人地歲月、戚友世系與事之隱微曲折，爲後人所不及知者，俱能一一貫串。當兩造争執之會，徐出一言以相折，理直者得之意外，點首會心，無情者失之意中，垂頭結舌。而又明察過人，足以鑒別淑慝；虛公應事，足以權量重輕。故能片言折獄，案無畱滯。郡人頌以"一堂"之號，言其一堂而結，不煩重鞫也。從來牧

---

① 同"窽"。
② 同"斫"。

令聽訟,多處内堂,其莅外堂者十無一二。緣①内堂隔絶羣黎,除兩造之外,其環侍者惟吏役數輩耳,縱有任意高下,無虞指摘。外堂則任人觀聽,稍有不當,誚訕隨之,不免進退維谷也。惟叔山則廿年以來,從無内堂决事之時,嘗謂人曰:"心有直柱,不妨萬人共質;判有得失,不妨萬人共見。"其意可謂公溥,其才可徵肆應矣。

噫!叔山淹雅之學,明敏之才,卓絶之識,果毅之膽,强固之精力,百圻②不磨之節操,皆素所優裕者也。顧不得乘時一展,而鬱鬱於簿書以老,是豈足以盡我叔山哉?抑天嗇其材以有待也。雖然,古人往矣,其不獲乘時一展者,何限又何爲,至今存哉,叔山可以自慰矣。

年姻愚弟椒堂朱爲弼拜題於經注經齋

① 同"緣"。
② 疑爲"折"字。

自 序[①]

　　己亥初冬,余攝篆鳳翔,封篆後檢點案牘,見諸案判語積至若干,念係自出心裁,不假他手,未忍抛棄,因將十六年府判同付抄胥,彙爲一册。

　　噫！坐擁專城,既飽既醉,優哉游哉,聊以卒歲。胡乃窮晝夜,綜巨細,目眵神疲,腕脱舌敝？非人情不可近,而召敵讐之,是爲得毋有要求、有禱媚？否則亦孔之瘁,奚其不自爲計也,余將何詞以對？

道光十有九年除夕
叔山邱煌識於鳳翔郡齋

---

① 北京大學本此序爲第三篇,"自序"爲點校者所加標題,原書無。

校勘記

[1]"牘"文義不通,當作"牘",下同。
[2]國圖本"爐"字模糊,據密歇根大學本補。
[3]國圖本"策"字模糊,據密歇根大學本補。
[4]國圖本作"岐"字,文義不通,據密歇根大學本改作"歧"。
[5]國圖本"其漸"二字模糊,據密歇根大學本補。
[6]國圖本作"又"字,文義略有不通,據密歇根大學本、北京大學本改作"尤"。
[7]國圖本"清"字模糊,據密歇根大學本、北京大學本補。
[8]國圖本作"藥"字,文義不通,據密歇根大學本、北京大學本改作"樂"。
[9]國圖本作"祥"字,據密歇根大學本改作"詳"。
[10]國圖本"吏"字模糊,據密歇根大學本、北京大學本補。
[11]國圖本"產"字模糊,據密歇根大學本、北京大學本補。

卷一

道光十六年二月初五日
扶風縣民朱得利等控郿縣民趙魁等
違案混爭越界案

　　道光十六年二月初五日,扶風縣民朱得利等控郿縣民趙魁等一案。奉撫憲批:既於嘉慶十五年控經前府王守訊斷立案,因何該府孫守並不稽查舊卷、遵照辦①理,復將清水河以北等處之地,斷給趙魁一半。是否尚有不實不盡,仰署鳳翔府提集卷宗,秉公訊斷詳奪,毋稍迴護,致滋訟端。當經行提去後,據該縣於二月二十八、九等日批解人証、卷宗到府,於三十日堂訊,審看得扶風縣民朱得利上控郿民趙魁等,違案混爭越界等情一案。

　　緣扶風牛倉等村在渭河之北,其岸曰"北老坎",郿縣街北堡在渭河之南,其岸曰"南老坎",兩村相對,中隔一河。雍正年間,河流逼近南老坎下,北寬南狹。其北老坎以南、渭河以北,俱係扶風馬廠。乾隆四年,奉文開墾退廠餘地,丈明渭河之北,沙石夾灘,共地五百四十五頃零,以五畝折一畝,共折地二頃四畝,沙糧一百二石②四斗,給扶邑二十三村民分種。朱得利等住居牛倉村,分荒熟地四十九頃,納糧九石八斗。其〔餘〕[1]沙灘,不准開墾。此扶民承種廠地之始也。

　　乾隆十五年,扶、郿兩縣民人爭地涉訟,丈明南北瀾一千六百六十号,東西長六千二百九〔弓〕[2]四尺,按法折算,共地四百二十九頃,已短地一百一十餘頃。嘉慶十五年,扶邑羅家堡民羅登科等,與郿縣古城村民許佩連等爭灘興訟,經王前守詣勘,因夾河灘地一段,

---

① 通"辦"。
② 同"石"。

坐落郿邑古城街北二村,斷將灘河中分兩段,一半給許佩連,一半三頃八十九畝零斷給趙中範,照五畝折一畝,折地七十七畝零,每畝交租錢三十文,共納租錢二千三百文,充作郿邑書院膏火,此郿民趙姓得種灘地之始也。

嗣渭河積漸北遷,其南有郿縣湯峪,一名清水河,流入大渭河故道。道光十年,渭河又北遷五百餘弓,大渭河之南、新清河之北,又冲有乾河一道,致將扶民廠地分爲南北兩灘。道光十四年,趙中範之子趙魁等,在於朱得利等所種南灘内播種豆禾,成熟之時,朱得利等將豆收穫。控經扶、郿兩縣會審,將新清河北岸以北斷給扶民,新清河以南斷給郿民。趙魁等不依,控經前府孫守,委隴州濮牧會同扶、郿二縣,仍斷以清河爲界,將廠地一千六百弓内,讓給郿民趙魁等二百二十弓,朱得利等實存地一千四百四十弓。趙魁等不遵,經前府孫守提訊,將扶民清河以北、乾河以南之地二頃八十餘畝,及大渭河以南之地一頃九十畝内,斷給郿民一半。朱得利等以前種廠地一千六百六十弓,今連河身只有一千一百餘弓,再除去河身五百弓,只種地六百餘弓。廠地納有沙糧,若撥給郿民,是郿民種無糧之地,伊等賠無地之糧,心懷不服,控蒙憲台批飭卑府訊斷。此又扶、郿二縣附近渭河各村民人争灘,及節次河身遷移,并歷年審斷未給之原委也。

卑府查此〔案〕[3],扶民朱得利等之祖,於乾隆年間,伊等二十三村,原種廠地五百四十五頃零。嗣嘉慶十五年控案,查丈之時,已短地一百一十餘頃。歷年久遠,雖無部案可稽,但現納糧一百二石四升,折銀征解,是所種尚係有糧之地。至郿民趙魁等種灘輸租,充郿邑膏火。此係府案,并未詳明咨部。是郿邑漲灘,給種與否,其權在官而不在民。惟郿民種地已久,此時若不給種,小民趨利若鶩①,勢必控争不休。然囗②不能以扶民所種廠地遷就斷給,致扶民有所藉口,此係孫守前斷之錯悮也。

---

① 通"鶩"。
② 該字模糊,似爲"總"。

查渭河遷(徒)〔徙〕[4]靡常,本難懸斷。而南北老岸俗名老坎,則百餘年來并無遷徙,所有兩村地畝俱應從此起丈,方有把握。今卑府斷令,扶風民自牛倉村北老坎起,至新清河北岸止,共丈地一千四百四十弓作爲厰地,給牛倉村朱得利〔等〕[5]二十三村民耕種完粮。郿縣民自街北堡南老坎起,至新清河南岸止,除去河身一百三十弓,丈地三百九十弓,給古城等村趙魁等耕種納租,作郿邑書院膏火之費。嗣後如有漲灘,作爲官荒,兩邑民人均不得爭種,以昭平允而免爭端。至扶民仵家榮等,收穫郿民趙魁等黑豆,孫守斷賠錢文。查趙魁等本不應在仵家榮等灘內播種,即不應賠錢文,然朱得利等既願情讓,應毋庸議。現飭扶、郿二縣,會同前詣控爭處所,照依現斷丈尺,在於高阜處各立碑石載明,如河身日後遷徙,扶民總從牛倉村北老坎丈起,郿民總從街北堡南老坎丈起,各照現斷弓數丈給。是否允協,合將審斷緣由,繪圖貼説,具文詳請憲台鑒核批示祗遵,爲此具申,伏乞照詳施行。

陝西巡撫部院楊批:據詳已悉,仰即轉飭,照依現斷丈尺各立碑石,永遠遵守,毋致再滋訟端爲要。原詞圖説存。

道光十六年二月十八日
甘肅秦州民李信義上控郿縣監生李枝茂等率衆搶奪木椽案

　　道光十六年二月十八日,奉藩憲批訊甘肅秦州民李信義上控郿縣監生李枝茂等一案。詞稱:緣小的客歲十月間,以率衆搶奪木椽等情,控監生李枝茂等,在轅蒙①批縣訊,於十一月間訊明搶奪屬實,諭令照贓②補賠。伊等供出伊村逐家有贓,小的同縣差喬貴、楊貴赴查,經侯莊、侯大成等吐露真情,小的懇生員侯俊親筆按贓開單註明,無難根究。不知如何播弄,覆訊之時并不追問寔情,而差役受賄亦不實稟,總以河水漲沖爲詞,勒令小的將招出三百八十六條椽具領,小的未允。郿主袓不深究,又將伊等供出他人竊奪别商③在别家存貯之椽數十條,搪塞小的椽數,移文赴彼起贓,勒令小的具領。查他人木椽,現有外號,焉敢冒領?可憐將小的拘押兩月,勒具遵依。泣思小的由寶雞練筏最艱,非斧砍不能流散,即自已(折)〔拆〕卸④三五日亦搬運不完,况筏在白陽樹村,離伊村五里之遥,即經水沖,三五百人亦撈不及,因何諸物盡從伊村查出?顯係賄通任三等搶奪屬實,小的若不奔轅再懇嚴訊,冤案莫伸等情。

　　奉批前據縣詳,被水沖失木椽在於沿河各處,查獲大小椽四百六十五根、木枋二塊,爾尚未具領,李枝茂等訊無搶奪情事。今事隔半載有餘,爾忽單開李枝茂等分椽數目,核與縣詳不符,所控是否屬實,

---
① 同"蒙"。
② 同"臟"。
③ 同"商"。
④ 同"卸"。

仰鳳翔府親提訊究詳覆。

　　隨於三月十八日堂訊,審看得客民李信義上控郿縣監生李枝茂等一案。緣李信義籍隸甘肅秦州,向販木植生理。上年七月間,在寶雞縣雇夥任三,并水手李金和等,將木椽紮筏五練,每練一千三百四十餘根,大小共椽六千七百餘根,運送咸陽交卸。李信義自由陸路前往,任三等隨筏由寶雞下河。是月二十八日,筏運郿邑白陽樹停泊。八月初一日,河水陡發,將所運木筏四練被水冲走,漂至河池村地方。經監生李枝茂、捐職侯大功各領人撈獲大小木椽一千五百根,民人張建中在李枝茂家分椽三車,李袍子在侯大功家分椽三百根,又有王奉清等各撈獲大小椽百根、數十根不等。餘椽漂至下流,經人撈取,現據鄉約侯大成供稱,梁村民人張孟奇撈椽七百根,寄存張士成家。任三等當將剩筏一練,送往咸陽,告知李信義被水冲走緣由。李信義查有李枝茂等搶撈木筏之事,據控縣案,旋控憲轅,飭縣訊追。監生李枝茂等因撈椽太多,慮有不是,未將搶撈實情供明,謊稱價買他人。所撈木椽數十根,經縣追繳,詳經前守轉詳在案。李信義因所追椽數與冲失之數懸殊,未肯具領,復以前情上控。

　　憲轅飭府訊詳,卑府遵即行提人証,逐加研訊,據監生李枝茂等各將搶撈木椽寔數供吐明晰,詰無藏匿情事。查監生李枝茂等所撈木椽,明知有主之物,輒糾集多人,肆行搶撈各一千數百根之多,致木客李信義數千貲財一旦蕩然。追經縣訊,又不將搶撈實情供明,殊屬詭譎。若照所撈椽數斷追,其椽或賣或用,斷難如數追齊,是追椽一層係屬空言無補,自應察撈椽人家計之厚薄,分別賠銀之多寡,給木客李信義具領,償其貲本之一半。應請斷令捐職侯大功賠銀三百兩,民人張建中尚未到案,應着落李枝茂共賠銀四百兩,同郿縣追存木椽四百六十五根、檁木五根、枋木二塊,併給李信義具領。其王奉清所撈木椽,據供百根、數十根不等,俱已變賣,查係赤貧,無力賠繳,應免追償。張士成現尚在逃,應俟飭縣緝獲至日,與張孟奇一同訊追,未便懸案以待,致滋拖累。餘椽訊係下游不知姓名人撈搶,無從查追。

任三等尚無受賄縱砍情事,應免深究,惟承運木筏,并不小心看守,致被冲走,殊屬玩悮,鄉約侯大成未曾報官,亦有不合,應各予杖責示懲。案已訊明,未到人証,免其提質,以省拖累。

再,卑府訪得附近渭河一帶居民,每遇水發,其客商木筏間有被水冲散者,輒糾集多人,沿河撈搶,據為已有。更有無賴棍徒,見筏在河內行走,或停擱淺灘并未冲散,輒鉤搭①斧砍,索斷木散,肆行搶撈。甚有木筏停泊別村河岸,而無賴匪徒,遇風雨大作之時,頓生奸計,乘黑夜之中砍斷纜繩,使筏逐波漂流,冲至本村,砍搶一空,輾轉售賣。揆厥由來,皆由鄉約串門分肥,是以該匪等得以肆行無忌,致商賈飲恨吞聲,輕則破產傾家,重則輕生殞命。種種不法,為害已非一日,若不再行嚴禁,則匪徒習為故常,肆無忌憚,伊於何底?卑府已發告示多張,札飭各縣張貼沿河一帶,曉諭居民,如遇河內漂流木椽等項,不准撈取,致生砍搶之漸,惟責成該鄉約、牌頭撈取報官,存貯公所,聽木客具領。如敢潛行藏匿,并無賴之徒目無法紀、斜砍撈搶滋事者,輕則枷號河干示衆,重則照例懲辦等情在案。是否有當,理合〔随〕[6]詳申明。

於四月初一日申詳藩憲在案,十二日奉批:如詳照斷結案。至該府示禁沿河居民,嗣後如遇河內漂流木椽等項,責成鄉保撈取,報貯公所,聽候厢主具領,不准私自撈搶藏匿等情,辦理甚為周妥。仰即遵照通行各屬,一體嚴查懲辦。繳原詞存。

---

① 同"搭"。

道光十六年二月十九日
鳳翔縣民吳生秀呈控吳倉珠等爭繼案

　　道光十六年二月十九日,據鳳翔縣民吳生秀呈控吳倉珠等一案。審訊得,吳生秀之高祖吳紹曾生子七人。長房吳存周,生子吳自愛,乏嗣。二房吳致周,生子吳自寬,自寬生子吳恩、吳蛇。三房吳扶周,生子吳自凝,亦乏嗣,將趙姓之子抱養爲後,取名吳江,生子吳倉珠、吳倉玉。因二房吳恩少亡、吳蛇乏嗣,曾將吳倉玉與吳恩承繼,倉玉旋亦物故。四房吳習周生子二人,長吳自勉、次吳自厚。自勉生子二人,長吳善、次吳喜,吳喜生子二人,吳生玉、吳生榮。自厚生子吳鳳,吳鳳生子三人,長即吳生秀,次即吳稱娃。因吳自愛乏嗣,將吳喜承繼,帶去本房地二十九畝。五房吳仁周,乏嗣。六房吳儀周,生子吳自敬,因五房吳仁周乏嗣,將自敬一子承繼兩門。自敬生子吳得,吳得生子長緒娃、次朝娃。七房吳奉周乏嗣,早年曾將吳自愛承繼。此吳紹曾七子分支之原委也。

　　訟起于十四年吳蛇物故,吳生榮、吳生秀、吳倉珠、吳緒娃彼此爭繼,疊控縣府。經吳生秀供稱,吳蛇存日,伊父吳鳳曾憑親友,將次子吳稱娃過繼爲子,是以吳鳳分產只照二子均分,並無三子之説,呈出分關爲據。前府因未立嗣約,屢次駁審。經前縣王令斷令吳喜次子吳生榮承繼,該令只以吳喜係屬大宗,今將其子吳生榮承繼次房,意謂名正言順,可息衆爭。吳生秀心懷不服,屢次翻控,案懸數載,延宕未結。

　　本署府核悉前情,查得吳門七子分支,其中寔在有後者,僅有四房吳習周、六房吳儀周,餘皆乏嗣。今四房之孫吳喜既已帶產過繼長房,六房之子吳自敬亦經過繼五房,且係一子承繼兩門,均係身受兩產,不應輾轉議繼,由再而三。且查得吳喜嗣父吳自愛,早年曾經過繼吳奉周爲嗣,承受七房絶産,吳自愛亦復乏嗣,始將吳喜帶産承祧。是吳喜亦係一子承繼兩門,身受三門產業,理應將其二子分繼兩門,僅可勿虞乏嗣,又何容覬覦次房遺産,再行議繼?至三房吳倉珠,本屬異姓,更不應議繼。惟吳生秀一支,自其祖吳自厚、其父吳鳳以來,並無出繼與他房之事。姑無論吳鳳曾將次子吳稱娃於吳蛇存日果否過繼,亦勿論吳鳳分關果否只分二子,即據七子分支并目下寔情而論,其應將吳稱娃過繼吳蛇之處,係屬情理兩協。

  昔人有言:"南山可移,此判必不可改。"①此類是也。本署府斷理庶務,一秉至公,當堂將前後情節剴切曉諭,吳喜等自知理曲情虧,不勝悅服。隨飭令吳稱娃承祧吳蛇,歸給遺産在案。王故令所斷吳生榮承繼之處,應毋庸議。至吳生秀所控吳緒娃、吳生榮等無理忿爭並毆奪等情,現據吳生秀懇求免究,以全宗誼,本署府俯順輿情,免予深究。嗣後務須痛改前非,各歸和睦,毋負本署府敦宗敷教、曲賜保全之至意。此判。

---

  ① 原文爲:"南山或可改移,此判終無摇動。"參見《舊唐書》卷九八《李元紘傳》。

高祖吳紹曾生子七人

一世							
		長房	二房	三房	四房	五房	六房	七房
二世		吳存周生一子	吳致周生一子	吳扶周生一子	吳習周生二子	吳仁周少亡	吳儀周生一子	吳奉周少亡
三世		吳自愛乏嗣	吳自賞生二子	吳自凝乏嗣	長 吳自勉生二子	家業係六房之吳自敬承受	吳自敬兼承五房之嗣生一子	家業大房吳自愛承受
					次 吳自厚生一子			
四世		嘉慶二十二年六月四房吳喜承祧子二人	長 吳恩少亡	螟蛉趙姓之子爲嗣更名吳江生二子	吳善生子一人吳喜出祧長房	乾隆五十五年爭訟在案	吳德生二子	
			次 吳蛇乏嗣					
			現在爭繼		吳得娃	斷與六房吳自敬承受	長 吳緒娃	
							次 吳朝娃	
五世		長 吳生玉		長 吳倉珠	長 吳生秀			
		次 吳生榮		次 吳倉玉少亡	次 吳生口(元)			
					三 吳稱娃			
		七房之中惟四房之吳自厚並吳自敬曾過繼與人						

道光十六年二月二十日
鳳翔縣監生任黽等上控生員王燦等合夥詐欺案

　　道光十六年二月二十日奉藩憲批，據該縣監生任黽、郭浩詞稱：去歲四月，生等以賄斷偏處，兩控王燦、徐養惠於仁憲，鈞批極明，曷敢再瀆。但不得不懇者，道光十二年未訟時，伊夥徐養惠央伊親曹鳴臬，向生伯説王燦祖父乾隆五十五年殘賬未分，着生等給他銀二百兩，免致興訟。生伯言，殘賬至今未收，有簿可憑，又有伊父王必育分夥親書清單爲據。徐養惠以詐騙未遂，唆王燦故弟王涵假捏遺囑，控生等於縣案。金縣主斷令算賬，同衆在會舘查算，并無獘端，有王耀南可証。而徐養惠又唆王涵誆去五十一年流水簿，添改三家使賬，呈控生等於孫府憲。府主堂訊，總據王涵添改賬目，以生祖偷使爲問，生無奈控王燦等於憲轅。生遵批投府，一十九堂未經剖斷。中人非當日原中，皆有鯨吞之心，更賄串府差李芳從中播弄，致案擱五載。伏懇仁憲親提原中曹鳴臬并伊父親書清單剖斷，則理冤立明，抑或即飭鄰封廉明州縣訊斷，俾生等心悅誠服，縣案立結等情。

　　奉批：仰新任署鳳翔府即秉公審訊，限十日內斷結詳覆。兹據鳳翔縣將人証解到，審訊得鳳翔縣監生任黽等上控生員王燦等一案，蒙飭卑府限十日內斷結詳覆等因。查此案先於上年四、五等月，據監生任黽等及生員王燦先後互控憲轅，批飭前府訊詳，孫守屢審未結。卑府春閒署任，奉飭前因，遵提查訊。王燦故祖於乾隆四十四年，與任黽、郭浩故祖三家，各出貲本銀四百兩，夥開合盛協號花布舖生理。因誼係至親，未立合同，亦無中証，歷年除本分利。五十五年,王燦故父王必育提本銀二百兩,每年按出本之多寡,分穫利之厚(簿)〔薄〕。嘉慶十八年,三姓算明舖賬,王必育將本利使過,即行出夥。因夥開之時,本未立有合同,是以分夥之後,亦未寫①立字據。道光十二年,王燦故弟王涵因任黽等生意興旺,現在之招牌仍夥開之店號,并未更換,且當日分夥并無中証,心生覬覦,在於任黽手内,誆去賬簿,添改賬目,指爲任、郭兩家瞞昧賬目憑據,歷控縣府。王涵物故,王燦堅執前詞,互控憲轅。飭府審訊,孫守諭令王燦店夥徐養惠、李榮及鄉鄰劉瑜、譚喜先等算賬。徐養惠等據簿查核,任、郭兩姓從乾隆五十一年起至嘉慶十八年,本利滾算,應找王燦銀六千餘兩。孫守審訊一十九堂,未能指出流水簿内王涵私改、筆跡墨色不符及嘉慶十八年王必育親筆賬單即係提本之確據,是以未能斷結。此生員王涵與監生任黽等先後涉訟,孫守未經斷結之原委也。

　　卑府查,嘉慶十八年任、郭、王三人算賬,王必育書有分賬清單,開載王必育名下應分利銀一千六百零,又本銀二百兩,除開銷外,净剩本利銀一千五百一十八兩,註明使過一千三百兩,又使過二百一十八兩,二宗共計使過銀一千五百一十八兩。是王必育名下本利俱已使過,并無遺剩,即與提本無異。如果當時任、郭所算未協,王必育何肯照單分賬?可見嘉慶十八年以前賬目,早經清結,本利并無存留,其爲出夥,已無疑義。道光九年必育物故,上距嘉慶十八年已逾一十七載,即使分夥以前賬有轇轕,然已在王必育等十八年清算賬目之前,何得死灰復燃,希圖混賴?

　　第此案遲延五載,久而莫結,推原其故,實由利之所在,人所爭趨,不特王燦慾壑難填,即胥吏、鄉保人等,亦俱視爲利藪,無不聳恿本官飭令鄉保、親友清算賬目,不過藉清算之名,作詐嚇之舉。蓋一經奉官飭算,則人人皆得坐收其利,意在使任黽、郭浩聞而知懼,則行賄營求,既可遂其訛索之私,倘訛索未遂,則逞私臆算,又可向王燦作

---

① 同"寫"。

分肥之計,任鷸蚌之相持,惟漁人之獲利。即使王燦俯首輸服,而胥役、鄉保人等亦必唆使翻控,所以案懸多年,久而莫結。殊不思嘉慶十八年既有分賬清單,姑無論曾否分夥,而前此賬目并無不清,已屬確鑿,又何待以耽耽虎視之輩,逆算五十年前之賬?況賬簿既經王涵添改,倘仍飭令清算,適以墮其術中,無怪乎愈算愈舛,愈舛愈爭,愈爭愈訟也。卑府方面忝膺,稍知自愛,不敢沽名,并不敢避怨。倘使違昧初心,内省能勿隱疚?惟有查照王必育親筆賬單,秉公定斷,以清塵牘而免拖累。

现在卑府審理積案,日坐大堂,此案業將緊要關鍵,細向王燦駁詰,伊亦俯首無詞。萬目環觀,點首稱快,具見是非之公,人心不泯①。第王燦狡獪性成,而徐養惠等貪心未遂,難保不另啓奸謀。查王燦身列膠庠,不知自愛,前於王涵私改賬目,詐騙銀兩至六千餘兩之多,爲之兄者,已難諉爲不知。王涵物故,仍復踵行前轍,立心詐騙,以致案懸數載,實屬同惡相濟、憨不畏法,若不按律究辦,無以懲〔貪狡〕[7]而安善良。除詳明學憲將王燦衣頂斥革,以便提同徐養惠、李榮究明是否合謀詐騙,按律究辦外,理合將現審大概情形先行禀明大人察核。再,生員王燦於卑府訊明定斷後,發縣管押,旋即脱逃,爲翻控地步,殊屬詭譎,合併聲明。

於三月十五日奉藩憲批:據禀訊過鳳翔縣生員王燦故父王必育,於嘉慶十八年同任、郭兩家算明舖賬,王必育將本利一併使用出夥。迨後王燦故弟王涵因任黽等生意興旺,在任黽手内誆去賬簿,添改賬目,彼此狡賴,遂致詰訟不休。該店夥徐養惠等復從中主唆混狡,情節均屬可惡。該府發奸摘伏,能審斷數年不結之案,真是快事。然非實心實政,視民事如家事,不足語此。該府現已將王燦詳請學憲斥革衣頂,俟奉批至日提同案内人等,再行研訊如何同謀詐騙各確情,按律詳辦。

---

① 同"泯"。

計開嘉慶十八年王必育親書分賬清單：

計抄嘉慶十八年協記
新陳外賬三千八百兩
　　折現銀一千四百兩
街基一千一百兩　折銀八百兩
　　吳鳳勞金銀五百三十兩
　　共本銀二千二百兩
净獲利銀一萬八千五百六十二兩七錢四分
郭應分利銀八千四百三十六兩
　　除使賬三百七十三兩
　　街基銀八百兩净銀七千二百六十三兩
净七千外加銀一千兩與任幫銀一千兩
任應分利銀八千四百三十六兩
　　除使賬一千七百九十兩
　　净銀六千六百四十六兩
　　外加本銀一千兩
净囍①收郭幫銀一千兩
　　收王幫銀三百兩，收任六哥銀〔計〕[8]②
王應分利銀一千六百八十七兩二〔錢〕[9]
　　除使賬一百零九兩
　　净銀一千五百七十八兩
　　外加本銀二百兩
　　與任幫銀三百兩（收雒利銀四十兩）③
使去銀一千三百兩又使去銀二百一十八兩二錢
　　　　　　　　十八年十二月算賬單（係王必育親書）

----

① 計算符號，係"八千六百八十一"。
② 此處之後似有數目，但已不可辨認。
③ 括號內爲小字疊寫，下同。

計開王涵改寫任、郭用銀各賬：

五十一年十月二十三日
舊存絲銀七錢一分
收王絲銀三兩七錢六分（三字中橫與六分二字係王涵添入）
收程懷絲銀五兩三錢五分
收麥絲銀二百兩七錢（此條墨色筆迹與前後不符，係王涵添入）
收張登高絲銀七兩零四分
　共收絲銀二百一十七兩五錢六分
任使絲銀二百兩〇七錢（百字係旁添，七字上擠一圈，係王涵添入）
賣去絲銀五兩三錢五分
小李借絲銀一兩零八分（十二月十七日收。此七字係添入）
王使絲銀一兩八錢（係王涵添入）

以上除用外，應存絲銀九兩七錢一分。查原簿內只註存銀六兩六錢七分，因後來王涵私添，是以收數與原簿應存之數不符，而筆迹墨色亦屬迥異，奬實顯然。

又，王涵增添郭姓用錢賬目：

　五十一年九月初五日
　收賣麥錢二百五十三千文　郭使錢二百五十三千文

此二項共一行，墨色獨濃，筆迹與前後不符。

計王涵添改賬目共七處，指爲任、郭偸使之據，歷任飭鄉隣據此清算，是以愈算愈舛，數年莫結。查此案已有嘉慶十八年王必育親筆分賬清單，即是出夥鈇①據。其從前賬目并無不清，已屬了然，況王涵

---

① 同"鐵"。

私改之處，又顯有可指乎。

查此案詰訟數年，懸宕莫結。道光十六年春間，本府攝篆鳳翔，奉准藩憲批飭，提集人証，查驗王必育分賬清單，并驗出王涵私改賬目，堂訊一次即行結案，將王燦衣頂詳革究辦。王燦畏罪逃匿，聽信徐養惠主唆，遣姪王泳瀅赴都察院呈控原審邱府審斷不公，由都察院咨陝，提集人証到省，審訊王燦詐騙屬實，將徐養惠、王泳瀅照欺詐取財律，分別問擬。今將陝省奉准部咨附錄於後：

  道光十七年，王燦復遣姪王泳瀅赴都察院具控，移咨巡撫陝西部院富審明轉咨，於十八年正月十七日，准刑部咨陝西司案呈。據陝西巡撫富咨稱，鳳翔縣民徐養惠主令王泳瀅京控郭浩等改賬鯨吞等情一案。

  緣王泳瀅與郭浩、任銘均籍隸該縣，素好無嫌。乾隆四十四年，王泳瀅之故曾祖王經與郭浩故祖郭凝、任銘故祖任義各出資本銀四百兩，夥開合盛協號囤糧放賬舖生理，因係親誼，未立合同，亦未憑人作保。任義在舖內經管舖事，歷年除本分利。乾隆五十年王經病故，其子王必育提本銀二百兩。至五十八年算賬，除照本分利及支用銀兩多寡不等外，任、郭兩姓各立本銀一千兩，王姓只立本銀二百兩，仍舊生理。彼時任義將伊子任大讓引入舖內學習生意，嗣因年老告退回家，即將舖事交與伊子任大讓經理。至嘉慶十八年，任、郭、王三姓算明舖賬，共獲利銀一萬八千五百六十二兩七錢四分，任、郭兩姓各照本銀一千兩，各應分利銀八千四百三十六兩，王姓照本銀二百兩，只應分利銀一千六百八十七兩二錢。王必育因家事拮据，將本利銀兩一并提用，分毫無存，當即出夥，親筆在於貲本簿上，寫有"分賬用銀"及"本利使清"字樣爲憑。

  道光九年王必育病故，其子王涵因郭浩、任銘生意興旺，招牌仍係合盛協字號并未更換，起意圖賴，即以任大讓等扭股鯨吞爲詞，控縣傳訊。經生員王耀南等查明，從前王必育出夥時，并未將舖內器具一并分算，處令任大讓等給王涵器具銀二百兩和息。任大讓等未給銀兩，王涵復控鳳翔府提訊，旋即病故。其兄生員王燦與郭浩、任銘互控，前藩司批飭前任鳳翔府孫守提訊，諭令算賬，有王泳漋、舖夥徐養惠起意索詐，向曹鳴皋聲稱，任、郭兩家如肯各給伊銀二百兩，即可息訟，曹鳴皋轉向郭浩、任銘告知未理。徐養惠即自乾隆五十八年起至嘉慶十八年止，本利滾算，以任、郭兩家應找王涵銀六千二十兩，將王涵之故父王必育於嘉慶十八年提本出夥一層，匿未聲敘，朦朧禀復。任銘等復赴藩司衙門具控，批府提訊，經署府邱守查出獎端，因王燦身列膠庠，明知伊故弟王涵係屬詐騙，仍敢接踵控告，寔屬恃符健訟，請將王燦衣頂褫革究辦。王燦畏懼脫逃，伊弟王偉又照前情控撫，批司飭府訊悉前情，仍照原中王耀南等所處，斷令任、郭兩家共給王燦弟兄〔器〕[10]具銀二百兩，禀請批銷在案。詎徐養惠訛詐未成，起意教唆王燦胞姪王泳漋赴京呈控，王泳漋慮難邀准，徐養惠主令於呈內捏寫郭浩、任銘偷使獎賬九股，共銀一千一百五十兩，又私去伊家貲本銀二百兩等情，包管准狀，且可照前滾算，訛詐銀六千二十兩。王泳漋聽從，并稱如能訛銀到手，情願各半均分，即照依寫呈，驀越赴京，在都察院衙門具控，咨送回陝，飭司提訊，各供前情如繪。隨查賬簿內既有嘉慶十八年王泳漋故祖王必育提本出夥親筆所寫"本利使清"字樣爲據，是合盛協號并無王姓股分，毫無疑義，不特案內人証異口同聲，即質之王泳漋，亦不能指出獎賬〔股〕[11]項，俯首無詞。詰據徐養惠，自認教唆誣告不諱，嚴究不移，案無遁飾。

此案徐養惠主唆王泳漋京控，呈內惟所指郭浩、任銘偷使獎賬九股，共銀一千一百五十兩，又私去伊家貲本銀二百兩爲重，如果屬實，則郭浩、任銘應照欺詐取財計贓准竊盜論，一百兩以上,杖一百、流三千里。① 今訊屬子虛,自應按律坐誣,訊係徐養惠主令,應反坐徐養惠以爲首之罪,徐養惠合依誣告人流罪者,罪止〔杖〕[12]一百、流三千里律,②杖一百、流三千里。王泳濚聽從誣告,應於徐養惠滿流上減一等,③杖一百、徒三年,均至配折責安置。生員王燦恃符滋訟,業經詳請斥革,應不准其開復。王偉在本省具控一次,請照不應重律杖八十,④折責三十板。曹鳴皋訊無唆訟情事,應與并未改賬之吳鳳,均免置議。餘屬無干,概請省釋,相應咨送等因。據此,徐養惠等均應如該撫所咨完結,仍令照例彙⑤題相應行文該撫可也等因,到院行司。奉此,合行飭〔知〕[13]。爲此,仰府官吏查照〔部〕[14]文内事理,即飭鳳翔縣將流犯徐養惠照例造冊,請牌發配,徒犯王泳濚另詳請地充徒,餘照部覆飭遵。

---

① 《大清律例》卷二五《刑律·盜賊下》"詐欺取財"律:"凡用計詐(僞)欺(瞞)官、私,以取財物者,並計(詐欺之)贓,准竊盜論,免刺。"《大清律例》卷二四《刑律·盜賊中》"竊盜"律:"一百兩,杖一百、流二千里;一百一十兩,杖一百、流二千五百里;一百二十兩,杖一百、流三千里;一百二十兩以上,絞(監候)。"又,《大清律例》卷一《例分八字之義》:"准者,與實犯有間矣,……但准其罪,不在除名、刺字之例,罪止杖一百,流三千里。"(載《大清律例》,田濤、鄭秦點校,法律出版社1999年版,第41、392、403頁。)故而,對該犯處以"杖一百、流三千里"無誤,但其具體表述與律文規定稍有出入。

② 《大清律例》卷三〇《刑律·訴訟》"誣告"律:"凡誣告人笞罪者,加所誣罪二等。流、徒、杖罪,(不論已決配、未決配)加所誣罪三等,各罪止杖一百、流三千里。"載《大清律例》,田濤、鄭秦點校,法律出版社1999年版,第481頁。

③ 《大清律例》卷五《名例律下》"共犯罪分首從"律:"凡共犯罪者,……隨從者,減一等。"載《大清律例》,田濤、鄭秦點校,法律出版社1999年版,第118頁。

④ 《大清律例》卷三四《刑律·雜犯》"不應得爲"律:"凡不應得爲而爲之者,笞四十;事理重者,杖八十。"載《大清律例》,田濤、鄭秦點校,法律出版社1999年版,第540頁。

⑤ 同"彙"。

道光十六年二月
寶雞縣民孫康控捐貢雷兆升等合夥外債案

　　道光十六年二月內，據寶雞縣民孫康控捐貢雷兆升等一案。詞稱：小的故叔孫維城在日，於道光七年領魏登科本錢一千串，開設興盛復號襪貨舖生理。至九年間，小的叔因舖內拮据，揭雷兆升錢五百串，陸續還過錢二百二十八串。於十二年，雷兆升向小的叔云，伊願持出錢數百串，與孫維成合夥生理，着將魏登科分算清楚。小的叔即邀中劉樹林、武生任大重等，與魏登科算清賬目，魏登科除去本錢一千串不計外，再持出錢一百串，始得永斷葛藤，書立合同，各執一紙，所欠各字號錢文分歸孫維成認還，並不與魏姓相干。雷兆升之夥王化明當即將"興盛號"牌匾卸下，另與小的更掛"永豐號"牌匾。去年四月，小的叔物故，小的將所欠各債以業抵還清楚，只有雷兆升錢五百串，伊念至親，着小的並嬸母薛氏陸續緩交，經衆言明，伊無異言。詎料伊忽受李向春、張柏林、王化明、陳玉等之唆，遂詰告魏登科於縣案，蒙訊之下，小的並嬸母當堂認還雷姓錢文。不知伊若何朦蔽播弄，不准小的還錢，將小的掌責五十管押，並將合同勒存卷內，吊驗自明。嗣蒙覆訊，不以合同爲憑，斷令以業抵還。小的隨邀在城紳士、鄉保公平議價，除還過錢二百二十八串，小的產業作抵錢三百零五串，尚屬有餘。紳士等公同具禀，而縣主竟以禀詞爲廢紙，三次堂訊，未詢曲直，又掌責小的八十，仍飭管押。伏思小的叔既與魏登科分夥，書立合同載明所欠雷姓錢文，分歸小的叔認還，是與魏姓無干。應以合同爲憑，小的與嬸母遵照合同，以業抵欠，並無不合，乃竟受責二次。〔且〕[15]既斷令小的將產業作抵，又何得不准，致逼魏登科奔控憲轅,兹蒙批縣,仍恐縣訊不以合同爲憑,不准產業抵償,又受刑責。小的所以奔轅瀆禀者,只因小的叔將魏姓貨本花銷一空,反着魏姓認還外債,天理何在?爲此,據實禀明,伏乞恩准提訊斷結,免再滋訟。

　　審得寶雞縣監生魏登科等呈控捐職貢生雷兆升一案。緣孫康故叔孫維成於道光七年間,領監生魏登科資本一千串,開(新)〔興〕盛復號生理。十二年,魏登科、孫維成兩人因生意折本,又虧欠外債,憑人議明,魏登科除本一千串不計外,再持出錢一百串,給孫維成獨自生理,認還外債,立有合同,孫維成即將店號更換。上年孫維成物故,其店中先欠有雷兆升錢五百串,本利未清,雷兆升之夥李向春等,因借約係孫維成領貨時字號,理應貨東魏登科歸還,遂將店歸孫維成生理、認還外債一節,隱匿不吐,具詞控縣,斷令魏登科還錢。經鄉地、戚友議處,令孫薛氏將家產作抵,雷兆升堅不依允。經魏登科赴府具控,提訊之下,供悉前情。

　　查魏登科既虧折資本一千串,又持出一百串付給孫維成,原因議明債歸孫維成認還,立有合同,其所欠雷兆升之錢,亦已載明合同,是此項寔應孫維成歸還無疑。惟孫維成已故,家又貧乏,雷兆升前已收過二百二十八串,斷令作本。孫維成之妻薛氏雖未到案,現已據其姪孫康及武生任大重等同供,孫薛氏願將家產貨物作抵。諭飭即照原議,將地六畝五分作錢二百四十二串,褲貨作錢三十串,給雷兆升管業,連前所收二百二十八串,共錢五百串,以清夙逋,銷燬約據,永斷葛藤,毋許再行滋訟,致干重究。所有魏登科等原立合同二紙,仍發給魏、孫二姓收執,照抄四紙,分存府縣二卷。至李向春等冒昧混控,寔屬多事,掌責示懲,各回本籍安業。此判。

道光十六年三月初九日
郿縣民張應瑞控張文科等賣地糾紛案

　　道光十六年三月初九日,據郿縣民張應瑞控張文科等一案。審得張應瑞將路北庄基賣給張金,既有契紙書明四址,并書契之崔月林可憑。詎張金之兄張文科央同李金和,令王登第改寫契約,仍書崔月林之名,并串同王篤敬將張應瑞在縣所遞禀詞抽換。該縣未經查明,致張應瑞身受掌責,赴府申訴。

　　堂訊之下,獎端畢露。查張應瑞賣給張金之地,本在路北;張應瑞未賣之地,本在路南。斷令兩家照契管業,墻外俱係官路,彼此不得争佔。張文科、李金和、王登第、楊正、王篤敬同惡相濟,情殊奸狡,各予杖責示懲。此判。

道光十六年三月
鳳翔縣孀婦李党氏控生員宋炳麟欠債争嚚案

道光十六年三月,奉臬憲轉、奉撫憲批發,據鳳翔縣孀婦李党氏控生員宋炳麟即宋六少等一案。據呈,宋六少謀娶該氏之媳爲妾未允,其夥王福祥等輒敢挾嫌毀壞紙房。如果屬實,殊屬兇①横,仰按察司即飭現署鳳翔府速即嚴究詳辦,毋稍輕縱等因。

轉飭到府,卑府遵即提集,訊得李党氏故夫李冲霄在隴州通同峪紙店生理,武生王福祥領生員宋炳麟即宋六少家資本,在鳳翔縣開設長春號紙店生理。李冲霄在日,陸續賒取王福祥等舖内貨物,共欠銀一千六十二兩零。又,劉亨在王福祥舖内代李党氏店内保欠貨銀一百四十餘兩。道光十四年四月間,王福祥遣夥劉鰲即劉莪前徃索討,與李党氏舖夥靳生春口角。劉鰲用钁挖毀李党氏紙房墻壁,並言李党氏還賬不起,何不將孀媳嫁賣,得財償還之語村斥。控經鳳翔縣審斷,李党氏不服,控經前府,屢訊未結。該氏因劉鰲有嫁賣孀媳之語,疑其資東生員宋炳麟謀娶作妾,去歲八月以前情控,經臬司批府審訊。因前守未將劉莪只係口角争嚚之處向李党氏曉諭,又未究治劉莪毀墻之非,未足折服其心,是以延宕未結,以致李党氏今春又赴憲轅具控。

復蒙憲台飭府訊詳,卑府遵訊前情。查得李党氏十四年具控之時,縣訊數次,並無謀娶之言,且宋炳麟既與李党氏搆訟成隙在前,又何敢以謀娶之言向李党氏徑告,豈不慮及該氏挾制其短,有所藉口?現在隔別研訊案証人等,生員宋炳麟委無謀取李党氏孀媳作妾之事,

---
① 同"凶"。

似無遁飾。查李党氏夫故子死,孫在髫齡,人既兩代孀居,家又赤貧無力,情可矜憫。王福祥等自知挖毀紙墻并出言村斥之非,願將劉亨保欠貨銀一百餘兩情讓,其所欠貨銀一千六十二兩零,斷令再讓銀五百零,餘銀五百兩,俟李党氏之孫成立後清還。劉鰲即劉莪索欠肇衅,杖責示懲。生員宋炳麟訊無謀娶氏媳作妾情事,李党氏控詞失實,念係婦女無知,均免置議。斷結在案,兩造允服。

除控案由司轉詳外,於四月初五日奉撫憲批:據稟已悉,仰俟詳到核奪。此繳。

道光十六年三月十八日
郿縣民王文龍控告黃美玉等通姦案

道光十六年三月十八日，審得郿縣民王文龍控告黃美玉等一案。緣郿民王文龍弟兄三人，長王文遠、次王文龍、三王文玖，分家之後，仍然同居各炊。王文遠之妾張氏與隣人黃美玉通姦已久，王文遠夫婦均不知情。道光十四年，王文遠夫婦物故。上年六月間，黃美玉與張氏續舊，經王文龍弟兄捉獲，控經該縣，將黃美玉杖責，斷令不許來往完案。

嗣張氏因欠永順德號邵登武債項，將遺業碾房一所，基地二畝四分，並稻地五畝，憑約議價一千二百九十千文，賣與邵登武抵債。王文龍因此項碾房有本身承受地基在內，不允售賣，又控縣案，斷令張氏於所得賣價內，給王文龍弟兄畫①字錢一百五十千文。

本年正月十一日二更後，黃美玉戀姦不捨，潛至張氏房內姦宿。王文龍聞知，糾同堂兄王文才等往捉，在外叫罵，黃美玉開門持矛扎王文才右腿，王文龍等當將黃美玉、張氏捆毆。控經該縣驗明，王文才右腿傷口與所穿之褲刃口不符，疑其自（札）〔扎〕圖賴，將其杖責，并未將黃美玉與張氏通姦一層究處。王文龍不服，來府呈控，經本署府行提人卷來郡，黃美玉商同姦婦張氏誣指王文才圖姦不遂，飾詞反噬。堂訊之下，飭令鳳翔縣仵作驗明，王文才右腿之傷與所穿之褲刃口並無不符，并將黃美玉與張氏通姦及屢次當塲捉獲情由，供吐確鑿。

---

① 同"畫"。

查張氏身爲人妾,本屬微賤,乃於家長故後,宣滛①無忌。王姓留之,斷不能安於其室,并恐另釀事端。斷令王文龍領回嫁賣,姦夫黃美玉枷責示懲。王文遠生前乞養姚姓之子,異姓不得亂宗,例有明條,②着將王文龍之子鎖娃立繼,以承宗祧。所有邵登武契買張氏碾房内,占有王文龍地基,斷令邵登武再持出錢二百千文,連前存畫字錢,共給王文龍三百五十千文。再查得十五年六月詰訟之後,已經該縣斷令王文龍代爲經管家計,並禁鄉隣人等勿得私行借給張氏錢物。現據王文龍供稱,黃美玉串通張氏,聲稱所欠各債,均係假捏,應不准其訛索。唐思讓、鄔坤利、陳順各予杖責,唐文彬移營責革。除取具各結附卷外,此判。

---

① 同"淫"。
② 《大清律例》卷八《户律·户役》"立嫡子違法"律:"其乞養異姓義子以亂宗族者,杖六十。"載《大清律例》,田濤、鄭秦點校,法律出版社1999年版,第178頁。

道光十九年十月初八日
隴州客民萬興成上控王大倉等不論交界、串通爭奪案

　　道光十九年八月二十五日，奉督憲批發，十月初八日，審訊得隴州客民萬興成上控王大倉等不論交界、串通爭奪等情一案。緣萬興成籍隸甘肅平涼府，王大倉等亦係同鄉，均移居隴州。萬興成之遠祖萬凝，於乾隆七年佃種張六六子故祖張林楊法師溝荒山一處，每年出佃錢二千文，立有四至文約。

　　後於乾隆十三年間，因王大倉之祖越界侵種，兩造互爭，經萬興成之祖萬鐸縣控，斷令一半歸入學田，東至天河，西至大嶺，南至王家嘴大梁，北至中嘴梁田。該學發給執照，仍令萬興成之祖耕種，每年給學內佃錢二千文，作書院膏火之資。其張林一半之地，亦由萬興成祖種，每年給張林錢二千文。

　　道光十八年四月間，王大倉等與萬興成在中嘴梁北爭種官荒之地，王大倉等多人串謀一氣，欲奪萬興成佃種書院地畝，又慮萬興成不肯交地，議令王大倉捏情控奪。後經州訊，王大倉、萬興成等所開梁北荒地，係衆人牧羊草坡，未便令其開墾，致起爭端，斷令萬興成將所開之地，照舊留作草坡，俾衆人牧放牛羊，兩造俱不得爭種完案。

　　道光十九年七月十五日，萬興成又在中嘴梁北開種麥禾，王大倉等率領多人將萬興成耕牛十八隻、麥籽八斗二升、口袋農器等物奪去。萬興成即赴州告狀，票差閆廷秀等傳喚，索取萬興成飯食草鞋錢十八千文，萬興成陸續給過盤費飯食錢五千文。八月間，萬興成因閆廷秀將人証尚未傳齊，心疑該役詐錢未遂以致抗喚，奔控憲轅。蒙批

卷　一　77

提審,前府未訊,旋即卸事。

卑府到任,行提人証,逐一研訊。查萬興成所種學田,給有執照,北以中嘴梁爲界,執照所載,甚爲明晰,可見梁南係屬學地,而梁北則與學田無涉。萬興成不守界址,輒於中嘴梁北開墾地畝,致啓爭端,而王大倉之地,則在大嶺以西,與中嘴梁北之地,更無干涉,彼此互爭,均屬不合。

斷令萬興成嗣後在中嘴梁南舊開熟地佈種,再不得開種中嘴梁北之地,將所開新地,仍作公共牧放牛羊草山,王大倉等亦不得任意霸佔。查律載,不枉法贓一兩至一十兩,杖七十。[1] 差役閆廷秀承票傳人,得受飯食草鞋錢五千文,閆廷秀應照不枉法一兩至一十兩杖七十律折責革役,所得飯食草鞋錢追繳入官。萬興成控出有因,免其科罪。王大倉等當萬興成犁耕時,並不赴州呈告,輒敢率領多人強奪牛隻、麥籽等物,致滋事端,殊屬不應,王大倉等均應照不應重律折責發落,以儆刁頑。其牛隻、麥籽等物,照追給萬興成具領。取具各遵領附卷。案已訊明,未到人証,請免提質,以省拖累,無干人証,概予省釋。此判。

---

[1] 見《大清律例》卷二《諸圖·六贓圖》,載《大清律例》,田濤、鄭秦點校,法律出版社1999年版,第45頁。

道光十九年十月十八日
鳳翔縣民景遇春控族孫景喜年等賣地、立嗣糾紛案

道光十九年十月十八日,審訊得鳳翔縣民景遇春控族孫景喜年等一案。緣景遇春祖居景家庄,後移楊家山居住,尚有地五畝五分在景家庄,託景秀管理。嘉慶十一年,景遇春將地一畝五分同景紹關之地,一契賣給景喜年管業;又一畝議價三千,賣給景秀,尚未交價;其餘三畝仍交景秀經管,以作景家庄祭掃之資。每年到景家庄,住宿景秀家中,後因景秀不留住宿,景遇春忿恨,在縣興訟,批飭里書查明稟覆。

經里書景信查得,景遇春在景家庄糧名只有六升三合,若以一畝應攤糧五升四合較算,景遇春只應有地一畝有零,自當日賣與景喜年之後,已屬地盡糧絶。景信據此稟覆,經前各縣據此定斷,以景遇春係屬捏告,屢次掌責。景遇春懷忿,歷控府轅,迭經批駁。本年五月,景遇春因年老無嗣,憑屈祥作中,將景喜明之子六兒過繼爲嗣,立有合同。詎景喜明事後翻悔,隱匿合同。

十月初間,本府到任,景遇春赴府復控。訊悉前情,質之景遇春何以有地無糧,據稱山地相沿,並未計畝,其從前出賣,均係丈量過糧,所以地多糧少等情。查景信從前查勘稟覆之時,只據景遇春賣與景喜年一畝五分之地,已稱地盡糧絶,何以同時又有賣與景秀一畝之地?今據景秀亦聲稱買地屬實,並將賣契呈出,可見景遇春於從前賣地之後,仍有續賣之地,其爲地多糧少,係屬實情。其立嗣六兒之處,亦據屈祥供明,並據景喜明將合同當堂呈出。此案景遇春所控並無不實,隨斷令景喜明之子六兒繼與景遇春爲嗣,承受景遇春自置楊家山之業。其景家庄祖產仍交景秀經管,以資祭掃托足之需,所有賣給景秀之地,欠交地價,景遇春情願相讓。兩造俱各悅服,取具各結附卷外,此判。

道光十九年十月二十日
甘肅清水縣客民范遵箴之舖夥汪巨川控告
鳳翔縣民周懷等重典案

道光十九年十月二十日,審看得甘肅清水縣客民范遵箴〔之舖〕[16]夥汪巨川控告鳳翔縣民周懷等一案。緣周懷之故父周月甫在日,拖欠范遵箴之父范文傑銀四百兩無還。迨後嘉慶二十二年,自願讓銀三十四兩,憑中人等將周懷房四閒半、園子半所、樓房半閒、地六畝,一併當給范遵箴之父范文傑名下,其房地園子仍交周月甫管種。議定每年抽交本銀十五兩,計二十一年爲滿,共交銀三百十六兩,其地六畝每年抽交本銀十二兩,計五年爲滿,共銀六十兩。俟本銀抽足,着周月甫將當約抽回管業。迨後二十餘年,周月甫分厘未交,其子周懷於道光十二年間,將當給范文傑房地樓園重當與張賓、何連管業。

范遵箴同舖夥汪巨川查知控府,訊悉前情。斷令張賓、何連將房地樓園退給周懷,轉交范遵箴管業。雖何連尚未到案,而范遵箴所執原典文約俱已驗明,并據鄉約何通即何連堂兄同周建封及原中周鳴金等供認,重典屬實,自不能因何連尚未到案,懸案滋累。隨斷令何通、周建封、周鳴金向何連傳諭,追取典約呈案塗銷。周懷不知伊父周月甫有此前約,張賓、何連亦不知房地重典,情有可原,各免追價入官。斷令周懷將己地二畝,憑何通等當給張賓、何連,以抵前價。案已訊明,所有未到之何連、何錫,姑免提質,以省拖累。兩造允服,取具遵結完案。此判。

道光十九年十月二十日
寶雞縣民毛生玉控告毛生田等立繼、鬥毆案

道光十九年十月二十日，審看得寶雞縣民毛生玉控告毛生田等一案。緣毛生玉胞弟兄五人，長毛生魁、次毛生芝、三毛生蓮、四毛生玉、五毛生田。毛生芝物故乏嗣，其妻毛許氏擇毛生玉次子蛋娃承繼，被毛生田等阻擋爭訟。十八年十月間，毛揣娃馱糞，踐踏毛生玉麥苗，互相口角，毛生田石毆毛生玉左肋，毛熱娃用鐵鑞毆傷毛生玉右腰眼，毛愛娃捇①落毛生玉髮辮一綹。毛生玉之子毛嘴娃喊控縣案，經該縣驗明傷痕，開單存卷，票差余得水等傳喚，該役將毛揣娃抗不傳案，以致該犯等逃避。延至十九年三月間，毛生玉控經前府，批縣勒緝究辦。毛生玉因毛揣娃等未經到案，復於九月間疊控前府，批准提訊，終未到案。

本府到任，毛生玉覆控，提集全案人証，訊悉前情，斷令毛蛋娃與毛許氏為子，另立嗣單。毛生田膽敢率領子姪毛熱娃、毛愛娃毆傷胞兄毛生玉，均應按律究辦。②除將毛生田發交鳳翔縣暫行收禁，毛揣娃杖責，押候待質，差役余得水當堂枷責，俟毛愛娃、毛熱娃等到案，另行訊明詳辦外，取具各遵結存卷。此判。

---

① 同"拔"。
② 《大清律例》卷二八《刑律·鬥毆下》"毆期親尊長"律："凡弟妹毆(同胞)兄姊者，杖九十、徒二年半。傷者，杖一百、徒三年；折傷者，杖一百、流三千里。刃傷(不論輕重)及折肢，若瞎其一目者，絞。(以上各依首從法)死者，(不分首從)皆斬。"載《大清律例》，田濤、鄭秦點校，法律出版社1999年版，第462頁。

道光十九年十月二十日
馬騰蛟具控劉天增等竊瓜、鬥毆案

　　道光十九年十月二十日,審訊得馬騰蛟具控劉天增等一案。緣馬騰蛟與王鳳祥佃地夥種西瓜六畝,於本年八月初九日夜,被劉天增之姪劉乃娃等赴地偷竊西瓜六十餘枚。王鳳祥撞遇,將劉乃娃拿獲,首知鄉保唐自行、劉天盛查驗處和,議罰燈戲。馬騰蛟等未允,各散。延至十五日,鄉保唐自行、劉天盛復敍罰戲緣由,即被差役宋泰魁嚷罵,將王鳳祥、馬騰蛟毆傷。詎唐自行、宋泰魁在縣捏稟,票差宋泰魁傳喚,馬騰蛟以奉票之人即係具控之人,心懷不服,赴府具控。

　　訊悉前情,查劉乃娃偷竊西瓜,只屬細故,唐自行、宋泰魁等並不善爲調處,反因口角爭毆,事後又復捏稟,希冀先發制人,詰訟兩月有餘,致馬騰蛟等有誤農業,空賠佃錢,責有攸歸。當將宋泰魁杖責示懲,斷令劉乃娃與馬騰蛟補賠瓜〔錢〕[17]二千文,唐自行、宋泰魁賠馬騰蛟錢七千二百文,以作瓜地佃〔錢〕[18]之用。取具兩造遵結存案。此判。

道光十九年十一月十四日
鳳翔縣民段大興控劉雙周等爭產奪地案

道光十九年十一月十四日，審訊得鳳翔縣民段大興控劉雙周等一案。緣段大興之父段璧住居汧陽，生子四人，長大昌、次大和、三大旺、四大興。先年家本赤貧，有鳳翔縣族人段倉、段莪二人無嗣，段璧貪其產業，將子大和與段倉承繼，子大興與段莪承繼。段倉與段莪係同胞兄弟，先是段莪與老四房承繼，得受老地七十四畝，與段倉同度。段倉得此幫扶，陸續置地一百二十畝。段倉、段莪物故後，段璧全家移居鳳翔，四子同度。維時大興尚幼，段大昌心生覬覦，欲侵吞七十四畝之地，捏稱段莪并無遺地，惟段倉有地一百數十餘畝，而段倉身故之時，喪葬費用九十串，將地數十畝出典，伊在口外貿易，獲有貲財，將地贖回自種。

先是段倉有子福連乏嗣，曾乞養劉雙周為福連承繼，雙周欲與段大和爭產，段璧控縣，斷地三十畝與劉雙周歸宗，餘地令大昌、大和、大旺均分。因段大興曾經過繼段莪，斷令查明七十四畝之地，令其承受，此嘉慶二十二年前縣初次所斷也。殊不知七十四畝之地，已被段大昌混入段倉地中，始則捏稱喪葬費用出典，經伊贖回，繼且捏稱段倉只有遺業七十餘畝，其一百數十畝，係伊父子自置之地，并稱段璧遺囑議欲均分。段大興控縣，族長段宗欲將己孫三人承繼大昌，因而偏袒其間，堅稱段大興實未過繼段莪，而段莪亦無七十四畝之地。是以該縣斷令照依段璧遺囑四分均分，此嘉慶二十五年二次縣斷也。十七年段大興復控，該縣據段直供稱，段大興并無過繼之事，仍斷令四分均分，此十七年三次縣斷也。其實此案屢經縣斷之後，而大昌、

卷 一 83

大旺面從退違,仍不肯與大興均分,反藉口段大興過繼段莪,受有遺業,不應再分祖產,以遂其兼吞之計。十九年段大昌物故,段大旺欲將己子承繼,段大興不服,迭控縣府,未結。

本府到任,復行具控。提集人証,查得段璧與段倉、段莪二人分屬疏遠,其將子過繼,原係貪圖遺產,然只能令嗣子承受嗣父之業,而大昌、大旺均不在應分嗣產之列。且查段璧汧陽移居之日,係屬赤貧,全靠段倉等遺有地畝,得以全家〔温〕[19]飽。段倉遺產出息甚多,何難辦理喪葬?即使大昌貿易果有餘資,亦應全藉段倉、段莪二人遺產之力。今乃假喪葬之名,以遂其奪地之計,并捏稱己身置有地畝,由段璧泒①令均分,其居心貪狡,了了如繪。歷任墮其術中,未加體察,遂照依原議均分,本屬未恊②,今大旺又欲將子承繼受產,是一人而兼受兩分不義之產,更欠平允。本府衡情定斷,此案屢經縣斷,俱以段大興止應承受段莪七十四畝之地,不得議分段倉之產,無奈段大昌等既將七十四畝之地隱匿不吐,使大興竟然無一畝之可分。試思大昌、大旺之與段倉係屬疏遠,猶得分其遺業,況大興既已承繼段莪,即係段倉胞姪,無論段莪果有遺產,即使全係段倉所遺,亦較之大昌、大旺等受之爲有名。然大昌、大旺分地已久,若全行奪地,致伊流離失所,本府又不爲已甚。

今斷令(太)〔大〕旺將子承繼大昌,除大和、大旺、大興仍照原斷,各分地四十四畝外,將大昌之地四十四畝分作二分:其一分,崖背稍四畝、上河裡五畝、楊坡嘴六畝,共地十五畝,給大昌嗣子耕種;其二分,門身底二段七畝、崖背地二十一畝、柿樹溝一畝,共地二十九畝,給段大和、段大興分種管業,以昭平允。兩造悅服,取具遵結存卷。此判。

---

① 同"派"。
② 同"協"。

道光十九年十一月十四日
郿縣監生包琳控包彰等析產案

　　道光十九年十一月十四日，審訊得郿縣監生包琳控包彰等一案。撿查縣卷，包琳之父包秉公兄弟四人，長包秉智、次秉忠、次秉公、次秉乾。嘉慶九年分析時，因秉忠有自置地二百五十畝，不願再分家產，所有祖遺地四百八十畝，秉智之子包愷、秉公之子包琳、秉乾之子包玉各分一百畝，秉智一人獨分一百八十畝，又分墳地八畝作爲養老之地，議明歿後仍歸三人均分，立有分關，註明可據。

　　道光十九年，秉智物故，包愷之子包生發將此地一人霸佔。其墳地八畝，經親友等調處，俟秉智之妻故後，再行分給，立有合同。厥後秉智之妻物故，地歸秉智次子包彰霸種。控經縣案，該縣因包琳於嘉慶九年已經分有地畝，不應於十九年覬覦再分，斷令包生發給孝敬錢三千文。其墳地八畝，合同不足爲據，仍歸包彰耕種。

　　包琳不服，赴府具控。訊悉前情，并查驗分關合同屬實。查包琳雖係析產在先，然此一百八十畝之地，同係祖產，特因留爲養老，遂爾未及分析，且日後均分之議，載在分關，自不應獨使向隅。至包生發供稱負欠公項，議將地畝抵扣一層，查伊等九年分析，所有包秉智多分地一百九十畝，分關內載明養老，并無還〔債〕[20]之說。倘彼時負有公債，則名正言順，即應於分單內載明多分此項地畝專爲還債之用，何必委曲遷就稱爲養老？是九年分析以前，并無公債，已屬顯然。至九年以來，縱使積有欠項，已在分析另炊之後，係屬私債，不應公攤，即不應將此項公地抵扣，其理甚明，更無疑義。

　　但包秉智究係長房，且九年以前，經理家務，勞心勞力，斷令在此一百八十畝内,將八十畝撥給包秉智,作爲酬勞之用。所剩祖業地一百畝,又墳地八畝,按照秉智、秉公、秉乾三分均分,其祖業地各得三十畝三分,墳地各得二畝七分。包愷與包彰、包連係屬胞兄弟,應在於秉智名下所分之一分内均分,以昭平允。兩造悦服,取具遵結存卷。此判。

道光十九年十一月十四日
扶風縣民張全德以朋火[①]□業等事控李春等案

　　道光十九年十一月十四日,審訊得扶風縣民張全德以朋火□業等事控李春等一案。據張全德訴稱,有地二段四畝,作當價錢二十串文,當與李春耕種;又一段七畝,作價錢五十一串文,當與徐光宗耕種。後來道光五年,將地二段十一畝,憑楊起賓等說合,賣與李春爲業,作賣價錢一百三十千文,除去當價,尚欠錢五十九千文。據李春聲稱,當價實係八十千文,又徐光宗當價三十五千文,又張全德欠約十五千文,三項共一百三十千文,業已地價全清訖。彼此爭執,疊控不休,該縣照依李春所供斷結訖。

　　本府到任,張全德復控,提集人証,查訊中人楊起賓當日交價,並未見有八十串當約,並稱當日議價之日,念及張全德之父,既已賣業並未得錢,是以議令於契外找給小麥三石。又查訊鄉約李會,亦稱伊等詰訟之後,曾經李春手交錢五千文,轉給張全德等情。本府查閱縣卷,該縣十五年閏六月,據張全德呈控,該縣批云:此案經袁前任訊明,張舉於嘉慶年間,負欠已故監生李廷株錢八十串文無償,將地十畝當於李廷株抵欠云云。查李廷株即李春之父,是此案不惟李春等所稱八十串當價本係賑債折抵,即此外〔之〕[21]五十串亦係抵欠,是以有契外找麥三石之議。而前次詰訟時,又有給錢五千之事。

　　查李廷株賑債滾利,準折地畝,本干例禁,念已身故,姑免深究。除張舉已收過當價七十一千文,又李春付過錢五千文外,斷令李春再找給張全德錢五十四千文,地歸李春管業。又鄉約李會當日過糧之時,並未將餘糧過盡,飭令將張舉此地餘糧全數過給李春名下完納,以斷葛藤,而昭平允。兩造悅服,取具遵結存卷。此判。

---

① 通"伙"。

道光十九年十一月十四日
鳳翔民武生王鎮西具控宋玉經賒欠案

　　道光十九年十一月十四日，審得鳳翔民武生王鎮西具控宋玉經一案。緣宋玉經出貲在郡城開設興隆恊號藥材行生理，係舖夥喬本、蔣兆熊經理。喬本於道光十七、八兩年在王鎮西布舖先後賒取布疋，共銀四百餘兩，至期無還。王鎮西控縣，斷令宋玉經保喬本具限還銀在案。喬本逾限無還，王鎮西赴府具控。

　　本府提訊之下，王鎮西堅稱，布疋雖系喬本賒取，但既有字號圖章，宋玉經既係貲東，必應代為償還等語。本府訊問王鎮西與宋玉經，素日不惟并無交往，且不認識，至喬本向王鎮西舖内賒取布疋，王鎮西并未向宋玉經告知。且查向來舖户字號圖章，只備舖中收發貨物之用，并不能賒取錢物，王鎮西既未與宋玉經説明交財，即不應僅憑圖記，聽其舖夥賒取布疋。況舖夥承領貲東本錢，比比皆是，若舖夥賒欠，儘派令貲東償還，則舖夥皆得肆行無忌，貽害貲東，而貲東人人自危，誠於風俗人心，大有關係。但宋玉經任用匪人，不能辭咎，斷令照依縣斷，將喬本保出，按限交還。取具遵限存卷外，此判。

道光十九年十一月十六日
郿縣民陳瑜具控程世儒錢債清算案

道光十九年十一月十六日，審訊得郿縣民陳瑜具控程世儒一案。本府提集人証，并撿查縣卷，據該縣原審，陳瑜之父陳鳳臨與全盛德號程世儒，自嘉慶二十年十月交財，立有錢摺，其出入之項俱蓋用全盛德號圖記。道光十三年五月初十日截算，陳鳳臨積欠全盛德號錢壹千肆百串，如數寫立總券之後，復在該號取用錢文肆百餘串，本利合計共欠叁千餘串。該縣斷令程世儒將無約之錢，讓去七百餘串，尚欠本利錢貳千肆百餘串，因陳瑜無錢償還，斷令將地畝抵折。陳瑜以程世儒之賬與錢摺不符，懇請邀同親友等另算。詎程世儒之夥任清等，揹不清算，而樊成、楊貴、趙永錫等捏稱賬已算明，以致陳瑜屢受刑責，堅不輸服，赴府申訴。

本府查閱全盛德號所立錢摺，自嘉慶二十年十月初十日與陳鳳臨交財之日，摺內註寫"取本錢五十串文"，十月二十二日寫"收利錢貳拾串文有零"，前後相距十二日，遽收利錢貳拾串文，若謂係屬別項利錢，查二十年十月以前，并無另有取用本錢之處。既未有本，安得有利？顯係在於五十串本錢之中，預扣利錢，已屬瞭然。再查道光三年二月摺內，一款註寫"四年二月二十日收本利肆百陸拾捌串"，一款註寫"四年二月二十四日收本利柒拾串"。而四年二月二十日摺內，一款註寫"取本錢肆百陸拾捌串"，一款註寫"取本錢柒拾串"。此二款取用本錢，與前交利之二款，年月錢數俱相符合，其爲堆利作本，又屬顯然。又查陳瑜與程世儒寫立借券，係在道光十三年五月初十日，彼時已將從前所欠之數，截算清楚，書立總券。而程世儒呈出欠錢清

卷 一　89

單,仍將十三年二、三、四、五月所欠之數,並未勾銷,又將借券壹千肆百串,一并開入,居心奸狡,歷歷如繪。是從前所立借券顯係堆利作本,欺弄鄉愚,無怪陳瑜心有不甘也。然程世儒狡譎,雖已敗露,而此壹千肆百串借券,其歷來堆利作本之處,若不徹底清算,究不足折服其心。本府核閱道光八年錢摺,是年十二月註寫"面算清欠舖錢拾伍串文"字樣,有全盛德號圖記可憑,是八年以前已屬清結,即程世儒偶有糵混之處,亦可不必追算,以免轇轕。

因飭諭干証崔一駿、李新春、〔張〕[22]桂庭、陳來臨、王瑀、趙永錫,協同程世儒、任清等,從摺內九年取錢還錢之日起,至十四年兩造絕交之日爲止,當堂逐款清算。自九年至十三年五月初十立券之日,計取錢壹千零壹拾貳串柒百柒拾文,還錢壹千貳百玖拾壹串玖百貳拾陸文。十三年五月初十立券之後至十四年,計取錢伍百零壹千貳拾文,還錢捌百壹拾玖串柒百壹拾文。以上二款,總計陳瑜共取過錢壹千伍百壹拾叁串柒百玖拾文,共還過錢貳千壹百壹拾壹串陸百叁拾陸文,除去用數,計陳瑜寔長還錢陸百餘串文。查道光九年至十三年五月換寫總券之日,陳瑜只取錢壹千零壹拾貳串柒百柒拾文,而借券已有壹千肆百串之多,是其堆利作本,已屬確鑿。詰之程世儒,無可置辯。堂訊之下,萬目環觀,同聲稱快。核計此二項錢文,自道光九年至十四年,共計六年,按月每串壹分肆厘行息,然錢係隨時零星取用,并非同時全取,且所還之錢亦係隨時交還,并非長年拖欠,若竟按照全錢全年之數計算,未免偏枯。應令將錢減半折算,以柒百伍拾串起利,減作四年,按月壹分肆厘行息,應獲利錢五百零四串,計陳瑜尚長錢九十餘串,飭令不必向程世儒找取,兩造悅服。程世儒、任清等滾利盤剝,有干例禁,姑念此案經本府飭令衆干証人等,眼同程世儒按款算明之後,程世儒、任清自知理曲,俯首認罪,不敢固執,尚與怙終有間。樊成、楊貴、趙永錫等隨同附和,均有不合,施恩從寬戒飭。取具遵結附卷。此判。

（此案諭令將錢减半折算，以七百五十串起利，誠恐誤認减去本錢一半，特將减半之由、通計數目，補敘于下：

查陳瑜自九年正月起，至十三年五月立券之日止，共用過錢一千十二串七百七十文，每串以一分四厘起息。若係九年正月同時全數取用，則扣至十四年絶交之日止，應出利錢九百餘串。又，自十三年六月至十四年絶交之日止，用過錢五百一串二十文，若係十三年六月同時全數取用，則應出利錢一百餘串。令之前項利錢統算，共應出利錢一千串有零，但錢係陸續取用，又係陸續償還，若竟照滿年行息，則陳瑜未曾用錢，先行納利，理有未愜。若僅從十三年立券之日起算，則從前零星取用之錢，竟無利息，理亦未平。是以酌將滿年統算之利錢，一千串有零减去一半，只應出利錢五百串有零。計陳瑜陸續共用過錢一千五百一十三串七百九十文，陸續還過錢二千一百一十一串六百三十六文，除清本錢外，實還過利錢五百九十餘串，較之五百串有零之數，有（嬴）〔贏〕無絀。

程世儒换寫借券，將一千十二串之欠項寫作一千四百串，堆利作本，已屬確鑿。查例載："放債之徒，用短票扣折。違例巧取重利者，嚴拏治罪，其銀照例入官。受害之人，許其自首免罪，并免追息。"①程世儒堆利作本，换寫借券，即與短票扣折無異，實屬爲富不仁，本應按例治罪，姑念年老，免其深究。至息錢一層，例准免追，本應向程世儒追繳，交陳瑜具領，并將程世儒本錢追繳入官。但此項本錢、息錢，程世儒收受已隔多年，俱已一併使用，若此時斷令措繳，必然稽延時日，徒滋紛擾，是以酌斷完結。此係法外施仁，就案了案，以清塵牘，而省拖累，實定讞者不得已之苦衷也！此記。）②

---

① 見《大清律例》卷一四《户婚·錢債》"違禁取利"門。參見胡星橋、鄧又天主編：《讀例存疑點注》，中國人民公安大學出版社1994年版，第282頁。

② 括號内係雙行疊寫。

道光十九年十一月十六日
扶風縣民王正新控告成會賴債案

　　道光十九年十一月十六日,審訊得扶風縣民王正新控告成會賴債一案。撿查縣卷,該縣原審,王正新過繼與嬸母王高氏爲子,王高氏之妹嫁與成娃,生子成會。王高氏故後,王正新向成會索欠,聲稱王高氏在日,成會向王高氏借錢三百串,一分行息,立有借約,係母舅高敏作中。王高氏於十二年物故,王正新往向成會索欠,成會不認借錢之事,以致詰訟。該縣查訊高敏之子高逢娃及魏統等,僉供不知有索賬之事,而成會亦稱券非親筆所書。該縣因衆供游移,隨斷令王正新自訪代筆之人到案質對筆跡。此縣案初次所斷也。王正新赴府具控,批縣審訊,該縣據情申覆完案。此王正新由縣控府,由府批縣二次所斷也。
　　本年十月,本署府到任,王正新復控前來。本府提集人証,訊得成會於王高氏係屬姨甥,最爲鍾愛。王高氏無子,本欲將伊承繼,因格於衆議,未遂厥志。其平日借給錢文,自屬常情,且有中人高敏可憑。至借券并未親書之處,查陝省風俗,借券内只有中見,并無親筆書字之事。本府於道光二年履任秦中,見民間具控錢債,券非親筆,頗爲駭異。今閲歷十八年來,始知風俗歷係如斯,不足爲異。至成會供本身識字,何以并不親書借券?試思王高氏係屬女流,本不識字,〔當其〕[23]慨然借貸之時,自不暇辨别筆跡。況成會本意,又何樂於親筆書券,留爲異日柄據?是其所供之處,顯係巧言支飾①。但此時中人高敏既已物故,其子高逢娃又已扶同一氣,捏詞(塘)〔搪〕塞,若

---

① 同"飾"。

非實有証據,不足折服其心。

據王正新供稱,當日索債之時,尚有王凝知情。撿查縣卷,王凝親供,并不知索債之事,何以王正新必欲引爲干証?本府當向王凝查問。王凝供稱,道光十五年五月,伊與王正新、高敏、成會同到絳帳鎮朱家酒舘,飲酒之間,王正新向成會提及索賬之事,成會求緩,高敏在傍,亦以宜念親誼之言,向王正新勸緩,屬實。本府面詰王凝,何以與縣供不符,據王凝聲稱與縣供無異,想係書吏將供錯寫等語,可見王正新索欠并無不實。但成會狡獪異常,若專係王凝作証,彼猶得藉口王凝受賄袒徇,仍不足折服其心。因查案内魏統係成會兒女姻親,而縣卷内魏統所供,亦聲稱不知借錢之事。本府當將魏統再三開導,隔别研訊,又令王凝與之面質,并諭以此項錢債。經本府訪聞,除王凝以外尚有魏世豐、玉廷才及武生劉兆魁三人,俱係當日成會邀請向王正新求讓之人,倘魏統再不承認,將來提到魏世豐等三面質對,自必水落石出,難免詐騙之罪。始據魏統供稱,從前成會求伊向王正新懇讓本錢一百串,只還二百串,王正新不肯應允而散等情。隨據魏統當堂婉勸成會,令其從直供認,不必抵賴,成會始俯首認罪。

查此案成會負欠屬實,只因中人高敏物故,遂爾商通高逢娃、魏統,意圖抵賴。迨王正新控縣,而成會復巧言支飾,懇令王正新自訪代筆之人,其居心貪狡,殊堪痛恨。惟經魏統、王凝質証之後,即供吐實情,帖然心服,尚與怙終有閒,姑免治罪。第念成會與王正新究屬親誼,且爲王正新之母素所鍾愛,斷令王正新讓去利錢,只還本錢三百串,以敦親誼。兩造悦服,取具甘結存卷。該縣書吏錯寫供單,實屬率忽,應飭由該縣責懲。此判。

道光十九年十一月二十日審。(二十六日據成會繳錢三百串給王正新當堂具領訖)①

---

① 括號内係雙行疊寫。

道光十九年十一月十六日
鳳翔縣民張一順具控張義賢等强欲贖地案

道光十九年十一月十六日，審訊得鳳翔縣民張一順具控張義賢等一案。緣張一順曾祖兄弟三人，長張斗、次張柄、三張寅。張柄生子張中榮，乏嗣。張斗生子張中福，中福生子張偉，偉生子張義賢。張寅生子二人，張維學、張維理，維學生子五人，長張卜、次張恒，張恒生子一順，因張中榮乏嗣，將張恒過繼爲子。

先年張中福名下，每年漏交土糧六升有零，張維學名下，每年多交土糧六升有零，相沿七十餘年，經里書辛寬查出，代爲更正。其張維理多交糧錢，因係兄弟，不復計較。張寅先年當有鐵姓承糧軍地二十三畝，張寅將此地又轉當與張中福耕種，維學、維理欲贖地畝，經辛寬、張全、張美評處，着中福自種十八畝，維學贖回五畝，給張恒耕種餬口，言明永斷葛藤，不必再贖。其五畝軍糧，由張恒取出，歸入中福，節年完納，立有合同，中福與維學各執一張。

詎張義賢起意吞業，在縣興訟，隱匿從前立有合同、永斷葛藤、不准再贖情形，只將承糧軍地三十三畝老契取出作爲柄據，强欲贖地。該縣斷令張一順將地給張義賢取贖，具結完案。張一順心懷不甘，赴府具控。提集人証，查悉前情，斷令照依合同，張一順將張寅承糧地五畝照舊耕種，不准再贖，每年幫給張義賢糧錢一千文，餘地十八畝仍歸張義賢管業。所有張義賢呈出乾隆四年承糧鐵姓地約一張，現在此項軍地只有二十三畝，與約内畝數不符，不足爲據，當堂塗銷，粘存府卷，以免日後另生支節。取具遵結完案。此判。

道光十九年十一月十六日
岐山縣職員楊建春控告武舉亢振藩藉端訛詐案

　　道光十九年十一月十六日，審看得岐山縣職員楊建春控告武舉亢振藩藉端訛詐一案。緣楊建春之父捐職楊登泰於道光十二年在京病故，有會試文舉人王啟疆等經理喪事，又有隨行之鋪夥李兆元扶柩回籍。適該武舉亢振藩會試逥歸，偕柩歸里，楊建春之兄生員楊建寅邀同親友與亢振藩酌盃致謝，兩次給銀一百七十兩，並宮紬袍套等項。亢振藩慾壑難填，聲稱代扶父柩，即應均分父業，屢於道光十三、十四、十七、十八等年前赴楊建寅舖內訛索，繼以毆辱，經楊建春控經該縣將亢振藩訓飭結案。詎亢振藩復於十九年九月十六日，又與楊建寅尋釁前往，當街毆辱。經楊建寅之子控縣，驗傷未訊。

　　楊建春復以前情控府，經本府提訊，得悉前情。查武舉亢振藩偕同楊建寅之故父屍棺回籍，其子楊建寅厚禮酧謝，已屬盡禮。而該武舉亢振藩竟敢屢次擾害，當街毆辱，恃符刁橫，行同亡賴，自應褫革衣頂，研訊究辦，以儆兇頑而安良善。除將亢振藩發交該縣嚴訊究辦外，此判。

道光十九年十一月十六日
王全控鳳翔縣民鄭德麟欠債案

　　道光十九年十一月十六日,審訊得鳳翔縣民鄭德麟於道光十年十二月內借王全錢一百千文,本利合錢二百餘千,又欠會錢一百三十餘千文無償。控經縣案,斷令鄭德麟將地畝抵欠。鄉約王收高抬地價,以致王全不服,前赴道轅迭控。

　　今本府提訊,鄭德麟該欠王全錢文屬實,無如鄭德麟實係艱窘,斷令王全讓錢一百四十餘千,還錢二百千文。押令即日清償,以杜訟端。除飭該縣詳明道憲銷案外,取具各結限存卷。此判。

道光十九年十一月二十一日
朝邑縣客民張廷秀控山西太谷縣
客民杜幹等錢債糾紛案

　　道光十九年十一月二十一日，審訊得朝邑縣客民張廷秀控山西太谷縣客民杜幹、舖夥師鶴林等一案。本府提集人証並撿查縣卷，據該縣原審，張廷秀前因道光四年憑中張洪凱說合，借使監生杜幹舖內本銀四百兩，一分行息，有約柄據。除還數年利銀不欠外，迨後八年十一月內起至十一年七月止，又算該利銀一百三十餘兩，張廷秀止還六十千文，本利屢討未償，致控縣案。斷令杜幹將前收張廷秀六十千文抵作利銀五十兩，令張廷秀還本利銀四百八十兩。此初次縣斷也。張廷秀無還，屢受刑責，來府具控，批令岐山縣審斷。該縣李令着杜幹將利銀八十兩情讓，斷令張廷秀還本銀四百兩。此二次府控批縣所斷也。

　　本府到任，又赴府申訴。訊得張廷秀於道光元年，已憑張洪凱作中，借過杜幹銀五百兩，陸續還過利錢二百一十兩、本銀一百兩。道光四年抽回原票，另寫四百兩欠票。道光八年又還過利銀一百九十八兩，又還過利錢六十串。是張廷秀道光四年所欠之賬，係杜幹換給之票，統計本銀四百兩，已還過利銀四百五十兩之多。屢次縣訊時，因杜幹等慮及張洪凱到案，將換票實情吐出，是以屢令張洪凱推故不到。而該縣未及查明前情，屢將張廷秀責比，飭令如數償還，無怪張廷秀心懷不甘。今斷令杜幹、舖夥師鶴林等再讓本銀一百兩，寬限張廷秀兩月內清還本銀三百兩。兩造悅服，取具遵結存卷。此判。

道光十九年十一月二十一日
酆縣客民文朝興控嚴天清等誣竊議罰案

　　道光十九年十一月二十一日，審訊得酆縣客民文朝興控嚴天清等一案。緣文朝興之父文國成籍隸四川簡州，於乾隆四十年來酆務農。今歲八月間，嚴天清等因秋禾將熟，公議禁竊田禾。到八月十一日午後，文國成之妻文吳氏赴吳秦氏家探親回歸，即在吳秦氏地邊，檢拾豆柴數枝攜回，經嚴天清雇工看見，疑係偷拔，隨向嚴天清告知。嚴天清糾同鍾元泰、鄉約汶宗海、趙鳳章等到吳秦氏家詢問，吳秦氏答言伊家地內糧食早已收割，文吳氏所拾係伊家收割所遺，并非文吳氏偷竊，亦非伊家所送。嚴天清等因村內新規，不准將地內糧食送人，此項豆柴如係吳秦氏所送，即應罰吳秦氏，如係文吳氏拾取，情與偷竊無異，即應罰吳氏之夫。吳秦氏見嚴天清等強橫，不敢爭論。嚴天清等隨將文國成喚至伊家，公議要罰，文國成不允，彼時鍾元泰、鄉約汶宗海等各散。二更後，文國成氣忿，隨在嚴天清園內桑樹上自縊身死，經嚴天清之父看見，將屍落下。到十二日，文國成次子文新喜查找來到，嚴天清等隨令人將屍抬回文國成家內。汶宗海赴縣報案，經縣驗明，實係自縊身死，取結完案。

　　文國成之子文朝興因嚴天清私立會首，縣中又未將伊誣竊議罰情由審問，赴府呈控。本府提集人証，訊明文吳氏在地拾取豆柴之時，吳秦氏地內糧食早已收割，經吳秦氏向嚴天清說明，實係收割所遺，并非文吳氏竊取。而嚴天清等反向吳秦氏口角，聲稱此項豆柴，如非吳秦氏餽送，即係文吳氏偷竊，二者居一，俱當受罰，以致吳秦氏不敢置辯。而文國成忿激輕生，實由嚴天清誣竊所致，自應按律詳辦。除將該犯發交鳳翔縣收禁外，所有餘犯汶宗海、趙鳳章業經枷責示衆，其餘人等俱從寬分別責懲。除取具各遵結附卷外，此判。

道光十九年十一月二十五日
鳳翔縣監生馬驥控告馬效龍匿產未分案

　　道光十九年十一月二十五日，審得鳳翔縣監生馬驥控告馬效龍匿產未分一案。撿查縣卷，道光十年，據該前縣王令原審，馬效龍之父兄弟四人，長早亡，次健、次馴、次順。馬健生子輔龍，輔龍生子馬福、馬驥，馬馴生子馬效龍、馬化龍，馬順生子存龍。乾隆五十九年，將財產三分均分，憑親友、中人等立有分關爲據。馬順於分（晰）〔析〕後，即移徙所分之杜家門另居，馬健、馬馴仍在老宅同居共爨。至嘉慶二十年，因人口日增，兄弟始行另爨，其財產仍係各掌，並無異言。

　　道光十年，馬驥覷覦馬馴生意興旺，積有資財，遂以馬馴匿產未分具控縣案。經親友吳海、楊甸處和，議令馬馴出銀七千兩，將馬輔龍所分之住房半區價買，以全友愛。隨經該縣驗明分關并買契屬實，批准結案。此道光十年該縣王前令初次所斷也。十年王令卸事，馬驥仍捏前情呈控，新任沈令查卷批駁。十二年金令到任，馬驥又控，金令以馬馴既無分家未清之處，何以遽肯出銀置買半區之產，其中顯有別情，批准審理。

　　延至十四、五年，馬驥又赴府迭控，前府孫批令檢齊號内賬簿，同衆清算，兩年之久，人証未齊，致案延擱。十六年春間，本府到任，馬驥復行具控，批准提訊，旋即于四月初間卸事。豫府到任，批令該縣迅行審斷。此十一年至十六年控而未結之原委也。先是，馬效龍在〔于所〕[24]分張家磨祖墳地内卜葬其母，原在母墳之傍，預卜葬穴，爲其父馬馴異日合葬之地。道光十八年，馬驥因親母物故，乘此與馬效龍尋衅,遂在于馬效龍母墳之右,去穴五尺,卜葬其母。控府批縣,該縣斷令馬驥另在父墳左右擇地合葬,不得侵佔馬效龍父母合葬之地,詳覆在案。府中批飭,將馬驥具控分家未清之處,訊明另詳。隨經該縣申稱馬健、馬順早已分家,經前任王令于十年斷結具覆等情在案。此十八年、十九年府控批縣訊詳之原委也。

本年十月,本府到任,馬驥復行具控。本府提集人証,訊悉前情。查馬健、馬馴等兄弟三人,於乾隆五十九年分家,立有分關,迄今四十六年之久。道光十年,馬驥捏控,復經親友處和,議令馬效龍貴價置買馬輔龍半區之産,其契係馬輔龍出名,馬福親筆,註明代父書契。使當日分家稍有不清,馬輔龍安肯于處和之時,諭令親子書立賣契并"永斷葛藤"字樣? 是此項家產,其爲久經分析,毫無疑義。而馬驥迭控不休,聲稱伊祖父等如果于乾隆五十九年分家之後,何以仍係同居共爨。本府查得,兄弟分家,總以分關爲憑,分家之後,同居共爨,世所常有,不得竟指爲未曾分析之據。馬驥又稱伊等倘無獎賣,何以竟肯貴價買業。查馬效龍與馬輔龍本係親堂兄弟,馬輔龍分析之後,其子馬驥等不務正業,家日中落。今馬效龍坐擁厚貲,致令馬輔龍父子垂涎涉訟,屢經親友處和,既可保全友愛,又可永絶争端,馬效龍樂於從事,實屬天理人情之常,無可致疑,而馬驥竟藉此爲争端,實屬險狡。馬驥又稱既係立有分關,何以只有馬效龍一房收存,而伊與馬順兩房并无分關。本府查,分關係各人收執,馬效龍意在止争,自必樂於呈獻,馬驥意在搆〔訟〕[25],即使加以刑嚇,亦必不肯呈出。查閱縣卷,馬效龍於出銀七千貴價買產之後,馬順之孫馬德即出頭呈控,聲稱馬健、馬順分有舖房,獨伊毫無所分,并稱馬效龍既(概)〔慨〕助馬輔龍七千之數,何獨使彼一人向隅等情。可見利之所在,人所争趨,此時不獨馬驥不肯將分關呈出,即馬德亦必深藏不露也。但此案已有道光十年馬福代父親書賣契,已成鐵據,馬驥隱匿分關,原爲拖延搆訟,若必向伊追繳,反致墮其術中。惟歷來縣控,俱未將馬效龍分關及馬輔龍賣契照抄存卷,而府中批審時,該縣又未將分關賣契詳細申明，以致府中無可查核，而馬驥得以隨結隨翻。本府堂訊之下，隨諭令將分關及賣契照抄二紙存卷，以備查核，開卷瞭然，永杜爭端。

查馬驥身列成均，於其父兄早經認咎和息之案，希冀死灰復燃，屢肆擾害，誣訟無休，竟至十年之久，現在縣府卷牘積至二尺有餘。且查縣卷，馬驥曾被秦太控告賭博，又被封輔清控告居喪挾優，現據馬效龍又呈出馬驥借券，聲稱馬驥藉稱葬母及爲子完婚，前後憑李鴻儒向伊借錢二百千文，馬驥得錢，隨即花盡，所聲稱葬母、完婚係屬虛詞。可見馬驥平日游蕩無度，濟以貪狡，迭肆訛索，行同光棍擾害，[①]若不按律懲創，何以儆兇頑而安良善？除另行詳革究辦外，此判。

附馬輔龍賣契：

　　立契人胞姪馬輔龍偕子驥、福、正，因子馬驥**幼**[②]，無端興訟，控告胞叔、堂弟在案，姪久病在床，實不知我叔平生待姪等寬厚，處家公平。當年分另之時，馬驥年**幼**，未識詳細，今姪備述其事，馬驥始知當年情由。財物賬目早已均分清處，毫無吞謀等獎，迨後叔家饒裕，皆我叔勤儉所致，與姪等無干。所遺邀同親友、隣居說合，將所控等情任咎不提。

　　然姪自思，訟後同宅不爲美。而且姪生意虧折，資本兼欠別人，會借無力償還，央中說合情原，將祖置正院樓後南面庭房一間半、樓房一間半、厦房四間半、街厦一間半、南面院所半面，南止吳姓，北止叔宅，東止吳姓，西止街心，四止分明，金石土木相連，門外有大槐樹一株，宅内有井二口，又有大小樹子門窗一總在内，情願立契出賣與堂三叔馬名下子孫永遠爲業。姪情願搬

---

① 《大清律例》卷二五《刑律·賊盜下》"恐嚇取財"門下例文："凡凶惡棍徒屢次生事行兇，無故擾害良人，人所共知，確有實據者，發極邊足四千里安置。（凡系一時一事實在情凶勢惡者，亦照例擬發）如並無兇惡實跡，偶然抉詐逞兇及屢次藉端索借，贓數無多，尚非實在凶惡者，仍照所犯之罪，各依本律本例定擬，不得濫引此例。"載胡星橋、鄧又天主編：《讀例存疑點注》，中國人民公安大學出版社1994年版，第499頁。

② 同"幼"。

外居住，并無逼勒等情。叔念骨肉情義，憐其無力償債，兼之修理房屋無資，同中公議，作賣價銀柒千兩整，我叔之恩德愈彰矣。今後各守各業，永息争端，毫無異言，割食畫字，一切在内。恐後無憑，立寫賣契存用。

憑中説合人　王開選
　　　　　　楊　旬
　　　　　　吳　海
　　　　　　張　永
道光十年又四月十七日立　賣契人馬輔龍偕子驥、福、正代父書

先是，馬輔龍之子馬驥以馬效龍之父分家不公，屢控縣案。經楊旬、吳海等評論，令馬效龍之父出銀七千兩承賣馬輔龍半區之産，以全友愛，此馬輔龍之子馬驥之兄馬福親筆代父所書賣契也。該前縣訊斷之後，未將此契照抄一紙，批明存卷，致馬驥事後尋釁，屢結屢翻，詰訟十年，府縣無可稽查。今本府堂訊，據馬效龍將賣券呈出，姑無論從前析産本有分闗可憑，即據現在賣契而論，馬輔龍感恩悔罪，情見乎詞。披閲之下，已摻左券，因命該房照抄一紙代爲批明，粘存府卷，庶開卷瞭然，永杜争端。此道光十九年十二月二十日府正堂邱批在卷。

道光十九年十一月二十五日
郿縣民黃應兆控生員高振鐸等積金會錢債案

　　道光十九年十一月二十五日，審訊得郿縣民黃應兆控生員高振鐸等一案。緣黃應兆於道光十八年七月間，邀請積金會共十五人，每人納首會錢六千文，到十月間投會一次，高振鐸填錢四千文。今歲二月，黃應兆散會，同張超算給生員高振鐸本利錢十千零八百文清楚。後於三月間，黃應兆又請小會，未邀該生高振鐸隨會，該生憶及傷臉，隨即具控黃應兆在建盛全號借錢十二千五百文，給該役田魁等飯食使用。

　　查黃應兆於前會既清之後，另行請會，尚無不合，該生高振鐸首先肇訟，實屬多事。本府堂訊之下，將該生訓斥，該生自知理曲，俯首認罪，姑免深究，予以自新。該役等胆敢得受飯食錢十二千文之多，除札飭革役究辦外，當堂各予杖責，斷令具限五日退還黃應兆錢八千文。并斷令建盛全號讓利，着黃應兆還伊本錢十二千五百文完案。取具各結存卷外，此判。

道光十九年十一月二十五日
四川涪州民戴南斌、陳金山同控
李奉祿強搶索債案

　　道光十九年十一月二十五日，審得四川涪州民戴南斌、陳金山同控李奉祿一案。緣戴南斌係陳金山妹夫，籍隸四川涪州，來縣務農。戴南斌置有周家河與兩亭司地畝，其周家河地畝係戴南斌自種，兩亭司地畝給與陳金山耕種，三七攤分。去年及本年戴南斌借欠李奉祿錢文，前後十八串，內有五串係五分行息，除給過利錢外，算明尚欠本利錢二十二千，至期歸還。

　　本年十月十七日，陳金山來戴南斌家探望，李奉祿率領其子及張二牽騾五頭，到兩亭司將陳金山收割荏子九石駞去，又將地內未割蔴子收去，約有六石。戴南斌、陳金山聞工人報信，前往兩亭司查看，李奉祿乘戴南斌不在家中，又領人到戴南斌家中強駞荏子二石四斗、荳子一石，又將地內未收蔴子收去，約有五石。戴南斌、陳金山先後報縣，該縣批令該處鄉約理處。戴南斌、陳金山以李奉祿素行強橫，鄉約處和未必公允，且兩亭司係屬麟遊地界，周家河係屬鳳翔地界，不知應歸何處鄉約調處，因而心懷不甘，先後赴府申訴。

　　本府提集人証，訊悉前情。查李奉祿違例取息，本屬不合。且戴南斌借欠錢文，原已算明，至期清還，乃并不依期收討，輒於陳金山外出之時，糾集多人前往搶駞糧石於前，又於戴南斌前往查看之時，乘其不在家中，又糾人強駞於後。姑無論所駞糧數是否果有二十餘石，而其強橫兇悍已可概見。本應枷杖示懲，姑念釁由索債，尚非無因，且到案訊明後，即俯首認罪，尚與怙終有間，免其枷責。斷令將所搶糧石,按照市價賠錢一百串,內扣還李奉禄借錢十六串,賠還戴南斌糧錢八十串,給還馬文乘工錢四串。再查戴南斌借約內有五分起利之票,念李奉禄係屬鄉愚,不諳例禁,①且已將本錢扣除,姑免深究。除具取遵結存卷外,此判。

---

① 《大清律例》卷一四《户律·錢債》"違禁取利"律:"凡私放錢債及典當財物,每月取利并不得過三分。"載《大清律例》,田濤、鄭秦點校,法律出版社1999年版,第263頁。

道光十九年十一月二十五日
麟遊縣民竇秉元具控楊學太挖墻致損案

　　道光十九年十一月二十五日，審訊得麟遊縣民竇秉元具控楊學太一案。撿查縣卷，竇秉元承領劉秉鐸本錢三百串，租賃汶成舖面生理，而汶成之房係向劉茂[①]福承當，原價九十四串。厥後楊學太向劉茂福承買此房，并未與汶成等說明，亦未清交當價，竇秉元亦未謄房。道光十六年四月間，竇秉元回家收麥，將舖託伊母舅楊萬倉照管。楊學太即於是日修理房屋，在竇秉元屋後挖孔，遺失賬簿文約。楊萬倉看見，首明鄉約苟琚、巡役蘇進才查看屬實。

　　竇秉元稟縣，并未究問挖損房牆、致令失物之咎，斷令竇秉元與欠債之家書立收付，收討外欠。此初次縣斷也。其後竇秉元控府，批縣錄案，該縣照案詳覆完案。此二次縣府所斷也。前府豫到任，竇秉元復行控府，批飭岐山縣訊詳。先是楊學太因竇秉元尚未謄房，心疑汶成主使，遂與汶成爭毆，亦控汶成於縣案。汶成心懷不甘，亦赴府具控，批飭岐山縣提審。此三次府控批縣提審，懸案未結也。

　　本府到任後，竇秉元、汶成等前後赴控。提集人証，訊得竇秉元所賃之舖，汶成承當在先，楊學太承買在後，而買房之日并不邀同劉茂福與汶成、竇秉元等三面說明，將當價清交，俟其謄房以後，始行動工修理，乃楊學太輒於竇秉元回家之日，令工人苟得祥修房，挖有窟窿，遺失櫃內賬簿文約。查竇秉元回家，將舖房鑰匙交楊萬倉照管，囑其夜間開鎖，進房住宿，日間仍將舖門鎖閉，是其舖內，并非全無一物可知。乃竇秉元清晨甫歸，而苟得祥即於下午挖牆，顯係乘閒投

[①]　同"茂"。

隙，有所覬覦。現在研訊鄉約苟琚，聲稱據楊萬倉本日查知，即行往告，伊因抱病，未即詣驗，後來同蘇進才驗明，所挖窟窿約有一尺三四寸。查修理房屋在於牆上偶挖小穴，爲工人上下階梯，何至損至如許之濶？如謂挖動以後并無一人由穴進屋，誰其信之？種種不合，皆由楊學太恃富橫行，既不淸當價於前，又不俟謄房於後，咎由自取，責欲誰歸？且無端尋衅鬥毆，反將汶成具控，亦屬不合。苟琚、蘇進才并不即時詣驗、早爲根究，致使案情游移，亦屬可惡。

現據竇秉元開單，有外欠舖債二百餘串。所有楊學太、苟琚、蘇進才姑免杖責，斷令按照欠債姓名，限十日內代爲收取，倘收取無獲，即着落三人按五成賠補，楊學太攤認四成，苟琚、蘇進才合認一成，以示薄懲。其楊學太所欠當價八串，即交汶成具領。竇秉元所欠劉秉鐸、汶成錢文，俟楊學太等收齊舖欠，即交劉秉鐸本錢一百八十串，交汶成房賃十二串。房歸楊學太管業，竇秉元即行謄交，不得延勒。姚玉等得受飯食錢文，當予杖責，發縣革役，斷令將錢給還汶成具領。此判。

道光十九年十二月初一日
寶雞縣監生王鳳鳴控告胞叔王巘等家產分析案

道光十九年十二月初一日，審訊得寶雞縣監生王鳳鳴控告胞叔王巘等一案。緣王鳳鳴之祖王錫韓生子四人，長房生有一子，二房乏嗣，三房生有二子，長王鳳鳴、次王鳳林，四房王巘乏嗣。於道光十八年間，王巘與王鳳鳴不和，互控縣案。該縣斷令邀同本地親友，將家財四分均分在案。自該縣飭斷之後，王巘因分析不公，仍致復控。

本府提集人証，據王鳳鳴供稱，伊祖在日，已將家產分〔析〕[26]，并將分關當堂呈出，稱係王錫韓親筆。本府查訊，王鳳鳴分〔關内〕[27]中人四人，據王鳳鳴供稱，四人俱係六七十歲年紀。本府隨查訊王萬友，據稱此内三人皆已物故，現惟李廷選一人尚存，係屬王鳳鳴姑父等語。而王巘亦堅稱并非其父所書，是此項分關顯係王鳳鳴捏造，專恃其姑父李廷選作証。是以到案之時，捏供餘人尚在，逆料地隔百里，事非重大，本府未必遽爾行提，是以餙詞搪塞，而不虞詢及王萬友，遂破其奸也。現又據王鳳鳴呈出數年來代王巘還過借項數百餘串，有抽回欠約可憑。查伊叔姪本係不睦，如果分家屬實，王鳳鳴何肯代爲還錢，且從前該縣又何以斷令分析？是其所稱早經分析之處，係屬虛捏，已無疑義。

查王鳳鳴有地一百零五畝捌分，街基舖面九間，資財銀二千三百兩。斷令仍着劉士玉、王萬友、楊金玉等，按四分拈鬮均分，所有遺留空糧三石有餘，亦着照所分地畝攤認，各管各業，以杜争端。王鳳鳴所稱伊弟王鳳林給過劉元錢一百四十串，詰之王巘夫婦，堅稱係王鳳林給過王巘錢一百一十八串，其餘錢一十二串係王鳳林盤費使用，尚屬可信。案已訊結，未到人証，應免提質。取具〔遵〕[28]結附卷。此判。

道光十九年十二月初一日
鳳翔縣民關師琴控張化鵬等拖欠租銀案

　　道光十九年十二月初一日，審訊得鳳翔縣民關師琴控張化鵬等一案。據該縣原審，張化鵬之父張錫於道光十年將東關街基一院，當給關貞吉名下，當價銀四百兩，其房仍佃給張錫居住，每年議房租銀三十八兩。迨至道光十五年，張錫將此房轉佃胡繼周生理，得押租銀一百兩，每年租銀六十兩。張錫於道光十年至十九年，陸續共欠關師琴租銀九十九兩五錢。關師琴控縣，張錫聲稱措還六十一兩五錢，下欠銀三十八兩，具限十九年正月交還。此十八年縣斷也。張錫於去歲縣斷後還過銀十九兩，今歲七月又還過十九兩。關師琴因從前所欠之六十一兩五錢并未付過，而本年租銀又係拖欠，本府到任，關師琴復行具控。

　　提集人証，訊得張錫於道光二年曾借關貞吉銀五百兩，至道光十年，除還過利銀，又還過本銀一百兩，只欠本銀四百兩，遂將此房寫立當約，仍佃給張錫居住，每年租銀仍照利銀三十八兩之數，歷年共拖欠租銀九十九兩五錢。關師琴去歲縣控時，張錫捏稱已還六十一兩五錢，因而該縣斷令只還三十八兩。自斷之後，延至本年七月，張錫止還過三十八兩，不惟本年租銀仍屬拖欠，而合之捏稱還過六十一兩五錢，仍係欠銀九十九兩五錢，乃張錫堅稱六十一兩五錢係屬還過，且將本年七月所還之十九兩堅稱即係本年租銀。詢之干証歐陽茂、何通等，僉供自縣控以來，不惟六十一兩未見張錫還過，即去歲縣中斷還之三十八兩，今春亦并未見張錫還清等情。是其強詞抵賴，實屬貪狡。在關師琴搆訟本意，原因張錫將房轉佃與胡姓，每年得銀六十兩,而關師琴只收利銀三十八兩,欲乘張錫短欠租銀之時藉端興訟,希冀斷令張錫將店房繳出,歸於本身,另行招佃,以便每年多收租銀。然關師琴此項當價本係錢債折抵,其每年收取租銀三十八兩之數,原係按照借券息銀計算,張錫將店房轉佃,多收租銀,原無不合。惟不應於原息三十八兩之數有所拖欠,以致關師琴得有藉口,欲行驅逐。

今斷令關師琴讓銀三十七兩五錢,張錫具限十日內交關師琴本年房銀三十八兩。胡繼周自此以後,認關師琴爲房主。二十年起至二十一年止,着胡繼周每年交關師琴租銀五十兩,交張錫銀十兩。二十一年以後,每年仍着胡繼周交關師琴租銀三十八兩,交張錫銀二十二兩。兩造允服,各具遵結附卷。此判。

道光十九年十二月初一日
扶風縣從九胡震離控侯振國等塋地短少、偷當案

道光十九年十二月初一日，審訊得扶風縣從九胡震離控侯振國等一案。撿查縣卷，扶邑東鄉杏林鎮舊有元招討將軍胡昱墳垣一所，原有塋地三十二畝，招募劉宗經父子看守耕種。嘉慶年間，劉宗經之父劉元周將胡姓墳地一十八畝私當與侯屏藩、侯拴娃、侯春等耕種。胡相賢奉文修築圍牆，甫築之後，即行傾圮，心疑侯姓人等挖損，而侯振國等亦因從前行車大路係緊靠墓旁，今既將大路圈在牆內，行人無路可走，以致彼此爭執。胡震離又查得現在牆內塋地只有三十畝四釐九毫，并不足三十二畝之數，且查得劉、侯兩姓有偷當之事，是以具控縣案。斷令胡震離在東牆之外，另開新路，以通行人，其偷當之地，令退歸胡姓在案。縣斷之後，胡震離等因偷當之地尚係侯姓耕種，又因路旁神道碑所載，有"直通驛路"字樣，現在此碑去驛路二百餘槎，中隔麥地，顯係他姓侵佔，以致赴府復控。

本府提集人証，逐一研詰。其所稱塋地短少一層，查塋地所稱三十二畝，係屬乾隆十五年碑記所載，但今昔槎數，每有不同，現在所短只一畝有餘，自係丈尺偶有大小，不足爲異。且查問舊日石椿尚存，自無侵佔之獎。其神道碑所載"直通驛路"一層，查現在墳墓南牆之外有古路一條，南行一百四十餘槎，即係大路，東通陳家堡，西通杏林鎮，是與碑文"直通驛路"之處尚屬符合。至侯、劉兩姓偷當地畝，彼此均有不合，既經查出，自應即行退歸業主，其偷當之家，不得藉口當價未清，尚行佔種。堂訊之下，斷令侯屏藩等即將

劉元周偷當之地與胡姓交清,由胡姓自行招佃,所有當價由侯屏藩等自向劉宗經清還。其胡姓上墳出入之路,飭令在於神道碑之西古路行走,墳垣圍牆仍行照舊修築,毋得挖損,侯振國等均不得阻擋。餘照縣斷,刊①石立碑。兩造悦服。案已斷結,未到人証,應免提訊。各具遵結附卷。此判。

---

① 同"刊"。

道光十九年十二月初三日
鳳翔縣民張芹控張相過繼、分產案

　　道光十九年十二月初三日，審訊得鳳翔縣民張芹控張相一案。查閱縣府原卷，張芹之父張景瑜生子四人，長張雲、次張相、次張正、次張芹。早年分析，除張相得養老地四畝外，每人各得地七畝。厥後張雲、張正早逝，俱無子嗣，張相以子長娃、房娃過繼，張芹以張相一人不應以兩子過繼兩門，迭控縣府。經親友人等處和，聲稱欲令張芹以子麥娃過繼與張正，而張正之妻不願，隨處令仍將房娃過繼，議令張相另撥地十畝五分給張芹管業，覆府完案。此張芹歷年縣府控，經鄉地人等處和，而縣府據以定斷之原委也。

　　本府到任，張芹復赴府具控。本府提集人証、卷宗，訊得張芹之父張景瑜親兄弟三人，長景漢、次景瑜、三景玉。景漢有子二人，長張孝、次張煥，景瑜有子四人，長張雲、次張相、次張正、次張芹，惟三房景玉無子，張相自幼年過繼與景玉爲嗣，景漢之子張孝、張煥亦無子，張相以子壽娃、七娃過繼。後來張雲、張正亦無子，張相又以子長娃、房(產)〔娃〕過繼。

　　查景漢、景瑜、景玉本屬親兄弟，財產自應三分均分，張相既過繼與胞叔張景玉爲子，即不應再受本生父名下應分之產，更不應承受胞兄胞弟遺業及大房胞伯之產。今張相狡獪萬端，其始也，隱匿曾經過繼胞叔一層，以便均分本生父名下之產；其繼也，又因胞兄張雲、胞弟張正無子，更以兩子過繼；其既也，又因胞伯之子張孝、張煥乏嗣，另以兩子過繼胞伯爲孫。是張相一人而兼承六門之嗣，謂非爭產，誰其信之？查景漢、景瑜、景玉老三房，本有地一頃有餘，張芹前後只得過地十七畝五分，張相實得地八十餘畝，試以六分計算，張芹得其一，而張相得其五，不惟多寡懸殊，且陳村生意約有二千串，亦未經分析，俱係張相一人霸佔。皆因張相從前到案時，瞞去曾將兩子過繼胞伯爲孫一層，又將本身自幼過繼與胞叔之處隱匿不吐。其子張鶯娃虺蜴爲心，而鄉地等又扶同矇混，故張相得巧肆侵吞。但張相自幼過繼之處，本府再三研詰，張相供情閃爍，不肯直認，若非實有証據，仍不足折服其心。隨撿閲縣卷，道光十五年十月十七日，前縣王令審訊供單，曾據張相供稱，自幼過繼與胞三叔頂門得受產業等情，經王前令過硃，鈐印存卷。証據確鑿，張相始無可狡賴，俯首認罪。

此案若據正理定斷，張相既經出繼胞叔，即不應承受本生父名下之產。其胞兄胞弟無子，現有四胞弟之子可繼，亦不應張相再有覬覦。但其子長娃、房娃過繼，盤踞已久，此時若遽〔議〕[29]更置，後來必另啓訟端。緣此案非洞悉本原，莫由剖分曲直，當積重難返之會，而必鰓①鰓然，盡法從事，一快懷來。其在知我者，謂若人窮探幽隱，愜理魘心，而罪我者，且謂夫已氏有意紛更，矯情絶物，遂〔不〕[30]恤盡反所爲以求勝，是平情之舉，激成好異之争，彼此不得不兩分其咎。本府再四熟籌，惟有斷令張相再撥地十二畝五分，又撥住宅西邊圍場一塊，給張芹管業，其陳村生理，酌斷銀一百五十兩給與張芹，庶於不平之中稍示持平之意。其子張鶯娃貪狡生成，陷父不義，薄予掌責。該民人等務須改過遷善，同歸式好，勿得再相詰訟。此判。

訪聞此獄之興，係保正魏春祥與張相之女夫生員楊蔚、舖夥王成、李鳳麒、李發春等扶同一氣，爲張相左袒，欺侮張芹。數載以來，從中播弄，變亂黑白，殊屬可惡。念案經訊明之後，伊等各知畏懼，眼同張相等將財産如數交張芹收受，以贖前愆，姑免究辦。

---

① 同"葸"。

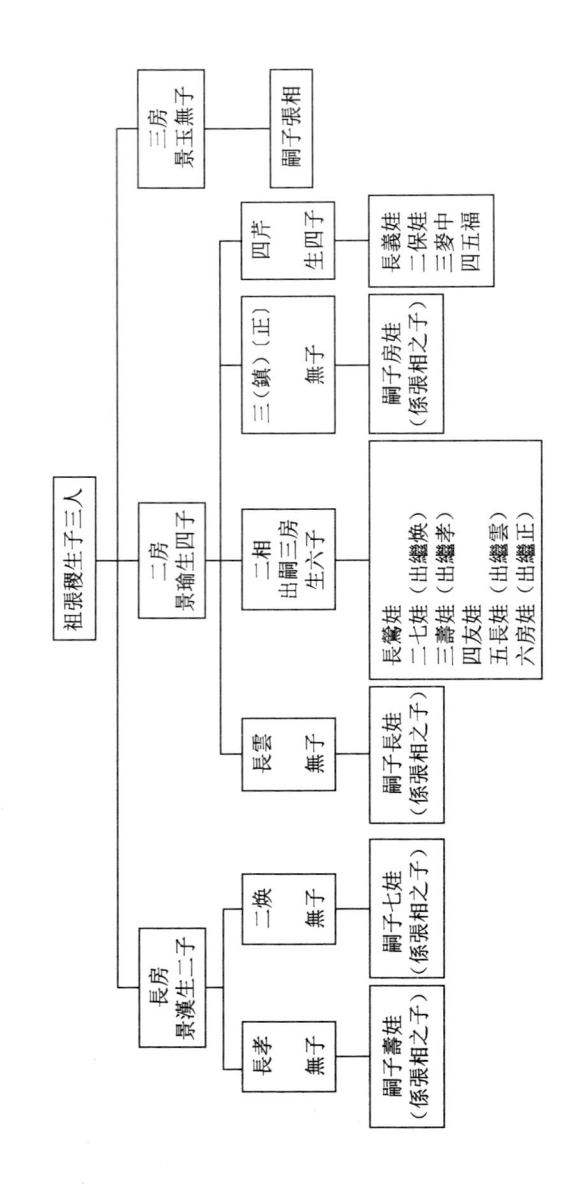

```
                                                              ┌─────────┐
                                                              │ 三房    │
                                                              │景玉無子 │
                                                              └────┬────┘
                                                                   │
                                                              ┌─────────┐
                                                              │嗣子張相 │
                                                              └─────────┘

                                        ┌─────────┐  ┌─────────┐  ┌─────────┐
                                        │二房     │  │三(鎮)(正)│  │四芹     │
                                        │景瑜生四子│  │無子     │  │生四子   │
                                        └────┬────┘  └────┬────┘  └────┬────┘
                                             │            │            │
                                        ┌─────────┐  ┌─────────┐  ┌─────────┐
                                        │二相     │  │嗣子房娃 │  │長義娃   │
                                        │出嗣三房 │  │(係張相之子)│ │二保娃   │
                                        │生六子   │  └─────────┘  │三麥中   │
                                        └────┬────┘               │四五福   │
                                             │                    └─────────┘
┌─────────┐                            ┌─────────┐
│祖張稷生子三人│──┐                    │長鶯娃（出繼煥）│
└─────────┘   │                        │二七娃（出繼孝）│
              │                        │三壽娃         │
              │                        │四友娃         │
              │                        │五長娃（出繼雲）│
              │                        │六房娃（出繼正）│
              │                        └─────────┘

              │          ┌─────────┐
              │          │長雲     │
              │          │無子     │
              │          └────┬────┘
              │               │
              │          ┌─────────┐
              │          │嗣子長娃 │
              │          │(係張相之子)│
              │          └─────────┘

              │  ┌─────────┐  ┌─────────┐
              └──│長房     │  │二煥     │
                 │景漢生二子│  │無子     │
                 └────┬────┘  └────┬────┘
                      │            │
                 ┌─────────┐  ┌─────────┐
                 │長孝     │  │嗣子七娃 │
                 │無子     │  │(係張相之子)│
                 └────┬────┘  └─────────┘
                      │
                 ┌─────────┐
                 │嗣子薔娃 │
                 │(係張相之子)│
                 └─────────┘
```

道光十九年十二月初三日
鳳翔縣孀婦周李氏具控周應祥承繼、分產案

　　道光十九年十二月初三日，審訊得鳳翔縣孀婦周李氏具控周應祥一案。查周李氏后夫周克勤胞兄弟三人，長周克明、二周克勤、三周克榮。克明生子發祥，克勤無子，繼娶周李氏，帶養前夫之子何長繼子，克榮生子應祥。克明、克勤與發祥先後物故，周克榮同周李氏於道光元年，邀同親族，將產業按三服均分，周李氏與何長繼子同度。周發祥之子昇兒逃走，周應祥令子玉慶頂立承繼。何長繼子與周應祥不和，赴縣具控，該縣斷令何長繼子俟周李氏身故之後，即行歸宗，所有原分周克勤之產，交給周應祥另爲擇繼承受。周李氏不服，赴府具控。

　　本府查，何長繼子係周克勤後妻之子，本係異姓，例不准其承繼，該縣斷令歸宗，本屬允協。第查何長繼子現已五十餘歲，娶有妻室，與周李氏母子相依數十年之久，一旦飭令赤手歸宗，不免轉徙溝壑。周李氏憐子情切，迭行具控，係屬有因。今斷令何長繼子將周李氏侍養終老，帶周克勤應分之地七畝歸宗，其餘產業仍歸周應祥承受，另擇昭穆相當爲之承繼，何長繼子不得沾染。兩造悅服，取具遵結存卷。此判。

道光十九年十二月初三日
鳳翔縣民黃思恭控黃思賢家產分析案

　　道光十九年十二月初三日，審訊得鳳翔縣民黃思恭①控黃思賢一案。該縣原審，黃思恭同祖弟兄四人，長房黃思賢，二房黃思義，三房無後，以黃思賢胞弟思孝承繼，四房黃思恭。於道光十四年，經黃思賢邀同親友，將房地分析，於十五年立有分關。黃思恭因地畝之外，尚有兩處生理，并賣房之項，未曾分清，以致具控。縣訊之時，黃思賢聲稱分析家產係四房公議，今二房黃思義現在甘肅沙棠鎮生理，必須到案，方可另議均分，該縣隨斷令黃思恭自往甘肅喚回黃思義。詎黃思義不肯前來，該縣移關，并未到案。此黃思恭赴縣具控，懸案未結之原委也。

　　本府到任，黃思恭復赴府具控。本府提集人証卷宗，逐一研訊。查得黃思恭祖遺房屋共八十間，當日分產之時，黃思恭得房八間，後經親友說合，黃思賢又有黃思恭房十間。又有廣義油店，七分銀庄，每分三百兩，共銀二千一百兩，按四股均分，每分應得銀二百二十五兩。甘肅沙棠鎮又有廣義號三分七厘錢庄，每分錢三百串。又分析之時，陳村房庄當價錢一千六百串，還清外債後又續賣價錢八百串，按四股均分，每分應得錢二百串。而黃思賢堅稱只有價四百串，付過黃思恭錢九十串，又付三房錢九十串，黃思賢得錢二百二十串。黃思恭控縣後，黃思賢俱陸續與黃思恭交清二百串之數，其廣義錢庄亦已照數交清，惟廣義油房銀庄一項，黃思賢只得過錢二十串。

　　本府斷令黃思賢給黃思恭銀五百兩，以清廣義銀庄應分之項，并

---

①　同"恭"。

諭令武生王在鎬、曹夢元、黃錦等公同監視黃思賢如數給付，毋任拖延。黃思恭念兄弟之情，願以銀易錢，只收錢五百串，應聽其便。此案盡由黃思賢一人把持，而其子黃和生性狡獪，前次所稱必須黃思義到案另議公分之處，顯係拖累時日。案已訊明，應免提質。除取具遵結存卷。此判。

校勘記

[1] 國圖本"餘"字模糊,據密歇根大學本、北京大學本補。

[2] 國圖本"弓"字模糊,據密歇根大學本補。

[3] 國圖本"案"字模糊,據密歇根大學本、北京大學本補。

[4] 原書"徒"與"徙"混用,整理時根據文義改爲通用字,下同。

[5] 此處缺漏,據文義補充。

[6] 國圖本"隨"字模糊,據密歇根大學本、北京大學本補。

[7] 國圖本"貪狡"二字模糊,據密歇根大學本、北京大學本補。

[8] 國圖本"計"字模糊,據北京大學本補。

[9] 該字模糊,據文義補入。

[10] 國圖本"器"字模糊,據北京大學本補。

[11] 國圖本"股"字模糊,據密歇根大學本、北京大學本補。

[12] 國圖本"杖"字模糊,據密歇根大學本、北京大學本補。

[13] 國圖本"知"字模糊,據密歇根大學本、北京大學本補。

[14] 國圖本"部"字模糊,據密歇根大學本、北京大學本補。

[15] 國圖本"且"字模糊,據密歇根大學本補。

[16] 國圖本"之舖"二字模糊,據密歇根大學本、北京大學本補。

[17] 國圖本"錢"字模糊,據密歇根大學本、北京大學本補。

[18] 國圖本"錢"字模糊,據密歇根大學本、北京大學本補。

[19] 國圖本"温"字模糊,據密歇根大學本、北京大學本補。

[20] 國圖本"債"字模糊,據密歇根大學本、北京大學本補。

[21] 國圖本"之"字模糊,據密歇根大學本、北京大學本補。

[22] 國圖本"張"字模糊,據北京大學本補。

[23] 國圖本"當其"二字模糊,據密歇根大學本、北京大學本補。

[24] 國圖本"于所"二字模糊,據北京大學本補。

[25] 國圖本"訟"字模糊,據北京大學本補。

[26] 國圖本"析"字模糊,據密歇根大學本、北京大學本補。

[27] 國圖本"關内"二字模糊,據密歇根大學本、北京大學本補。

［28］國圖本"遵"字模糊,據密歇根大學本、北京大學本補。

［29］國圖本"議"字模糊,據北京大學本補。

［30］國圖本"不"字模糊,據北京大學本補。

卷二

道光十九年十二月初三日
呂輔成控呂福家産分析案

　　道光十九年十二月初三日,審得呂輔成控呂福一案。緣呂輔成〔之〕[1]父呂攀麟生子三人,長輔(問)〔周〕[2]係前妻唐氏所生,次輔成、次輔興係後妻王氏所生。道光十年,呂輔成年二十歲,在外遊蕩,其父呂攀麟赴縣首告,并呈出分關一紙①,將家産三分均分。除房屋地畝外,每人應分銀一千三百兩,議明此時雖有分析之約,而家務尚係呂輔周經管,倘將來欲行分家,即將房地銀錢,按照分單辦理〔等〕(清)〔情〕[3]。

　　厥後呂攀麟物故,兄弟不和,議欲分家,呂輔(成)〔周〕[4]不肯按照呂攀麟分單均分,聲稱並無私吞估分②,且不認當日伊父在縣呈遞分關之事,又私收何勤所借之錢及趙哲當地之債,未與伊兩弟均分,以致迭控縣府。經親友王西幹等處和,另寫分單,議將曹③家巷老房三分均分,即可不究分銀之事。詎呂輔周與其子呂福串通陳策等私改分單,將曹家巷均分房屋仍不入分。經呂輔成查知不依,公同將原單銷毀,另寫分單赴縣請息,申府銷案。此呂輔成迭控縣府之原委也。

　　本府查呂輔成原詞,有被伊姪呂福毆傷之事,該縣并未訊明,飭將人証行提來府。查得呂攀麟十年縣控之時,年近七旬,呂輔成年甫二十歲,何至以遊蕩(紝)〔細〕[5]故,出首其子?顯係呂輔周慫恿其父,故有此不情之舉。彼時呈出分關,載明每人分銀一千三百兩,經

---

① 同"紙"。
② 密歇根大學本"私吞估分"四字作"銀兩可□",北京大學本作"銀兩可分"。
③ 同"曹"。

前縣(袾)〔硃〕[6]標存卷,此而尚不可信,則一切文約皆屬可廢。無奈呂輔周堅不承認,後經親友處和,復串通鄉約,私改分單,種種居心,實屬險狡。且查呂攀麟所呈分單,載明尚有未分銀兩,留作孫男女婚嫁之資,俟呂攀麟身故之後,將所餘銀兩亦按三分均分。現在詰問呂輔成,供稱伊與伊弟并未分得此項,而呂輔周亦堅不承認父有遺筆,且不肯將賬目清算。

堂訊之下,查得呂輔周前後獎賣,皆係其子呂福從中播弄,當將呂福掌責。復經呂輔成懇求,願將此一千三百兩及積存餘銀應分之項,不必深究,以全友愛。隨斷令仍照該親友等第三次所立分單三分均分外,着呂輔周幫給其弟呂輔成、呂輔興各銀一百五十兩,其從前種種乖謬,從寬勿論。至呂福是否毆傷呂輔成之處,俟提到干証梁可達,審訊明確,另行辦理。該民人等務宜改過自新,共敦親睦,毋負本府明倫敷教、曲賜保全至意。此判。

查十一年縣控呂攀麟呈出分單一紙,十八年縣控呂輔成呈出分單合同一紙,兩相符合,係三子分家鐵據。飭房照抄二紙存卷。

呂攀麟呈:

長子輔周,應支曹家巷老住宅半院,上有樓房一間半、廈房三間、二門外頁橼房六間半、倒坐廈房三間,地基隨房,資銀壹千叁百兩;西古城本粮旱地二十一畝,又有當地七畝、塲房一間;住宅內東邊頁橼廈房五間、倒坐圈房一間半,地基隨房;西邊園子半面破濫廈房四間半;馬一匹、牛一頭,夏秋粮食拾石。

次子輔成,應支楊家磨住宅東邊半面,上有樓房一間半、廈房三間、二門外頁橼房一間半、庭房一間半,地基隨房,資銀壹千叁百兩;西古城本粮旱地貳拾畝,又有當地七畝、驢一頭、夏秋粮食拾石。

三子輔興,應支磨住宅西邊半面,上有樓房一間半、廈房三間、二門外頁檁房一間半、庭房一間半，地基隨房，資銀壹千叁百兩；古城本糧旱地貳拾壹畝，又有當地柒畝五分、塲房一間；住宅內西邊頁檁廈房五間、倒坐圈房一間半，地基隨房；西邊園子半面破濫廈房四間半；牛兩頭、夏秋糧食拾石。

以下有現存銀兩并所有外欠陳賬未收者，以作二老養生送死之費，與三子、長孫完婚，長孫女改嫁奩資之費。如有剩餘，照三分均分。

一樣三紙，各執一張。

此呂攀麟十一年在縣呈出三子分析之清單也。

立支析人呂攀麟，年逾古稀，衰病日侵，所生三子長幼不一〔回〕[7]。次子以異母故，兄弟不睦，恐老夫終年之後，兄弟分炊，現今支明，免後爭端。爲次子輔成爭財不休，因稟到案。蒙縣主陳太老爺當堂面諭，同親誼鄰右將所有家資產業品答均平，照三分酌處公分。

與長子輔周，應支曹家巷老住宅半院，上有樓房一間半、廈房三間、二門外頁檁廈房六間半、倒坐廈房三間，地基隨房，資銀一千三百兩；西古城本糧旱地二十一畝，又有當地七畝、塲房一間；住宅內東邊頁檁廈房五間、倒坐圈房一間半，地基隨房；西邊園子半面破濫廈房四間半；馬一匹、牛犢子一頭、夏秋糧食十石、土糧一石三斗一升六合。身認上納。

與次子輔成，應支楊家磨住宅東邊半面，上有樓房一間半、廈房三間、二門外頁檁廈房一間半、庭房一間半，地基隨房，資銀一千三百兩；西古城本（銀）〔糧〕旱地二十畝，又有當地七畝、驢一頭、夏秋糧食十石、土糧一石一斗一升五合五勺。身認上納。

與季子輔興，應支楊家磨住宅西邊半面，上有樓房一間半、廈房三間、二門外頁檁廈房一間半，地基隨房，資銀一千三百兩；

西古城本粮旱地二十一畝，又有當地七畝五分、場房一間；住宅內西邊頁椽厦房五間、倒坐圈房一間半，地基隨房；西邊園子半面破濫厦房四間半、牛二頭、夏秋粮食十石、土粮一石三斗四升七合五勺。身認上納。

以下有現存銀兩并所有節年外欠陳賬未收者，以作二老養生送死之費，又與季子、長孫完婚，長孫女改嫁奩資之費。

如有剩餘，照三分均分。有車一輛、家俱農器等項，存公使用。一樣三縉，各執一張。倘日後兄弟合好，同室共炊；如若不合，各管各業，不得滋端。恐後無憑，有支析存據。

時同中人　外甥陳萬順
內兄王錫蒲
親翁劉　茂
左鄰楊鍾毓
堂姪呂太交
（伐）〔代〕書人　楊　楡
道光十一年歲次辛卯二月初一日，立支析人老夫呂攀麟

此呂輔成十八年在縣呈出伊父呂攀麟存日三子分析之合同也，核與十一年縣卷呂攀麟呈出之分單實屬符合，可見并無虛捏情獘。

查閱二縉內，俱載明三子每人分銀一千三百兩，其餘外欠及家存銀兩，留待均分。此項合同分單，係三子分家鐵據，該縣并未查照以憑定斷，係屬疎漏；又因呂輔周狡賴，遂判稱呂輔成控争銀兩，無可指証，諭令鄉地親友另算。是以陳策等得以左袒呂輔周，致呂輔成不服，懸案莫結。本府訊斷之後，飭房照抄合同分單各一縉，粘存府卷備查，庶開卷瞭然，永斷葛藤。此批。

道光十九年十二月初三日
鳳翔縣民白錢控白錫等家産分析案

　　道光十九年十二月初三日，審訊得鳳翔縣民白錢控白錫等一案。緣白錢與白錫、白銘、白魁、白科、白倫等係從堂兄弟，於道光六年分居，將祖遺産業按六股均分，所有東關①蔴店係推與白錫之父白希榮經理，與伊等原不相涉。忽於道光十七年，白倫因訛詐未遂控縣，以蔴店爲未分公業。後經親友説合，念白倫之母年老，令白希榮帮地十二畝，又令白倫將蔴舖家具作錢二百串，賣與白希榮在案。

　　本府到任，白錢以白錫吞霸抗算等事赴府具控。本府提集人証，查訊得白氏分析之日，房地業已分清，外有東關蔴店一所、蔴舖二所。其蔴店拖欠外賬一千五百六十串，白錢等均恐受累，願推與白希榮經管，其蔴舖二所，一所推與白希榮，一所推與白倫，已歷十餘年之久，並無異詞，何至此時白錢忽生狡賴？顯係見白希榮付給白倫地畝錢文，意存覬覦，遂妄指蔴店係五家公業，冀得從中分肥，以遂其訛詐之私。不知白希榮當日分給白倫地畝錢文，原因叔姪搆訟，經衆調處，格外盡情，不得指爲白希榮霸業未分之據。白錢又稱，蔴店、蔴舖，既係推給白希榮，何以分闗并未註明？查分闗所載，原係有闗財産之項。此項蔴店詢係轉賃郭姓房屋，只憑客人蔴觔抽取行用，係屬無本生理，自不能列入分闗。是白錢以此項倘與衆人無涉，即應註明分闗，而本府則以此項既經推出，正惟不入分闗，故與衆人無涉也。況當分析之日，此店拖有外欠，該白氏弟兄等惟恐避禍不速，是以推與白希榮經管。前據該縣審訊，已由該中証等清算。自嘉慶二十五年

---

① 同"關"。

至道光六年分家之日，拖欠外賬一千五百六十串，係屬實情，可見此店與白錢等并無干涉。

　　本府逐層駁詰，白錢自知理曲，無可置辯。隨斷令蔴店仍歸白錫經管，照舊生理，白錢等不得妄爭。嗣後各管各業，毋得滋生事端。查白希榮帮白倫之地，原議白倫母死，即行退還，今查問白倫，業已轉賣，殊屬不合，但據白錫聲稱，情願不究，隨諭令鄉約王餘等將糧過於買主名下交納。白錢、白倫等捏情妄控，本有不合，念其俯首認罪，尚與怙終有間，姑寬免責。取具遵結存卷。此判。

道光十九年十二月初七日
扶風縣民畢得祿控告畢桂、何振甲等欠債、誣姦案

　　道光十九年十二月初七日，審訊得扶風縣民畢得祿控告畢桂、何振甲等一案。緣畢得祿借給族叔畢桂錢五十串，又代賒穆萬經清油三百斤，價錢二十六串，又付過麥錢二十五串，屢討未償。畢桂將地十畝抵當與畢得祿，畢得祿因畢桂欠項無還，將地耕種。畢桂懷恨，主使己妻畢劉氏捏稱，於十七年七月十八日被畢得祿強姦，買囑工人何緒緒、何長生作証，希圖挾制，於十九日將畢劉氏背負到畢得祿門首，用刀自抹咽喉。先是畢桂曾欠何振甲錢文，將地重當與何振甲，何振甲恐錢地落空，遂乘畢桂叔姪忿爭之時，唆使控縣。經鄉鄰等處和，令畢桂將此地賣與畢得祿管業，除去從前所欠之債，另給賣價一百二十串。其四十串當即付給畢桂收訖，其八十串係代畢桂認還所欠何振甲之債。畢得祿因無現錢，將地一段典與何振甲佃回自種，每年議明交麥一石六斗。畢得祿心懷不甘，聲言欲尋何振甲爭毆。何振甲不願要地，仍逼使任馬氏具控，何振甲亦隨即控縣，後經畢功處和，將此地承當，認還何振甲八十串之數。畢功隨還過何振甲錢三十串，餘五十串從緩付給。畢得祿因此案係畢桂捏造姦情，圖賴欠項，致何振甲等從旁播弄，而差役牛彩等復向畢得祿之母畢馬氏索得錢文，是以數年以來，十控縣府。經前府批交岐山縣審訊，畢馬氏因伊子被畢桂控姦，慮及到案受刑，隨稟稱畢得祿素患瘋顛，其所控俱是顛語，稟請息案。此畢得祿從前歷控縣府之原委也。

　　本府到任，畢得祿復行具控。提集人証，訊悉前情。查律載，告姦之案，須姦所捕獲，其指姦者勿論。奸婦有孕，罪坐奸婦。律註云：

姦係曖昧之事，必須姦所捉獲。故空言指告，律得勿論。若姦婦有孕，則姦婦有憑，而姦夫仍無據也，倘必逼令指實，則姦婦必舍其所愛而指其所憎，是以只坐姦婦，云云。① 律意誠爲深遠。今畢桂以圖賴之故，主使其妻畢劉氏於越日之後捏指姦情，并令工人何緒緒等作証，背負畢劉氏登門尋死，自抹咽喉。查閱縣卷，何緒緒曾有畢桂囑令証姦，若詐錢到手，給伊三十串之供。是此案確係事後裝點指姦，按律定斷，自當專治畢桂、何緒緒等誣告、誣証之罪，乃何振甲等方且任意挾制。

議令畢得禄代還畢桂飯食錢十二串，并將畢桂所欠之一百五十餘串，全行讓去，另將價一百二十串，置買十畝之地，以便認還何振甲八十串之賬。又查得畢得禄代畢桂賒取穆萬經清油三百斤，價錢二十六串，本利堆至五十串，并議令畢得禄另將地一段當給穆萬經管業。此案畢得禄因索欠之故，被畢桂等訛詐，共破費錢三百餘串，得地十畝，又被強姦孀母之名，無怪心有不甘。但畢劉氏捏姦雖已昭雪，而何振甲等慫恿畢馬氏具控之處，若非實有証據，究不足折服其心。隨研詰畢功，將錢三十串還給何振甲之時，此錢并未入何振甲之手，眼同穆順、何文、何超交與畢寬轉給畢任氏收訖。查畢寬係畢得〔禄〕[8]族人，亦曾借用畢得禄錢文，屢因索欠口角，此案初興，亦曾指姦，赴縣控告。可見何振甲與畢寬等實有聳恿誣告情事，故事後急於賄囑畢任氏，冀其不至反噬。堂訊之下，奸僞畢露。何振甲無可置辯，俯首認罪，隨斷令畢功將地退還畢得禄。其畢桂負欠何振甲之錢，本與畢得禄無干，斷令畢功不必承還，所有已還之三十串，着何振甲即行退還畢功。至畢功所當之地，本年業已播種，着明年麥收與畢得禄均分，以昭平允。畢桂捏指姦情，殊堪〔痛〕[9]恨，業已遠逃，俟獲案日與何緒緒等一同責處。差役牛彩早已身故，〔應〕[10]毋庸議。案已訊明，取具遵結存卷外，此判。

---

① 《大清律例》卷三三《刑律·犯姦》"犯姦"律："其非姦所捕獲及指姦者，勿論。若姦婦有孕，（姦婦雖有據，而姦夫則無憑）罪坐本婦。"載《大清律例》，田濤、鄭秦點校，法律出版社1999年版，第522頁。

道光十九年十二月初七日
鳳翔縣民梁邦彥等控告寶雞縣民楊永等口角鬥毆案

　　道光十九年十二月初七日，審訊得鳳翔縣民梁邦彥等控告寶雞縣民楊永等一案。緣楊永等住居寶屬陽平鎮西堡，梁邦彥等住居野寺村北堡。道光十九年二月初六日，該鎮恭逢火帝聖會，陽平鎮鄉保陳思明等邀請北堡之梁邦彥等裝演賽神，梁邦彥等裝就，抬赴該鎮，適西堡之楊永等亦裝演在街遊行，因路窄擁擠，彼此口角相爭。西堡之楊永、冶文、李雙丑、楊驢兒、冶跟年、冶光棍、冶義、李五斤娃等人數眾多，因將梁邦彥等鼓鈸打壞。梁邦彥等控縣，該縣以梁邦彥等并楊永等俱不應裝演故事，致滋訟端，將張廷棟、楊永責懲結案。

　　梁邦彥心懷不甘，控經本府提訊，得悉前情。查楊永等打損梁邦彥等鼓鈸，殊屬逞強，但彼此爭鬥，均有不合。斷令楊永等還皮鼓四面，作價錢十二串，其銅鈸數件，由梁邦彥等自行賠入。該鄉約等不善調處，致肇訟端，薄予掌責。除取具兩造遵結，并繳領各狀有卷外，此判。

道光十九年十二月初七日
扶風縣民楊春秀等控告石珍父子掘樹侵墳案

　　道光十九年十二月初七日，審得扶風縣民楊春秀等控告石珍父子掘樹侵墳一案。緣石珍地內有楊姓祖墳二塚，石珍去歲種地，斫伐傍墳樹株。楊春秀等報知鄉約李世用、鄉老解大德查明，樹株被石珍斫盡屬實。楊春秀三次具控縣案，該縣初斷，斫伐樹株係屬微故，墳墓二塚石珍毋得侵損。二次斷，墳外留地一分，栽立界石。三次斷，留地一分，糧隨地過。

　　楊春秀因此地向來種有樹株，并未交糧，今被石珍斫伐，反致遺累楊姓交納糧石，心懷不服，赴府具控。提集人証，研究此地來歷，據石珍聲稱，楊姓之祖楊士義、楊士實欠糧七石有零，逃荒在外，經伊祖石學代為完納，是以楊姓將此地舍價推與。而楊姓則稱，石姓之祖是楊姓義子，是以將地撥給耕種。兩造各執一詞，本府衡情定斷，無論楊、石二姓若何授受，而葬墳在先，推地在後，則毫無疑義。石珍等堅稱兩墳之外，并無餘地。查詢解大德、李世用，僉供年逾七旬，兒時見楊墳前後樹木蘢蔥，於今六十餘載，去歲始遭石姓將樹株斫盡，村眾周知等語。是昔年樹株，所以護墳，凡樹身所佔即墳外餘地，石珍等竟圖斫樹滅迹，恣意蠶食，情殊刁狡。

　　現據石珍呈出康熙年間地約一紙，聲稱約內并無墳塚字樣，即是墳無餘地之據。查地畝可隨意影射，而墳墓則確有可憑，無論是否楊姓祖墳，即無名古塚，亦不宜任意侵佔。今所呈地約，既無墳墓字樣，況據石珍等供稱，伊祖石學代楊姓賠納錢糧數十年，如果屬實，則楊姓推給地畝之時，何以不將糧錢寫作地價，而石珍竟願居舍價得地之名。揆情度理,兩有未協,是此約與此地,難保不無影射。且充其借約佔地之心,謂約內并無墳塚字樣,他日竟將兩墳剗除净盡,以與此約印合,亦屬勢所必至。

本府堂訊之下,隨于約內註明"地有古墳,留地三分"字樣,石珍等又堅請推糧。本府查,墳外種有樹株即是餘地。百餘年來,楊姓并未承糧,且此地據石姓供稱,係楊姓舍價推糧,是七十畝之地,當日未曾受價,今日即代納一升五合之糧,亦不爲過。且石珍斫伐塋樹數十株,并未賠價,今以此項糧錢相抵,尚屬有絀無贏。况石姓此地受之楊姓,未費分文。石姓既嫌糧重,肯轉推之楊姓乎?吾知楊姓必樂於承糧,而石姓必不樂舍地矣,隨斷令此三分之地,石姓不得推糧,楊、石二姓均不得耕種,以杜覬覦而昭平允。兩造悦服,取具遵結存卷。此判。

道光十九年十二月初七日
扶風縣民馮開玉控岐山捐職州同
鄭元春買賣糾紛、訛詐案

　　道光十九年十二月初七日，審得扶風縣民馮開玉控岐山捐職州同鄭元春一案。緣馮開玉之兄馮開順、馮開祥在扶風開設草舖生理。道光十四年，岐山捐職州同鄭元春憑傅希盛説合，買馮開順草束三千梱①，議定無論大小，每十梱給錢九十四文。是年冬間馱過草一千五百餘梱，遲至十五年十月，鄭元春復令工人崔味娃、雍學娃等三人，赶車前往裝載。馮開順因鄭元春前次所裝，盡係大梱，此番崔味娃復擇大梱裝載，彼此口角。崔味娃等三人將車馬留在馮開玉院内，歸告鄭元春。鄭元春氣忿，隨即赴縣具控，聲稱馮開順草多霉爛，且將草束改大爲小，不允裝載，並將駕車牛角打損，遺失皮馬褂、車套繩等物。該縣將馮開順等掌責，令賠還皮馬褂錢五千文，其未裝之草，斷令另覓售主在案。馮開順赴府具控，前守孫批縣審訊，旋即卸事。
　　十六年間本府到任，馮開順又來具控。批准行提，人証未齊，本府亦即于四月十三日卸事，批交鳳翔縣審訊。馮開順、馮開祥旋于四、五月相繼物故，馮開玉訪聞馮開順在店患病之時，有鄭元春、工人翟登武携酒到店同飲，馮開順即患聲啞，抬回家中，以手指心，隨即身死，疑係翟登武下毒，奔赴臬轅具控。批交豫府審訊，馮開順實係病故，鄭元春實無主使翟登武下毒情事，具詳銷案。
　　本府到任，馮開玉復行具控，提集人証，訊悉前情。查此案鄭元春購買草束，議明不論大小，即不得擇裝大梱。其二次裝運距前次已

---

① 同"捆"。

有一年之久，草質霉變，咎有攸歸。且大梱俱去，只存小梱，自難擇主另售。其扣留車輛一層，查馮開玉只因工人等專擇大梱，是以不允裝載，何必扣留車輛？豈不慮及騾馬露宿冷院，倘偶有倒斃，必致自貽伊戚。雖至愚之人，必不出此。其所稱遺失衣物一層，查崔味娃三人同來，即使馮開順有扣留車輛情事，何不遣一人歸家報信，留二人看守車輛？其三人一時同歸，原係預留訛騙之地。且車上即有遺失衣物之事，而馮開順并無典守之責，原不肯甘心賠償。是鄭元春恃符妄為，已可概見，但皮馬褂等物俱稱遺失，若非確有着落，究不足折服其心。

本府研詰崔味娃，堅稱實係遺失，隨予掌責，并諭以此案如係鄭元春買囑爾等代為隱匿，致爾受責，爾於回家之後，可向鄭元春理論。崔味娃下堂，隨向鄭元春埋怨，聲稱代為擔負重擔，必應厚禮相謝。鄭元春情急，亦隨即到堂跪求，聲稱從前馬褂等物，原係崔味娃帶回，并非遺失，今日若不認承，誠恐日後崔味娃向伊訛索。所有從前具控遺失之處，實係一時錯誤，是以特來供明，懇免深究。本府諭令與崔味娃質對，崔味娃尚欲支飾，而鄭元春反向崔味娃抵對，聲稱："此時事已敗露，我已從直供認，爾亦不必代為隱瞞。"崔味娃無可如何，始從直供認，攜回皮褂屬實，蓋崔味娃預留異日訛詐地步，不肯據實供吐，而鄭元春一經本府開導之後，慮及崔味娃將來向伊訛索，故先行自首，以免後患也。

是此案鄭元春從前失物實屬妄控，已據供認確鑿。除草梱業已裝完、價已全清外，隨斷令鄭元春退還馮開玉賍錢五千文，再送給錢十五千文以示體恤。鄭元春理曲肇衅，姑念據實供吐，情同自首，姑免深究。案已訊明，餘免提質。取具遵結存卷。此判。

道光十九年十二月初七日
鳳翔縣監生孫永清等控告李龍等 逞强擾害、訛索案

　　道光十九年十二月初七日,審訊得鳳翔縣監生孫永清、岐山縣民李連、寶雞縣民王言、鳳翔縣民趙福控告李龍、孫敬喜一案。查李龍等逞强擾害、屢肆訛索,若僅照尋常枷責,彼仍不知畏懼,必應照光棍擾害懲辦,庶足稍儆兇頑。第念尚係虛詞恐嚇,已經該縣責處。本府下車伊始,若未申誥誡,遽將伊等盡法懲創,未免不教而殺。現據李龍等伏地認罪,懇請自今以後再不敢任性妄爲,姑免治罪,俾知愧悔,倘再不知悛改,經人控告,則兩罪并發,定當從重究辦,毋謂教之不預也。除取具遵結存卷外,此判。

道光十九年十二月初九日
鳳翔縣民牛榮控寶雞縣生員張榮強挖黨參抵債案

道光十九年十二月初九日，審訊得鳳翔縣民牛榮控寶雞縣生員張榮一案。緣牛榮在寶雞縣楊家山典當詹得時地畝，栽種黨參，其子牛中選向在平木鎮開舖生理，與張榮鄰居。道光十一年，牛中選借用張榮錢三十千文，除還過利錢外，尚欠利錢五千文，寫立借錢三十五串文約，注明：如逾期不還，將伊父牛榮楊家山新種黨參抵還。至期無償，牛中選隨即身故，牛榮亦臥病在家。張榮雇覓工人三十餘人，於道光十七年六月前往楊家山，將牛榮所種黨參盡行挖取，前往涇陽售賣。

牛榮病痊後查知，具控縣案。該縣諭令牛榮自行前往村鎮收參之處，親行查明張榮所挖黨參斤兩若干稟案。牛榮赴虢鎮東興店，查得張榮曾在伊店過載黨參廿九包，計重一萬餘斤，具稟該縣。訊據張榮供稱，只挖過牛榮黨參四千餘斤，計十一包，其餘十八包，係本身自在別處地畝所種，並非牛榮所種之參，現有鳳縣張應祥曾將牛榮參斤過秤可憑。該縣移關鳳縣，訊據張應祥供稱，曾代張榮過秤，計牛榮黨參只有四千餘斤等情，回覆該縣。訊據張榮供稱，挖掘牛榮黨參，用過人工六十餘串，只賣錢五十六串，尚短錢十餘串。合之牛中選所欠三十五串，計牛榮尚欠張榮錢四十餘串。因牛榮年老，斷令張榮不必取討。牛榮因黨參俱被掘盡，且尚須找給錢文，堅不輸服，因身受刑責三次，只得寫具遵給。

本府到任，牛榮赴府申訴，提集兩造，訊悉前情。此案張榮強挖牛榮參斤，牛榮所稱向東興店王統查問參斤之語，固不足憑，而牛榮亦稱張(開)〔應〕祥籍隸四川，行踪無定，其從前所稱過秤之處，係屬張榮賄囑，彼此各執一詞。本府查得，牛中選所欠債賬，本不應其父牛榮償還，而寫約之日又不應將其父終歲辛苦所種之參斤指作抵債之用。況借錢與寫約之日，張榮并未告知牛榮，約內亦無牛榮之名。故毋論張榮不應乘牛榮臥病，雇人強挖參斤，亦毋論挖參之後，應邀同鄉保與牛榮估算價值，亦毋論張應祥所稱過秤是否賄囑，而前項錢債其爲牛中選所借，不應牛榮償還，則毫無疑義。

　　據張榮供稱，從前在縣控案後，已將原立欠約銷燬。本府因張榮奸狡百出，此日雖供明確係牛中選所欠，而事後醒悟，必然捏稱賬係牛榮親借，不惟他日藉圖翻案，且目下案無確據，究不足折服其心。隨令張榮當堂將原約照樣默①寫一通，諭以必有牛中選借約，寫明黨參〔作抵〕[11]，爾訟方不至落空。張榮欣然將原約照樣默寫呈堂，本府得〔此〕[12]把握，隨當堂向張榮詰問：牛中選負債，何以應該其父承還？且〔父在〕[13]子不得自專，牛中選何以敢將其父黨參私寫作抵？爾又何〔以不邀〕[14]同牛榮書寫借約？逐層駁詰，張榮自知理曲，俯首無詞。訪〔查此項〕[15]參斤，涇陽時價，每包約在十四兩上下，除去人工運脚，每〔包約計〕[16]十一兩。隨斷令張榮除扣還欠款并人工運脚外，找給牛〔榮錢一〕[17]百五十千文。其強挖參斤，迹近強橫，姑念自知認罪，免其〔深究〕[18]。取具遵結存卷。案已訊明，餘免提質，以省拖累。此判。

　　立借錢文字人牛中選，因爲不便，今借到恒豐泰號錢三十五千文，通中言明，並無利息，約至十三年忙後準於交清，不得過期。若過期，楊家河石介溝有党參地一段，許張姓收挖過稱，將藥作價，絕不短少分文。恐後無憑，立約爲証。

　　　　　　　　　　　　　　中見說合人　齊可望

　　　　　　　　　　　　　　　　　　　　張文芳

---

① 同"默"。

張得明

道光十二年九月　清①筆書

〔此係府〕[19]控時張榮當堂親筆默寫牛中選所立借券也。詢悉牛榮〔在楊〕[20]家山栽種黨參，其子牛中選另在平木鎮開舖生理，與張榮〔係屬〕[21]鄰居，故有交財之事。如果此項錢文係牛榮取用，則立券之〔日何〕[22]不邀同牛榮到場，令其出名書券？爲人子者，不有私財，所有〔牛中〕[23]選借項，斷無其父承還之理。俗傳有富翁之子，負欠纍纍，其〔父不〕[24]肯認還，遂與衆相約，俟父歿取償。是以里巷有皷響還錢之〔諺〕[25]，蓋言一聞堂上報喪之皷，即行償還也。然相約在父歿之後，猶〔爲〕[26]知所畏忌。此則公然以父物抵償，糾衆強收于衰翁臥病之時，〔又覺〕[27]世風愈下矣。但當日借券，縣控時業已抽銷，本府恐張榮事〔後〕[28]醒悟，恃無質証，必然捏稱債係牛榮親借，希圖翻案，因於未經〔判斷〕[29]之先，諭令張榮當堂親筆默寫原券一通，粘存府卷，爲〔他日柄據云〕[30]。此批。

---

① 通"親"。

道光十九年十二月初九日
鳳翔縣貢生楊永清控告任平德舖賬糾紛案

道光十九年十二月初九日，審訊得鳳翔縣貢生楊永清控告任平德一案。緣楊永清之父楊生科於道光五年、七年、十一年、十三年前後，入貲二千三百串開舖生理，其夥李懋魁領錢七百串，任平德領錢六百串，亢夢魁、陳士賢各領錢三百串，餘四百串自行營運。

道光十六年，楊永清因訪聞任平德長用本錢，邀同田發桂、鄭重等三面清算，計舖內欠人錢三千一百七十六串，舖內現存貨物合算錢六百七十七串，外欠舖賬四千三百餘串，又有名無實之賬一千一百串，折算一百五十串。李懋魁等於外欠四千餘串之中偷使錢文，計李懋魁偷使錢文二百二十串，亢夢魁偷使錢一百八十串，陳士賢偷使錢八十串，任平德偷使錢六百餘串，四人共偷使錢一千一百餘串。以上連現存錢物及舖欠共五千餘串，除去四人長使錢一千一百串，只存錢四千餘串。除去舖內欠人錢三千餘串，實虧本錢壹千有零，當即憑衆開寫分單，將任平德分夥出舖。道光十八年，任平德希冀入舖，捏稱該舖存利未分，具控縣案。該縣批令邀同鄉保另算。

本府到任，楊永清赴府具控，提集人証，訊悉前情。查楊永清於道光十六年，早經邀同中人田發桂、鄭重，眼同舖夥任平德算明舖賬，有絀無（贏）〔贏〕。現有舖夥亢夢魁親筆清單，如果所算不公，爾時任平德隨同清算，何以默無一言，直至兩年以後，始行具控？其爲虛捏，已可概見。隨據楊永清呈出清單，本府詳加核閱，開載甚爲明晰。任平德等長使之處，亦屬鑿確。計尚絀本錢一千餘串，（木）〔本〕之不存，利將安出？研訊任平德，聲稱單內所開一千一百餘串，折實一百五十串,折算過多,是以本錢不敷。本府詰以如果爾嫌楊永清折算過多,不妨令楊永清將此一千餘串之賬,令爾收討自用。爾只先將所折一百五十串之數付給楊永清收用,如此一轉移間,兩造俱可不至争執。而任平德又稱,現在無此一百五十串可以付給楊永清等語。是其理曲詞窮,肺肝如見。現據任平德又呈出舖賬另單,訊係伊一人書寫,不惟不足取信,且將前此有名無實之一千餘串一併開列,〔係〕[31]屬有心朦混,應毋庸議。

　　查此案早經田發桂等眼同任平德等〔於〕[32]十六年清算,寫立清單,係屬鐵據。任平德事後搆訟,希圖拖延,〔懇〕[33]請另算,係屬取巧,不應懸案莫結,致墮術中。隨斷令任平德勿得妄争,其所短楊永清六百串本錢,着寫立欠約一紙,限三十年〔與〕[34]楊永清流還。取具遵結存卷。案已訊明,餘免提質。此判。

道光十九年十二月初九日
鳳翔縣民白芳控白喜秀等家產分析案

　　道光十九年十二月初九日,審訊得鳳翔縣民白芳控白喜秀等一案。查閱府縣原卷,白芳胞兄弟四人:長白正,生子白喜秀,次白直,三白端,四白芳。白正領白守化資本,開設義順德號。白正故後,道光十一年,將家產按四股均分,白芳因白正從前在舖積存之項,理應公分,今被白喜秀一人獨占,是以心懷不甘,迭控縣府。訊係白芳虛捏,掌責完案。白芳仍不輸服,三控道轅,批飭前府審訊,均係白芳捏詞上控,具詳銷案。此白芳迭控縣府、三控道轅、批府審訊之原委也。

　　本府到任,白芳復赴府具控。提集人証,本府研訊,〔白〕[35]芳仍復堅稱,白正在義順德號存銀三百五十兩,白喜秀於道〔光七〕[36]年將此項銀兩開設雙成合號,又有九年至十二年義順德號應分利銀八百七十五兩,當分析之日,此項并未公分,至今伊又隱匿此項,意欲侵吞等供。又據白喜秀供稱,伊父白正從前在義順德號與人生理,并未積有錢財,白正故後,伊仍在是號生理,每年勞金二十串,僅敷家用,何至私積如許之多?至義順德號積銀一層,查該號自道光九年至十二年,原有積存銀八百餘兩,但係津貼義順永號虧絀之項。緣義順永號係從義順德號分出,均〔係〕[37]白守化一人資本,是以將積存之項,截長補短,舖夥更無可分。其雙成合號,係白普自出貲財生理,現有白普可証等語。

　　白芳與白喜秀兩造各執一詞,矢口不移。本府詳加察查,此案關鍵不在白喜秀有無積存銀兩,而在所存銀兩是否祖業。若實係業由祖遺,則弟兄各房有分,儘可均分。若實係各人辛苦謀生,代人營運,積剩勞金,則與弟兄輩毫無干涉,其願分與否,應聽自便,不能相強。該白氏弟兄叔姪等,從前於道光十一年已將產業憑衆分析,查驗分鬮,并無雙成合號未分字樣,可見伊家產業均已分清,實無別處積有公共未分之項。至白正、白喜秀代人在舖生理,并無公項貲本,雖陸續積銀果有若干之多,亦係伊父子身力所積,實非祖業可比。無論白喜秀此時有無積存,而據理論斷,總非白芳所得而爭。是兩人所爭積銀虛實,均可毋庸置議。

　　白芳利欲薰心,執迷不悟,若非將此一番至情至理向伊明白開導,而專恃清算賬目,希冀息爭,縱使清算明確,伊反疑算賬之人有所偏袒,既然懷疑莫釋,必致詰訟無休。本府堂訊之下,逐層駁詰,反覆曉喻,白芳始則無可置辯,繼則翻然醒悟。查該民人意存貪得,屢結屢〔翻〕[38],實屬不合,姑念伊于白喜秀究係胞叔,詢悉家計維艱,衡情酌斷,以示體恤。隨諭令白喜秀撥地五畝與白芳耕種,以爲養老之資。自斷之後,白芳務安本分,毋得再生事端。業已訊明,無干省釋,未到人証,概免提質,以省拖累。取具遵結存卷。此判。

道光十九年十二月十一日
岐山縣民汪永順控增生史光縉等錢債、
當買田地案

　　道光十九年十二月十一日,審訊得岐山縣民汪永順控增生史光縉等一案。檢查縣卷,汪永順之故堂叔將屯地二段共十二畝,立契抵當與史光縉耕種,當價銀六十一兩。史光縉後來查丈不敷四畝,每年糧錢只給汪永順八畝之數,其四畝糧錢,係汪永順墊賠。道光十七年,經史光縉在陳、李兩姓地內查出地二畝,共地〔十〕[39]畝,汪永順因每年賠糧,隨將此地于道光十八年又四月間,立契出賣與史光縉爲業,作價錢一百四十千文,内除原當價銀六〔十〕[40]一兩作錢六十千文,史光縉找給汪永順錢八十千文。史光縉又執出汪潤借錢文約,扣去汪永順錢十五串,只找給錢六十五串。汪永順赴縣呈控,經該縣批飭鄉保查覆,經鄉約王迎祥、生員杜鴻漸、武生史作彬等處和,着史光縉與汪永順補賠錢十五串文完案。後史光縉仍抗不給。

　　本府到任,汪永順赴府呈控。提集人証,訊得汪潤於嘉慶十一年七月借到史光縉之祖史桓銀五十兩,按月一分九釐行息,延至十三年七月,應交利銀十一兩五錢,史光縉將本利堆作當價,又于利錢内讓去五錢,是以當價只有六十一兩。查閱借當兩契年月并利銀數目,俱屬吻合,史光縉無可置辯,供認債賬折抵屬實。迨後來買地之日,價係一百四十串,除去當價六十串,應找錢八十串,何以史光縉又執有借券,扣去賣價十五串?據史光縉供稱,借約本錢五十串、利錢十五串,是以扣去利錢。本府詰問,既係另有借約,何不統扣本利六十五串,而專將利錢十五串扣去?顯係當初汪潤當地之日,未將借約抽回,是以原約尚係史光緒收存。今將利錢重扣,已無疑義。又據史光緒呈出買契一紙,買地十畝,承糧只四斗二升有零。查該處每地一畝,納糧四升,汪永順原地十二畝,應攤糧四斗八升,此地已據汪永順出賣,自應盡〔糧〕[41]絕。何以契内地與糧均行減少,其短少之糧必致貽累他人。隨諭令史光緒偕同鄉約在於鄰地界内詳細丈量,而史光緒又供稱不願再丈。本府揆情度理,明係史光緒承買之地本有十二畝,因慮畝數既多,不惟價值增長,而納糧亦須加添,是以丈地之時,串通鄉地於丈尺之間任意減少,獎竇顯然。

　　堂訊之下,隨在契内將納糧四斗八升之處如數改正,至汪永順歷年代納錢糧,約計十二串,斷令史光緒償還錢十五串。其抵扣賣價十五串之處,查當日借銀五十兩,據今日錢價計算,當換錢八十餘串。除史光緒將當價扣過六十一串,又扣十五串,共只扣去七十六串,尚無多扣,應毋庸議,以昭平允。又據汪永順供稱,從前汪潤借欠史姓銀錢,尚有約據未抽,史光緒堅稱并未存有借約。隨諭令史光緒書立"永斷葛藤"字樣一紙,本府批明"以後如檢出約據,作為廢紙"字樣,以杜爭端。取具遵結存卷。案已訊明,餘免提質。此判。

道光十九年十二月十一日
武功縣民張伯熊具控扶風縣民
任永興領本虧空、誆騙案

道光十九年十二月十一日，審得武功縣民張伯熊具控扶風縣民任永興一案。緣乾隆五十年間，張伯熊之祖張恒智在扶風縣杏林鎮開鋪生理，任永興之父任杰承領本銀一千三百五十兩，復領到張伯熊祖母寄銀二百餘兩、錢六十餘串。任杰將本錢虧短，又拖欠外債，因而偷竊資本，遠迅口外。道光十年，任杰物故，任永興同子任學娃扶柩回籍，張恒智已故，其子張焜邀同親友陳大用、官維賢、官維功、劉兆祥、劉德温等往向理論前事，議將虧欠張伯熊祖母銀錢一項，先還錢一百二十千，其承領一千三百兩，經任永興懇求，俟家計豐裕再行歸還。

維時張焜繼母經管家計，其領約係繼母收藏，張焜之弟張澍秉（姓）〔性〕痴呆，係繼母所生。任永興心存馳①騙，主使官維功前往，私邀張澍攜帶領約，同到召公鎮還銀。張澍將約交官維功，轉給任永興觀看。任永興接約到手，只給張澍銀五十兩，餘銀期俟明日另換足銀交付。任永興自此逐日推延，張澍隨即迯匿，數載無踪，張焜及張伯熊等均不知情。先是官維功曾借任永興銀一百兩，官維功代還張澍錢四十千文，任永興不肯認賬，官維功漸向張伯熊吐露真情，張伯熊前赴扶風縣具控。該縣因此項欠賬並無文約，批駁不准。

本府到任，張伯熊赴府具控，提集人証，隔別研訊。據劉兆祥供稱，張焜等於道光十年邀同陳大用、官維賢、官維功、劉德温等前往任

---

① 同"誆"。

永興家,理論領約之事,任永興隨即認還錢一百餘串,當將領約抽銷等語。本府隨問:抽銷之時,約交何人之手?是否張焜親交任永興,抑係張焜交給爾等中人轉交?據劉兆祥供稱,自議定之後,即有事赴街,並未見張焜取約,亦未見任永興取銀,想係伊等親交等語。

本府隨喚任永興研詰:當日領約,係如何抽交?任永興供稱,當日議定之後,張焜取約交給劉兆祥等五人,眼同轉交伊手,伊即取銀交劉兆祥等轉交張焜等語。詰問再三,矢口不移。隨令劉兆祥與之質對,任永興始知劉兆祥與己身所供情節牴牾,神情銷沮。隨又呈出合同一紙,稱係當日抽約之後,張焜眼同中人陳大用、官維賢、劉德溫、劉兆祥等書立,內載張焜將德盛恒號任姓所領資本銀數同中一概收清,並不欠少等情。並據任永興供稱,合同內之官維賢即係官維功。

本府隨向官維功詰問。據官維功供稱,合同所載中人官維賢是己身胞兄,己身一名惟清,並非維賢,係任永興妄指。其邀同中証向張焜抽約一層,當日原同陳大用、官維賢、劉德溫、劉兆祥等向張焜説合,還過一百二十串,是任杰當初借張伯熊祖母之項,並無抽約之事。其寫立合同之處,己身實不知情。惟憶張焜收過一百二十串之後,任永興囑伊往喚張澍,私攜領約,同到召公鎮,在於興盛復號飲酒,任永興再三索約觀看,張澍將約交伊轉給任永興一觀。任永興接約之後,將銀五十兩交與張澍,聲稱餘銀成色不足,俟另行換給,約於明日清交。詎知任永興誆約到手,日事推延,張澍屢向官維功吵鬧,任永興躲避不面。張澍性本痴呆,又慮母兄查知,憂忿交集,漸成瘋顛,後來遂逃匿在外,至今查無蹤跡。此係任永興在召公鎮向張澍誆抽領約之實情等供。

本府隨問當日在召公鎮抽約,尚有何人見証。據官維功供稱,係在興盛復號飲酒,號內掌櫃楊姓、呂姓親見此事,二人現尚無恙,可以質証。隨據張伯熊呈出一紙,稱係官維功在郡候質,其兄官維賢親筆寄弟之信,內稱"自弟至府,此事發作,任永興差人再三登門,請兄質証。兄有心同來，念弟與伯熊交好，負了伯熊，難以爲情，負了任永興，兄亦難以爲情。吾弟見字即囬，何必爲人厚而爲己薄"等語。披閱之下，顯係任永興從前因官維賢係屬至親，故於合同之内列名，冀其硬作干証。後來官維賢因本府嚴切根究，臨時心餒，不敢到案，故致書其弟官維功有此事發作，并囑官維功口角留情之言，可謂情見乎詞。而任永興因合同内既列維賢之名，若添傅到案，恐維賢胆怯，一經研訊，必致吐露真情。然合同既已寫就，一時不能驟改，故以維功冒作維賢，亦明知維功現在帮同張姓作証，必不肯承認寫立合同之事，希冀本府堂訊之下，深怒官維功首鼠兩端，不肯聽信其言，故任永興指鹿爲馬，借反噬以售其反間也。且查合同内干証四人，其陳大用、劉德温均已物故，官維賢係任永興妹夫，又不敢到案，惟恃劉兆祥一人作証，而所供情節又與任永興相左，是其捏造合同，已可概見。

且查任永興詞稱，張焜父非貲東，並未領本。而撿查縣卷，乾隆五十三年候永德控德盛恒號張恒智等案内稱，夥計任杰借錢十八千文，又代借郭姓一百串，任杰係張恒智囑託候永德照管之人，今任杰逃避，應向張恒智追索等情。是張恒智之爲貲東，已無疑義。且任永興既稱並未領本，何以呈出合同，又稱張焜等〔收〕[42]到任姓所領資本云云？蓋作僞之人，心勞日拙，是以游移惝恍，自相矛盾而不自知，所謂"中心疑者其詞枝"①也。

本府初閱此案，甚覺張伯熊無約可據，未免難憑，而細加推勘，任永興罅隙多端，不勝指摘。隨查得任永興等當日，只憑劉兆祥等給張焜錢一百二十千文，係還張伯熊祖母私付無約之項，無約可抽，亦並未立有合同，而任永興巧于影射，以還伊祖母之欵，指作抽囬領本之欵，以召公鎮私向張澍抽取文約之事，移作在於家中憑官維賢等還給領銀二百餘兩之事。種種獎混，殊屬奸狡。隨諭以此事現有興盛復號楊、吕二姓及官維賢可証，如果不肯輸服，將來提到三人與劉兆祥等三面質對，爾雖已賄囑在先，誠恐質對之時，伊等身受刑責，縱不吐

---

① 語出《周易·繫辭下》。

露真情,而事後向爾理論,必然厚索酬謝,大肆訛索,恐慾壑難填,爾雖破家不能滿其奢願。爲今之計,不若從實供明,庶不致自貽伊戚。任永興經本府將利害再三開導,始翻然醒悟,當堂供認誆約屬實。

查任永興拖欠此項,係屬生理虧本,且負欠太多,力不能償。當堂斷令任永興減半還給張焜銀六百兩,永斷葛藤。任永興呈出之合同,驗係僞捏,塗銷附卷。官維賢信一紙,並附。此案任永興之父任杰承領資東本錢,負欠遠迯,其子任永興踵行不義,賴約賴債,劉兆祥、官維賢扶同捏寫合同,均屬險狡。除另行詳辦外,此判。

此案該民人任永興於承認具限還銀之後,越十餘日忽行翻悔,隨提到杏林鎮興盛號之呂殿祿與之質對。據呂殿祿供稱,伊與任永興素相認識,銀錢交往,任永興曾約官維功同張澍到伊舖內抽約還銀。任永興曾將領約一紙付伊觀看,只記領銀是一千兩之外,年月久遠,不記確數。任永興並約張澍次日到舖取銀。到了次日,張澍來舖,任永興並未前來等語。又提到寫立合同之中人官維賢到案。據供,任永興回家之日,張焜邀同中人劉兆祥、官維賢、官維功、劉德温、陳大用持出賬單理論,任永興使過張焜銀二百三十七兩、錢六十串,從前憑伊等說合,先還錢一百二十串。任永興令伊背寫合同二紙,張焜不依,將合同扯破,不料任永興仍將合同收存未毀。至後來官維功私邀張澍抽約之事,伊實不知等供。

查任永興領過張焜銀一千三百三十兩,又使銀二百三十七兩又錢六十串,本係兩項,今官維賢所供,只有借項而無領項。本府查,官維賢係任永興(姝)〔妹〕夫,是以任永興假捏合同,寫作中人。今官維賢之供,係將任永興承借之銀影射作承領之銀,扶同支飾,希圖朦混。此案任永興所指之中人劉兆祥與官維賢供詞互異,其誆抽領約之事,已據官維功、呂殿祿當面質証,任永興無可抵賴,惟堅稱衆人扶同陷害。再三詰問,摠①以執有收約爲詞。查任永興所恃爲鉄據者,

---

① 同"總"。

在一紙收約,而收約所恃爲中証者,惟劉兆祥、官維賢。前次劉兆祥所供,與任永興互相(特)〔牴〕悟。今官維賢于未到案以前,其寄官維功之書,既有此事發作,口角留情之言,而到案之後,又稱當日收約已被張焜當面扯破,是任永興已失其所據矣。姑勿論張(樹)〔澍〕在杏林鎭抽約,既有官維功爲憑,又有呂殿祿可証,亦無論約中干証劉兆祥與官維賢供詞互異,第專就官維賢目下所供而論,是任永興呈出之收約確係應毀之件,不可執以爲據。不惟從前領本未曾歸還,即從前寄銀亦並未清楚,已無疑義。

查此項借銀二百三十七兩又錢六十串,年月久遠,應以一本一利還銀四百七十四兩、錢一百二十串,從前還過一百二十串,只可清給六十串本利之數。而任永興、任學娃意存欺詐,竟將應銷之合同捏作共立之合同,希圖抵賴,至四百餘兩之多,按照欺詐取財之律,已應遣戍。奈任永興執意狡展,雖屢經衆人之質証、本府之駁詰,彼惟俯首無言。及再三詰問,又摠以執有收約爲詞,是其狡詐奸刁、無理取鬧,殊出意外。業經官維賢、官維功、呂殿祿、劉兆祥衆供明確,未便懸案莫結,致滋拖累。查任永興倚老逞刁,其子任學娃主謀誆騙,大干法紀,若不按律究辦,誠恐刁風日熾,相應將任學娃收禁,另行審擬具報。

查張(樹)〔澍〕至今并無下落,其是否被人謀害,難以懸斷。現據呂殿祿供稱,張(樹)〔澍〕從前曾同任永興來至伊舖將領約一紙交給任永興,自此以後,張(樹)〔澍〕即不知去向。是張(樹)〔澍〕存亡,係此案緊要情節,呂殿祿係此案緊要干証,應確切質訊,以成信讞。

道光十九年十二月十一日
富平縣民趙成玉控鳳翔縣民魏花等同謀串害案

道光十九年十二月十一日，審訊得富平縣民趙成玉控鳳翔縣民魏花等同謀串害等情一案。緣趙成玉之父趙全廣來至鳳翔縣屬之青渠窑，置買山地務農，兼開藥舖生理，其子趙成玉在籍經理家事。趙全廣繼娶岐山康文忠之女康氏爲妻，生有二子一女。道光十七年八月間，趙全廣物故，趙成玉搬柩歸葬，欲將康氏一仝携回。詎該氏聽母族康文秀及魏長毛等唆使，不肯隨行。趙成玉之族祖趙逢江勸導，該氏堅執不願，反以劣子逼嫁等情控縣。經鄉鄰勸令同歸，康氏堅執不願回籍，詰訟經年。該縣斷令康氏撫育幼子，仍在青渠窑經管，十年再回原籍，將趙成玉掌責，具遵完案。趙成玉因弟幼母寡，恐其被人唆使，敗壞門風，赴府具控。

本府查，趙全廣年逼桑榆，貪娶再婚少婦。迨趙全廣身故，其子諄勸回籍，該氏堅執不允，反隨同外姓，將其夫族控告，顯係該氏留戀不舍，另有隱情。檢閱縣卷，去歲趙成玉胞伯趙全興自富平前來鳳翔，搬取趙全廣之柩。趙全興住宿舖內，夜間拏獲康氏與舖夥李勞兒通姦，有庄頭劉芳、邵三等爲証，趙全興隨即禀縣。彼時該縣若果照例懲辦，何至拖延經歲尚未結案？

今詳加察查，該氏實有戀姦情事。此等犯姦之婦，原應當官嫁賣，斷令趙成玉携弟回籍。但趙全興既已歸家，趙逢江係疏遠房族，自不應令趙成玉証成母姦，將該氏斷離。該氏自趙全興窺破姦情、控縣未究之後，愈肆無忌憚，訊據趙逢江等供稱，該氏隨同魏長毛等潛逃在外，行踪無定，其不安於室，已可概見。又聽魏長毛等唆使，不願隨行，并糾人搶奪舖內貨物文約，將來回籍，斷不能安分度日，趙成玉何必執定搬回？不如兩處分居，將所有產業按照兩股均分，可以相安無事。今趙逢江、趙成玉等供稱，該處原籍係趙氏合族同居，有八十餘家，將康氏搬回，伊等易爲防閑，必不至再有蕩檢踰閑之事。又據趙成玉堅稱，伊父遺囑，必須搬取伊母回籍，且伊母年僅二旬有餘，弟妹尚幼，此處產業難令經守，懇求斷令回籍。

查康氏不守婦道，聽人姦拐，復敢捏詞具控，本應責懲。姑念現係母子詰訟，若驟予責處，其知者謂康氏以淫蕩受刑，其不知者將謂趙成玉訟母得直，轉非明刑弼教之道。康氏從寬免責，俯如趙成玉所請，斷令將該氏搬回富平同度，康文秀等不得阻攔。該氏之父康文忠年逾七旬，兼之目瞽，鰥獨無依，詢之趙成玉，願同康氏一併搬回，養老送終。其康氏青渠窰內賬簿契約，着趙成玉自行經理。此案盡係魏長毛唆使，情殊可惡，今雖畏罪潛逃，俟緝獲日，再行究辦。案已訊明，無干省釋。除取具遵結附卷外，此判。

道光十九年十二月十一日
鳳翔縣民劉長春控武舉楊震離錢債糾紛案

　　道光十九年十二月十一日，審訊得鳳翔縣民劉長春控武舉楊震離一案。緣武舉楊震離於道光十五年七月，憑布店孟遠城在劉長春手內賒買布十捲，共銀二百二十四兩，約期十六年四月內償還。遲至十七年，楊震離逾期無償，邀同楊宗武等說合，與劉長春將己地六畝，書約抵當欠項，劉長春未允，迭控縣案。斷令武舉楊震離分作八年流期交還，迨後楊震離兩次給過銀二十四兩，下欠銀二百兩，逾限抗交。

　　劉長春在府申訴前情。提集人証，查得楊震離負欠劉長春銀兩，硬將地六畝作抵於前，又復拖欠于後，係屬不合。但研訊楊震離及中人楊宗武等供稱，從前楊震離指地作抵時，經劉長春依允，前往踏勘，并收受當約，直至第三日始將當約退還。是劉長春前後翻悔，亦有不合。隨斷令劉長春讓銀二十兩，著楊震離現交十五兩，來春二月交銀十五兩，下欠銀一百五十兩，分作六年流還。兩造悅服，各具遵結限狀附卷。此判。

道光十九年十二月十一日
鳳翔縣民薛蔚起控薛友芝等賣地糾紛案

　　道光十九年十二月十一日，審訊得鳳翔縣民薛蔚起控薛友芝等一案。緣薛金娃與薛友芝、薛友蘭係親堂兄弟，薛金娃於嘉慶十九年將地二段七畝當給薛友芝弟兄，得受當價錢一百二十六串。又道光十九年，又央薛萬邦等將此地賣與薛蔚起，價錢二百一十五串文。契買之後，薛金娃之母薛屈氏聲稱，地係薛金娃私賣，伊不知情，因而屢次興訟。該縣初次令鄉地張爾康、文彩鳳乘公處和稟復，並諭令俟喚薛金娃到案訊奪。二次、三次斷令薛屈氏退還原價，彼此不得置買。四次斷令薛蔚起以買價作當價，與薛屈氏留作活業，具遵完案。

　　本府到任，薛蔚起復赴府具控。本府提集人証，訊據薛屈氏供稱，薛金娃素患痴呆，其賣地之日，該氏並不知情，地中現有墳墓，是以不願出賣。再三究詰，矢口不移。查民間賣買地畝，理應邀同親鄰，向業主三面議明，始能定局。薛屈氏係業主，而薛友芝等係該氏親房，又係鄰居，薛蔚起買地之日，並未邀同薛友芝等與該氏面議，顯係覬覦此地，乘薛友芝等均未在場，書立賣約。又恐伊等告知該氏，所以乘間投稅。是該氏所稱並未知情之處，尚屬可信。

　　此案薛蔚起等出價買地，雖無不合，然究有於理未協之處，故該氏得以藉口。現據該氏呈出錢〔票〕[43]及稅契銀兩，查薛蔚起付價之時，薛金娃即用錢七十串，此時該氏何能如數交出？難保非薛友芝等覬覦於前，是以代贖於後，但薛屈氏與友芝等係屬親支，薛友芝等代爲留地，因而借錢，亦係常情，不能概指爲主唆之據。既出自願，可以不事苛求。現在詰問薛金娃，語言懞懂，性近痴呆，當收受地價之時，即行耗去若干，與訟之時，薛金娃又即行逃匿，其爲薛蔚起厚利相誘，而薛金娃畏罪潛逃，益可概見。況該氏所持甚正，委難相強，薛蔚起既有貲財，儘可另買，何必執意定售此地？至薛友芝等，雖訊無主唆之事，但迹涉嫌疑，若薛蔚起方收回買價，而薛友芝等竟安受膏腴，則得失相形，爭端適啟。

　　隨斷令該氏將賣價並稅契銀兩一並交給薛蔚起查收，自此之後，兩造均不得承買此地，以杜爭競。所有賣約，塗銷存卷。至薛蔚起所控陸續給過縣役馮永錢六串，訊係從前薛金娃逃出在外，薛蔚起給與馮永草鞋錢文，令其出外尋覓，究屬不合，隨即追給具領。兩造悅服，取具遵結交領各狀存卷。此判。

道光十九年十二月十四日
鳳翔縣民王爵控萬順義號王思連等錢債糾紛案

道光十九年十二月十四日,審訊得鳳翔縣民王爵控萬順義號王思連等一案。緣王爵於道光十二年十一月間,央甯雄到萬順義號王思連名下出約借錢二百串文,甯雄作保,其錢係王爵與甯雄二人均分一半,約期十三年十一月間還錢一百串文,除甯雄還本外,王爵下欠王思連本錢一百串文,連會錢利錢共欠錢一百三十七千五百文。王爵未能措給,將地一十二畝當於王思連。王思連將地租與王升耕種,王爵因王思連于接受當約之後,未將借約付還,又因王升在地內起土,傷及墳脈,赴縣具控。該縣未將借約追銷。

本府到任,王爵赴府具控。訊據王思連供稱,當日改寫當約之後,其借約並未退還,直至縣控之後,經崔前縣追回存卷。本府檢閱縣卷,借券一紙並未塗銷。查此券倘經崔前縣追回,自必塗銷,擲還王爵,何以仍存縣卷?顯係王思連從前實將借券扣留,希圖重索。直至府控之後,王思連慮及敗露,始行串同該房,將券夾入縣卷。是以縣判並無追券之言,而王爵所控並無不實。查王思連以借項折典地畝,已屬不合,又復勒揞借約,並不隨時給還,實屬不合。姑念俯首認罪,免其責處。隨斷令于當價內,除去錢三十七串,註明當價一百串,聽王爵錢到如數取贖。除取具遵結存卷外,此判。

道光十九年十二月十四日
鳳翔縣武生魏效畢呈控監生李三樂錢債糾紛案

　　道光十九年十二月十四日，審得鳳翔縣武生魏效畢呈控監生李三樂一案。檢查縣卷，李三(省)〔樂〕[44]與魏效畢、劉傑合夥生理，李三樂之堂弟李三益于道光八年向魏效畢先後借錢二百串，又銀二百兩，共計錢四百二十餘串，此銀錢係代劉傑借欠。劉傑將銀錢入于舖內作本，後來生意歇業，魏效畢向李三益索欠，具控。劉傑供認已身用過錢三百五十串，其七十餘串，係李三益所用。該縣斷令劉傑自還三百五十串，其七十餘串，劉傑與李三益分認清償。厥後劉傑拖延無還，致魏效畢迭控縣府。

　　本府到任，復來申訴。提集人証，查訊李三樂，供稱李三益染病之日，曾囑令張時升並其姪李清泉，聲稱此項銀錢係劉傑借欠，劉傑亦自行承認，代借屬實。是以縣訊之時，前縣斷令劉傑認還，其七十餘串，因李三益身故，是以斷令劉傑同李三益分認等情。隨據魏效畢呈出文約二紙，均係李三益出名，聲稱只知照約索欠，應李三益承還，不願向劉傑索討等情。本府查，錢賬以文約為憑，從前李三益立約之時，並無劉傑之名，自係魏效畢不肯深信劉傑，是以必須李三益出名始肯相借，情節顯然。後來劉傑雖已承認，然據約定斷，債各有主，應着李三益認還魏效畢，再着劉傑認還李三益，係屬情理兩協。隨據李三樂供稱，照約索欠，固屬至理，但此案前縣定斷之時，魏效畢業已應允向劉傑索討，而劉傑亦向魏效畢認還，是以該生等算賬，未將劉傑應分之項扣抵等供。是魏效畢從前冒昧應允，以致遺悞，咎有攸歸。但該生等于魏、劉兩姓承認之後，并不懇求該縣押令劉傑出名改寫文約,致魏效畢事後翻悔,亦屬疏漏。

　　本府查核此案,魏效畢與李三樂分任其咎,兩無可辭。隨斷令魏效畢讓去錢一百二十串,李三益代劉傑承還一百串,劉傑自還錢二百串,以昭平允。其李三益代還之項,由劉傑自向李三樂立約,定期歸還。兩造悅服,取具遵結存卷。此判。

道光十九年十二月十四日
甘省固原州民謝太平具控寶雞縣民柏仲魁等變賣遺産、寡婦牟利案

　　道光十九年十二月十四日，審得甘省固原州民謝太平具控寶雞縣民柏仲魁等一案。緣謝太平之胞叔謝得道、謝得福於嘉慶十六年間，同至寶雞紅包牛灣地方，佃種地畝爲生。至道光七年契買雪姓地畝一段，出價錢二十二串文，後買房屋、家具、牛隻。道光十七年八月間，謝得道、謝得福暨謝得福之妻蕭氏先後物故，家無次丁，只有謝得道遺妻曹氏。保正柏仲魁、郭世芳串同曹氏之父曹義及差役李芳等，將曹氏賣與龎①世雲之姪龎玉爲妻，分使財禮錢七千文，又將謝得道、謝得福所遺瓦房三間以及契買地畝、家具、牛隻盡行變賣與海春元爲業，分使價錢三十五千文。謝太平之叔謝得富寄居岐山，訪悉前情，呈控寶雞有案。兹於道光十九年七月間，謝太平由固原來至寶雞紅包牛灣看望胞叔，經謝得富説知前後情由，謝太平心懷不甘，迭赴縣府呈控。

　　本府當堂質訊，據謝太平呈出道光七年謝得道、謝得福價買雪姓地畝印契一紙，供稱係伊胞叔在日交給收存。查買賣田地，惟以印契爲憑。海春元出錢買業，豈不查問謝姓老契下落，遽肯出錢三十餘串承買無契之業？明係柏仲魁、郭世芳、龎清、李芳等仗鄉約差役之勢，代爲擔承，聲稱承買以後，如有謝姓人等持出老契，自有伊等一力承任，與之結訟。是以海春元有恃無恐，公然承買無契白業。其爲柏仲魁等誆稱謝姓有族人在場，希圖卸罪，已無疑義。本應將海春元所買

---

① 同"龐"。

之業逐一退給謝太平經管，但謝太平係屬客民，此次與柏仲魁等詰訟，難保伊等不挾仇陷害，另起争端。

隨斷令柏仲魁、郭世芳、龎清、李芳等照依房間、地畝、家具、牛隻並分使錢數多寡，退出錢八十千文，又令柏仲魁等退出曹氏財禮錢七千文，俱交謝太平收領，永斷葛藤，以杜訟端。未到人証，應免提質。兩造悦服，各具遵結附卷。此判。

道光十九年十二月十四日
岐山縣民薛福凝具控薛保娃等承繼糾紛案

道光十九年十二月十四日，審得岐山縣民薛福凝具控薛保娃等一案。該縣原審，薛福凝之曾祖薛澤蘭生子三人，長房洪吉、二房常吉、三房煥吉。長房生子四人，長正道、二遵典、三正元、四正修。正元有子三人，長福凝、二福順、三卯娃。遵典無子，以福凝爲嗣，正修亦無子，以卯娃爲嗣。先是二房常吉無子，以正元爲嗣，常吉後生子正春，正春生子廷魁，廷魁生子保娃。三房煥吉生子正心。此縣卷宗圖，三門分支之大畧也。

長房之正道，生子慶娃早故，正道與福凝等同居寫庄。道光十九年，正道病歿，福凝殯殮，欲爲正道承嗣。時廷魁與保娃同住老庄，保娃率領親房人等同至寫庄，強將正道之柩擡至老庄，聲稱廷魁曾與正道爲嗣，今保娃宜承繼慶娃，係屬正道嗣孫。福凝亦稱從幼過繼與正道、遵典，係屬承嗣兩門，遂與保娃互控。該縣因福凝曾承繼遵典，不宜再繼正道，且正道曾以廷魁爲嗣，今正道親子慶娃既歿，宜以保娃爲正道嗣孫，諭令鄕約劉申等處和完案。此又該縣訊斷之原委也。

本府到任，薛福凝赴府具控。本府因薛姓長房洪吉有子四人，其中惟正元有三子，除福凝、卯娃過繼與遵典、正修外，其福順一人應延正元本己之嗣，更無一人可嗣正道。今該縣斷令二房保娃承繼，係屬允協，何以薛福凝仍不輸服？若不探本窮源，實有証據，不足以折服其心。隨查得二房常吉有嗣子正元之後，又生二子，長正春、次正心，因三房煥吉無子，曾以正心爲嗣，是二房、三房皆係二房之裔。今若再令二房正春之孫保娃承繼長房之正道，是二房常吉名下兼佔三門之產,未免偏枯。不若仍在長房名下擇人承繼,庶彼此可以息爭。但福凝已承繼遵典,且與保娃同係爭產之人,固無庸置議,而卯娃年幼無子,亦無可擇立。惟查得福順現有一子,名記記子,於慶娃爲親堂姪,於正道爲親姪孫,以之承繼慶娃,實爲允當。

　　細閱縣卷宗圖,二房常吉只有嗣子正元,又只有親子正春,親子之中并無正心,而三房煥吉有親子正心,并未註明正心爲二房常吉親子。研詰薛福凝等,始據供稱係屬薛廷魁等在縣所呈,希圖獎混。窺測伊等之意,恐一經註明,則二房兼佔兩門之產,開卷了然,即不便將保娃再議過繼長房,是其爲鬼爲蜮,肺肝如見。隨斷令薛福凝、薛保娃均不得爭繼,飭令記記子承繼慶娃,爲正道嗣孫,所有正道名下產業,均着承受。

　　據福凝供稱,薛保娃曾霸種遵典名下地四畝,其強橫已可概見。諭令劉申等前往該處,將前項房地及所霸遵典地畝,一并照數清交。又據薛福順供稱,薛保娃曾詐稱遵典借用康二錢二十串,係屬虛捏,亦斷令由保娃承認歸還,不得向福順訛索。查縣卷宗圖,二房常吉、三房煥吉名下俱有舛誤,本府另繪確鑿宗圖附卷備查,并取其遵結附卷。此判。

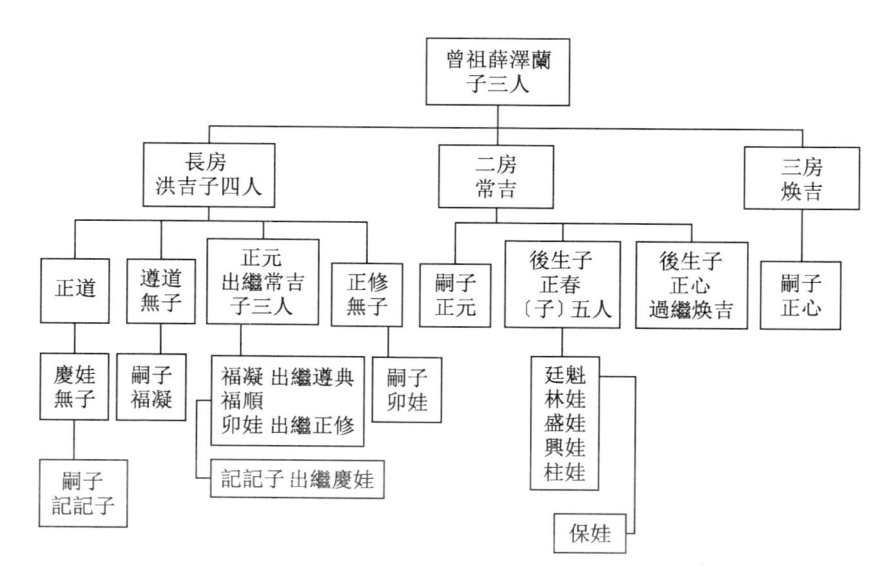

```
                    曾祖薛澤蘭
                     子三人
      ┌────────────────┼────────────────┐
    長房              二房              三房
   洪吉子四人         常吉             煥吉
  ┌──┬──┬──┬──┐    ┌──┬──┬──┐         │
 正道 遵道 正元 正修  嗣子 後生子 後生子   嗣子
     無子 出繼常吉 無子 正元 正春   正心    正心
          子三人         〔子〕五人 過繼煥吉
  │    │    │    │         │
 慶娃 嗣子 福凝 出繼遵典 嗣子   廷魁
 無子 福凝 福順       卯娃   林娃
          卯娃 出繼正修    盛娃
  │       │              興娃
 嗣子    記記子 出繼慶娃   柱娃
 記記子                    │
                          保娃
```

道光十九年十二月十四日
鳳翔縣民婦周張氏具控胞侄周元超家產分析案

　　道光十九年十二月十四日，審訊得鳳翔縣民婦周張氏具控胞姪周元超一案。查閱縣卷，周張氏之夫周惠兄弟三人：長周敏，生子元超、元嘉、元亨、元善、元啟；次周惠，生子元益；次周斅，生子垢甲。周敏兄弟三人相繼物故。道光十六年，周張氏邀同族衆周栗、周敬、周邦、周第等，眼同分析，書立合同爲據。外有陳鎮房物一所，議明元超、元益二人分住，將所欠會錢五百串均勻認還，每人各還錢二百五十串。因有外賬未收，議明歸於元超收取，代元益填還會錢一百零五串，計尚欠會錢一百四十五串。自議之後，元益并未填還。周張氏因元超屢向元益取討，并因長房分屋太多，遂迭控縣案。該縣飭令族鄰清算，周張氏及周斅之妻周周氏總不輸服，旋結旋翻，詰訟三載。此周姓控案懸宕未結之原委也。

　　本府到任，周張氏復行來控。本府因此案搆訟多年，若非澈底清查，則周姓確應如何分析之處，不能定斷，而周張氏與周周氏一波未平，一波復起，此案終無了局。因查訊得，周敏之父周朝樑前妻辛氏生子敏、惠，後妻李氏帶子再醮，其子亦係李姓，原名三圈，後改名周斅。是周斅原係異姓，本不應與敏、惠兩門均分財產，而周斅之親家李生美及民人宮萬義等衵護周周氏，因其夫終屬螟蛉，恐搆訟到官，查出異姓不得亂宗，是以唆使周張氏出頭具控，是又此案膠固莫解之禍根也。

　　本府訊據周栗、周敬、周第、周邦等四人僉供，十六年分家之時，係由周張氏諭令分析，諸事係伊一人主持，將房產分撥停妥，始邀伊等到塲，書立合同。隨詢周張氏：既係爾一人定斷，何以事後復有異議？據周張氏供稱，地畝①共二百一十畝，按照三分均分，每人應各得七十畝。今元超分得四十畝，元嘉、元亨、元善、元啟分得七十畝，元益分得六十畝，垢甲分得四十畝，分析不公，是以具控等語。研訊周元超，據稱分析之日，周張氏因元超係長房長子，經理家務，且須認還外欠四百餘串，是以議令多分地二十六畝。本府查，周敵既係異姓，則財產應與敏、惠兩門作二分半攤分，敏、惠各得其一，而周敵得其半。今此地二頃一十畝，若照二分半攤算，則周敏、周惠房下每人應得八十四畝，周敵房下應酌給四十二畝。今周敏房下得地一百一十畝，計多得地二十六畝，詢係認還外欠，其多分之處，尚屬平允，應毋庸議。

周張氏又稱，萬豐王號資本一千串，若照三房計算，每房應分三百三十三串。今周元超分錢四百串，元嘉、元亨、元善、元啟分錢二百串，元益分錢二百串，垢甲分錢二百串，計周敏房下多分二百六十餘串。訊據周元超供稱，所以多分之故，因議明從此以後生意一人獨任，其禍福不與衆人相干。查此項貲本，若亦照兩分半攤算，則周敏房下應得四百串，周惠房下應得四百串，周敵房下應得二百串。今周敏房下共得六百串，計多得二百串，應令周元超讓去元益所欠會錢一百四十五串，再找給元益錢五十五串，共計二百串，合之元益前次所分貲本二百串，共續成四百串，而周敏房下所得亦只有四百串，彼此錙銖停匀。

本府細加研查，逐層駁詰，此案所分財產，按照兩分半之數計算，天然吻合，不惟周張氏、周周氏、周元益俯首遵依，即萬目環觀，亦同聲稱快，從此可以永杜爭端。李生美、宫萬義偏袒肇訟，均有未合，念其悔罪輸情，姑免責處。周垢甲分有財產，歸宗聽其自便。隨取具遵結存卷。此判。

---

① 同"畝"。

道光十九年十二月十六日
扶風縣民崔彥芳呈控崔喜等爭繼結仇尋毆案

　　道光十九年十二月十六日,審得扶風縣民崔彥芳呈控崔喜等一案。查閱縣卷,崔喜之父兄弟三人,長崇德生子崔喜,二順德、三成德俱無子。道光十六年,崔順德因幼子辛丑娃夭逝,憑崔彤等以堂姪孫崔彥清過繼爲孫,崔成德亦憑崔彤以堂姪崔著過繼爲子。崔喜希圖爭繼,強行阻擋,因而興訟。經趙成法等處和,令崔成德之妻崔呂氏撥地九畝,給崔著、崔彥清耕種,令其歸宗,令崔喜承繼順德、成德爲嗣,崔著心懷不甘,赴縣復控。該縣因崔順德早已將崔彥清過繼爲孫,令其仍舊承繼,又因成德之妻崔呂氏不願崔著承繼,斷令崔著歸宗,仍聽崔喜承繼崔呂氏爲子。此崔著等因與崔喜爭繼,在縣迭控,經該縣訊斷之大略也。

　　崔著與崔喜既因爭繼結仇,崔著將崔呂氏地中樹株砍伐,又糾全親房人等到崔呂氏家尋釁,將崔呂氏牛隻、車輛強拉,并覇種地一十四畝,將崔呂氏并崔喜及妻王氏毆傷,經族人崔應祥解勸,亦被崔著之子崔林娃所毆。崔著之姪崔彥芳意在先發制人,控稱崔喜等糾約多人前赴伊家,將其叔崔著毆傷,迭控縣府。此又崔著等結仇尋毆,捏情具控之大略也。

　　本府初閱崔彥芳呈詞,只稱崔喜等前往尋毆,并未申敘起(畔)〔釁〕之由,是崔彥芳未免意存廻護,若非澈底根究,則曲直終不了然。隨提集人証,細加研詰,始知(畔)〔釁〕起爭繼,而此時崔順德、成德俱已物故,其果否曾將崔著、崔彥清過繼爲嗣之處,無從質訊。現惟成德之妻崔呂氏尚存,隨向該氏詰問。據該氏供稱,崇德、順德、成德胞弟兄三人，惟崇德有子崔喜，而順德、成德存日俱無令崔彥清、崔著承繼之事，直至崔順德於道光十八年四月病故，其妻李氏六月繼亡之後，崔著等始揑稱崔順德曾於道光十六年慿人將彥清過繼爲孫，并揑稱其夫成德亦於是年慿人將崔著過繼爲子。所有從前嗣單俱係假揑，希圖分給地畝，該氏從前實不聞有將伊等過繼之事。惟胞姪崔喜，素常孝順，氏夫及順德等存日，早議定以崔喜兼嗣三門等供。

查崔著在縣供稱繼與崔成德爲子，則該氏即係嗣母，其受繼與否，例准自擇，無所用其諱飾，何以該氏供稱從前既不曾預聞，目下亦不願受繼？是所稱從前將崔著承繼之處，已不可深信。然現據崔彥清呈出嗣單二紙，一係將崔彥清繼與順德爲孫，一係崔著繼與成德爲子，俱係道光十六年慿中崔形等書立。有此確鑿証據，而公堂論斷竟指爲不足爲慿，不惟不足服兩造之心，亦不足塞萬民之望。

隨查問崔彥清今年曾應府試，自必於廩保冊結內填註三代。當即吊查本年點名清冊，文童崔彥清名下註寫"曾祖碩、祖樹德、父著"字樣，俱係親祖親父，并未填寫嗣曾祖超、嗣祖順德、嗣父崔辛丑之名，無論辛丑娃襁褓夭亡，照例不得議繼。查道光十六年至今已屆四載，何以該童出考，仍不將過繼之三代填寫入冊？是其所稱從前承繼之處，係屬虛揑，更無疑義。若云道光十六年曾經過繼，而本年應試竟將承繼之三代一概抹殺，則該童忍心害理，敢於棄祖遺親、斬宗絕祀，其不孝之罪更不容誅。二者居一，俱難解免。想該童均不敢當此重咎也。

本府又查閱嗣單，竟係一手所書。夫彥清之嗣單既屬虛揑，則崔著之嗣約即爲僞造。且現有崔呂氏作証，堅稱前既不聞，今亦不願。尚得云嗣單可慿而必奪其自擇之權，強以素所不愛者爲之承繼乎？準理揆情，兩無一可。

至崔彥芳所控崔喜尋毆一節，查訊崔應祥、崔七等僉稱，實係崔著等揑情聳聽。查崔著等理曲肇衅，即使所控得實，已屬罪魁禍首。況伊等實有砍樹、奪牛、搶車、霸地之事，乃欲先發制人，居心刁狡，更屬可惡。隨將崔彤等薄予掌責,斷令崔喜兼爲胞叔順德、成德承嗣。自斷之後,崔彥清、崔著俱不得爭繼,所有崔著搶過車輛、牛隻及霸種之地十四畝,一并追給崔呂氏。其砍伐樹株,酌斷還錢十串,具限交清,永斷葛藤。取具遵結交領各狀,并將崔招呈出宗圖附卷。此判。

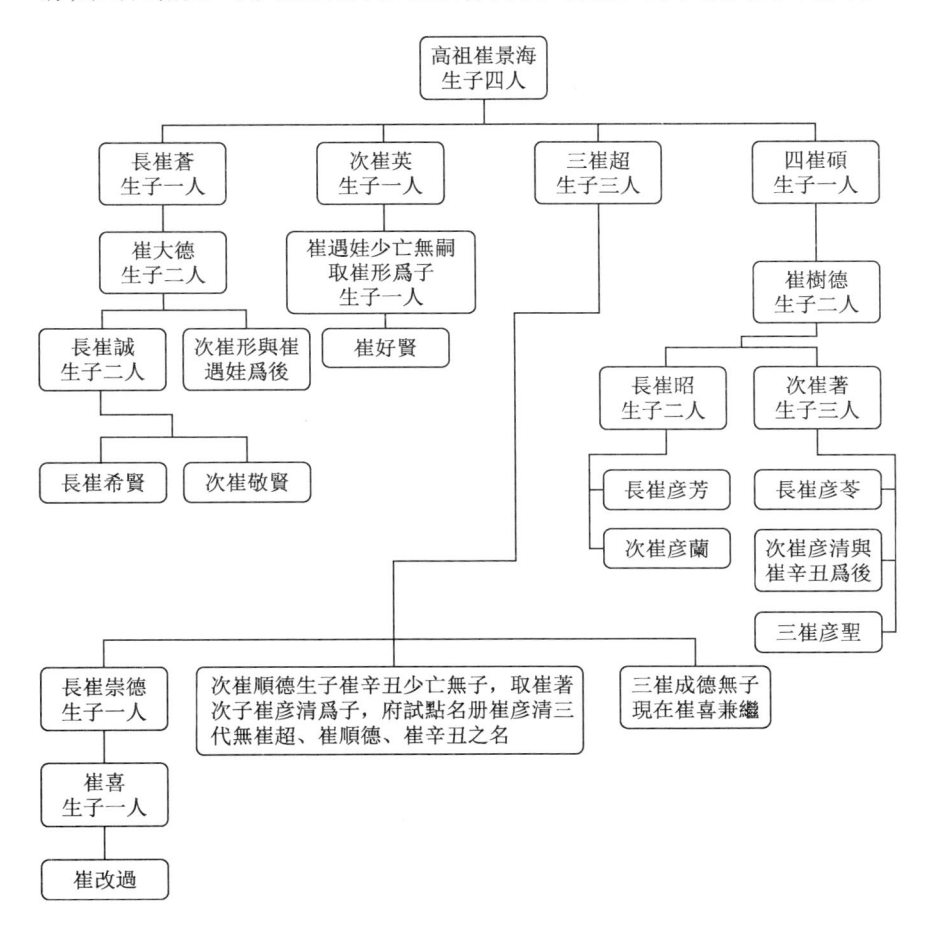

```
                     高祖崔景海
                     生子四人
   ┌──────────┬──────────┼──────────┐
 長崔蒼      次崔英      三崔超      四崔碩
 生子一人    生子一人    生子三人    生子一人
   │          │                      │
 崔大德    崔遇娃少亡無嗣           崔樹德
 生子二人  取崔彤爲子              生子二人
   │       生子一人                  │
 ┌─┴─┐      │                   ┌──┴──┐
長崔誠 次崔彤與崔  崔好賢        長崔昭  次崔著
生子二人 遇娃爲後                生子二人 生子三人
   │                              │        │
┌──┴──┐                        ┌─┴─┐   ┌──┼──┐
長崔希賢 次崔敬賢              長崔彥芳 長崔彥苓
                               次崔彥蘭 次崔彥清與
                                        崔辛丑爲後
                                        三崔彥聖
```

┌─────────┬─────────────────────────┬──────────┐
長崔崇德   次崔順德生子崔辛丑少亡無子,取崔著   三崔成德無子
生子一人   次子崔彥清爲子,府試點名册崔彥清三   現在崔喜兼繼
  │   代無崔超、崔順德、崔辛丑之名
 崔喜
生子一人
  │
 崔改過

　　現在查閱十九年府試點名清册,文童崔彥清名下填寫三代"曾祖崔碩、祖樹德、父著"字樣,俱係親生,並無過繼三代之名,可見十六年過繼之言係屬虛捏。

道光十九年十二月十六日
鳳翔縣民炊世泰具控賈珍等奪地案

道光十九年十二月十六日，審訊得鳳翔縣民炊世泰具控賈珍等一案。緣賈珍之祖賈日連有常家堡承糧軍地，從前因差繁糧重，將地推與張文成。後於乾隆三十五年，張文成復推與朱泰，得地價十二串，每年承糧一石六斗。朱泰之子朱文秀，於嘉慶十年又因差糧繁重，先將一半之地推與炊國萬，得價六串，每年承糧八斗，後又將一半之地租與徐步豐。

嘉慶二十一年，賈珍意圖歸地，向朱文秀誆稱看約，將約賺去，以致興訟。經該前縣訊明，追回原約，仍令朱文秀、炊國萬等耕種、承糧在案。厥後文秀物故乏嗣，家有八旬老妻。賈珍買囑文秀之甥張十二，竊約到手。維時炊國萬已故，地歸其姪炊世泰承種，賈珍議欲奪地，炊世泰具控縣案。該縣吊查朱文秀承糧原約，有"錢便許贖"字樣，斷令賈珍備具當價六串，向炊世泰贖地，抽回原約。炊世泰心懷不甘，赴府具控。

提集人証，查驗朱文秀原約載明"錢便許贖"屬實，該縣準理定斷，本屬平允。但風俗不惟南北異宜，而今昔情形，亦隨時遷易，必須酌量變通，庶免膠執之獘。查鳳郡七八十年以前，未立差局，差繁費重。每年地土所出，徭役以外，常虞不給，人以承糧為苦，故有熟荒之諺，而軍地尤為受累。居其時者，多有舍價推糧之事，只圖卸去重擔，得免追呼。是以現在軍地，俱係輾轉相推，并非本來業主，其所稱"錢便許贖"之處，係屬虛裝門面，在爾時秉筆，原謂空有其言而不必實有其事。今則設局支差，徭役輕減，尺土寸田，盡須價買，絕無舍價推糧之人。是今昔情形大不相侔,不可準今以例古。試思賈珍此項軍地,其祖因受累而推之張文成,文成又因受累而推之朱泰,其約内既申敘受累之言,惟恐去之不速,又明載承糧之語,深幸任之有人,自與典當地畝爲一時應急者不同。

況既經承糧之後,彼方且視爲世業,不惟開蕪墾萊、大費人工,而房盧之布置、墳墓之經營,年復一年,不遺餘力,亦實由承糧之與承典,大相懸殊也。若遽議奪地,是其祖若父服勞於創建之時,而子若孫委棄於垂成之後,百年蒙業,一旦傾家,無怪乎胸懷悒欝。且查詢徐步豐係屬承租,原非承糧可比,今尚依然耕種,而炊世泰承糧之〔地,更〕[45]不宜遽議奪回。況合郡承糧推地,從前不乏其人,若准予〔取贖,恐此端〕[46]一啓,相率效尤,實不勝其紛擾,更非息事安民之道。〔但此時若不〕明定限〔制〕,〔恐〕[47]將來又啓爭端。查南北兩山承種山地之人,其約内多註明"許退不許奪"字樣。緣山地有開墾之勞,若不議明不准相奪,恐地畝一經墾熟,人生覬覦,必然紛紛取贖,是以民間素著奪地之禁。今鳳郡承糧軍地係屬卸累與人,利害與己無涉,更與開墾山地有利無害者不同。

本府衡情定斷,應令炊世泰退回地價六串,再給賈珍二串,將此地收回管業。令賈珍另換文約,做南北山地畝章程,書明"許退不許奪"字樣,給炊世泰收執,以杜覬覦而息爭競。何永清、賈過兵子、秦自智偏袒賈珍,致肇訟端,殊屬不合。現在諭令該保正等眼同賈珍將地畝錢文彼此交清,以贖前愆,姑免責處。除取具遵結存卷外,此判。

道光十九年十二月十六日
岐山縣民人净迎春失竊牛隻案

　　道光十九年十二月十六日,訊得岐山縣民人净迎春家於道光十六年十二月十六日夜,被賊撥門進内,竊去紅色犍牛一隻。十八日報明岐山縣差緝,該縣票差鳳鳴、劉金緝捕贓賊無獲,屢經催比,净迎春控經前府,飭縣勒緝,復赴梟(擾)〔轅〕[48]具控批縣。比追本年九月間,經縣改差捕役韓生輝拿(道)〔獲〕[49]〔賊〕[50]犯張管張和尚,經縣審訊,供認行竊净迎春牛隻,賣給高成得錢四千文。追獲牛價,差傳净迎春具領,净迎春並未到縣。任尚志、張昭赴縣完糧,回家途遇净迎春説知,令净迎春赴縣領贓。净迎春不肯前往,隨以劉金太等將伊拉抬縣城拷打等情控府。

　　經本府提訊明確,净迎春被竊牛隻已經獲賊張管張和尚,追出牛價,飭令净迎春具領,以結此案。賊犯張管張和尚發回岐山縣研訊。此外有無別案,另行詳辦。净然齒娃、韓生輝並無毆打净迎春情事,應與無干之任萬禄、趙金娃等概予省釋。除取遵結並交領各狀存卷外,此判。

道光十九年十二月十八日
鳳翔縣民趙萬順、呂世德控生劉賀兒等挾嫌誣竊案

道光十九年十二月十八日，審得鳳翔縣民趙萬順、呂世德控生劉賀兒等一案。緣趙萬順之子趙勞娃、呂世德之子呂松娃等與馬登霄、劉麻舍等俱同村居住，各務農業。趙萬太雇劉麻舍收穫糧石，借劉真元房屋收放。十九年九月初七日，趙萬太未在家中，劉麻舍携帶竹籠，潛赴馬登霄穀地偷掐①穀穗，被馬登霄之工人莫②泰來看見追喊，劉麻舍棄籠逃逸。次日，馬登霄報知鄉保田發祥、王永和等，欲告官究治。劉麻舍冀圖分罪，控稱伊同趙勞娃、呂松娃一同偷竊。趙萬順等稔知其子並未同往，不肯認非。馬登霄控縣，鄉保田發祥等以馬登霄失竊穀穗，事甚微細，處令兩造酌盃取和，投遞息呈，該縣准予銷案。趙萬順等心懷不甘，即以挾嫌誣竊等情控。

經本府訊明，查馬登霄地內失竊穀穗，其所棄竹籠，詢係劉麻舍在趙萬太處掐穀所用，業經趙萬太在鄉約王永和家認明，而是夜又有劉貞元、工人劉喜娃供明，劉麻舍携取竹籠出門屬實，是劉麻舍確係正賊無疑。至（銷）〔趙〕勞娃、呂松娃是否同公，據馬登霄供稱並未親見，未便竟指為夥竊。研訊劉麻舍，委係（桑）〔冀〕[51]圖分罪，並非有心誣扳，姑念鼠竊穀穗為數無幾，從寬薄責示然。馬登霄並無誣竊情事，應與無干之趙萬太等均免置議。案已訊明，無干省釋。除取結存卷外，此判。

---

① 同"掐"。
② 密歇根大學本、北京大學本作"吳"。

道光十九年十二月十八日
鳳翔縣民石昉具控王鍾奇出賣房屋、抗不清交案

　　道光十九年十二月十八日,審得鳳翔縣民石昉具控王鍾奇等一案。緣石昉於道光十八年八月間,憑中雷兆瑞、張彩等契買王鍾奇城內北街住宅一所,內有腰檁廈房五間、頁椽廈房八間,言定價銀五十兩,合錢八十二千文。彼時王鍾奇之父王御不曾在家,據王鍾奇聲稱,伊父願將此宅出賣,將王御名字同書契內。石昉隨交給王鍾奇錢四十三千五百文,其餘房價俟謄房之日如數清交。孰意王鍾奇得錢逃避,王御回家,轉將此宅當給武治魁為業,以致石昉錢房兩空,呈控縣案。該縣斷令王御既不願賣此業,着將王鍾奇使過錢四十三千五百文如數退給,又補賠石昉稅契錢五千四百一十二文。嗣據王御僅呈繳錢二十千文,延今數月,屢限屢抗。石昉心懷不甘,是以來轅具控。

　　查賣買房屋,原係彼此情願,不能相強。伊子王鍾奇售賣,豈有不與伊父商議之理? 如既不願賣與石昉,仍將房價退給,尚無不可。乃王御情同串騙,抗不清交,殊屬貪狡。本府正在提訊之間,有王鍾奇之族叔王訓懇稟前來,詞稱族姪王鍾奇等於未奉提之先,自知其非,脫逃無踪。伊願將石昉買價連稅契錢文,代王鍾奇等與石昉如數交清,石昉不願承買此業,願將買契退還等情。本府恐有捏飾情事,隨當堂審訊,實係王鍾奇之族叔王訓不忍延案,願代王鍾奇退還石昉錢二十八千九百一十二文,質之石昉亦不願承買此業,並具領狀呈遞。案已准結,未到之王鍾奇、王御,姑免提訊。兩造允服,取具交領各狀附卷。此判。

道光十九年十二月十九日
扶風縣民王簫、王義具控王恒興私賣公產案

　　道光十九年十二月十九日，審訊得扶風縣民王簫、王義具控王恒興一案。撿查縣卷，王簫等係該縣魯馬里四甲民人，嘉慶八年，同甲之韓大魁因差繁糧重，將本甲承糧之楊居榮、馬夣①熊、李養忠三人糧名推地二十一畝，受價十五串，給王姓合族耕種，每年納糧一石零五升。王姓議作合族公產，另立糧名曰"王官地"。自此之後，給族人王貴耕種，每年交租二石四斗，作合族催糧公用，計王貴承種凢六年。時王恒興之父王竿充當里書，王恒興後將此地奪回自種，每年只交租一石八斗。道光十九年六月，王恒興將此地私賣十一畝與張平川、韓朝棟，在於王官地名下過糧五斗五升，經族衆查知，具控縣案。該縣訊據王恒興供稱，係王竿於嘉慶八、九兩年置買李建成、李友重並馬壽二十一畝之地，有王竿出名承買，印契可憑，並將印契當堂呈出。該縣查驗屬實，諭俟查明定斷。

　　本府到任，王簫等赴府具控，提集人証。據王恒興供稱，如果實係公產，伊身承種數十年，並未交租，何以合族並無異言？據王義等供，自王恒興向王貴手內奪種之後，始則減租，後則全抗。該族衆等因王竿既係里書，而王恒興又係監生，父子素號強橫，且此項租谷除合族公用之外，每人所分無幾，故無人肯與爭論，直至伊私行出賣，始動合族公憤等語。本府查驗王竿買契二紙，一係嘉慶八年李建成、李友重所賣，計地十五畝，納糧七斗五升，一係嘉慶九年馬壽所賣，計地六畝，納糧三斗，二契共地二十一畝，糧一石零五升，載明王竿承買，

---

① 同"夢"。

卷　二　175

均經該縣鈐印,是王恒興所供伊父承買似屬可信。但王簫等連名屢控,若非實有屈抑,必係素行健訟,而王恒興又確有印契,百折不回,非澈底查明,實有証據,不足平兩造之爭。

隨查詢得,韓大魁推地之日,曾經立有合同,自必兩姓收執。韓大魁現已物故,合同存伊孫韓選之手,而王姓合同,詢悉數十年來,俱係王恒興父子收掌,諭令彼此將合同呈出。本府查得,韓選所呈合同內載,願將甲首推於王姓經管,其合同之尾,載有收糧人王桂、王樹、王梅、王恒周、王宗舜、王恤民、王宗元、王恒興、王篤、王管、王範、王小勞等十二人。而王恒興所呈合同內載,地歸王竽承種,又多有地二十畝,註明"王竽贖收管業"字樣,合同之尾並無收糧人之名。披閱之下,彼此係屬兩(岐)〔歧〕,就韓選所呈之合同而論,確係公產,就王恒興所呈之合同而論,又確係私田。彼此既屬相左,即不得謂之合同,二者之中必有一偽。但兩家合同俱載有楊居榮、李養忠、馬夢熊之名,是此地爲三人承糧之地則無疑義。

細查王恒興所呈買契,其所稱李建成、李友重、馬壽,詢明即係李養忠、馬夢熊之子。若李養忠、馬夢熊甫於八年推地,何以其子亦旋于是年、次年賣地,而畝數糧數又一一符合?顯係王竽當日收執合同,承種合族公地,心存抵賴,故將合同改寫,又假寫賣契,朦混投稅,以爲異日柄據。是以契內所載,不敢捏寫他姓,而必將李養忠、馬夢熊之子出名售賣,以巧爲影射此地之根。且撿查魯馬里糧冊,載明四甲王官地納糧一石零五升,詢據王義等共稱,合族承納官糧已非一日,現有紅簿糧名可憑,糧數可指。本府詰問王恒興:既係爾父承買,何不逕書王竽父子承糧,而必係以官地之號?且查糧簿內,王恒興本來置有地畝,每年納糧二石有餘,此地既係同甲,何不將此項糧石歸並爲一,而必另立糧名以啟爭端?王恒興無言可對。

查此案王恒興罅漏多端:合同與韓選互異,其罅漏一也;買地與推地年歲相同,契內糧數、畝數與合同所載巧相符合,其罅漏二也;合同之李、馬即係買契之李、馬之父,看去似屬二人,實則並非二地,其罅漏三也；糧名載在糧冊已非一日，並無王竽父子之名，其罅漏四也；賣地與張平川、韓朝棟之時，囑令里書醋守太在於王官地名下過糧五斗五升，其罅漏五也。但此項地畝，自韓大魁推出已三十七年，該民人王義、王貴、韓選及里書醋守太等，或年方幼穉，或尚未受生，於推地之李、馬均未謀面，亦並不知與賣契之李、馬即係父子，是以到官時不能指出賣契之影射。迨經本府向王恒興設法盤問，而王恒興無意之中吐露端倪，始悉前情。本府隨將前項情節向王恒興逐層駁詰，王恒興理曲詞窮，伏地請罪。

查該監生私賣公產，本屬不合，姑念一經研訊即俯首認咎，尚與怙終有間。其假揑賣契一層，詢係其父王竽所爲，業已身故，張平川、韓朝棟亦無知情盜買情事，均免置議。隨斷令張平川、韓朝棟將買契呈繳，諭令王恒興如數退還買價錢文，地歸王簫、王義、王貴經管耕種，每年租谷歸于王姓合族均分，王恒興不得霸佔。取具遵結存卷。王恒興呈出合同一紙、買契二紙，張平川、韓朝棟呈出買契二紙，俱塗銷附卷。韓選呈出合同一紙，當堂發還。案已訊明，餘免提質，以省拖累。此判。

道光十九年十二月二十一日
寶雞縣民楊潮控焦魁欠債案

　　道光十九年十二月二十一日,審訊得寶雞縣民楊潮控焦魁一案。緣楊潮於道光十三年,二次代焦魁向楊西吉借錢一百零九千文,焦魁二次還錢三十千文,未還錢七十九千文。四載以來,本利拖欠未償,迭控縣府。經前府批縣訊斷,楊潮並未回縣投審,復赴道轅具控,仍批飭該縣訊斷。經該前縣羅令於本年二月間斷楊潮讓去利錢,限十九年八月交錢三十九千五百文,二十年六月交錢三十九千五百文,詳覆結案。因八月至今逾限數月,焦魁仍未交錢,楊潮不甘,又復來轅具控。

　　本府提齊人証,訊悉前情,仍斷令焦魁即行交錢三十九千五百文,二十年六月交錢三十九千五百文,楊潮悦服。焦魁抗償逾限,殊屬不合,堂訊之下,即行俯首認罪,情願交錢,姑免責處。案內楊西吉未到,毋庸提訊,以免拖累。除取具兩造遵結附卷外,此判。

道光十九年十二月二十一日
鳳翔縣王相即王保兒具控王冠等圖產誣控案

　　道光十九年十二月二十一日，審得鳳翔縣王相即王保兒具控王冠等一案。緣王冠之父王朝青兄弟三人，朝青居長，二朝榮、三黑騾子，二人俱無子。王朝青議將己子王冠兼承本身與黑騾之嗣，王朝榮及妻王周氏將族姪王保兒過繼爲子，與王朝青相商，意見亦同。時保兒生甫七月，王周氏即行撫養在家。兄弟將家產三分均分，朝青得其二，朝榮得其一。

　　後王朝青後妻路氏又生子王紀，朝青遂萌奪嗣霸產之志。嘉慶二十一年，朝榮物故，朝青乘王周氏赴塋之時，將王周氏稻黍竊賣三十石，又不允保兒爲嗣，王周氏控縣。該前縣斷令保兒繼與王周氏，並令王朝青加倍賠還稻黍四十八石，所有紙紅舖、菸舖本銀六百兩，王朝青與黑騾共應分本銀四百兩，王周氏應分本銀二百兩，斷令將王周氏應分利錢如數清還，其生理仍照舊歸公在案。後來王朝青志存爭繼，屢與王周氏尋衅，迭經控縣，仍斷令王保兒承繼，諭令王周氏約集族人寫立嗣單。王朝青從中作梗，族人不敢干預，以致十餘年來，嗣單終未寫立。王朝青既歿，其子王冠、王紀終不釋然於保兒之承繼，無衅可乘。

　　近來王周氏年逾七旬，兼患癱瘓，王紀遂捏稱王保兒在嗣父朝榮墓旁犁地，傷損墳基，大爲不孝，並稱王保兒將黑騾子之妻楊氏（歐）〔毆〕傷，具詞控縣，使族人王庫修、棍匪郭得成証成其事。王周氏聞知，具詞申訴。王紀供稱，王周氏現患癱症，此詞係王保兒捏寫朦遞。該縣復傳王周氏輿疾到案，王周氏伏地哀鳴，供稱其夫王朝榮生前與伊相商,願將保兒承嗣,襁褓撫育,長而孝順,只因王朝青父子垂涎產業,屢起争端,保兒實未犁毀墳地。而王楊氏到案,亦供稱並無争(歐)〔毆〕之事。該縣仍斷令保兒承嗣,王紀等毋得相争在案。本年王周氏病故,王冠、王紀及王冠之子王長秋兒徃尋衅,將王保兒詈辱,不允過繼,聲稱伊之過繼並未寫立嗣单,即係不應承嗣,屢次到王保兒家滋事,并將王保兒所分窰院強占,又將紙舖、菸店利錢不與均分。

本府到任,王保兒赴轅具控,提集人証,訊悉前情。查王朝青父子兄弟,垂涎王朝榮產業,踵行不義,已非一日,其具控縣案不止六七次,俱經該縣斷令保兒承繼。王冠、王紀膽敢乘周氏患病,肆行誣控保兒於前,今年因周氏既歿,又欲驅逐保兒於後。種種不法,殊堪痛恨。此案據王朝青父子屢肆擾害,總因保兒過繼並無嗣单,遂得有所藉口。然王朝榮夫婦既與朝青公商於前,而王周氏屢次在縣又復供明於後,其確爲該氏愛繼已無疑義。現在撿查縣卷,王周氏生供至再至三,俱無異言。當年該縣于訊明之後,即應將王周氏供单當堂另寫一紙,代爲批明,給王周氏收執爲據,即與嗣单無異,又何至任聽王朝青父子勒掯數十年不令寫立嗣单,屢結屢翻,搆訟無已乎?

堂訊之下,王冠等俯首認罪。隨斷令將縣卷中王周氏供单另寫一紙,代爲批明,給王保兒收執,以免另啟争端。所有王長秋霸佔窰院,令鄉約魏春祥協同族衆等眼看交清。其紙舖、菸店若再公同生理,後來必另啟争競,亦着魏春祥等協同舖夥郤秉南將利錢讓給王冠,只將本錢二百兩交給保兒出夥。又有舖面作價一百串,亦給保兒交清,永斷葛藤。王冠等父子叔姪,圖產誣控,殊屬不合,姑念到案俯首認罪,且經王保兒懇求免究,俯如所請,以全友愛。取具遵甘各結存卷。此判。

鈔錄縣卷王周氏供单:

孀婦王周氏供，年七十二歲。已故男人王朝榮胞弟兄三人，小婦人男人是二房，三房弟早故，王冠們故父王朝（清）〔青〕居長，男人王朝榮早與長房分居另度。男人在日，因沒兒子，心想要長兄王朝（清）〔青〕的兒過繼，只有王冠一子，難以出繼。男人纔與王朝（清）〔青〕商議，抱養族人王更喜的乳孩，起名王保兒過繼，原沒書立嗣單，迨後王朝（清）〔青〕又生一子王紀。嘉慶二十四年，男人王朝榮物故，嗣子王保兒守服送塋。如今王紀說王保兒把男人王朝榮墳墓犁傷，就控到案。今蒙審訊，王保兒並沒傷墳的事。王保兒素日孝順，小婦人是喜悦的，願要王保兒過繼，求作主。

十八年十二月二十九日供

按十八年王紀乘王周氏得患癱症，迭將王相控縣。經該縣傳喚，王周氏輿疾到案，伏地哀鳴，此其供詞也。該縣於訊明取供之後，如果飭令該房照寫一紙，代爲批明，給王相收執，即與嗣單無異，何至王長秋等因王相並無嗣單，又於十九年王周氏身故之後另啟爭端。今撿閱縣卷，將此供詞另寫二紙，代爲批明，一紙存府卷，一紙給王相收執，作爲王周氏愛繼之嗣單，以杜覬覦，而息爭競。此批。

道光十九年十二月二十六日，府正堂邱加批存卷。

道光十九年十二月二十一日
鳳翔府爲縣訊兩歧業不歸贖、懇恩提訊事

　　道光十九年十二月二十一日,署鳳翔府爲縣訊兩歧、業不歸〔贖〕[52]、懇恩提訊事。道光十九年十二月初二日,奉道憲批訊山西榮河縣民人馮天成上控邠州淳化縣民姚芳等一案,該署鳳翔府知府邱審看得,淳化縣民馮天成上控姚芳等一案。緣馮天成籍隸山西榮河縣,寄居淳化縣務農,縣屬之鞍子窪向有馬廠官地,係租給民人耕種。從前姚姓將承種之地推與程大貴之祖,厥後程大貴於道光九年將地一百七十七畝當與姚芳,得價一百二十五千文。道光十三年,程大貴將當給姚芳之地及承種馬廠之地,共四百四十七畝,每畝作錢一千文,共價錢四百四十七千文,憑中王攀福寫立推約,并舊日老推約,一併推與馮天成承種,馮天成交給程大貴地價一百二十串,扣存當價三百二十七串,當時并未贖取是地。延至今歲三月間,馮天成備價贖地,姚芳不允取贖,以致在縣興訟。該縣斷令姚芳除原當價錢一百二十五千文,找給馮天成錢五十二千文,地歸姚芳承種,餘地二百七十畝令馮天成承種。而馮天成以姚芳當約内載明"錢便取贖",是以心懷不服,前赴憲轅具控,發交卑府審訊。

　　提集人証,訊悉前情。查此項官地,共計四百四十七畝,内有一百七十七畝先經姚芳向程大貴典當,厥後程大貴欲找價出推,姚芳并不增價,程大貴始行推與馮天成,憑有中人説合,自應准令馮天成贖囘承種。但馮天成於十三年出價受地之時,即應將當價向各當主取贖,方爲正理。今查訊馮天成於受推地畝之後,僅將買價一百二十串交與程大貴,其當價三百二十餘串分文并未取出,已踰六年之久,始

向各當户贖取。查閱十三年推地文約,載明"價四百四十餘串俱已交清,并不拖欠"字樣,係屬虛價實契,有干例禁。馮天成只知出價受地,并無不合,而遽忘己身已蹈重咎,是以負氣上控。

卑府堂訊之下,隨將前項情節明白開導,并諭以此項地畝係屬官地,不惟不應出賣,亦不應典當。即專就馮、姚兩姓所出價值而論,姚芳當地一百七十七畝,出過價一百二十五串,馮天成受地四百四十七畝,亦只出價一百二十串,一則出錢多而得地少,一則出錢少而得地多,孰曲孰直,不待智者而決。該淳化縣胡令,將一百七十七畝之地斷令姚芳承種,甚屬平允,但未將馮天成從前受推地畝,拖欠當價,係屬虛錢實契,有干例禁之處,明白開導,是以該民人未肯輸服。

應請仍照該縣原斷,令姚芳找給馮天成錢五十二串,將所當一百七十七畝永遠承種。餘地二百七十畝,除地價業已交清程大貴外,應令馮天成自向各當户贖回承種。當堂令程大貴寫立推約二紙:一紙係推地一百七十七畝,受價一百七十七串,給姚芳承種;一紙係推地二百七十畝,受價二百七十串,給馮天成承種。所有馮天成呈出推約一紙,又老推約十一紙,姚芳呈出當約一紙,均塗銷存卷。馮天成出價受地,并未將當價清還,係屬虛錢實契,有干例禁。經該縣訊斷之後,堅不輸服,冒昧上控,殊屬不合。念此項官地,只係承粮,尚非承買可比,且事出有因,應請免議。取具遵結存卷。案已訊明,餘免提質,以省拖累。所有審訊緣由,理合具詳申請查核。

道光十九年十二月二十一日
寶雞縣鄉約景繼春等控告鳳翔縣民董兆祥等買賣烟斤糾紛案

　　道光十九年十二月二十一日，審得寶雞縣鄉約景繼春等控告鳳翔縣民董兆祥等一案。緣董兆祥等在鳳翔縣屬之陳村鎮開設菸店，寶雞産寺村縣鄉約景繼春等栽種菸葉，定立章程，每菸觔兩頭，俱用稻草繩捆綁，連草一併秤賣，不准扣除草繩分兩，將此章程書寫在陳村鎮粘貼。隨有民人俱住邦、述歲招，販運菸葉到陳村鎮售賣，因董兆祥等欲行割去草繩，俱著①邦等希圖速賣，因將草繩割去，在於董兆祥店内過秤。景繼春等查知不依，糾向多人前往董兆祥店内理論，彼此爭執，趙致滿將董兆祥店内菸葉拏去八捆，董兆祥因而禀控鳳翔縣案。經縣傳訊，斷令景繼春賠還錢一千五百文，分別責懲結案。

　　景繼春等復以前情禀控到府。經本府提集人証，訊悉前情。查買賣菸觔，其割繩與否，應聽自便。景繼春與董兆祥志圖罔利，各執偏見，殊屬非是。而景繼春等糾集多人前徃爭論，更屬不合。業經該縣掌責，法不重科，無干省釋，餘如縣斷完結。除取具兩造遵結存卷外，此判。

---

① 前文爲"住"，未知孰确。

道光十九年十二月二十二日
鳳翔縣民李映梅控監生白子肇等合夥錢債案

道光十九年十二月二十二日，審訊得鳳翔縣民李映梅控監生白子肇等一案。緣白子肇、白映玉於道光十三年與李映梅共開恒順合號生理，白子肇、白映玉各出貲六百串，李映梅出貲三百串，議明三分均分，舖歸李映梅一人經理。十五年，算明外欠一千八百餘串，白子肇、白映玉分認七百餘串，李映梅獨認三百餘串。白映玉抽本出夥，白子肇將外欠七百餘串作本六百串，憑白鶴林眼交李映梅經收，另開恒昇豐號生意，仍係李映梅一手經理，立有領約。十六年八月初七日，白子肇訪聞李映梅在舖有舞獘之處，令白兆兌同伊子白雲漢到舖協理，將李映梅清算出夥。

道光十七年三月，李映梅控縣，斷令劉福州、張福臨等清算賬目，劉福州等因李映梅所開賬目多有不實，未肯清算。厥後，李映梅、白子肇互控縣案，復經鄉約王瑜、保正高興同劉福州等將賬目清算，李映梅將十五年之賬匿不交出，該鄉約等只將道光十六年賬簿與李映梅呈出賬單清算，計有四十五欵係屬虛控，合之李映梅長使之項，共計虧短三百七十四串。該縣斷令李映梅於三日內還錢一百串，餘錢二百七十四串於明春夏秋兩限分還。

李映梅希圖翻案，赴府復控。提集人証，訊悉前情。據李映梅等供稱，十六年八月算賬，長有利錢一百四十餘串，係伊應分之項，被白子肇霸佔不分，又將領字抗不付還。且從前所領貨本，俱非現錢，只係將外欠賬目作抵五百串，經白子肇面許再付現錢一百串，共湊成本錢六百串，後來白子肇並不付給等供。查詢中人白鶴林供稱，算賬之日,將外賬七百餘串作本六百串,並無白子肇另許給錢一百串之説。後來李映梅在舖,請有會錢二百串,亦經白子肇承還,是白子肇貲本共計八百串。而白子肇前後兩舖俱係李映梅一人經理,其所有外欠俱係李映梅一人放出,即不得藉口此項本錢係將外欠堆算。況現有領字可憑,其所稱另許給錢之説已屬荒謬。伊於十六年八月出舖,若果有應分之利,何不眼同均分?且領字尚收存白子肇處,何不即時索取?直至十七年二月,已逾半年之久,始向白子肇議分利錢並抽取領約。雖至愚至懦,必不甘此。揆之情理,兩有未協。現在屢經鄉隣,據伊賬單清算,有虛捏三百數十餘串,可知并無屈抑。

　　該縣所斷甚屬平允,應仍照原斷,限令李映梅於三日内歸還白子肇錢一百串,俟明年夏秋,再將所欠之二百七十四千,分作兩限歸還,再向白子肇抽取領字,以斷葛藤。李映梅捏詞屢控,殊屬不合,姑念到案訊明後即俯首認咎,尚與怙終有間,免其〔責〕[53]處。取具遵結存卷,餘免提質。此判。

道光十九年十二月二十三日
甘肅靜寧州民朱含真等控鳳翔縣民秦魁等
藍靛、羊隻買賣糾紛案

　　道光十九年十二月二十三日，審訊得甘肅靜寧州民朱含真、朱含義，鳳翔民容安、陳萬德控鳳翔縣民秦魁等一案。緣秦魁在鳳翔凭保正王姓定買陳萬德藍靛一千七百餘斤，議價錢一百二十三串零，先付錢十串，議明隨同前往涇州發賣收價。秦魁在涇州賣靛之後，又付陳萬德錢二十一千，下欠錢九十二串有零未行歸還。秦魁發靛後，同陳萬德在靜寧州住宿朱含義店內，凭朱含真收買羊二百六十九隻，議明到鳳翔發賣歸價。又民人容安亦自行發靛二担，前往甘肅發賣，得錢三十六千有零。回到靜寧州，與秦魁等同住朱含義店內，容安自將錢十九串二百五十文買羊二十五隻，又買朱含義羊六隻，因無錢付給，將此六隻兌與秦魁，俟回鳳翔賣價清還。以上兩處，俱託朱含真代爲納稅。秦魁沿路賣過羊四十餘隻，除還過朱含真外，秦魁共欠朱含真羊錢二百五十串。容安、秦魁之羊本係同羣，後來被秦魁工人一並趕到岐山出賣，除陸續抵還朱含真外，尚欠一百零四千，其售賣容安之羊全未歸價，而所欠陳萬德靛錢亦未歸還，以致搆訟。該縣斷令秦魁還朱含真錢一百零四千，還陳萬德錢九十二串，還容安錢十九串二百一十文。秦魁抗未歸還，致令赴府復控。

　　提集人証，訊悉前情。據秦魁供稱，陳萬德、容安之靛係伊一人獨賣，議明同到甘肅賣靛之後，有無贏絀，再行定價。二人之靛通共賣錢一百二十串，除還過陳萬德三十餘串，還過容安二十餘串，又除盤費數十串外，實只應存錢二十餘串，三人商同販羊到鳳發賣等情。

查容安與陳萬德之靛,一係自賣,一係賣與秦魁,今秦魁供稱是伊一人獨賣,已屬含混。且陳萬德賣靛與秦魁,若非議定價值,則陳萬德何不自行前往售賣,而必約同秦魁前往,使之均分其利,又須沿途供伊盤費,人雖至愚,必不至此。現據陳萬德呈出議單,係秦魁開記發靛斤兩,又據容安呈出在甘肅賣靛價值清单,是陳萬德、容安所供係屬實情,而秦魁所供係屬狡頼。但據朱含真等,亦供稱三人係同夥賣羊。本府查訊陳萬德、容安等從前並未買過羊隻,亦未到過朱含真店內。惟秦魁則係積年販羊,來往靜寧州俱係住宿朱含義店內,此次朱含義因秦魁負欠既多,恐不能將伊羊價清還,是以扶同秦魁,捏稱羊係三人同買,希冀三人均行攤認。一則羊價可以早清,且伊與秦魁係多年主顧,不能不爲伊左袒。堂訊之下,奸僞畢露。

此案該縣所斷甚屬平允,〔應仍〕[54]照縣斷,令秦魁如數向三人歸還。又據朱含真供稱,秦魁強將〔茶〕[55]八担作錢一百二十串,與伊抵收羊價,除已發去六担,尚有二担未發,情願不要茶斤。隨斷令秦魁將茶二担收還,共還給朱含真一百三十四串。取具甘結存卷。案已訊明,餘免提質,以省拖〔累〕[56]。此判。

道光十九年十二月二十五日
固原州民謝太平攔輿喊稟聲稱鄉約栢仲魁等盜賣伊胞叔地畝瓦房案

道光十九年十二月二十五日,據固原州民謝太平攔輿喊稟,聲稱鄉約栢①仲魁等盜賣伊胞叔地畝瓦房一案。查此案栢仲魁等胆敢主賣婦女,又盜賣謝太平地畝房屋,殊屬不法。經本府訊明,斷令栢仲魁等繳錢八十串,又財禮七千文,給謝太平具領。十餘日之久,並未繳出分文。窺伊等之意,原因本府秉公審理此案,致謝太平控訴得直,未遂伊等欺壓異鄉客民之意,故爾任意遲延,以遂其拖累之計。

現在封印期内,尋常詞訟,本應俟開篆行提,但理直之原告,坐守郡城,身受拖累,不能回家,而伊等干犯法紀,轉得事外置身,優遊卒歲,殊非情理之平。合行差提,札到該縣,即將後開有名人等,刻速批差解轅,立等訊追給領,毋再刻延,致干未便。速速。

---

① 同"柏"。

道光十九年十二月二十六日
扶風縣民婦張王氏具控岐山縣民魏成買娶己妻案

　　道光十九年十二月二十六日，審訊得扶風縣民婦張王氏具控岐山縣民魏成一案。撿閱縣卷，張王氏次子張天讓於道光八年前徃口外，數載未歸，其妻張李氏在家，每日常行吵鬧。張王氏因與長子張天昌及張天勤、張天潤、張天莊等，商同李氏之兄李明、李登，將李氏嫁賣，憑張王氏主婚，央岐山縣民人李彩作媒，嫁與岐山民魏成爲妻，得受財禮錢四十五千，於九月十三日嫁至魏成家完婚。張天讓於十月二十四日向外回家，查知不依，同陳來娃徃魏成家中作鬧，聲稱欲與拚命，將魏成之母楊氏衣服扯破，並將張李氏毀辱。經魏兆林勸解，張天讓不肯甘休，以致前赴岐山縣具控。該縣訊明之後，因張天昌、張天潤、李登等並未到案，諭令候關到該民人等，再爲質訊在案。

　　本府到任，張王氏來轅具控。訊悉張王氏因伊子遠在口外，多年未歸，曾於去歲呈懇扶風縣移關甘肅，請將伊子解回在案。是張天讓未曾身死，張王氏及張天昌等素所深知，廼捏稱李氏孀居，央懇李彩作媒，嫁與魏成得受財禮，謂非設計誆騙，誰其信之？且查詢九月十三日結婚之日，係張天昌、張天潤及李氏之兄李明、李登親行送至魏成家。現據魏成呈出婚約，主婚人張王氏、張天昌，中人張天潤、張天莊、張天勤，媒人李彩，代筆劉見堂，約內開載甚爲明晰。是此案嫁賣，實由張王氏、張天昌主謀，而魏成憑媒訂親，並無不合。姑無論張天讓出外十年杳無音信，何以甫經賣妻而張天讓即於下月回籍？顯有串同駈騙情獘。即使立意遣嫁，非圖騙駈，而張王氏等只因張李氏在家吵鬧之故，遂捏稱其子身亡，以便將該氏嫁賣，亦屬不合。張天讓不念母兄係此案起衅罪魁，輒敢糾同陳來娃向魏成索詐，情殊刁狡。

現在訊據張王氏供稱，財禮錢文，張王氏得錢二十串，張天登得錢三串，張天潤得錢二串，張天莊得錢五千，張天勤得錢二串，路役李禄得錢三串五百文，李明得錢二串，庄①子門錢二串，看城門錢一串，地保楊姓得錢三串，主婚錢一串，與小兒們錢五百文，共計財禮錢四十五串。是此案業經張王氏共証〔明〕[57]確，不宜因張天昌、張天勤、李登等並未到案，懸宕莫結，致滋拖累。查張王氏年逾八旬，家計貧乏，所得財禮隨手花用。斷令縣役李魁押同張王氏及張天昌、張天莊、張天勤、張天潤、張天登、路役李禄、保正楊姓、看守城門之人，共湊還財禮錢二十五串，給魏成收受，將張李氏領回。查張王氏等捏稱張天讓病故，將李氏嫁賣，〔而〕[58]張天讓、陳來娃復到魏成家索詐，殊屬可惡。除分別掌責外，張天昌、張天莊、張天潤、張天勤、李登等現在避匿，俟緝獲到案日，另行責處。此判。

---

① 同"莊"。

道光二十年正月十六日
寶雞縣民白理具控雷卓囑托代覓柏木棺槨不認案

　　道光二十年正月十六日，審訊得寶雞縣民白理具控雷卓一案。前據白理控稱，向在寶雞木匠生理，解鋸板塊售賣。十八年秋間，雷卓舖夥喬含章託伊代覓柏木棺槨二具，聲稱係代雷卓購覓，爲父母應用。伊隨即在山鋸就柏木槨十二塊、柏木棺八塊，送到喬含章處，喬含章代爲開發脚錢四十三串。白理索取價值，喬含章聲稱曾代白理借過方應祥錢五十串，又代發運脚四十三串，抵扣木價，已屬有餘。白理不服，赴縣呈控。該縣發交粮廰①審理，除白理收過錢九十三串，斷令雷卓找錢七串，作爲一百串板價，板歸雷卓收用。白理不服，赴府申訴。經前府批縣訊斷，未及詳覆，前府卸事。

　　本府到任，催飭訊詳。據該縣詳稱，此案從前發交縣丞審訊之時，斷令白理還錢九十三串，將板塊收回另售。白理因此項棺槨係按照喬含章所定尺寸造就，且寶邑風俗，罕用柏棺，而柏槨更少經見，必須大有力之家方能合用，若收回自賣，難覓售主，是以上控。今訊明，喬含章從前并未向白理囑託代覓棺槨，實係白理自行覓就，送到該舖。查白理從前借欠方應祥錢五十串無償，又欠喬含章開發脚錢錢四十三串，將此項棺槨抵償。斷令喬含章再找給白理錢七串，連前所欠共一百串，作爲板價，其板塊歸雷卓收用，懇請銷案。本府因白理在府，呈稱該縣丞斷令將板作價一百串，不敷工本，是以具控。今該縣所斷，仍與原價無異，如果白理輸服，何以仍復上控？且所稱該縣丞訊斷一層，與白理原呈互異，顯有不實不盡，未便草率銷案。

---

① 同"廳"。

飭提人証,到府審訊。據喬含章亦供稱,從前白理借過方應祥錢五十串屬實,後來并未囑託白理代覓棺槨,係白理自行在山覓就,運至該舖。因賒欠運腳無償,經伊出錢四十三串代爲開發,言明賣去板塊再行償還等語。本府查,柏木一項,老則心空,是以民間有"十柏九空"之諺。此項棺槨尺寸過大,柏木中難得如此大材,且外槨一項,民間罕用,驟難出售。白理供稱,非受囑代覓,必不肯破費工本,製辦冷貨,言尚可信。喬含章如果從前并未囑令代覓,當白理將板塊運赴該舖之時,何以遽肯代爲開發運腳四十三串之多?豈不慮及木板一時難售,必致欠項拖延?況既不寫立借約,又不希圖息錢,何肯憑空出貨,代擔干係?且查縣卷內,趙得榮供稱,白理運到板塊之時曾經代爲評處,令喬含章出給運腳樹價錢七十串,後來喬含章只肯給錢四十三串等語。趙得榮係雷卓表弟,自必偏袒雷卓,賤估板價,但據所供,評令喬含章出錢一層而論,亦可見此項板塊出山之時,徑運喬含章舖內,并非無因而至。而喬含章代爲出錢之處,亦曾經旁人調處,其爲喬含章囑令代覓於前,又希圖賤價扣抵於後,情獘顯然。至從前未立合同一層,訊據白理供稱,喬含章囑覓之時,伊向喬含章索立合同,喬含章答以如果覓得好板,雷卓并不辭價,俟臨時驗明板塊之高低,再議價值之貴賤,是以從前并未寫約,亦未議價等語。

　　查此項板塊,寳邑罕用,時值約須三四百金,非有力之家不能置買。若斷令白理領囘,斷難另售,適墮喬含章拖累之計。今經本府酌斷,作價二百兩,按照市價,作錢三百四十串,讓去錢二十串,着以一串六百文扣算,合錢三百二十串。方應祥係承領雷卓本錢,除扣過白理借錢五十串,又運腳四十三串,又縣斷七串,又喬含章等探聽本府十二月初六行提之後,於初十日給過白理錢十串,共錢一百一十串外,再找錢二百一十串給白理具領銷案。喬含章理曲肇衅,姑念案經本府訊明之後,俯首認罪,尚與怙終有間,免其究辦。取具遵結,餘免提質,以省拖累。此判。

道光二十年正月十六日
謝太平具控柏仲魁盜賣房地案

　　道光二十年正月十六日，審訊得謝太平具控柏仲魁一案。此案前經本府訊明，柏仲魁主賣孀婦，并主使海春元承買謝得道、謝得福房地、牛隻屬實，斷令柏仲魁等繳出房地、牛隻錢八十串，財禮錢七串，給謝太平具領。自斷之後，今將一月，柏仲魁分文未繳，致謝太平在府守候，久受拖累。

　　今提到柏仲魁等研訊。據海春元供稱，從前承買房地之時，係柏仲魁、龐清說合，令伊出價三十五串，交給二人，轉交謝得富即謝得花收訖。又訊得龐清供稱，伊與柏仲魁說合，令海春元承買，其錢交謝得富廿二串，其十四串係交謝得富轉交柏仲魁。又據謝得富供稱，當日伊到紅包牛灣之時，經柏仲魁、李芳等將伊鎖押，不令干預房地之事，伊寔未收過分文。從前伊將謝得道牛二隻牽到岐山喂養，自被鎖押之後，被李芳前往岐山將牛牽回，在途賣錢等供。三人各執一詞，情節互異。

　　查謝太平原因謝得富將柏仲魁等盜賣情獎，向伊告知，是以赴控。若謝得富既挺身盜賣無契白業，又復收受價值，方且避匿之不暇，何敢徑將寔情向謝太平吐露，豈不慮及水落石出、身受重咎？且伊從前牽去牛隻，曾經李芳赴岐山牽回，在路售賣，已據李芳供認屬寔。是謝得富愚懦無能，其於謝得道身故之後，所有價值無多之牛隻，柏仲魁猶能主使李芳於百里之外牽回售賣，不准謝得富承受，又安肯任聽謝得富赤手空拳，并無老契，竟公冒稱業主，穩受三十五串房地之價。其所稱被柏仲魁等鎖押，不令干預承買之事，係屬寔情。

本府衡情定斷，謝得富當日必係在塲目擊柏仲魁盜賣，初意亦希圖分肥，柏仲魁見其并無老契，本不相信。只因此項房地若無謝姓出名，難以哄令海春元出錢，且恐日後謝姓人等具控，必然受累，是以將計就計，以謝得富作餌，令海春元深信不疑而誆錢到手，即一人霸吞，反將謝得富鎖押唬嚇。事破到官，又將謝得富一人推作主謀。事前則專利於己，事後則卸罪於人，其奸狡兇橫，歷歷如繪。又據海春元呈出謝得富所立文約二紙，一紙賣契，係謝得富出名，一紙包票，書明房地係伊出賣，有伊擔承，并述及己身句串伊嫂，將得富之名藏匿，冒稱得花等情。查此紙，如謂謝得富書於海春元買地之時，則彼時謝得富方儼然自稱業主，即不應於約內申敘己身係屬冒名；如謂具控之後，謝得富認罪書寫，則謝得富方且聳恿謝太平出頭具控，又何肯自認冒名？現在訊據謝得富，實不知有出名寫約之事。揆情察理，顯係柏仲魁於控斷之後，捏寫謝得富承認冒名，希圖卸罪，情獘顯然。若柏仲魁再行狡展，即當提到約內人等研訊，無難立破其奸，想柏仲魁更不能當此重咎也。

　　查此項房地本值六七十串，因係柏仲魁盜賣，是以減價圖售。此時若照盜賣之價令柏仲魁吐出給謝太平具領，則產多價少，謝太平未免向隅；若飭令海春元找補價值，又恐驟難措辦。隨斷令柏仲魁具限十日，將牛隻錢十串、財禮錢七串退交謝太平收領，又具限於二月初五日，將房地價三十五串退交海春元收受。所有買契，當堂塗銷。謝太平此項房地，現經柏仲魁把持，必無人敢公然承買，斷令地歸書院，每月收取租錢一千以充膏火，應飭鳳翔縣在於書院經費項下，支錢七十串作爲房地價給謝太平具領，俾不致守候受累。除委員前往，會同寶雞縣履勘地畝，令謝太平、謝得富指明四至，并瓦房若干、家具若干，令柏仲魁、海春元交出，由該縣會同委員議定收租章程。責成該縣，派委鄉地路役，佃給妥人，按年收取解府，發交鳳翔縣充補書院膏火外，所有謝太平呈出老印契一紙，又原當契一紙，一并存案，歸於書院永遠管業。柏仲魁盜賣房地、牛隻，有干法紀，另行究辦。此判。

道光二十年正月十九日
鳳翔縣民宮萬榮呈控宮生花等圖產爭繼案

　　道光二十年正月十九日，審訊得鳳翔縣民宮萬榮呈控宮生花等一案。緣鳳翔民人宮友、宮會兄弟二人俱無子，宮會於乾隆三十六年將堂兄宮順之子宮朝文過繼爲子，立有嗣單。宮友、宮會錫匠營生，於乾隆三十七年先後出外身故，遺有地一十八畝，出當與人，俱經宮朝文取贖管業，一人兼承兩門之祀。迨至嘉慶十七年，宮友族姪宮朝亨起意奪繼，將己子宮川娃繼與宮友爲孫。因宮友、宮會之地俱係宮朝文贖回，是以當日議明宮朝文多分地畝，而川娃只分地六畝有奇，憑中劉必崇寫立合同嗣單，并註明朝文、川娃所分地畝。二十年來，照約管業，并無異言。宮朝文自承斷宮會之後，仍與胞姪宮生花同居共度。

　　道光十四年，朝文之子宮萬來、宮萬金將所分宮會何家畛五畝五分之地出賣與秦漢中爲業。宮川娃之堂兄宮萬榮起意控爭，聲稱此地係宮友、宮會曾於乾隆三十五年受錢三十五串出典與伊父宮朝林管業，仍佃給朝文耕種，呈出當佃兩約，指宮生花係屬偷賣，并稱宮友、宮會出門身故，柩寄他鄉，宮生花等數十年來未將靈柩搬回，係屬不孝，懇請飭令往搬等情，具控縣案。該縣查驗宮萬榮所執當佃文約，年月久遠，其中人俱已物故，難辨真假，斷令宮生花、宮萬來、宮萬金兄弟三人各出錢二串，共錢六串，給宮萬榮抽銷當佃二約，所有宮友、宮會靈柩，飭令宮川娃、宮萬來、宮萬金、宮生花前往搬取。宮萬榮因宮生花、宮萬來并未出外搬柩，且所當之地價多，而斷還只有六串，因而赴府具控。經前府批縣審訊，該縣仍將前情申敘詳覆，批准完案。

　　本府到任，宮萬榮仍復具控。本府查，宮萬榮屢次具控，若非實有冤抑，即係逞刁健訟。其父宮朝林果否承當地畝，年月雖遠，必須查驗確鑿，分別真偽。是是非非，原無兩立，不容減除價值，致令有所藉口。溯查道光十四年七月，宮萬榮興訟之日，聲稱宮友族中豈無昭穆相當之姪可以承繼，不應宮生花以孫禰祖，圖產爭繼。兩次呈控，俱未申敘宮川娃曾經繼與宮友爲孫一層，其兩次控告宮生花出賣之地，亦只稱宮生花不應偷賣宮友、宮會之地，并無一字提及此地曾經宮友、宮會出典與伊父管業。直至十七年，宮萬榮因與宮生花爭刈麥石控縣，始行聲稱宮友、宮會於乾隆三十五年將此地當與宮朝林，由宮朝林轉佃與宮朝文耕種，并呈出當、佃兩約。如果此約屬實，何以十四年興訟之始，并無一字提及，直至十七年始有曾經承當之說？此當約之不可信者一也。且乾隆三十五年至嘉慶十七年，爲時四十三載，如果宮朝林承當屬實，當嘉慶十七年宮川娃以孫禰祖，寫立嗣單合同之時，將此五畝五分之地撥與宮朝文承受，其中人即有宮朝林在內，何以不於合同內註明"此地出典與朝林"字樣？此當約之不可信者二也。如謂宮萬榮十四年興訟之始，不知伊父承當地畝，直至十七年始行查出，現據宮萬榮呈出佃約，是宮朝林承當之後，仍復佃與朝文耕種，按年交租，計已六十餘載，何以宮萬榮每年收租并不知曾經承當地畝，直待在箱篋中撿出文約，始知昔年曾有其事？此當約之不可信者三也。宮萬榮又稱，十四年興訟之始，本欲將承當此地之語申敘呈內，因與代書相商，令其不必申敘等語。查伊父如果承當屬實，執有契據，而宮生花胆敢偷賣，則宮萬榮手操左券，理直氣壯，何以初次、二次俱聽信代書之言，將此緊要關鍵隱匿不吐？明係宮萬榮遁詞，無理取鬧，此當約之不可信者四也。至川娃禰祖一層，早經憑衆議明，分地六畝，立有嗣單，已成鉄據，其所分財產不能於嗣單之外再議增加。是以宮萬榮隱而不露，以便再與宮萬來均分地畝，此其爲鬼爲蜮，歷歷如繪。

查宫朝文於乾隆三十七年贖回地畝,原議一人承繼兩門,故有"雙門子"之名。至嘉慶十七年,乃有川娃以孫禰祖之事,本屬錯悮,詢係彼時通判審訊定斷,閱時已久,且分地無多,應毋庸再議更置。當佃兩約,驗係僞造,塗銷附卷。斷令宫萬榮取出錢六串,給宫萬來、宫萬金、宫生花具領。其宫友、宫會靈柩,據宫萬來、宫生花等供,年月久遠,不知下落,惟宫萬榮則堅稱宫友之柩現寄寶雞七里川之寫庄,宫會之柩現寄四川南部縣,矢口不移。本府查兩柩之歸籍與否,與宫萬榮本無干涉,而宫萬榮興訟數年,正言莊論,無非藉此爲挾制之具。然宫川娃既承繼與宫友爲孫,則宫友靈柩不歸,係川娃一人專責,而宫萬榮與川娃係屬親堂兄弟,因而左祖川娃,聲稱其年尚少,不能扶柩。查寶邑七里川,去郡城百里,宫萬榮既採訪的確,又憐念幼弟,應令隨同前往搬回。至宫會之柩,本與宫生花無涉,且遠在四川,不下千里,究未知果否屬實,隨斷令宫萬來留心採訪,不限年月,搬回安葬。至所賣與秦漢中之地,本係宫萬來承受之嗣產,據稱伊與堂兄宫生花平素友愛,同居共度,其願與宫生花分賣,應聽其便。秦漢中出錢買地,本無不合,應令照契管業,宫萬榮不得阻撓。宫萬來、宫川娃呈出合同、嗣單,當堂發還。案已訊明,取具遵結,并照抄十四年宫萬榮兩次縣控呈詞二紙,附卷備查。此判。

抄録十四年宫萬榮在縣具控呈詞二紙并批:

具告狀人宫萬榮,年四十歲,係太尉里十甲,住南指狐,距城十里,爲圖業滅門忘祖偷賣事。緣小的大堂祖宫友、次堂祖宫會俱亡,乏子,遺有地十八畝、住宅一院、内房五間,被小的再從已故堂叔宫朝文在日并伊姪宫生花霸佔。其叔朝文與小的二堂祖繼嗣,所有大堂祖之門遭宫生花圖業(咀)〔阻〕繼,於去年七月間,偷賣小的堂祖弟兄地六畝與秦漢中娃爲業,有宫萬周訊証。

痛堂祖亡於寶雞，所管七里川寫庄地方，而宮生花抗不搬柩歸葬，但伊既霸業偷賣，自應搬柩，克盡子孫之職，何得忍心忘祖，無理已甚。不得不叩乞太老爺恩准，喚訊施行。

　　　　　　　　　　道光十四年七月二十日

縣批：

　　宮生花如果偷賣爾大堂祖、二堂祖弟兄地六畝，固屬不合。但爾堂叔宮朝文已與爾二堂祖承繼，此地應分一半。宮朝文雖故，其子若孫自不乏人，何以均無一言，獨爾抱忿不平？明係圖分產業，挾嫌呈控。不准。

　　具覆稟宮萬榮年詞在卷，爲蒙批再陳叩乞喚訊事。緣七月二十三日，小的以圖業滅門等事，控宮生花在案。已故小的從堂叔宮朝文生前給小的二故堂祖宮會承繼屬寔，未曾給故大堂祖宮友并承兩門煙祀，有嗣單吊驗。奈宮生花覬覦遺產，不思以孫禰祖，於理有碍，並無憑據。伊竟妄言狡賴，云稱伊與小的故大堂祖過繼爲孫，敬奉香火等語。是以伊將故大堂祖遺地六畝賣與秦漢中，視爲分所應然。竊思小的故大堂祖乏嗣，本族非無昭穆相當應繼之姪，擇賢愛而立子，豈能強理妄爲，繼孫禰祖。伊既言禰祖承祧，又不往寶屬七里川搬小的故大堂祖靈柩歸葬，伊非霸賣遺產、阻繼滅門而何？不得不據情再陳，叩乞太老爺恩准，喚訊主斷施行。

縣批：

　　姑候喚訊。

此宮萬榮十四年七月兩次在縣所控也。詞内并無宮朝亨過繼與宮友爲子之事，其宮生花賣地六畝，亦尚無曾經宮萬榮承典之説。查宮友係屬大房，據稱殁於寶雞七里川，如果宮朝亨早經過繼與宮友爲子，則此兩次宮萬榮呈内，即不得以靈柩未歸，歸罪於宮生花。觀此呈詞二紙，可見宮萬榮居心奸狡，而十七年所呈當佃二約係屬僞造。

校勘記

［1］國圖本"之"字模糊,據密歇根大學本、北京大學本補。
［2］國圖本作"問",據上下文及密歇根大學本、北京大學本改作"周"。
［3］國圖本"等"字模糊、"情"誤爲"清",據密歇根大學本、北京大學本補改。
［4］國圖本作"成",據上下文及密歇根大學本、北京大學本改作"周"。
［5］據密歇根大學本及文意判斷,當爲"細"。
［6］據密歇根大學本、北京大學本,當作"硃"。
［7］國圖本"回"字模糊,據北京大學本補。
［8］國圖本"禄"字模糊,據北京大學本補。
［9］國圖本"痛"字模糊,據密歇根大學本、北京大學本補。
［10］國圖本"應"字模糊,據密歇根大學本、北京大學本補。
［11］國圖本"作抵"二字模糊,據北京大學本補。
［12］國圖本"此"字模糊,據北京大學本補。
［13］國圖本"父在"二字模糊,據北京大學本及文義補。
［14］國圖本"以不邀"三字模糊,據北京大學本補。
［15］國圖本"查此項"三字模糊,據北京大學本補。
［16］國圖本"包約計"三字模糊,據北京大學本補。
［17］國圖本"榮錢一"三字模糊,據北京大學本及文義補。
［18］國圖本"深究"二字模糊,據密歇根大學本、北京大學本補。
［19］國圖本"此係府"三字模糊,據北京大學本補。
［20］國圖本"在楊"二字模糊,據北京大學本補。
［21］國圖本"係屬"二字模糊,據北京大學本補。
［22］國圖本"日何"二字模糊,據密歇根大學本、北京大學本補。
［23］國圖本"牛中"二字模糊,據北京大學本補。
［24］國圖本"父不"二字模糊,據密歇根大學本、北京大學本補。
［25］國圖本"諺"字模糊,據密歇根大學本、北京大學本補。
［26］國圖本"爲"字模糊,據北京大學本補。
［27］國圖本"又覺"二字模糊,據北京大學本補。

[28] 國圖本"後"字模糊,據北京大學本補。

[29] 國圖本"判斷"二字模糊,據北京大學本補。

[30] 國圖本"他日柄據云"五字模糊,據北京大學本補。

[31] 國圖本"係"字模糊,據北京大學本補。

[32] 國圖本"於"字模糊,據北京大學本補。

[33] 國圖本"懇"字模糊,據密歇根大學本、北京大學本補。

[34] 國圖本"與"字模糊,據密歇根大學本、北京大學本補。

[35] 國圖本"白"字模糊,據北京大學本補。

[36] 國圖本"光七"二字模糊,據北京大學本補。

[37] 國圖本"係"字模糊,據北京大學本補。

[38] 國圖本"翻"字模糊,據北京大學本補。

[39] 國圖本"十"字模糊,據密歇根大學本、北京大學本補。

[40] 國圖本"十"字模糊,據密歇根大學本、北京大學本補。

[41] 國圖本"糧"字模糊,據密歇根大學本、北京大學本補。

[42] 國圖本"收"字模糊,據北京大學本補。

[43] 國圖本"票"字模糊,據北京大學本補。

[44] "省"與上下文不符,當作"樂"。

[45] 國圖本"地更"二字模糊,據密歇根大學本、北京大學本補。

[46] 國圖本"取贖恐此端"五字模糊,據密歇根大學本、北京大學本補。

[47] 國圖本"但此時若不""制"及"恐"七字模糊,據密歇根大學本、北京大學本補。

[48] 國圖本作"攃",文義不通,據密歇根大學本、北京大學本改作"輟"。

[49] 國圖本作"道",文義不通,據密歇根大學本、北京大學本改作"獲"。

[50] 國圖本"賊"字模糊,據北京大學本補。

[51] "桑"文義不通,當作"冀"。

[52] 國圖本"贖"字模糊,據北京大學本補。

[53] 國圖本"責"字模糊,據密歇根大學本、北京大學本補。

[54] 國圖本"應仍"二字模糊,據密歇根大學本、北京大學本補。

[55] 國圖本"茶"字模糊,據密歇根大學本、北京大學本補。

［56］國圖本"累"字模糊,據密歇根大學本、北京大學本補。

［57］國圖本"明"字模糊,據密歇根大學本、北京大學本補。

［58］國圖本"而"字模糊,據密歇根大學本、北京大學本補。

卷三

道光二十年二月初八日
岐山縣民薛福凝控告薛保娃等争繼復控案

　　道光二十年二月初八日，審得岐山縣民薛福凝控告薛保娃等一案。此案前經本府研訊明確，因薛福凝、薛保娃俱係争繼之人，照例不准承繼，斷令薛記記子承繼與慶娃爲子，承受薛正道遺産。其薛保娃霸佔薛遵典地四畝，又佔得薛正道北山地畝、房屋、車輛、牛隻，令薛保娃退出，其正道靈柩歸薛記記子埋葬，薛保娃不得阻撓在案。詎料薛保娃陽奉陰違，回家之後，串通薛開祥、杜廣生等將正道之柩藏匿，私行埋葬，其房地等項亦不交出，并強搶羊隻、強割糧食。

　　經薛福凝復控前來，提集人証，訊悉俱係薛開祥從中播弄。訊據薛開祥供稱，從前薛正元由大房過繼與二房爲子，受有二房嗣産，記記子是其親孫，今斷令記記子仍繼與大房，應令薛正元退回二房嗣産等情。本府查，薛正元雖由大房過繼與二房，但大房現在惟伊一人有後，餘皆無嗣，今斷令記記子承繼大房之慶娃，是大房之孫仍繼與大房之子，於分較爲親切。至所稱得受二房嗣産一層，查正元之父兄弟三人，惟大房、二房有子，二房之長子正春承受二房本業，二房之次子正心承繼三房，得受三房獨産，是一房而受兩房之業；今以二房正元之孫記記子仍繼與大房之慶娃，亦係以一房承受兩産，銖兩停勻，並無偏枯。本府將此情節向薛開祥等駁詰并剴切剖諭，薛開祥無可置辯，伏地認罪。

　　隨諭令薛開祥、杜廣生、薛興娃、薛盛娃、劉申、江起福、李平、王廷榮等眼同薛保娃，將地畝、房屋、牛隻、車輛如數清交。所有保娃搶去羊隻一層,據薛開祥供稱,共羊三十七隻,薛福凝賣過十一隻,餘二十六隻係保娃所賣,斷令每隻作錢一千五百文,共錢三十九千文,交給薛福凝收領,永斷葛藤。薛保娃捎交房地財物,又私將薛正道靈柩埋塋,留爲異日翻控地步,殊屬奸狡。薛開祥等扶同獎抗,均屬不合,姑念自知罪戾,令其督同如數交清,稍贖前愆,免予深究。此判。

道光二十年二月初八日
汧陽縣民任林桂控告生員李惟見等妄控尋毆案

　　道光二十年二月初八日，審訊得汧陽縣民任林桂控告生員李惟見等一案。緣任林桂親兄弟六人，長、二、三、四均已物故。任林桂行六，其五兄任尚德於道光十四年出口，至今無踪，遺妻李氏在家不守婦道，常在伊堂兄任士淳、任復榮家來徃。道光十九年十一月十四日，囘家遲晚，經伊翁任天叙管教，李氏頂觸，任林桂從外歸家，任天叙告知前情，向李氏面斥其非，李氏不服，互相口角。十六日，李氏之弟李鰲前徃探望，李氏控稱任林桂無故毆打，李鰲歸告李惟見等具控縣案。經縣批准，李鰲同李祥兒、李倉兒等率領縣差徃喚，任林桂見來人衆多，不敢出見，赴府具控。

　　隨據生員李惟見禀稱，伊姪女李氏孝事翁姑，並無非議，任林桂待極殘刻，十一月十四日將李氏無故拷打，有伊鄰佑任士淳、任復榮可証，兩造各執一詞。本府提集人証，訊據任李氏之翁任天叙供稱，李氏日事閑遊，不遵訓教，上年十一月十四日復徃任士淳家閑談，囘家〔遲〕[1]晚，管教不服，反被頂觸，將伊撞仆，任林桂囘家面斥其非，致相口角，實無毆打情事。本府查，李氏不守婦道之處，既經伊翁親告，自屬可信。任士淳、任復榮係任天叙胞姪，反爲李惟見作証，顯係左袒李氏，另有隱情。且李氏尚有親父，何不出頭具控？該生李惟見係李氏堂叔，事不干己，詰訟公堂，其恃衿妄爲已可概見。

　　經本府當堂訓誡，該生豁然醒悟，姑寬免議。李鰲、李祥兒、李倉兒率衆尋毆，本應究處，訊據僅係虛嚇，尚無毆打情事，應與俯首認罪之任士淳、任復榮概免責處。隨斷令任李氏歸任天叙管教,不與李惟見等相干,李惟見等亦不得再生事端。差役張海、呂振西訊無騷害索詐情事,毋庸置議。案已訊明,未到人証概免提質,以省拖累。此判。

道光二十年二月初八日
鳳翔縣民人叚仲材控告差役王和等妄控漁利案

道光二十年二月初八日,審訊得鳳翔縣民人叚①仲材控告差役王和等一案。緣叚仲材向充該縣代書,道光十八年五月嚴麻狗之妻嚴劉氏投井身死,其叔劉廷②玉赴縣呈控,央叚仲材寫呈,尚未投遞,旋即查明嚴劉氏實係瘋病復發,投井斃命。經晃之英、馬烈攔勸寢息,差(投)〔役〕王和等希圖兩家搆訟,以便從中漁利,查知叚仲材與劉廷玉鄰居,囑令叚仲材前往致意,使其呈控。叚仲材不兊③,王和等忿恨,控稱叚仲材私和人命,將伊管押,致叚仲材前後花費過飯食錢二十千文。該縣隨將叚仲材責革,收回戳記。叚仲材赴府申訴,前守飭提,未及審訊卸事。

本府到任,叚仲材復控到轅。提集人証,訊悉前情。卷查嚴劉氏身死之案,業經該縣訊明,劉廷玉供稱,實係因瘋斃命,並無別故,是以該縣並未指驗,亦並未通報。其爲因病投井,與人無尤,已屬確鑿,無論晃之英等理應攔勸,即使叚仲材實有勸息之事,亦無不合。王和等只知漁利,冒昧妄稟,以致叚仲材既被責革,又受管押,花費飯食錢文,王和、楊喜等罪有應得。姑念叚仲材係属代書,在官應役,並非平民可比,該役等妄稟之處尚可稍從末減。斷令將叚仲材用過錢二十千文如數退交。王和等到案即行供明,情同自首,從寬免究。除取具遵結並交領各狀存卷外,此判。

---

① 原書"叚"與"段"常混用,"叚"可作爲"段"之異體字,亦可單獨作姓氏(讀作 xiá)。本案該人名各處均作"叚",故難以确定當爲"叚"或"段"。有關兩字之辨析,參見胡雙寶編:《異體字規範字應用辨析字典》,北京大學出版社 2012 年版,第 132 頁;中國社會科學院語言研究所詞典編輯室:《現代漢語詞典》(第 7 版),商務印書館 2016 年版,第 1410 頁;陳至立主編:《辭海》(第 7 版,第 6 冊),上海辭書出版社 2020 年版,第 4756 頁。
② 同"廷"。
③ 同"允"。

道光二十年二月二十日
鳳翔縣民易海等具控譚中魁等地畝糾紛案

道光二十年二月二十日，審得鳳翔縣民易海等具控譚中魁等一案。緣易海等係属軍户，譚中魁、譚增和等係屬民户，於乾隆二十一年佃種三旂黄姓絕户、董家河軍地三叚①，議明每年租錢一千三百文，交易海、唐繼統、羅純三姓之祖，輪年完納。嗣於乾隆二十九年，易海等之祖因軍粮賠墊具控，加至二千九百文，又於乾隆五十一年加至四千文。嘉慶十二年七月復控，經徐前縣斷令加錢五百文，每年共錢五千文在案。道光十九年，易海等意欲收〔地〕[2]自種，復控縣案。該縣查照原案，仍照前斷完結。

本年正月，易海等赴府復控。提集人証，訊據易海等供稱，譚中魁等所種係該旂絕户之地，約有三百餘畝，每年係伊等賠納官粮，今願收回自種。本府查得，嘉慶十二年徐前縣斷加租錢之時，令伊等換寫租約，彼時已查悉譚姓人等所種係屬黄進功一户之地，每年納粮九斗七升。查河灘軍地，每五畝折一畝，每畝納粮五升五合，此項地畝據粮核算不過八十餘畝，且專属黄進功絕户軍地。以理論斷，該旂絕户自不止黄姓一人，而租種絕户軍地者亦不止譚中魁等一姓，自不應藉口賠墊，欲將絕户之粮盡責令譚中魁等交納。至收地自種一層，查譚中魁祖孫父子承粮數十載，久已相安，房廬墳墓，在在經營，不應遽令一旦抛棄。

---

① 陝西方言中有"一叚（讀作 jiao）地"的説法，泛指一塊地，不論其面積大小。參見山楊樹：《被現代人曲解的"叚"字》，載《中國周刊》2020 年第 4 期，第 14—15 頁；程瑛：《關中方言大詞典》，陝西人民出版社 2015 年版，第 729 頁；熊貞主編：《陝西方言大詞典》，陝西人民出版社 2015 年版，第 501 頁。故此處仍難以確定該字究竟为"叚"抑或"段"，整理時保留原字，後同。

但查現在錢價日賤,即就嘉慶十二年市價而論,彼時五千之錢約用白金四兩有奇,今則白金四兩已值錢六千八百餘文,價值高下本属懸殊。斷令譚中魁等每年添錢一千,連前共錢六千交給伊等輪管之人,年清年欵,毋得拖欠短少。自此之後,永不增添,易海等亦不得再有覬覦,致滋訟端。此判。

道光二十年二月二十日
鳳翔縣民劉喜福具控封相等侵占地基案

　　道光二十年二月二十日,審得鳳翔縣民劉喜福具控封相等一案。緣劉喜福之房坐北向南,東隣爲王三修,西隣田姓,北邊界墻之外有街一条。街北爲封相住宅,封宅南面臨街,街東爲劉喜福東界墻,再東爲王三修西界墻,此二墻俱北抵古城,街西爲出入之路,街南爲劉喜福北面後墻。嘉慶十年,劉喜福之胞姐喬劉氏將王三修之基價買居住,其時院有界墻相隔。嘉慶十五年,劉喜福出外,次年陰雨連綿,將後院東界墻坍塌,喬劉氏築墻,將劉喜福之基約佔四尺有餘。劉喜福囘家向論,喬劉氏聲稱房屋已蓋,日後築墻仍照前院除留等語,劉喜福念係骨肉,并未爭論。

　　道光九年,喬劉氏物故,嗣子喬道娃於十五年間瞞劉喜福不知,將己宅北半節并西邊所佔劉喜福之基一并賣與封相爲業,封相將東墻拆毁,劉喜福叠控縣案。該縣諭令鄉約扇振清前徃查丈,斷令封相將門前南地讓給一犁,東至喬道娃與劉喜福夥墻縫,西至封相槐樹爲界,封相拆墻,劉喜福不得阻擋。劉喜福赴府具控,批縣錄案。該縣將劉喜福掌責,仍照前斷詳覆完案。

　　本年二月,劉喜福赴府復控。提集人証,查驗劉喜福、喬道娃二人買契俱載明"北至古城"字樣,是劉喜福東界墻與喬道娃西界墻俱係北抵古城,因喬道娃之母修房,將地基徃西侵佔,遂使劉喜福東面之界并入喬道娃界内,以致不能直抵古城,係屬實情。隨據朱德、鉄萬倉、侯義清等懇息前來,令封相將地退還喬道娃,收回原價,又令喬道娃讓還劉喜福水道一条。本府當堂逐一研訊,質之劉喜福亦願再無爭端。准予完結,兩造悅服,各具遵結附卷。此判。

道光二十年二月二十日
鳳翔縣民張雲路控告潘喜儒等欠債案

　　道光二十年二月二十日，訊得鳳翔縣民張雲路控告潘喜儒等一案。緣潘喜儒之父於道光六年立約，借使張雲路錢六十千文，每月一分八厘行息，至十四年十月將利交清，另換約據。迨後張雲路屢討未償，至十七年十一月內算該利錢四十三千文，張雲路向討，潘喜儒推延。張雲路控經該縣，斷令張雲路讓利錢二十三千文，本利還錢八十千文，分作八年，每年還錢十千文，具遵完案。

　　嗣潘喜儒仍舊推延，張雲路控府。提集人証，訊據潘喜儒供稱，將錢轉借杜繼甫收用，應俟杜繼甫還清再行付給。查訊杜繼甫，實係從前借過潘喜儒錢文，因生意虧折無力償還，前經縣斷流還之後，已還過十四千六百文，尚短交十五千四百文，并未逾限。查潘喜儒自十七年縣斷流還之後，至今二年未交分文，實屬有意延抗。并查悉潘喜儒因杜繼甫生意歇業，無力償還，遂將所借張雲路之項移作代爲挪借，令其同日書立約據，希冀搪抵債項，實屬取巧，研訊之下，詐僞畢露。至杜繼甫因貧拖欠，係屬實情，且縣斷之後已措交一半，尚無不合。

　　隨斷令各清各欠，以免推延。所有潘喜儒欠張雲路錢八十千，着即交錢二十串，下欠錢六十串，今歲忙後十串，下餘五十串分作五年流還。杜繼甫所欠潘喜儒之項，着於本年六月內還錢十五串六百文，餘照原斷，按年流還，毋得延抗干咎。取具遵結存卷。此判。

道光二十年二月二十日
鳳翔縣民武生李西成具控魏明通等侵占地畝案

  道光二十年二月二十日，審得鳳翔縣民武生李西成具控魏明通等一案。緣李西成之父李發祥從前陸續買過李文盛、李文明、魏錫魁等之地共七畝二分，後於道光十年賣與生員魏紹畢管業，詳加丈量，只有地五畝四分，計短地一畝八分，其一畝八分之粮歷係李發詳完納。發祥物故，其子李西成在於箱内撿出康熙、乾隆年間此地買契三張，始知七畝二分之地係屬確鑿，又查知東隣魏明通侵佔一畝有零，西隣李翔滿侵佔四分有零，而己身賠完無地之粮，心懷不甘，赴縣具控。該縣批飭鄉保王收、魏宏通前徃查丈，該左右隣及買主魏紹畢之地均屬有絀無贏，李西成所控侵佔係屬子虛，毋庸置議。

  本年正月，李西成赴府申訴，本府恐該鄉保等丈地有矇混情獘，隨委吳丞帶全兩造前徃，逐細查丈。據稟，東隣魏明通地契載四畝八分，今只有三畝八分有奇，西隣李翔滿老地二畝八分，今只有二畝三分有奇，買主魏紹畢只有地五畝四分，又此地之北從前經李發祥賣與魏宏訓，由魏宏訓轉賣與魏紹畢四畝三分四厘，又此地之西李正之地賣與魏紹畢計二畝一厘，核計原地，均屬有絀無贏等情。本府查此項平地載在官契，畝數分明，既非逼近河灘，無虞衝刷，何至短少一畝八分之多？若非四隣侵佔，即係買主隱匿。今屢次查明，并無此獘，顯係今昔丈尺大小懸殊，更無疑義。

  研訊李西成前後左右，現無本身地畝，已属地盡粮絕，若仍令照舊完納，不惟情理未愜，且將來偶有遷徙逃亡，則此粮即歸無著。所有短地一畝八分，應攤粮九升九合，本府斷令在於魏明通、李翔滿、魏紹畢三人名下按照地畝均攤。通計三人之地共十七畝九分,每畝應攤糧五合五勺有奇。魏明通地三畝八分五厘應攤糧二升一合三勺,李翔滿種地二畝三分一厘應攤糧一升二合七勺,魏紹畢地十一畝七分四厘應攤糧六升五合。飭令該縣在於三人名下撥正,以歸核實,而昭平允。魏紹畢、魏明通各約發還,李西成呈出地契三紙塗(稍)〔銷〕,附卷備查。取具遵甘結存卷。此判。

道光二十年二月二十日
寶雞縣民趙元功呈控尉麻子等侵占灘地案

道光二十年二月二十日，審訊得寶雞縣民趙元功呈控尉麻子等一案。溯查乾隆年間，趙開泰、尉化係淳化里民户，坐落渭河之北，高良貴、孫成家係令遠里軍户，坐落渭河之南。因渭河南徙，其小渭河北岸退出官灘三頃餘畝，經趙開泰、尉化等先後開荒漫墾，而高良貴、孫成家之軍地坐落大渭河北、小渭河南灘中，因見趙開泰等開墾小渭河官灘，旋向趙開泰等紛爭涉訟。先經該前縣許令斷歸軍户，後經岐山縣孟令斷歸民户，兩造均不輸服，屢斷屢翻，奔控府藩各轅，懸案數年未結。

嗣於五十一年，該前署縣顧令到任，親臨地所，集衆秉公勘訊。據趙開泰等供，係無糧官灘，并非己地，是許令所斷未爲無因。但高良貴等之軍地何年被沖、被沖之地坐落何處，既無報案可據，難以憑信，且當趙開泰等漫墾之初，不即禀案分晰，直至三四年漫成後，始行爭控，妄想坐享現成之利，更屬狡猾，則岐山孟令所斷亦爲近理。該前縣顧令平心細核，察訪輿情，寶邑渭河灘地毗連阡陌、一望無際，盡屬無糧官灘，屬諸軍固非確論，屬諸民亦失其平。查民户趙、尉兩姓漫墾多年，頗費工本，一旦令失其業，未免向隅，而高良貴等軍地被沖一説，若竟以爲憑空結撰，亦非平允之道。

斷令軍民兩户各半，趙、尉兩姓分得東邊舊灘地一頃五十七畝零，孫、高兩姓分得西邊新灘地一頃五十四畝零，中立高堎爲界，堎下兩邊各種樹木，趙、尉、孫、高四姓悉照所得之地各半均分，各令栽立界石，不許侵佔。查灘地之例，每畝每年各納租銀二分，以充義學公用。趙姓得地七十八畝五分,每年納租銀一兩五錢七分;尉姓得地七十八畝五分,每年納租銀一兩五錢七分;高姓分地七十七畝,每年納租銀一兩五錢四分;孫姓得地七十七畝,每年納租銀一兩五錢四分,每年各於六月交官完納在案。數十年來,四姓承種,從無異議。

去年六月,趙元功以尉麻子等在於趙姓地內拔去豆苗,另行翻種,具控縣案。該縣未及訊問卸事,趙元功赴府復控。提集人証,訊據趙元功供稱,春間曾在本身地內種豆,經尉麻子等拔棄另行翻種,秋間趙姓收穫糧石,尉麻子誣賴爲搶收等情。等本府研訊趙元功,爾等地內如果種有豆苗,則尉麻子等何不乘豆實垂熟之時私行收穫,而必於豆苗初發之時拔棄另種,豈不慮及粮食成熟之時地係他人之地,粮應即係他人之粮?是伊等徒費人工〔籽〕[3]種,代作嫁衣。人雖至愚,必不出此。自係爾等不願耕種,是以伊等越耕,希冀多有收穫,已属顯然。

再三研訊,始悉道光十六年渭河水漲,地被侵漫,有種無收。次年春間,趙姓人等不復布種,尉姓人多而貧,十八年春間,尉麻子等與趙姓商同種地,趙姓因連年水勢消長不時,徒然耗費籽本,辭以不願再種,尉姓人等遂在本姓及趙姓地內耕種。時屆秋收,被水淹没,趙姓人等笑其不智。十九年之春,尉姓復邀趙姓種地,趙姓仍辭不願,尉麻子又將兩姓之地一律耕種,秋間大熟。八月十一日,尉麻子糾衆收穫,至十六日收穫將畢,餘粮六十擔,露積地中。趙元功等邀同本族乘夜前往,將此項粮石盡行奪回。尉麻子等不依,趙元功隨以尉麻子等霸地拔苗赴控。此兩姓詰訟之原委也。

查尉麻子因趙姓地属空閒,遂在此中布種,尚無不合。而趙姓因尉姓所收實係己地所出,是以邀衆往取,亦属有所藉口。訊得此項粮石尉姓已收穫五日,趙元功搶收約五分之一。查趙姓每年納銀壹兩五錢七分,且此地荒廢,連年不無賠墊,今以此項搶收之數作尉姓佃種之租,尚足相抵。其侵地與奪粮,彼此分任其咎。斷令兩造不得再争。至此項河灘地畝，從前種樹爲界，已被衝刷，易啓爭端。前經委員履丈，河灘之地共有一百八十八畝八分，較顧前令原斷之地，每姓多地十五畝有奇。除飭該縣會同委員前往裁界，給兩姓均勻分種外，取具遵甘各結附卷。此判。

道光二十年二月二十日
鳳翔縣民婦郭何氏具控郭生蕊不交幫給錢文並占地案

　　道光二十年二月二十日，審訊得鳳翔縣民婦郭何氏具控郭生蕊一案。撿查縣卷，該氏之夫郭生中與郭生蕊係同族兄弟，道光十二年正月二十四日，郭生中瘋病復發，在於郭生蕊門首自縊身死。郭生蕊報官，經郭福易、王三和、胡明桂等說合，念郭何氏家貧無力埋葬，議令郭生蕊幫給白布三十五疋，折錢三十五串，郭何氏具詞攔驗。厥後郭生蕊并未付給，又將郭何氏窰背之地侵佔，該氏赴縣具控。郭生蕊供稱給過二十千文，其十五千文已交胡明桂、王三和、郭福易收存。該前縣飭令交給郭何氏收訖，其郭生蕊侵佔之地，飭令保正王大讓查丈。王大讓含混具稟，該氏復控。適王大讓物故，該縣飭令保正馬復大往丈，并查得郭生蕊之地契載"南至路心"，斷令馬復太[①]將路改於兩造地界之中完案。此郭何氏迭控縣案，經該縣屢次訊斷之原委也。

　　本年二月，郭何氏復赴府申（訴）〔訴〕。提集人証，訊得郭生中從前實因郭生蕊爭佔窰背之地，在於郭生蕊門前自縊，是以經眾評處，令郭生蕊幫給郭何氏錢文以爲埋葬之資。據郭福易等供稱如數交給，而該氏則堅稱未見分文，彼此各執一詞。本府隔別研訊，據王三和供稱，兩次交錢俱係早飯之後；胡明桂供稱，兩次交錢俱在清晨；而郭福易則稱一次交於早飯之後，一次交於晚飯之後。三人之供，彼此互異，其爲虛僞，已可概見。

　　至郭生蕊侵佔地畝一層，查得該氏住窰坐北向南，窰門之外有地

[①] 前文爲"馬復大"，未知孰是。

一畝,窰頂有地五分,係護窰之地,窰頂之北有棱一條爲界,棱北係路,路北始爲郭生蕊之地。從此起丈,自南而北至道心爲止,共計五十五杖,現在契載北至道心、南至路心,共長五十五杖,甚爲明晰。是古路原在棱上,今郭生蕊意圖佔地,將路改至棱下,在於郭何氏窰頂開路。據該氏供稱,每遇行車則窰頂震動,碎土紛紛墜落窰内。揆情度理,郭生蕊移路佔地,損人利己,奸謀畢露。該保正禀請將路改至兩造地中,殊不思棱北有路,路北爲郭生蕊之地,其路南之棱尚是官地,棱下始爲郭何氏窰頂,今將路改在兩造地界之中,勢必仍在棱下開路,而郭生蕊南界得以跨越古路,直抵棱下,與該氏之地相接。該保正所禀,殊屬含混,經本府按圖駁詰,保正無可置辯。隨斷令該保正帶同兩造前往,在於棱上北去五尺開路,以復舊迹,其郭何氏窰頂之地留作護窰,毋得再議開路,致滋侵佔。

此案郭生蕊爭佔地畝,致令郭生中氣忿輕生,其所許幫給埋葬錢文并未付給。據郭何氏供稱,夫死之後,浮厝多年,無力安葬,殊堪憫惻。斷令郭生蕊幫給錢四十千文,俾得及時覓地埋葬。王三和等扶同徇隱,殊屬不合,姑念俯首認罪,免其責處。至該氏供稱,郭生蕊從前指使郭秀、侯生林引誘伊子郭元寶賭博之處,據郭生積供稱,經伊調處,給過郭秀等錢三千文屬實,本應枷責,姑念事犯赦前,免予深究。取具遵甘各結附卷,餘免提質,以省拖累。此判。

道光二十年二月二十二日
四川省民婦趙陳氏具控武生劉承先買賣房屋糾紛案

　　道光二十年二月二十二日，審得四川省民婦趙陳氏具控武生劉承先一案。撿查縣卷，趙陳氏控稱，曾於道光十四年囑伊外甥范先禮代買房屋。范先禮約仝武生劉承先買得該縣驛門首屈榮住宅一院，價錢三百一十五千文，范先禮旋即物故。劉承先於十五年將院屋兩間轉賣與田禄爲業，趙陳氏往向理論，劉承先聲稱此房與趙陳氏無干，趙陳氏不服控縣。該縣吊查原契，載明賣與劉承先、范先禮爲業，并無"趙陳氏"字樣，批飭鄉保查復。

　　趙陳氏赴府申訴。本府查，買賣房地以文約爲憑，今屈榮賣契載明賣與劉、范二人爲業，并無趙陳氏承買之說，且自十四年至今已逾數載，趙陳氏買房之後自必有人賃住，何以任聽數年并未收受賃錢？種種均屬疑竇，無〔怪〕[4]劉承先得以狡執。但趙陳氏如果承買屬實，則當兩姓成交之日，必有中人深知其事，而鄉約宋寅、保正張逢春等現在推病不前，顯有避匿情事。隨撿閱縣卷，十四年賣房之日，房經典主田禄佔住，久不贍交，劉承先控縣，傳到田禄之母田侯氏供稱，此房係劉承先代鄢姓承買。現在研訊田侯氏，供稱十四年趙陳氏向伊告知。查田侯氏於十四年已有此供，可見〔劉承〕先代〔人承買，事屬〕[5]有因。

　　隨研詰趙陳氏，供稱買房之〔時曾囑〕[6]范先禮向王作仁借錢，有趙鳳章承保，其錢二百千，眼同晏玉〔高〕[7]、葉得藹二人交給劉〔承〕[8]先收受，其後續交錢一百一十五串，係伊親付劉承先之手等

卷　三　223

語。本府研訊趙鳳章,供稱曾在王作仁舖代范先禮作保,借錢二百千,據范先禮聲稱,係代趙陳氏買房所借,是趙陳氏所控之處尚屬有據。隨喚劉承先與〔之〕[9]質對,諭以此案趙陳氏雖無契內之名,但當日借錢有趙鳳章、王作仁爲証,後〔來〕[10]交錢又有葉得藹、晏玉高爲憑,且鄉地宋寅、張逢春等均屬中人,難諉不知,若爾此時再行狡展,將來提集人証,自必水落石出,恐難逃詐騙之罪。隨據劉承先供稱,當日曾經范先禮交過伊手銀一百五十兩,作錢二百串,并未收過三百一十五串之多,此一百一十五串實係趙陳氏捏添。本府查,此房未買之先,經苟自凝賃住多年,則買房之日苟自凝必深悉其事。隨訊據苟自凝供稱,劉、范二人買房只交過屈榮錢二百串,其一百一十五串尚未交付,范先禮隨即物故,十五年劉承先將此房兩間賣與田祿,議價錢一百二十一串,除去屈榮當價錢七十串,田祿找錢五十一串,〔交〕[11]劉承先轉給屈榮,以清買價,其長賣六千係劉承先作爲貼補房屋之用。所供甚爲明晰,質之趙陳氏,無可抵賴,隨即供認只憑葉得藹、晏玉高交過二百串,其自交一百十五串係屬捏添,至當日買房不敢出名,實因原典之田侯氏甚屬刁健,是以趙陳氏借劉、范出名,希冀可與田侯氏抵敵興訟,令其謄房。是以田侯氏於伊等買房之日即風聞房係代鄢姓承買,緣交錢與劉承先有晏玉高在內,是以當日以訛傳訛,誤晏姓爲鄢姓也。

　　此案已據劉承先、趙鳳章、趙陳氏、苟自凝等供認確鑿,餘人可以不必提質。隨斷令劉承先取錢二百千給趙陳氏具領,房歸劉承先承買,其賣與田祿之兩間仍歸田祿照契管業。取具遵甘各結附卷。此判。

　　此案經本府訊明,劉承先具限交錢之後,越十餘日忽復翻悔,聲稱范先禮之弟范先義遣人囑伊不可交錢,現欲來府具控等語。本府查傳范先禮之胞兄范先文到案,訊據范先文供稱,從前曾知范先禮代趙陳氏在岐山買過房屋,其錢係向他人挪借,趙陳氏於十五年將地出賣五百串，始將此項償還。現在先禮之子尚幼，先義并未在家，早往漢中一帶客遊，並無來府控〔告〕[12]之説，係屬劉承先誣指等供。隨據范先文出具甘結，是此房係趙陳氏出錢置買已無疑義，質之劉承先無可置辯，惟一味延抗，不肯措交，實屬刁狡，若非詳革究辦，斷難著追。而劉承先之意只因本府卸事在即，不及詳辦，故敢有意拖延，殊不思是非之公，人人同具，此案既經衆証確鑿，劉承先雖欲狡卸，他日坐黃堂者，金鏡高懸，難逃洞鑒。雖欲爲劉承先保全青衿，而趙陳氏異地孤孀，坐受誆騙，獨不邀矜恤乎？吾知劉承先只自貽伊戚矣。

道光二十年三月二十日，走筆判此。

道光二十年二月二十二日
岐山縣民婦王田氏具控王福娃等
分家不公並謀害案

　　道光二十年二月二十二日，審得岐山縣民婦王田氏具控王福娃等一案。緣王田氏後夫王好問與夫兄王好忠係同胞兄弟，王好忠生子王重、王金，好問前妻生子王良，自幼瞽目。好忠、好問早年物故，有祖遺老地五十二畝、續買地二十五畝、當地二十四畝。道光十一年，王重將家產分析，按照三分與王金、王重、王良均分，計王良分得老地十八畝、新地九畝、當地九畝，當地之中有王猪娃四畝，價錢三十四串六百文。王猪娃備價回贖，王重收錢使用，在於復興號王兆芳舖內開寫錢絡二紙，共計三十串，給與王田氏收執。王田氏取錢無獲，又因伊等分家不公，赴縣具控。該縣斷令王兆芳將錢三十串交付王良收執。去歲王良赴縣，落橋斃命，經該縣驗明實係失足跌落，填格通報在案。

　　王田氏心疑被人謀害，隨牽合前情一併赴府具控。提集人證，查得好忠兄弟二人，其家產自應按照四分均分，今王重等以三分攤算，據稱老地按照二分攤算，其續買之地係照三分攤算等語。查地畝雖有新舊之分，然老業固屬祖遺，而續買之產亦由祖業餘息積累而成，且置買在未經分析之前，自不應區別新舊，所有原議三分均分本屬未協。至王猪娃贖地之錢，訊悉王重收錢之後，已扣去六串六百文，只將三十串寫票付給，而此票又係假寫，竟使王田氏無可取錢之處。前據王重等供稱，將錢絡交給王田氏之後，該氏並未取用，而復興號旋於十八年關舖，是以此錢歸于無著等供。查王田氏具控之時在十二

226　府判錄存

年，彼時已稱錢絡係属空紙，而復興號之舖，據王重等供稱，十七年始行關閉，其爲捏詞支飾已属顯然。縣斷之時，王重業已物故，其子王福娃仍未清交。

查王田氏孀居有年，子死孫幼，情可矜憫。隨斷令王金與王福娃各撥地二畝給王田氏管業，王福娃取出當價錢三十串六百文，再帮給王田氏錢二十千文，王金除撥地二畝外，再帮給王田氏十串作爲養老之需。從前王重種種乖謬之處，業已物故，應免置議。王良身死，經該縣驗明實係失足落橋，并無他故，亦毋庸議。取具兩造遵甘各結附卷。王田氏分單已粘存縣卷，飭房照抄一紙，批明發給王田氏收執。又，王福娃呈出新買地契三紙，亦發給王田氏收執，照契管業。所有王田氏所分老地，據王福娃供稱并無契約，以後如有藉契賴地等情，一經控告，即行按律究辦。此判。

道光二十年二月二十二日
扶風縣民田顔慶呈控該縣民宋永永等包納完糧案

　　道光二十年二月二十二日,審訊得扶風縣民田顔慶呈控該縣民宋永永等一案。緣田顔慶于道光十八年輪充本邑黃甫里四甲户首,催辦粮草。有本甲各花户應完還倉麥十石一斗,每斗作價錢四百文,共合錢四十千四百文。田顔慶同李文將錢交給宋永永代完,宋永永希冀①麥價輕減始行完納,以致稽遲時日。田顔慶屢受追呼,只得變産交粮。控經縣訊,斷令宋永永具限二十日交還田顔慶錢文在案。原差李太、田林、劉仁、馮五等具保宋永永回家,延抗不交,田顔慶屢禀縣案,總未清償。

　　田顔慶赴府具控。提集人証,訊得田顔慶初次交錢之時,麥價輕減,宋永永並不及時交納,以致粮價陡長,致田顔慶變産完納,其數較原錢又多交七串餘文。查宋永永包納完粮,本干例禁,②又復誆騙錢文,遺害平民,實属可惡。斷令具限五日交還田顔慶變産錢五十串,着原差帶同馮五回至扶風縣,責成李太、田林、劉仁等押令宋永永依限與田顔慶交清具報。宋永永已經該縣責懲,法不重科。取具遵結存卷。此判。

---

　　① 同"冀"。
　　② 《大清律例》卷一一《户律·倉庫》"攬納稅糧"律:"凡攬納(他人)稅糧者,杖六十。"載《大清律例》,田濤、鄭秦點校,法律出版社1999年版,第222頁。

道光二十年二月二十二日
鳳翔縣民賈應魁等具控賈雙保將伊逐出、不准承繼案

　　道光二十年二月二十二日，審得鳳翔縣民賈應魁等具控賈雙保一案。檢查縣卷，賈應魁供稱，于乾隆年間繼與從堂叔賈必善爲子，立有嗣單。賈必善後生二子，一曰應徵、一曰雙保。賈必善于道光十二年物故，賈應魁承服埋葬，賈雙保將伊逐出，不准承繼。又，賈必善從前曾與賈應魁之父未將祖遺財産清算，賈應魁及胞侄賈永吉控縣，呈出嗣單一紙，領約一百串。該縣查驗屬實，斷令賈雙保取錢一百五十串給賈應魁，以了其事，兩造俱不輸服。

　　本年二月，賈應魁赴府具控。提集人証，查驗賈應魁嗣單，係已故生員李鳴鶴所書。據賈應魁供稱，鳴鶴之子李萬城能辨筆跡，隨據李萬城供稱并不識字，是賈應魁所指干証已屬游移。研訊其族人賈應舉、賈應第等，僉供實不聞曾有過繼之事。隨查得嘉慶二十二年，賈必善修房，誤傷賈應魁墻垣，曾經賈應魁理論，立有合同。又查道光九年，賈應魁將門前槐樹賣與賈應徵，得價五串，亦寫有約據。彼時賈必善尚存，如果承繼屬實，則賈必善係賈應魁之父，而賈應徵即係賈應魁之弟，家産未經分析，自應同居同則，何至以一樹①一墻，父子兄弟互相争論，形之筆札？又查得道光五年賈必善生辰，合族人等釀金公祝，九年賈必善之妻嚴氏物故，亦經族人斂錢公奠，俱曾書有綾匾，其落欵俱書"堂侄賈應魁"字樣。此項綾匾兩件俱經賈雙保當堂呈出，質之共事之族人賈應舉、賈應第等，僉供實係當日伊等慶弔

---

① 同"樹"。

之物。是其并未過繼,已無疑義。

　　至賈應魁之胞侄賈永吉呈出領契一層,俱稱係賈必善所領資本一百吊。研訊賈雙保,供稱從前有祖遺南街興盛號生理,後於嘉慶十五年憑眾清算,除賈應魁胞兄弟五人陸續將資本支過外,賈雙保又出錢三百零四串分與四人收受,惟賈應魁一人不肯分錢,立有合同,載明此後舖內利害,不與四人相干。十五年寫約之後,因賈應魁不肯分錢,是以未落招牌。直至十八年憑眾再議,又給賈應魁錢二百四十串,始據賈應魁寫立杜絕合同等供,并將兩次合同呈驗。查賈永吉所稱領約一百兩係崔、蘇、賈三人出名承領,賈必善前後給過賈應魁兄弟五人錢文,兩次寫立文約,無論領契係三人出名,未便以一人還錢之故即付抽銷。即使錢係一人承領,然既已截數清算,自應永斷葛藤,其從前文約俱應作爲廢紙,何得藉端重索?

　　本府將前後情節向賈應魁、賈永吉等逐層駁詰,伊等無可置辨,俯首認罪。隨斷令賈應魁不得假稱承繼,有所覬覦,其領約聽①其自向崔、蘇二人清算,不得再向賈雙保重索。賈應魁、賈永吉屢次詰訟,均有不合,姑念自知罪戾,免其責處。兩造悅服,取具遵結附卷。所有賈永吉呈出三姓領約,經本府批明,發給賈永吉收執。又賈雙保呈出賈必善修墻與賈應魁寫立合同一紙,十五年賈永吉寫立杜絕合同一紙,十八年賈應魁寫立杜絕合同一紙,又道光六年承買賈應魁槐樹文約一紙,飭房抄錄一分,粘存府卷俻查。綾匾二付發還。此判。

　　　立寫合同文契人賈應魁、應徵,兩家公中界墻,南北不端,參差不齊,因此争論不平,同請保正、親友公處議定。應徵修造東厦房,刪墻竪柱,即日爲定。日後應魁修造北大房,升轉挪移,刪墻竪柱,應徵不得阻當。子子孫孫亦不得異言,如有多言多語者,禀官責處。此係兩家情愿,并無偏倚等情。欲後有憑,立此

---

① 同"聽"。

合同一樣兩紙,各執一張,永遠存用。

　　嘉慶二十三年正月二十八日　立合同人賈應魁、應徵、應祿
　　　　　　　　　　　時同　保正魏茂祥
　　　　　　　　　　　　　　　　馬宏義
　　　　　　　　　　　　　　　　陳殿全
　　　　　　　　　　　　　　　　杜梁彩
　　　　　　　　　　　　　　　　王自忠
　　　　　　　　　　　　　　　　魏尚金
　　　　　　　　　　　　　　　　胡　泰
　　　　　　　　　　　　　　　　賈應元
　　　　　　　　　　　　　　　　賈應詔
　　　　　　　　　　　　　　　　賈應舉
　　　　　　　　　　　　　　　　賈永吉
　　　　　　　　　　　　　　魏　焕　代筆

　　立賣槐樹文字人賈應魁因爲不便,今有槐樹一株,坐落應徵門首,情愿立契出賣于賈應徵名下〔永〕[13]遠爲業,同中言明,作價錢五串六百文整。日後樹枯如傷房屋,應魁不得異言。此係兩家情愿,並無葛藤。恐後無憑,立賣約爲証。
　　　　　　　　　　　　　　　中見人　魏尚金
　　　　　　　　　　　　　　　　　　　胡元喜
　　道光九年十一月十二日　立約人賈應魁(押)自書

　　立寫公議合同杜絶人賈永吉、賈廣全、賈鄭氏同子永昶、賈應魁、賈應錫,因爲先年祖遺城内南街興盛合號生理,自今多年。兹因永吉、廣全、應魁陸續將資本至元年使過,賈鄭氏至十三年將資本使清,下餘外欠、屢年護賬、舖内零貨家具共合錢八百千文,應魁、鄭氏、永吉、廣全應分錢四百串文,應錫應分錢四百串

文。同親友公議,折與應錫執賠現錢三百二十五千文,以作五分均分,每分應分錢六十五千文。大、二房永吉分錢一百三十文,三房楊氏同孫廣全分錢六十五千文,四房鄭氏同子永昶分錢六十五千文,五房應魁未使分文,鄭氏又分元年至十三年護賬錢五十九千文,折與應錫墊賠現錢四十四千文。自今以後,鋪內有利有害,不與永吉、永昶、廣全相干,亦不得指號滋事。此係兩家情願,并無逼勒等弊。欲後有憑,立此合同,各執一張爲據。

      時同親友 王宗學   魏尚金
            劉 瑜 保正魏春祥
            鄭士傑   胡元喜
            魏茂祥   賈應舉
      道光十五年三月二十日立
         代書人   崔種玉

  立寫公議合同杜絕人賈應錫、應魁同子永慶,因爲先年祖遺城內南街興盛合號生理,析有屢年護賬、鋪內零貨家具共錢八〔百〕[14]串文,應錫應分錢四百串文。自十五年大、二房永吉,四房〔永昶〕[15],三房廣全使去現錢三百二十串文,四分均使清楚,惟有五房〔應〕[16]魁未使。今同親友公議,將應魁護賬、家具折與應錫墊賠〔本利〕[17]錢二百串文,除鋪內長使借貸俱清。自今以後,鋪內事〔業一旦〕[18]清楚,不與永慶、永吉、永昶、廣全相干。此係兩家情願,並無逼勒等弊。欲後有據,立此杜絕合同爲証。

    道光十八年十二月二十二日 立約人賈應錫 賈永慶
            時同說合人 胡元喜
                 賈應舉
                 魏 榮
              里長孟開禮

保正 魏春祥
　　 賈應第
　　 嚴　肅
　　 張　富
代書人 崔種玉
房親人 賈永昶
　　　 賈永吉
　　　 賈廣全

道光二十年二月二十二日
鳳翔縣民張科具控張維等家產分析案

　　道光二十年二月二十二日,審得鳳翔縣民張科具控張維等一案。緣張科之父張宏有胞兄弟四人,張宏居物故,生子張超,次宏貞生子張維,三宏昇,四即宏有。該民人等有祖遺地畝並開設酒舘生理,後將家產分析。張宏有因張宏貞分家不公,並有地畝生意未分之處,是以赴縣呈控。該縣訊悉,家產業已分清,所控地畝生意未分盡屬子虚,將張宏有掌責,取具張宏有誣告遵結完案。

　　本年二月,張科心懷不平,赴府申(訢)〔訴〕。本府提集人証,訊據張科供稱,祖遺公中之地約有二百餘畝,又開有酒舘,係張宏貞及張超經管,生意漸〔盛〕[19],獲利數倍。張宏貞又開有錢舖、氊房,放賬簿各一處,並與伊子張維捐監①。道光四年,張宏貞串同張宏昇僅將地一百六十畝憑衆分析,按照四分均分等供。又據張宏貞供稱,道光四年將產未按四股均分,每分分地四十畝。此外有地三十畝曾經當給高遷,由張宏貞佃種。所開酒舘係高姓出資,伊代爲經理。至別項生意係己身資本,與張科等無涉。兩造各執一詞,質之高遷,據稱並無當地之事,可見此地實屬公產,係張宏昇串同瞞隱。至酒舘生意,亦據高遷供稱係張氏所開,並非己資,并據張超供稱酒舖實屬公業,伊曾在舖同張宏貞經理,當日未經分析等語。衆供確鑿,更無遁飾。

　　本府再三駁詰,張宏貞等自知理曲,無可置辯。遂斷令張宏貞于未分地三十畝內,撥給張科地七畝五分,又撥給張超地七畝五分,又

---

①　同"監"。

于酒舘生意內撥給張科、張超每人各錢十串文，即令鄉保張芝等眼同交錢、撥地栽界。此案盡係張宏貞賄串張宏昇扶同徇隱，彼此分肥，殊屬不合，姑念係弟兄叔侄詰訟，加恩免予責處。該民人等務須仝歸式好，勿得再滋事端。案已訊明，概予省釋。兩造悅服，取具遵結交領各狀附卷。此判。

道光二十年二月二十四日
鳳翔縣民梁秉離具控梁祥娃等強割麥石案

道光二十年二月二十四日，審得鳳翔縣民梁秉離具控梁祥娃等一案。檢查縣卷，梁秉離即梁富兒，其叔梁應（南）〔蘭〕[20]將本身地畝當給李廷壽，被梁祥娃等糾人將未熟麥石強割一空，李廷壽於道光十九年四月二十一日控縣。遂據梁祥娃之父武生梁振川、民人梁邦才等在縣具（訢）〔訴〕，供稱梁振川等之父同堂兄弟于嘉慶十六年將家產六股均分，外有公地四段共地八畝，庄基一所，公議將庄房改作祠堂，將地畝作爲祭田。彼時惟三房梁芳素性橫強，將庄房、地畝一并霸佔，致令族人等代爲賠粮二十餘載，其子梁應蘭、應蘭之姪梁含等仍復霸據，串同李廷壽捏稱當主，并誣控梁祥娃強割麥石在縣。六月十九、八月初七等日，復據梁含、梁振川赴縣迭控，該縣諭令原差協同兩造并族長梁興等，確查梁應蘭之地是否公業，作速稟覆，梁應蘭等抗不到場。十月十二日、十一月初二日，梁振川及族長梁興前後復赴縣申訴，批飭原差迅同族長查覆在案。此梁秉離在縣詰訟之大畧也。

二〔十〕[21]年二月，梁秉離、梁振川先後赴府復控。提集人証，訊究梁應蘭，據稱自十六年剖分以來，各管各業，外有伊外祖契買梁棟、梁權之地作爲奩①田，與伊母贈嫁，契內載有伊父梁芳之名，實非公業。查訊梁振川，堅稱伊等分析之時早經議明，此房此地改作祠堂并合族祭田，實係梁應蘭霸佔。詰問伊等分關，又實無此項房地，是公業之說未免無所依據。本府諭令梁應蘭將買契呈出，驗得此地係伊

---

① 同"奩"。

父梁芳于乾隆三十六年置買,而契尾所載却係道光十九年七月。查梁氏興訟在十九年四月,而稅契反在初秋,顯係梁應蘭既稱伊外祖早年置買,即不能不填寫乾隆年號,又慮無徵不信,是以于詰訟之後,朦混投稅,恃爲鐵據,殊不思縣内契尾必須據實書寫,斷不敢倒填年號。是以較勘契約與契尾年月,前後相距七十載,情弊顯然,是梁振川等所控房地係属公業之地,自係實情。駁詰之下,梁應蘭俯首認罪。

　　斷令此項房地作爲六門公業,由伊等自擇妥人經管,梁應蘭等不得妄意爭佔。查梁應蘭霸佔地畝,捏詞興訟,殊屬不合,姑念自知罪戾,予以自新,免其責處。兩造悅服,取具遵結存卷。此判。

道光二十年二月二十四日
山西太谷縣民白生煥控張本禮錢債糾紛案

　　道光二十年二月二十四日，審得山西太谷縣民白生煥控張本禮一案。檢查縣卷，張本禮之兄張本魁于嘉慶十一年陸續借過白生煥錢一百七十五串無償，于十二年將地三十九畝有奇[①]當給白生煥管業，地仍張本禮租種，每年交租穀四石。後又陸續借過一百串，將場園當給白生煥。後又借錢一百零五串，將地六畝當給，其地俱仍歸張本禮租種，每年交租二石。張本禮又向白生煥續找錢八十串，寫作三十九畝，所續之價自十二年至二十五年，租穀全清。道光元年以後至十九年，拖欠租穀五十餘石，白生煥控縣，斷令將租穀全讓，令張本禮備價贖地在案。

　　本年二月，白生煥赴府具控。本府查張本禮拖欠租穀，該縣斷令讓去，只須備具原價贖地，甚属平允，何以張本禮仍復延不清交？必係賬目轇轕不清，遂致延宕。提集人証，研訊得張本禮之兄張本魁于嘉慶十二年與白生煥清算賬目，共欠錢二百串有奇，還過麥石作錢七十餘串，到十三年七月初四日清算，共欠本錢二百四十五串、利錢五十三串，又借錢六串，除還去二十八串，實欠錢二百七十五串，本利共錢三百零五串。白生煥在此内將錢一百七十五串作爲當價，令張本禮將地三十九畝出典，下欠錢一百串作爲本錢陸續滾算，積至嘉慶二十五年，又將園場一所當與白生煥管業，作價一百串，餘剩未還之錢將一百零五串折當地六畝有奇，將八十串作爲初次當地所贖之價，載在三十九畝地約之尾。此白生煥賬債折業之原委也。

---

① 同"奇"。

查嘉慶十三年清算之時，只有本錢一百四十五串，以後陸續滾算，二十年來遂積至四百六十餘串，折典園場，又續典地畝。姑無論本利滾算有干例禁，①即賬債折業亦屬不應。查白生煥供稱，初次所典之地歲租四石，後次所典歲租二石。研訊張本禮，則稱伊兄張本魁係白生煥舖夥，在舖內效力奔走，收放賬債，白生煥念其勤勞，議明所當之地每年流交穀石，俟年滿之後抽約贖地，是以當日種地並無租約。查驗白生煥呈出當約四紙、租約一紙，本府見其三十九畝當約與租約俱在嘉慶十三年七月，一係初三日，一係二十日，相距不過十六日，且俱係張本直、張武作中，其書約之人亦必一手所書，遂訊問白生煥當租各約俱係何人所書。據白生煥供稱，俱係張本魁一手自寫。本府查驗二約顯係兩手，猶恐白生煥事後狡賴，遂令白生煥當堂寫明"所有租約二紙俱係張本魁一手書寫"字樣，白生煥遂即寫就呈覽。

　　披閱之下，顯有假捏情弊，且查場園及第三次所當之地六畝，據白生煥供稱歲租兩石，查驗并無租約，是張本禮所稱納穀抵債、按年流交之說尚屬可信，但事無證據，難憑定斷。查納租納價之說，兩造所執俱非鐵據，而白生煥賬債滾算、折抵產業，則實屬確鑿。隨斷令將當價減去一半，諭令張本禮備具錢二百三十串歸給白生煥抽銷原約，以斷葛藤。取具遵結附卷。此判。

---

① 《大清律例》卷一四《户律·錢債》"違禁取利"律："凡私放錢債及典當財物……年月雖多，不過一本一利。違者，笞四十。以餘利計贓重（於笞四十）者，坐贓論。罪止杖一百。"載《大清律例》，田濤、鄭秦點校，法律出版社1999年版，第263頁。

道光二十年二月二十四日
扶風縣民范純熙控張建烈等合夥錢債糾紛案

　　道光二十年二月二十四日，審得扶風縣民范純熙控張建烈等一案。緣范純熙之祖范鳳鳴于乾隆年間出資七千兩開設晉順當舖，張建烈之父張乃倉領本營運，厯①係以錢一串作銀一兩。嘉慶十二年間，范鳳鳴長子范凌霄在舖經理，後來范氏兄弟食指浩繁，將資本分作十分，范周易、范周錫、范班、范黃氏陸續將本利抽回。十二年，范九霄、范登霄、范維熙、范平娃亦陸續抽去本利，俱經范凌霄清算付給。道光十五年，范純熙欲行出夥，憑衆算明本利共銀一千四百餘兩，除去開銷各項，只應找錢一千二百串有奇，因念伊父子在舖有年，情願多給錢三百餘串，共給錢一千六百串給范純熙收受出夥，馬晉升書寫合同爲據。道光十七年，范純熙復在該舖借錢二百串，范鶴霄借錢三十串，范九霄、范登霄聞風而來，紛紛告借，該舖不肯付給，以致詰訟。十九年，范純熙復行控縣，憑衆龎鳳清、許大林、王岐、程彩和、楊德鳳、孫世廷處和，議明讓去范純熙、范鶴霄借項二百三十串，再帮給范九霄等三百串、范純熙三百串，孫世廷書寫永絶葛藤合同爲據。此范氏祖孫父子與張建烈合夥開設典當、范氏兄弟屢次抽本出夥、范純熙事後屢控之原委也。

　　本年二月，范純熙復控。提集人証，訊悉前情。查范鳳鳴出資開舖，其弟兄子侄陸續抽用，俱係其子范凌霄清算付給。凌霄既没，其子范純熙復抽回本利，後來具控，又邀請親友處和，兩次寫立杜絶合同，猶復逞私具控，希冀死灰復燃，殊屬不合。斷令毋得訛索，永息爭

---

① 同"歷"，當爲避諱之字。

端。兩造悦服，取具遵結并飭房照抄杜絕合同二紙，并范純熙出夥分賬清單一紙附卷。此判。

立寫割藤人范純熙。自從晉順當開設以來，歷年已久，内有范凌霄資本銀七百兩作爲銀力一俸，又協人力一俸，與其子范純熙協人力五厘，至今多年，分利已覺不少。此刻當行滿年二分，一則生意利微，兼之范純熙資斧不給，情願抽本不做，央人説合，抽回資本錢七百串文，内協人力核算淘消清楚，所有舖内餘利、架貨、業底、家俱什物并合號、隆號、晉長號、元泰號餘利、家俱底子及開除一切賬項核清，共抽去錢一千六百串整。同人洗算明白，俱皆抽清，并無異説。自抽之後，干心出夥，日後典舖及合、隆、晉長、元泰等號有利有害，與我范姓並不相干，晉順當亦不得額外滋事。恐後人心不古，立此割藤一紙，永無一言，晉順當存據。

　　　　　　　　　　　　　　　仝説事人　李嘉瑜
　　　　　　　　　　　　　　　　　　　　楊克紹
　　　　　　　　　　　　　　　　　　　　王崇道
　　　　　　　　　　　　　　　代書人　　馬晉陞
　　　　　　　道光十五年正月吉日　范純熙　立

立寫憑據文契人范純熙。因爲先年晉順當内有范姓本銀七千兩，迨後家道分析，因將本銀按家分撥。自嘉慶十八年至二十四年，親房范周易、范周錫、范班、范黄氏等不願生理，俱將分股推於長門，其本銀俱係身父凌霄添出，一切算給清楚。又親房范九霄、范登霄、范維熙、范平娃等于道光十二年抽本不做，俱係自己親手經算賬目，一切交給清楚，抽收領契，先後各立收書字據。身于道光十五年亦爲抽收資本，所有當舖與和順、合和、順隆、晉長順、元泰春諸號資本、家俱、餘息、護賬一切等項，俱已照前算

卷　三　241

給清楚，立有字據。所有身長支欠賬銀四百兩已抵應分之錢歸結清楚，己身亦辭舖回家。至此，范平娃與晉順當永斷葛藤。迨後十七年，身因貧困，兩宗揭使當舖錢二百三十串文，鶴霄亦揭使錢三十串文，九霄、登霄、維熙、平娃等問知此言，亦向告借，因不允反致興詞，殊連身在案。自知范姓理曲，再三央托鄉地諸位親友等從中周旋，勸着晉順當追念合夥舊①情，憐其貧乏，將身與鶴霄欠項概爲情讓，挪給九霄等錢三百串文。又因自己實係長房，父子在舖經理多年，又情挪己錢三百串文。從此兩家永無異言，嗣後范姓再如有人滋事異言者，惟范純熙一人是問，諸公執此鳴官。

　　　　　　　　　　　　　　說合人　彭　　修
　　　　　　　　　　　　　　　　　　于瑞西
　　　　　　　　　　　　　　　　　　龐鳳清
　　　　　　　　　　　　　　　　　　許大林
　　　　　　　　　　　　　　　　　　李嘉瑜
　　　　　　　　　　　　　　　　　　王　　岐
　　　　　　　　　　　　　　　　　　程彩和
　　　　　　　　　　　　　　　　　　李永清
　　　　　　　　　　　　　　　　　　劉萬鎰
　　　　　　　　　　　　　　　　　　楊德鳳
　　　　道光十九年十二月十九日立　代筆人　孫世鷔

---

① 同"舊"。

道光二十年二月二十四日
扶風縣民李思寬具控胞侄李興俊等叢毆胞叔案

道光二十年二月二十四日，審得扶風縣民李思寬具控胞姪李興俊等一案。檢查縣卷，李興俊、李柱娃、李正娃等係李思寬之胞姪，從前李思寬向李柱娃借過木椽二根，李柱娃索椽爭控。該縣訊得李柱娃與李思寬爭炒之後，李柱娃之母李傅氏赶前護子，李思寬之子李興科向前阻擋，亦與李傅氏爭炒，當將李柱娃、李興科各予掌責。李思寬復控，經其弟李思秀勸令和息，許俟飭令李興俊、李柱娃前來伊家請罪，聽憑家法處治。厥後，李興俊等仍然負固不往請罪。經族長李秉信禀請究治，經該縣傳訊，係因李思寬向其姪李柱娃索取租麥無還，李思寬進城回歸，李柱娃疑係控追麥石，向其訪問，口角致控，尚無毆尊情事。將李興俊、李柱娃杖責示儆，李思寬因未經究辦，出言頂撞，亦薄責以儆。李思寬赴府具控，經前府批縣訊詳，該縣查照原案詳覆。此李思寬等在縣、府詰訟之大畧也。

本年二月，李思寬復赴府申訴。提集人証，據族長李禀信①供稱，李思寬生性懦弱，屢被李興俊等尋衅欺陵，毆傷兩次，李思寬控縣，各蒙掌責。去歲李興俊等抗不還給李思寬麥石，獨累李思寬出錢葬母。李思寬來城隍廟將心表神，益觸伊等之怒，伫候李思寬回家，李興俊、李柱娃、李正娃等各持木扛攔打，登時卧倒，損衣拔髮，徧體傷痕，經李彩、李順添等趨救。李興俊等復向李思寬家叢毆李思寬之妻與其幼子，亦各受傷，先後俱經李彩等勸救并奪獲木扛等器。李思寬禀案，被李思秀攔勸，而李興俊等事後仍抗若罔聞。李

---

① 與上文"李秉信"应爲一人。

思寬本無過失,即有不合之處,亦何至迭遭胞姪等惡罵毒打？現有族人李順添、李彩、李遇娃等供可証,查驗李思寬所損衣裳并拔落髮辮屬實。

查李俊娃等胆〔敢〕[22]叢毆胞叔,寔屬敗倫傷化,前經該縣驗明,自應按律懲辦,①以正倫紀而端風化。除將李柱娃、李成娃發回,仰將李興俊緝獲一并究辦外,此判。

---

① 《大清律例》卷二八《刑律·鬥毆下》"毆期親尊長"律:"凡弟妹毆(同胞)兄姊者,杖九十、徒二年半。傷者,杖一百、徒三年;折傷者,杖一百、流三千里。……若姪毆伯叔父母、姑……各加(毆兄姊罪)一等。"載《大清律例》,田濤、鄭秦點校,法律出版社1999年版,第462頁。

道光二十年二月二十四日
鳳翔縣民張倉控李運泰錢債糾紛案

　　道光二十年二月二十四日，審得鳳翔縣民張倉控李運泰一案。檢查縣卷，張倉借過李運泰錢一百零五串無償，懇李運泰代爲請會還債，將地九畝當與李運泰作爲保會，俟張倉將此項會錢填清，再行抽約歸地。後來張倉并不填錢，李運泰控縣，將張倉責處，斷令將地當與李運泰完案。

　　本年正月，赴府申訴。提集人証，研訊張、李二姓從前如何交財，後來如何當地，始悉張倉於嘉慶二十年在李運泰舖內借過錢七十串，係王謀朗經手，除陸續還過外，尚欠本利八十四串，張倉懇李運泰代爲請會填還。張倉陸續填還七十串六百餘文，尚欠錢十三串有奇，李運泰折去大猪一口，又令張倉認還會錢利息三十串。又，張順從前代張倉借過伊舖一十五串，堆算本利共二十六串，連前通共欠錢六十六串，讓去六串，共欠錢六十串，議明復代張倉請會九十六串，除還債六十串，下剩三十六串給張倉取用，陸續填還。李運泰恐張倉拖欠會錢，因令張倉將地九畝作當，俟填完會錢再行抽約歸地。張倉立約之後，李運泰將許給之三十五串不肯找給，只付張倉錢六串作辦理請會酒席之用，連前所收會錢九十六串俱作爲當價，寫立當地文約，價錢一百零五串。張倉因不能分使會錢，是以不肯填會，以致彼此詰訟。

　　研訊李運泰，供稱張倉於道光八年又欠伊七十串，連本利共九十餘串，是以代爲請會填還。本府隨訊，爾從前曾代請會一次，還清舊賬，其第二次續借是否有券？據稱第二次亦立有借券，直至代爲請會、寫立當約之後，始將借約抽銷。質之中人郭開才、張善，僉供并未

卷　三　245

見伊抽銷借券,惟憶伊等先曾議明請得會錢,將六十一串填還舊賬,將三十五串付給張倉,不料請會之後張倉并未收受剩錢,以致不甘填會等語,質之李運泰無可置辨。查李運泰未收當約以前,既未掣有借券,顯係將舊日欠項陸續堆算,且查八年以後張倉向李運泰借錢,李運泰如肯應允,何須張順代張倉轉借,是其所稱第二次借給七十餘串之處不可爲信。此案李運泰將還剩舊欠本利滾算,準折地畝,姑念鄉愚未諳例禁,斷令將地退還張倉,令張倉還給李運泰錢五十串,永斷葛藤,當約塗銷。取具遵結附卷。此判。

道光二十年二月二十五日
署鳳翔府爲詳請斥革衣頂以便質審事

　　署鳳翔府爲詳請斥革衣頂以便質審事。道光二十年二月二十五日，據寶雞縣監生何甡以寃沉縣案、久控未明等情，控堂弟監生何文炳到府。詞稱：緣生伯與生父胞兄弟二人，生父在家苦務庄農，生伯措帶家資錢三十串，謝姓出本錢二百串，在鄉夥開義信成號販菸生理。自乾隆五十七年至嘉慶四年，將舖挪移城內，更名公正成號花布生理。十一年，生入舖帮做，生與伯大小分舖生意兩股。道光元年，生伯得疾回家。二年，生堂弟監生何文炳入舖接理。三年，夥東謝姓家氣不和，將舖停業。生伯覺病難愈，與生父先將家産田地按兩股分清，立析二紙，各執一張，黏呈可驗。惟有公正成號開歇未定，舖有外賬兩萬有餘，尚未拆夥，不能公分載析。四年，生伯物故。七年，與夥東謝姓清算舖賬，生與生伯大小兩股及原本錢三十串作爲三百千，共該分錢五千二百餘串，有謝姓賬簿吊驗可憑。其時錢股大半皆係外賬，未討歸齊，生弟何文炳經收外賬。至十年生父亦亡，生在家守制，伊兩次共給生錢五百七十三串，下餘四千六百二十餘串伊抗分不給，一股鯨呑，復又另立義信成號及振興成號、義信舘生理，不與生分。十四年八月間興訟縣案，伊不知如何播弄堂訊，斷令生與伊各分各父之業，所有舖資及利共錢四千六百數十餘串係生伯苦增，與生無干，將生掌責。竊思生父與生伯同苦興家，理應福禍均沾，既蒙斷令各分父業，伊不得分其家業田産，既分田産，伊又何得獨呑舖賬不分？似此情不甘已。於是年十二月，生以朋奸舞弊等事控前孫府憲轅下，於十五日蒙批回縣，反加重害蔽，捏朦詳是。生復府疊次懇呈，迄今未

卷　三　247

蒙親提一訊,寃沉海底,難以伸明。十七年二月間,生呈懇豫府憲轅下,未蒙批示,先蒙堂諭教化,令生念其手足情,忍存其陰德,不要爭分,着具甘結在案。生理宜遵諭,曷敢冒爲化外無知之民？但家寒情迫,只得冒死懇呈,叩乞恩憐貧難,准提訊斷施行。計黏呈分單一紙。

據此卷查此案,歷經控府控司、批發審訊,何甡屢斷屢違,若不澈底根究,斷難折服其心。當即行提人卷去後,兹本月二十五日,據寶雞縣批解人卷前來,審訊得寶雞縣監生何甡控監生何文炳一案。撿查縣卷,何文炳之父何金印、何甡之父何金章係親兄弟,何金印居長,金章居次,在家務農,於乾隆五十七年領有謝姓資本三百串開設公正成〔號〕[23]花舖,至嘉慶四年積本錢三千五百串,何金印已身附入資本錢三十串。嘉慶十一年,何甡亦入舖內學習生理,迄後陸續共積本錢七千一百串,連何金印本錢三十串所得息錢,本半入半,其〔息〕[24]錢按照三分五厘六毫五絲攤算,何金印占分頭一分二厘四〔毫〕[25]五絲,何甡占分頭錢二厘六毫,其餘夥計共占分頭二分零六〔毫〕,歷年各按分頭多寡分息。

道光元年,何金印患病回家,三年何文炳入舖承頂伊父分頭經理生意。是年因家不和,分居另炊,所〔有〕[26]田產憑族衆兩分均分,經生員魏金鑑書寫分析合同,將附入舖內資本錢三十串除與何金印爲醫藥之費,所有經做公正成號生意,言明各項各分使錢,何金印旋即物故。道光七年清算舖〔賬〕[27],何文炳照伊父一分二厘四毫五絲,該分息錢九百五十串,何甡照伊二厘六毫,該分息錢一百九十八串。十一年,謝姓與何文炳、何甡及衆夥計分夥,何文炳分得錢三千一百串又資本息錢三百串,何甡分得錢三百七十五串。

何甡因何文炳分受錢文較多,又因分析合同彼此互異,於十四年八月二十三日控縣。該縣訊明家產已經分清,斷照分析管業,其何文炳所得入分錢文與何甡無涉,取具遵結完案。何甡不服,旋於是年十二月十八日赴前府孫具控,由府批縣,該縣查照前案詳覆。又於十五年三月初三日控縣,該縣仍照原斷。何姓又於是年七月赴藩轅具控,由司批縣審訊,該縣仍照原斷詳覆。十六年二月控縣,是年十二月初三日,何姓復赴府具控,飭縣錄案詳奪,如詳完案。十七年正月二十八日,復赴府具控,經前府開導,諭以莫傷骨肉,何姓隨即投遞悔狀。十九年八月,何姓復在該縣具控,該縣仍照前斷具遵完案。此何氏兄弟爭財詰訟,由縣而府、由府而司,屢結屢翻之原委也。

本年二月,何姓復來府具控。卑府因此案詰訟七年,旋結旋翻,若係該監生捏詞健訟,必應按律究辦,以儆刁風;倘係實有冤抑,亦應代為剖斷,以息爭端。隨即批准行提,查何姓所控分家一層,該監生自十四年十二月十八日府控,即稱何文炳將公共生意捏稱撥給伊父何金印作養老之資,賄串代筆生員魏啟梁即魏金鑑,將此條續寫在分單之後等語。伊等分析,既有合同分單兩家分執,如果何文炳賄囑魏啟梁將公共生意續寫分單之後,雖魏啟梁原係代筆,字跡無異,而何姓所執分單不能續改,一經對勘,無難立剖虛實。隨吊查何文炳分單之尾,載明生意錢文歸伊父何金印經理,而何姓分單之尾則并無此項歸給金印之說,且所開地畝亦屬互異,條欵亦與何文炳分單多少不符。訊據何文炳供稱,因生意專歸金印,是以專在金印合同之尾載明此項。

查合同取義原係兩相符合,此項生意歸於金印,固應於金印合同之尾註明交金印經理,亦應於金章合同之尾註明此項生意與金章無涉,方足以杜金章之覬覦,而昭金印之信守。其所稱因生意不歸金章,遂不註明"與金章無涉"字樣,試思祖遺地畝,其分析合同時,兄分某處、弟分某處,必應詳細互載以憑,彼此印証兩相符合,方可謂之合同,斷不宜因此物未分,遂有詳略之異。現在合同兩紙係屬二人分執,而兩紙之內其開端必并列金印、金章之名,即其明証也。且查二人合同之內,其本身所分地畝亦屬有異,顯有獎竇。細核筆跡,二紙俱係一人所書,自係串同代筆之魏金鑑代為續改。但此時魏金鑑業已物故,若以賄改之咎專責何文炳,則何文炳必有詞相抵,謂二紙現在互異,安知非何甡希冀均分生意,故爾賄改,則定讞者未免詞窮。然細核前後案情,當十四年何甡縣控、府控之時,俱聲稱何文炳賄串魏金鑑私改分單,以致兩紙互異,屢請吊驗。彼時魏金鑑尚未身故,倘何甡有賄改情事,豈不慮及一經吊驗,奸偽難逃?而何文炳前後所訴呈詞,竟無一字提及分析合同不相符合之處。窺其意,實因病根所在,方竊竊然慮人摘發,斷不敢一言齒及,自取敗露,是其鬼蜮行蹤,歷①歷如繪,其為何文炳串改,更無疑義。自十四年詰訟以來,研訊不下十餘堂,俱未勘驗合同,將彼此互異之處細加追究,以憑定斷,遂使何甡堅不輸服,屢結屢翻,殊屬疏漏。

至何甡呈控何文炳多分錢文一層,查閱縣卷,據何文炳呈出分錢股數清單,通計夥計十二人,共三分五厘六毫五絲作為股數,其內何文炳應分一分二厘四毫五絲,何甡應分二厘六毫,又夥計十一人應分二分零六毫,共湊成三分五厘六毫五絲之數。七年分賬時,何文炳分得九百五十串,何甡分得一百九十八串,將此項按照二人應分之數攤算,尚屬符合。至十一年何文炳分錢三千一百串,何甡分錢三百七十五串,按照二人應分之數攤算,計何文炳多攤取二百四十串,何甡少取二百四十串。查二人股數多寡,僅憑何文炳一人開報,卑府按照所報之數如法核算,已多朦混,況所報股數未必得實乎?據何文炳供稱,此項息錢除資東平分一半之外,所剩一半之錢理應何金印一人又與眾夥計平分,彼此各得其一。查此項生意除資東分去半息之外,其一半之息係三分五厘六毫五絲,若如何文炳平分之說,則金印應占一分七厘八毫二絲五忽,何以何文炳呈出從前分賬清單,僅稱金印應分一分二厘四毫五絲?現在查詢何甡及舖夥孫明、楊自凝等僉供,伊等在舖握籌,僅諳堆算,所有衰分一途素未究心,可見何文炳居心奸狡,欺何甡等鄉愚無知,遂勾串掌算之舖夥馮秀儒狼狽分肥,其既也,且謂估畢書生《九章》未習,遂欲移此伎倆售欺公堂也。查何文炳、何甡

---

① 同"歷"。

七年分錢與二人股數相符，何以十一年又不按照股數攤算？據何文炳供稱，七年分錢之時因生意未曾歇業，須留護息存舖未分，是以所分之錢較少，到了十一年生意歇業，將護息一併分給，是以伊父分錢獨多等語。查護息一項，原係在於眾夥應分息錢之內撥留在舖，彌補將來生意虧耗，係屬公項，眾夥俱應仍照股數攤分，不應伊父一人獨占，其所供實屬巧言支飾。研訊之下，奸偽畢露，萬目環觀，何文炳無可抵賴。

斷令何文炳在分賬內撥出錢二百串，又在附舖公共資本息錢內撥出錢一百五十串，又從前何姓送給何金印養老錢二百串，令何文炳在於此內撥錢一百串，以上三項共錢四百五十串給何姓具領完案。飭房將二人分析合同照抄四紙，何文炳呈出息錢賬簿一紙，又分錢股數清單一紙，分黏府、縣卷備查。其原本合同經卑府於騎縫之內鈐印，并蓋用圖章，以免捏改滋獘，即發給二人收執。此案何文炳串改分單，朦算錢賬，以至詰訟多年，若不按律究辦，無以肅成均而端士習，應請先行斥革該監生何文炳衣頂，以便按律詳辦。除將監生何牲，干証謝炋、楊自凝、孫明等省釋外，理合具詳申請憲台察核。除徑詳督撫憲暨藩臬道憲外，為此具申，伏乞照詳施行。

署鳳翔府，今將何文炳、何牲呈出分析合同二紙照抄，恭呈電鑒：

立析居文字人何金印、何金章兄弟二人同男牲、㖿等，因家不合，恐後滋生事端，以傷手足骨肉之恩，今憑親鄰議論，情願析居。現有房屋兩院，兄東弟西，中道過道兩家出入各攤其半，建房地基自後院以及塲邊亦兄東弟西。東院樓屋三間、厦房六間、客庭三間、靠塲樓屋三間、厦房三間；兩院樓屋三間、厦房六間、客庭三間、靠塲樓屋三間、厦房二間。田地畝數多者，南北畛兄東弟西，東西畛兄南弟北。其餘一頭半畝兩家難以耕種，仝中公議，兄耕此、弟種彼，俱已丁停。房屋間架前已開明，至於田地數畝、家具之內，後續一單。是非兄弟有爾我之別，誠恐子子孫孫妄起爭端，

卷 三 251

伤其恩爱,故立分字一张,以杜后患。此单前後俱胞兄所分。

道光三年十一月二十八日立

         中见公议人 何大观

               何大盈

               何韫玉

               何自鳌

               范 梅

               杜宗甫

               韩太和

               冯秀儒

               高 节

               何万邦

               何万全

               何万锡

               何万统

           代书人 魏金鉴

买刘玉地二亩九分一厘五毫,坐落符家村粮。

有祖地三亩七分,坐落斜道粮。

买何自鳌地三亩二分五厘,坐落村西路上粮。

买何万邦、何万益地三亩三分,约二张,坐落高山坡下粮。

买方作舟、何自鳌地二亩六分,约另各有约,坐落己坟西粮。

买何静地一亩,坐落高山坡根下粮。

买罗思顺、罗思玉地一亩八分,约一张,坐落花园後粮。

买何宗文、何宗尧地二亩五分,坐落高山坡中粮,己北面、弟南面。

买益库地三亩七分三厘五毫,坐落花园後粮。

买王登元地四亩九分,坐落双柿树上东面粮。

有祖地八分,坐落庄子史家房中间。

买谭文著地四亩六分,坐落村西路下,己分三亩五分四厘,弟分一畝六厘,此地弟少分有所。

買何自鰲地一畝六分二厘四毫,坐落斜渠下糧。

買王邦彥地二畝,丁與弟種。

買楊維忠地二畝二分五厘,坐落沙家門前糧。

高原坡有地兩段,上段崖上買閆姓地四畝九分,下段崖下祖地大約六畝,上段閆地己種,下段祖地弟種,下段地土甚薄,弟因多分。

買閆家地二畝二分五厘,坐落尖角東糧。

墳前有地四畝九分四厘,己分西面地二畝五厘,弟分東面地二畝八分九厘,弟長分八分四厘,有碾道地八分四厘,丁與我種。

買賈世榮上段地五畝、下段地五畝,己分上段地二畝五分、下段地二畝五分,弟分上段地二畝五分、下段地二畝五分,坐落上沙岡糧。

買楊理仁地七畝五厘,坐落官道東糧。

墳后有坡地一段,上段止埈弟種,下段止路我種,我應種上段,弟應種下段,下段我種者,因平地弟多分九分一厘六毫,故我種下段多半面以丁弟長分之地,日后護園墳院。

買紅崖楊儲英稻地二畝,南(几)〔北〕[28]畔己分東面一畝,弟分西面一畝。務將資本並利,我兄一面經收舖内資本生理,兄一面經理應分,兄占溝内有祖所穿窰兩隻並地基,己分南面窰一隻,弟分北面窰一隻,地基各半。

義成舘家具並殘賬,我一面經理香事、一堂食、合一付察屏、一個桌圍、三腰搭坐、一付字畫、車一面、小磨子一合,公用未分。

上係何文炳分單。

此何文炳呈出分析合同也。

此項合同一紙,其尾載有"舖内生理交何金印一手經理"字樣,據勘何金章所執合同其尾并無此説,顯係何文炳賄囑魏金鑑將合同續改,且細查所載地畝,亦多不符,情獘顯然。

立析居文字人何金印、何金章兄弟二人同男姓、廝等,因家不合,恐後滋生事端,以傷手足骨肉之恩,今憑親鄰議論,情願析居。現有房屋兩院,兄東弟西,東院後宅樓屋三間、厦房六間、客庭三間、前院樓屋三間、厦房三間、後院樓屋三間、厦房六間、客庭三間,是後宅也。前宅樓屋三間、厦房二間,中間道過道兩家出入各攤其半,建房地基自後院以及塲邊亦兄東弟西。田地畝數多者,南北畛兄東弟西,東西畛兄南弟〔北〕[29]。其餘一頭半畝兩家難以耕種,仝中公議,兄種此、弟耕彼,俱以丁停。房屋間架前已開明,至於田地畝數、家具之內,後續一單。是非兄弟有爾我之別,誠恐子子孫孫妄起争端,傷其恩愛,故立分文字一張,以杜後患。此文約與後續單俱胞弟所分。
　　道光三年十一月二十八日立

中見公議人　何萬全
　　　　　　何萬錫
　　　　　　何大觀
　　　　　　何大盈
　　　　　　范　梅
　　　　　　杜宗甫
　　　　　　韓太和
　　　　　　馮秀儒
　　　　　　高　節
　　　　　　何萬邦
　　　　　　何韞玉
　　　　　　何自鼇
　　　　　　何　統[①]
代書人　魏金鑑

買劉玉地二畝九分一厘五毫,坐落符家村粮。
有祖業地一畝二分五厘,坐落高山坡下粮。

---

① 前何金印持約爲"何萬統"。

買何自鰲地三畝三分,坐落碾盤子下粮。

買何宗文、何宗堯二人地五畝,坐落高山坡白土窑下堎,兄分北面二畝五分,己分南面二畝五分粮。

買何踪地二畝五分,坐落斜道粮。

買譚思讓地一畝五分,坐落斜道粮。

有祖地二畝六分,坐落王家坪粮。

〔買賈〕[30]益庫地三畝七分三厘五毫,坐落花園後粮。

〔買楊〕[31]儲英稻地二畝,坐落紅崖,南北畛兄分東面一畝,己分西面一畝粮。

〔一斗〕[32]

〔每畝〕[33]

買閆家地二畝二分五厘,坐落尖角東粮。

買王邦彦地〔二〕[34]畝,坐落村西上路邊粮。

買譚思謹地三畝,坐落史家門下面粮。

〔買馬際昌〕地四畝九〔分,坐落雙柿樹〕[35]上西面粮。

有祖業地一畝八分,坐落沙家門西面粮。

買譚文著地四畝六分,坐落村西路下,兄分三畝五分四厘,己分一畝六厘粮。

買賈世榮地十畝,上段五畝、下段五畝,每家應分上段二畝五分、下段二畝五分,坐落上沙岡粮。

買譚文燿地一分三厘,坐落碾道粮。

買楊利仁地七畝七分五厘,坐落官道西面粮。

有祖地一分,大小樹枝在內,柿樹一個,坐落碾道。

買何大成地一畝九分四厘,坐落藍池粮。

有墳后坡地一段,下段兄分,上段己分。

買何宗德地二畝五分,坐落崖上邊粮。

有墳前地四畝九分四厘,己分東面地二畝八分九厘,兄分西面地二畝五厘,兄少分八分四厘,碾道有地八分四厘丁與兄種。

卷 三 255

高原坡有地兩段，崖上一段所買閆姓地四畝九分，崖下一段祖地大約六畝，上段閆地兄分，下段祖地我種，下段地薄，故兄與我分。

　　溝內有所穿祖窰兩隻並地基，兄分南面窰一隻，己分北（西）〔面〕[36]窰一隻，地基各半。

　　高家村有所當地價十五千一百文，我一面經皆香事、一堂食，合一付案屏、一個桌圍、三腰搭坐、一付字畫、〔車〕[37]一個、小磨子一合，公用未分。

上係何牲分單。

此何牲呈出分析合同也。查驗合同之尾，并無將（坐琿）〔生理〕[38]撥與何金印之說，兩人所分地畝亦有參差之處。二契俱係魏金鑑一人筆跡，顯有賄改情獘。查何牲自十四年府縣控，俱稱何文炳串改分關，屢請吊驗，倘何牲有賄改情獘，自必慮及一經吊驗，奸偽難逃，而何文炳自屢（訢）〔訴〕以來，俱無一言齒及合同不符之處，顯係何文炳賄改，更無疑義。

署鳳翔府，今將何文炳呈出分賬清單照抄，恭呈電鑒：

　　道光元年，謝姓入資本錢七千一百千文，何文炳故父出寫領契，議明生意所得息錢本半入半，又何文炳附入資本錢三十千二項，共本錢七千一百三十千文，折半合錢三千五百六十五千，即三分五厘六毫五絲之數。

　　何文炳故父食分頭一千二百四十五千文，即一分二厘四毫五絲。
　　馮秀儒食分頭四百零五千文，即四厘五毫，十三年已故。
　　孫明食分頭三百六十四千文，即三厘六毫四絲。
　　方永杰食分頭二百七十千文，即二厘七毫，十四年已故。
　　周武食分頭二百四十千文，即二厘四毫。
　　何牲食分頭二百六十千文，即二厘六毫。

楊自成食分頭一百六十七千文。
　　王夢元食分頭一百五十六千文。
　　李遇春食分頭一百千文。
　　佐珍食分頭九十千文。
　　楊自寅食分頭八十千文。
　　李扶穢食分頭六十千文。
　　菸房李食分頭錢一百千文。
　　積分頭錢二十八千文。
　　　以上共股數三分五厘六毫五絲。

此何文炳在縣呈出分使息錢股數清單也。

計開道光十一年截數算明分賬清單：
　　原資本錢七千一百三十千文
　　共得息錢一萬二千七百四十一千三百八十一文
　　資東應分一半息錢六千三百七十千六百九十文
　　下存一半息錢六千三百七十千六百九十文，是何文炳同衆夥計十一人應分之數

　　鋪內資本一半係三千五百六十五串，即按照此數作爲三分五厘六毫五絲攤算，是何文炳同衆夥計十一人應分之股數
　　計每股應合錢一千七百八十六千八百零

　　何文炳食股子一分二厘四毫五絲
　　應分息錢二千二百二十四串五百零，已使過錢三千一百八十五串，計多使錢九百六十千文

　　何牲食股子二厘六毫
　　應分息錢四百六十四串五百零，已使過錢三百七十五串，計

卷　三　257

少使錢八十九串零

　　此係按照何文炳呈出息錢簿并衆夥所食股頭細數清單。如法核算，計何文炳多使錢九百六十串。緣何文炳將本己一人與衆夥十一人平分息錢，是以何文炳一人獨分一半息錢，三千一百八十五串，而衆夥十一人亦只共分一半息錢，三千一百八十五串。殊不思息錢既應照此平分，則何文炳所呈分賬清單即應載明何文炳獨食半息，衆夥計十一人共食半息，方能符合現在所分之數。今查何文炳分錢清單載明，何文炳只食股頭一分二厘四毫五絲，衆夥計十一人共食二分三厘二毫，是衆夥所食之數，較之何文炳一人所食之數，多有一分七毫五絲，何以彼此所分之錢均係三千一百八十五串？其情弊顯然，不待智者而決。但何文炳多分之錢係在衆夥計名下尅減肥己，若斷令將多分之錢九百六十串如數取出，未免力有不給，且衆夥俱已星散，無力找給。今專就何文炳、何甡得過之數，按照二人應食股頭攤算，以昭平允。另開清單附後。

　　　　計開：
　　　　何文炳使過息錢三千一百八十五串
　　　　何甡使過息錢三百七十五串
　　二項共錢三千五百六十串
　　　　　何文炳原食股子一分二厘四毫五絲
　　　　　何甡原食股子二厘六毫
　　二項共一分五厘零五絲，每股應分錢二千三百六十五串文。
　　　　　何文炳應分錢二千九百四十串零，計多使錢二百四十串
　　　　　何甡應分錢六百一十四串零，計少使錢二百四十串

　　〔卑〕[39]府酌斷，何文炳取出長使息錢二百串，又取出附舖一半息錢一百五十串，又退出養老錢一百串，共四百五十串給何甡具領，以斷葛藤。

道光二十年二月二十七日
岐山縣武生史作彬控扶風縣民馮連
合夥賬目糾紛案

  道光二十年二月二十七日，審得岐山縣武生史作彬控扶〔風縣〕[40]民馮連一案。檢查縣卷，史作彬、李作霖、史佐清於嘉慶二十二年各出資本錢二百二十串，由馮應泰、李如玉、李溪成承領，在於青化鎮開舖，立有領約三紙。道光二年，生意虧絀，旋即歇業，資本無還。馮應泰八年物故，史作彬赴縣呈控。

  初次縣訊，馮應泰之子馮連到案供稱，其父臨歿之日告知此項資本早經承還，尚未抽〔約〕[41]。史作彬呈出領約一紙，係李如玉、李溪成、馮應泰三人出名承領史作彬本錢二百二十串。據史作彬供稱，資東三人，夥計亦係三人，各領各本，己身之夥係馮應泰一人，其李溪成、李如玉係李作霖、史佐清之夥等語。該縣以兩造各執一詞，諭令馮連呈出賬簿再行核斷。馮連隨即呈出資本簿，李作霖、史佐清、史作彬三人實各出資本二百串，關傳李作霖之子李鵬飛、史佐清之弟史光〔緝〕[42]到案。據供，伊等資東三人共出資本六百六十串，係夥計三人〔公〕[43]領，自道光二年歇業，資本俱屬無償等語。該縣斷令馮連分還〔李〕[44]作霖、史佐清、史作彬資本錢二百二十串完案。此史作彬在縣〔屢〕[45]控，由該縣屢斷之原委也。

  去年史作彬復赴府具控，因馮連〔外出〕[46]不能到案，直至本年二月，本府復行催提。據該縣稟稱，馮連並〔未〕[47]在家，將其弟馮林娃、馮舍娃批解前來。本府因此案舖夥李如〔玉〕[48]、李溪成、馮連等三人承領資東三人本錢，是否分領，抑係公認，現在各執一詞，似難臆斷。但資東三人自必各執領約，如果史作彬所控屬實，則李如玉、李溪成二人已將資本交清，自必抽銷領約，該縣當初未及諭令二人將領約呈驗，頗囿疑竇。今提案之時，馮連雖逃匿不到，但既有史光緝、李鵬飛作証，無難立剖虛實。隨詰問二人有無收存領約，據二人當堂呈出，驗與史作彬所呈年月相符，其開寫行欵字數亦屬相合。倘使當初二人資本如果還清，則抽付領約之時，未必計及異日重索地步，預行照樣書寫，及至詰訟之時，事隔多年，即另欲捏寫，而行欵字數，記憶必不清晰，必有參差不符之處。今細加推勘，均無此弊，自屬可信。

惟史作彬則堅稱夥計三人係連環作保，馮應泰係本身之夥計，李如玉係史佐清之夥計，李溪成係李作霖之夥計，議明分任其責，所有己身二百二十串必應馮應泰一人承還等語。本府查得三人所執之票，雖均有夥計三人之名，但三票均係三人親筆分書，驗得史〔作〕[49]彬之約係李溪成所書，李作霖之約係李如玉所書，而史佐清之約反係馮應泰所書，均載明"自書"字樣，必欲如史作彬三夥計連環作保之説，則出名之二人應係作保，而秉筆之一人應係領本，是以載明"自書"，尚爲近理。但馮應泰係自書史佐清領約之人，何以史作彬轉得指馮應泰爲己身領本夥計？是其無情無理，已屬顯然。

堂訊之下，再三開導，無如史作彬堅不輸服。窺其隱情，實緣李如玉、李溪成家業凋零，無可討索，而馮連現在衣食充足，是以史作彬專認資東，必欲馮連一人承還本身貨本，不恤損人利己，實屬奸狡。殊不知此案現有三人領約，證據確鑿，不宜因史作彬一人狡展，懸案未結。隨斷令仍照原斷，馮連分還史作彬、史佐清、李作霖三人資本錢各七十三串三百三十文，其李如玉、李溪成所欠之項，該三人自往索討。并飭房照抄三人領約三紙存卷，史佐清、李作霖領約發還，史作彬約末具領存卷。至馮連呈出資本簿，資東三人各只有本錢二百串，而領約三張俱係二百二十千，據史光緝等供稱，本錢各係二百串，後來每人補給二十串，是以與資東簿不符等語，補誌備查。此判。

立寫領資本人李溪成、馮應泰、李如玉,因生理不便,今領到史作彬名下本錢二百二十千文,同口議定,每年天賜福利,人本均分。若日後不願生理之日,即將本錢一一交清,不得以賬目等項塞責。恐後人心不古,故立領約存用。

　　　　　　　　　　　　　　中人　梁增盛
　　　　　　　　　　　　　　　　　上官通
　　　　　　　　　　　　　　自書　李溪成
　　　　嘉慶二十三年正月初八日〔立〕[50]

　　立寫領本錢人李如玉、馮應泰、李(成溪)〔溪成〕[51],因生理不便,今領到李維清名(不)〔下〕[52]本錢二百二十千文,同口議定,每年天賜福利,人本均分。若日後不願生理之,即將本錢一一交清,不得以賬目等項塞責。恐後人心不古,故立領約存用。

　　　　　　　　　　　　　　中人　梁增盛
　　　　　　　　　　　　　　　　　上官通
　　　　　　　　　　　　　　自書　李如玉
　　　　嘉慶二十三年正月初八日立

　　立寫領資本人李溪成、馮應泰、李如玉,因生理不便,今領到史佐清名下本錢二百二十千文,同口議定,每年天賜福利,人本均分。若日後不願生理之日,即將本錢一一交清,不得以賬目等項塞責。恐後人心不古,故立領約存用。

　　　　　　　　　　　　　　中人　梁增盛
　　　　　　　　　　　　　　　　　上官通
　　　　　　　　　　　　　　自書　馮應泰
　　　　嘉慶二十三年正月初八日立

道光二十年二月二十七日
鳳翔縣民魏壽具控蔡文瑞當地糾紛案

　　道光二十年二月二十七日,審得鳳翔縣民魏壽具控蔡文瑞一案。檢查縣卷,魏壽將地三畝於道光二年當與蔡文瑞,得受當價錢三十二千五百文,議明每年糧錢七百文交魏壽代納。魏壽又預支糧錢二千八百文,旋於道光十六年憑鄉約王雙①元等向蔡文瑞取贖地畝,并懇讓價。經鄉約王雙元等議明,讓價八串五百文,令其備價將地贖取。魏壽因每年代賠糧價,欲令蔡文瑞找給,蔡文瑞不允,致魏壽控縣,令鄉地查復,魏壽復行控府。

　　提集人證,據蔡文瑞供稱,糧錢係年清年欵,并無拖欠,而魏壽則堅稱蔡文瑞只交過糧錢二串八百文,其餘俱係代賠,兩造各執一詞。本府詰問蔡文瑞,據蔡文瑞呈出文約一紙,係道光十五年十二月魏壽向蔡文瑞支取糧錢二千八百文,載明自十六年至十九年止,四年所納之糧。查蔡文瑞自道光二年典地,至十五年已十四載,如果錢糧年清年欵,則魏壽何能啓齒預支?況其時甫在十五年之冬,何以預支來歲,又支至四年之久?且支錢未及一年,糧錢尚有贏餘,蔡文瑞又安能聽其回贖?種種實不近理,顯係從前并未付給,直至十五年魏壽催討甚急,蔡文瑞始行付給,又作爲預支後四年之錢,希圖取巧。訊據魏壽供稱并不識字,是蔡文瑞有意玩弄,情弊顯然。但查訊中人王雙元等僉供,贖地之日經伊等説合,讓去當價八千五百文屬實。查魏壽出過糧錢十五年,計十串五百文,蔡文瑞所讓當價合之所支糧錢共計十一串三百文,其數尚足相抵,應毋庸再議找給。斷令兩造不得争論。至魏壽地畝詢明業已贖回,轉當他姓耕種,應聽其便。此判。

---

① 同"雙"。

道光二十年二月二十七日
鳳翔縣民楊潤具控監生馬登雲賃房糾紛案

　　道光二十年二月二十七日，審得鳳翔縣民楊潤具控監生馬登雲一案。緣馬登雲於嘉慶十年將店房一所賃給王萬清開舖，每年賃錢九千八百文。十七年十二月，王萬清將此房轉賃楊潤開設酒館，其賃錢按年交給。後馬登雲逼令楊潤謄房，在縣詰訟，斷令楊潤將房謄交。

　　楊潤不服，赴府具控。提集兩造，查訊馬登雲供稱，因楊潤素不安分，誠恐日後生事，是以不願將房賃給。而楊潤則供稱，此房雖向王萬清承賃，然一經賃住之後即親向馬登雲交錢，年清年欸，并無拖欠。況搬移房屋則一切零星家具不無遺失，爐灶盡須置造，門窗又須修整，不無耗費，懇祈續行賃住。

　　本府查得，如果楊潤素不安分，當王萬清轉賃之時，馬登雲儘可婉言拒絕。今既親手收受賃錢，且又有長支之數，若一旦峻絕，無怪心有不甘。隨斷令准其再賃一年，毋得拖欠賃錢并滋生事端。取具遵結存卷。此判。

道光二十年二月二十七日
鳳翔縣民高鋭具控高林等阻撓賣地案

　　道光二十年二月二十七日，審得鳳翔縣民高鋭具控高林等一案。檢查縣卷，高鋭於道光十二年將地十三畝當給武生張承先，又復錢四串，共當價八十四串。去年高鋭欲將此地出賣，央高登成向高林説合承買此地。高林不肯承買，高鋭疑係高效先從中阻當，具控縣案。該差延未傳唤，高鋭來府具控。

　　提集人證，訊據高鋭供稱，此地與高林之地毗連，高林曾託高登成向伊説合，欲行承買，經效先阻擋，不得成交。高鋭又將此地賣與李文高耕種，高林又復阻擋。高鋭又欲高林承買，高林又復推辭不願等供。質之高林、高效先及高登成等，堅供高林等實無阻當情事。

　　查高林與高效先一係地隣，一係典主，其希圖賤價售地，從中挵勒，實屬事之所有，高鋭所控不爲無因。但伊等只係暗地阻撓，尚不敢當場抑勒，此時事無證據，姑免深究。斷令高鋭另行售賣（售賣）①，如伊等再敢阻撓，一經控告，即行究辦不貸。取具遵結存卷。此判。

---

① 後"售賣"二字當爲衍文。

道光二十年二月二十八日
蒲城縣民張遵程具控鍾士賢等欺誆貲束案

　　道光二十年二月二十八日，審得蒲城縣民張遵程具控鍾士賢、石兆林、郭忠、趙正修等一案。緣張遵程之父張鳳鳴於嘉慶四年出資六百兩，在於鳳郡東關開設恒益祥號錢舖。嘉慶十八年，鍾士賢由蒲城來郡，在舖學習。道光元年，張鳳鳴年老回蒲，核計舖中存銀二千餘兩，將舖事交給鍾士賢掌理，分食分金。道光二年，張鳳鳴又入本銀一百兩，訂明三年將賬目寄回蒲城清算。道光十一年，張鳳鳴物故。十三年，張遵程來舖算賬，因鍾士賢賬目不實，張遵程將伊辭出，後經張景賢處和，令其再行接管舖事。後來生意興旺，鍾士賢陸續開設四美門神局，後又添開通順藥材店、通盛酒店。十八年正月二十四日，張遵程來舖算賬，鍾士賢開給清單存錢二千七百串、存銀三千八百兩。

　　忽於二十九日，鍾士賢聲稱負欠外賬，恐人索取，遂將舖門關閉。維時張遵程住宿舖中，令馬理義往外查問，馬理義將舖門倒扣，在於舖後越墻而過，由黎起敬麻店走出，喚來郭忠、曹八，聲稱夜間來與伊等束夥管和。是夜三更，郭忠與父郭儒林、曹八同來舖內，聲稱鍾士賢欠有伊等銀兩，鍾士賢同舖夥石兆林付郭忠一千餘兩，未用秤較，伊等持銀而去。趙正修聲稱恐人再來索欠，遂將餘銀藏匿床下〔地〕[53]櫃之內，石兆林等并將張遵程唬嚇，聲稱恐人再來索賬，遂將張遵程擁至三合麻店安歇，石兆林等遂將所藏銀兩運至新開振西源號。二十九日，鍾士賢、石兆林僱覓差役，在於舖門前後把守，所有舖內存錢二千七百串亦經郭忠等陸續運出，聲稱開有外賬。二月初一日，石兆林同党榮父子議令張遵程將招牌售銀五百兩給鍾士賢另開，張遵程始悟其奸,赴縣呈控。鍾士賢邀同黎起敬、張景賢跪請息和,將銀運至原舖,議令鍾士賢另做生理,并給張遵程盤費一百兩,令其回家。張遵程赴縣遞和。

是年四月,鍾士賢亦即回蒲,捏說有病,令張遵程來鳳照料。張遵程來郡見舖門仍閉,遂詢問舖夥鍾景和、趙正修、韓三元,喚到石兆林,聲稱將通盛酒店抵給永成玉號債銀一千三百兩,又將通盛藥材店抵給通順魁債銀六百兩,又將四美門神局抵給統泰債銀三百兩,令張遵程寫給字據,又使鍾景和往喚鍾士賢來郡。鍾景和回蒲之後,在於張遵程家向其十四歲之幼子張堯傳說,令其檢出歷年文簿,交伊代到鳳郡清算。鍾景和誆簿到手,不復交出,直至張堯來郡告知,張遵程向鍾景和查問,鍾景和又全行狡賴。張遵程又於是年七月在縣具控,斷令石兆林取保,仍候鍾士賢到案算賬。

十九年十一月,張遵程赴府復控。訊悉前情,查鍾士賢、石兆林、趙正修勾串郭忠等阱陷資東,屢次欺騙,既將從前舖據設謀誆抽,又將現存銀兩結黨脅取。此時若飭令鍾士賢等呈出賬目清算,奈此事已閱三年之久,鍾士賢係領本夥計,字號圖章係其執掌,所有一切文簿自必先時捏造,預俟公堂對勘,是清算賬目一層,適以墮其術中。

本府現在查訊保正劉乃增及舖隣黎起敬等,俱稱道光十年至十七年恒益祥號生意興旺,隣右周知,不知何以一夜之間遽行關閉等語。現據舖夥馬理義亦稱,閉門之後經郭忠等取去銀一千餘兩,尚存銀二千八百餘兩、存錢二千七百餘串,又通順魁號欠本舖銀一千兩、德泰恒號欠本舖銀一千兩、廣源酒店欠本舖銀五百兩、馬村張太欠本舖銀二百四十兩、周名楊欠銀一百五十兩、通順升估衣店欠銀一百兩、復盛公欠銀一百兩等語。查貿易之人,其關閉舖門者有真偽兩途,其真者因舖內本錢短絀、營運不開而負欠纍纍、追呼甚急,不得已而爲避債之舉,係屬實情。然其未經關閉之前,必有不能撐持之勢爲人所逆料,未有赫赫方隆陡然匿跡銷聲,不待智者而知其僞托也。該恒益祥號未關之前一日,合計所積銀錢不下萬金,即使負有外欠,儘可陸續清償,何至驟然封鎖?顯係鍾士賢等欺負張遵程迂腐無能,扶同一氣,詐稱負欠,橫肆唬嚇,以遂其侵吞之計。

又研詰得,鍾士賢回蒲之後聲稱有病,囑令張遵程來鳳。張遵程到郡之後,見舖門已閉,隨據石兆林等聲稱,欠有永成玉號、通順魁號各一千兩,又統泰號三百兩,逼令張遵〔程〕[54]將三處舖面生意親筆寫明作抵。查張遵程係屬資東,并非舖夥,即使舖內欠有外賬,該賬主等亦只能向舖夥索取,而舖夥再向資東清算,何得公然舍却領本之鍾士賢,而徑向張遵程逼討債賬,令其親書契約將別處生意作抵?顯係鍾士賢等預設奸謀,是以詭託在籍養病,諄囑張遵程來鳳看舖,以便詐稱賬主前來勒索,預料張遵程愚蠢無知,一經受逼必將生意親筆抵償,落其轂中,此等鬼蜮伎倆難逃洞鑒。且據馬理義供稱,通順魁號欠舖銀一千兩,郭忠酒店欠舖銀五百兩,乃石兆林反向張遵程捏稱,用過通順魁銀六百兩,將通順藥材店抵給訖。而郭忠於鍾士賢闔舖之後,方且貪夜前來,口稱索債,竟挾取千金而去。即此二事而論,伊等既設謀賴債,又復欺詐取財,一出一入已有三千餘兩之多,則鍾士賢所稱負有外欠者益可想見矣。現據郭忠供稱,有張遵程欠伊賬目簿據,試思鍾士賢既與伊等串同分肥,則圖章簿籍何難任意捏寫,是伊等所持出之文約字據尚堪質問乎?

此案鍾士賢、石兆林、趙正修設計阱束,雖簿籍既經伊等詆抽,恃無左證,然專就闔舖一節據理定斷,而其詭計陰謀已百喙難辭,惟賬目并無確數,但資本七百則係鐵板證據。隨斷令一本一利償還,所有領本之鍾士賢將本銀七百兩如數歸還,又令石兆林、趙正修、郭忠、李樹泰、韓三元等共繳利銀七百兩,令張遵程具領,庶於不平之中稍示持平之意。石兆林、趙正修、郭忠等設計欺誆,姑念自知咎戾,願將本利填償,免其治罪。鍾士賢、鍾景和、李樹泰、韓三元現在潛匿,即令石兆林等自行往與理論。取具遵甘各結附卷。此判。

附錄郭忠、石兆林二人呈詞批語:

〔此〕[55]案禍首罪魁惟爾與鍾士賢、石兆林、趙正修四人。查十八年〔正月〕[56]二十四日，張遵〔程自〕[57]蒲到鳳，鍾士賢〔即於二十九日關門〕[58]。〔爾於〕[59]是夜三更，與爾父郭儒林、曹八前往該舖，聲稱索債，竟〔挾〕[60]取千二百金而去，并未用（砰）〔秤〕較兌，已屬不近情理。且張遵程係屬資東，并非舖夥，縱使舖中欠有外債，自有舖夥清算，何至逕向張遵程索債，逼取親筆字據，將三處生意作抵？顯係串通一氣，詐稱賬主，預料張遵程愚蠢無知，一經受逼必然畏懼，竟將別處生意作抵，墮其術中。現據舖夥馬理義供稱，爾欠該舖〔銀〕[61]五百兩，今爾黍夜前往聲稱索〔債〕，〔挾〕[62]取千二百兩，一出一入張遵程吃虧已有一千七百餘兩之多，即此一事觀之，則鍾士賢所稱負有外欠者概〔可想見矣〕[63]。至所稱該〔舖借爾債〕[64]項俱有簿據，試思鍾士賢係屬〔領本夥計，凡〕[65]字號圖章及一切文簿是其執掌，何難任意捏寫賬債，是此時爾等所執之字據，尚堪質問乎？

至此案始終俱有石兆林從中播弄，伊於十七年出舖，本屬事不干己，而十八年正月二十九日，郭忠等三更來舖，係鍾士賢與石兆林二人取銀交付，其狡詐一也。郭忠等〔既〕[66]去，〔石兆林又向〕[67]張遵程唬嚇，假稱逼債，同衆將張遵〔程擁至三合麻店，以〕[68]便伊等將餘銀往外搬運，其狡詐二也。所有餘錢又係石兆林、郭忠搬運，聲稱代為開銷外賬，其狡詐三也。其後又勸張遵程將招牌（買）〔賣〕銀五百兩給鍾士賢另行開舖，其狡詐四也。又逼令張遵程將三處生意親筆寫明抵償，其狡詐五也。又與張景賢等跪勸張遵程仍將生意與鍾士賢另做，其狡詐六也。又令鍾景和回到蒲城，誆抽張遵程文約賬簿，其狡詐七也。種種可惡之處，令人為之髮指。至鍾士賢被爾等藏匿，不知去向，此時若關傳原籍，必然空文回覆，此案永無了期。所有懇請提質之處，係屬取巧。昨已當堂明白曉示，酌斷爾等還給張遵程一本一利，係屬格外施恩，猶敢飾詞狡（辨）〔辯〕，實堪痛恨，俟通詳究辦。

道光二十年三月初一日
鳳翔縣民嚴懋修具控堂兄嚴懋德家產分析案

道光二十年三月初一日，審得鳳翔縣民嚴懋修具控堂兄嚴〔懋〕[69]德一案。緣嚴懋修之父嚴信與嚴懋德之父嚴恭係胞兄弟，嚴恭居長，嚴信次之，嚴恭物故。嘉慶十九年，嚴信與其姪嚴懋德析產，立有分闊，各管各業。嚴信曾將所分園子一所典與嚴懋德，議價三百串，立有典約，外找地（二）〔三〕[70]畝七分。嚴信將園房（折）〔拆〕卸挪用，嚴懋德遂收回地畝，匿約不還，亦不退地，又多過土粮一石七斗，致懋修賠墊五年，現雖陸續撥還，而嚴懋修每年尚賠粮三斗。又嚴懋修所分園子，嚴懋德阻止，不准在於老門出入。又從前未經析產之時，有陳蘿卜承領銀一百五十兩開舖生理，係嚴懋德收回，并未與懋修均分，以致赴控。

提集兩造，查訊嚴懋修供稱，從前分析合同係在嚴懋德家遺失，至所賣園子原約尚收存嚴懋德處，其園子東西合爲一所，俱係嚴信所分等語。但既無分析可據，若臆爲斷給，必不足析服嚴懋德之心。查驗嚴懋德分闊，開載"庄西園子東面半所以及門前樹株俱係公中"字樣，似此項園子東面半所，尚屬公中之產，隨斷令嚴懋修均分一半，其出路仍由老門，嚴懋德毋得阻攔。又嚴懋修供稱，尚有房八間，係兩房均分之產，〔現〕[71]俱歸於嚴懋德管業。據嚴懋德供稱，此房雖係兩房公業，因胞弟出繼別房，其父嚴恭與其叔父嚴信相商，將此房撥給，厥後其弟售出，伊因出價贖回。查此物既係嚴信捐出，今經懋德贖回，應令懋修照價向懋德贖回一半本業。又嚴懋修供稱，從前將地三畝七分當給嚴懋德，經懋德私改當約，朦寫四畝。隨斷令嚴懋德寫明當地只有三畝七分字據,給嚴戀修收執,以杜争端。其從前當園文約,據嚴戀德供稱并無其事,亦令書給并未存有當約字據。至陳福所領本銀,訊係嘉慶五年之事,而伊等析産尚在十九年,則此項應係公欸,亦令均分,以昭平允。至嚴戀修所稱墊賠粮錢一層,查訊嚴戀修尚無地多粮少情弊,應毋庸議。兩造悦服,取具遵結存卷。此判。

道光二十年三月初一日
鳳翔縣民劉毓懷呈控劉毓才等家產分析案

道光二十年三月初一日，審得鳳翔縣民劉毓懷呈控劉毓才等一案。檢查縣卷，劉毓懷之父兄弟四人，長劉琳、次劉璣、三劉瑶、四劉琚，於嘉慶十一年將家產四分均分，各分有老房十九間、樓房三間，立有分析合同爲據。分另之後，劉瑶另修新房移居，將所分之老房空間未住，被劉琳之子劉毓美、劉璣之子劉毓倫、劉琚之子劉毓懷佔住。道光十五年，劉瑶之子劉毓才欲將樓房一間折賣，此房現被劉毓倫堆放麥石，因而阻擋，赴縣爭控。該縣查驗劉毓才分析屬實，因劉毓倫不合阻擋折房，薄責示懲，斷令劉毓倫出錢二十串將此樓房承買。

劉毓懷赴府具控。提集人証，據劉毓才呈出十一年分析，此項樓房係分給伊父之業，並供道光十五年胞弟劉毓本將樓房一間賣給劉毓倫，受價二十串，立有賣契，有陳都爲証，倘非分受之産，何以公然售賣？并稱道光三年與胞弟劉毓德分析，將此老房寫入分闋，曾憑胞伯劉琳作中等語。質之劉琚、劉毓美、劉毓倫、劉毓懷，僉稱伊等於嘉慶十一年分析之後，惟劉琳另度，而劉璣、劉瑶、劉琚尚係同居共炊，同力經理。彼時除劉琳分去錢一百一十串外，伊兄弟三人尚有三百三十串分得之錢，全交劉瑶手掌理，買有新地，陸續在於此地蓋造新屋一十九間，並續買地三十二畝，議定所修新屋較之老房價值稍低，將來兄弟三人之中如有承受新屋之人，即將新買之地三十二畝歸伊名下，以補價值虧絀之數。嘉慶十九年，劉琳之父物故，劉璣、劉瑶、劉琚始行分居，劉瑶自愿承受新屋並受地三十二畝，議明將老屋歸於劉璣、劉琚均分，因兄弟式好，並未另立分析，劉瑶亦隨即物故。劉毓才因執有十一年分析,遂指稱老屋係伊父分受之業,現在所居新屋係伊父於分析後自出己資另行修葢,與劉璣等無涉,遂屢向劉毓倫争論,並欲將樓房折賣等語。

本府查,劉毓才執有分析合同,又稱劉毓倫曾經承買樓房,伊兄弟分產之時又經劉琳作中,是其証據確鑿,似無可疑;但劉琚等堅稱,劉瑤所住新屋實係公業抵換。彼此各執一詞,若非確有証據,不足折兩造之争。查此案關鍵在於剖明劉瑤新屋是否公業,則老屋曾否抵換,其互相争持之處不擊自破。隨查訊得,伊等葢造新屋雖在十一年分析之後,然尚在十九年二次分居之前,如係通力合作,必有用過賬目可憑,但年月久遠,已無可考。惟查得修造之時曾經(折)〔拆〕過劉家河房八間、城內酒房四間,將磚瓦木料運用,並動用公錢三百三十串作修房買地之資,是劉琚等所稱係屬公業之處,已有端倪。然運用房材僅屬空言,猶未足爲鐵板証據也。隨在於四人所呈分鬮內,細勘四紙之中,每人俱分有劉家河房間,又劉琚分鬮內載有分得酒房,是此項房間實係四人所分,載在分鬮,並非虛捏。查訊得現在房屋俱已無存,其爲早經拆卸,又屬瞭然。再劉琳自嘉慶十一年分析之後即行另度,其劉璣、劉瑤、劉琚三人同置公產,修葢新屋,並與劉琳無干,惟伊等拆用屋材之時,將劉琳所分劉家河二間之房一並拆卸,議明日後代爲造還。厥後伊等父故,喪葬之費共計一百六十串,劉琳應攤四十串並未取出,是以伊等亦未將此房造還。又查得劉瑤自十九年遷居新屋之後,陸續建造五間,其磚瓦木石,仍係分析以前公中所積,是劉瑤所居新屋,確係公業。此屋既屬公業,則三十二畝之地,亦應係公財置買,而老屋與新屋相互抵換之處係屬實情,更無疑義。本府推勘及此,不覺開塞疑網,胸次豁然。

至劉毓才所稱劉琳代伊兄弟主持分析,查道光三年劉毓才之胞伯劉琳、劉璣,胞叔劉琚俱尚無恙,且聞劉璣究心書法,何以不邀同一處,共預其事,而(惠)〔專〕[72]憑年逾八十之劉琳指爲中証?據劉琚等同供,劉琳老而昏瞆,目不知書,是其列名作中之處,實不可信。又劉毓才所供,道光十五年伊弟劉毓本曾將分受之樓房一間賣給劉毓倫一層,詰訊劉毓倫供稱,劉毓本因連年歉收,食用不給,經胞伯劉璣陸續借給錢文二十串,諭以須立券據,以便償還,劉毓本遂將樓房一間寫立賣約,送給劉璣。劉璣驗係賣約,隨將劉毓本訓飭,劉毓本遂即走避,並不將賣約收回。劉璣屢次送還,並未謀面。劉璣隨將賣約燬棄。揆情察理,顯係劉毓才預存訛詐之心,故商同其弟寫立此約為他日柄據,居心實屬奸狡。

以上數條,俱係此案勛節,本府逐層駁詰,劉毓才無可置喙。隨斷令劉璣、劉琚所分老屋與劉瑤名下無涉,不得妄肆影射,並令鄉約張芝及劉璣、劉毓美、劉毓才等,公同將房屋地畝照依十九年第二次所分另寫簡明分析,代為批明,四人各執一紙,以免日後爭端。原立分析四紙並道光三年劉毓才捏寫分析三紙塗銷,並取具遵結附卷。此判。

　　　　　立分析人長子劉琳、長孫劉毓英,因家不合,情願分居。應分庄南基地寬活四間,地屋應分房樓房五間、大房五間、協房六間,門外厦房四間,劉家河房二間,土地不毡,外應分田地八十畝,又有綻家灣地八畝,粮隨地傳,紅牛二隻、騾子一匹、馬一匹,再無異言。恐人心無憑,立分析存照。

　　　場邊地十四畝　　　　　桑園地八畝
　　　劉憲地九畝三分　　　　劉制地三畝
　　　下面或浩地二十畝　　　上原買贅子地六畝
　　　紅溝老頭劉憲地七畝　　四堌頭地四畝
　　　買劉金民地九畝開舘房
　　　　　嘉慶十一年十二月二十四日　分析單題八句有三

　　　　　立分析人次子劉璣,因家不合,情願分居。應分庄南中間樓房三間、中間大房二間,在庄南中間庄基地寬活三間,地方對面恊房六間,門外厦房三間、搭場一間共四間,劉家河房二間,土地不氈,在外應分土地八十畝,又分沙台子地四畝、經革苔地三畝共地七畝,粮隨地傳,牛二隻、騾子一匹、馬一匹。恐后人心無憑,立分析存用。

陳家元買張元東面二段十七畝　　下面地五畝張元
張進賢五畝　　　　　　　　　　或登雲五畝又三畝
或浩地十二畝又四畝　　　　　　場邊頭十四畝
坡邊地八畝在門前頭　　　　　　孔家堐頭或月、或浩地六畝
買劉忠場面一畝
一共土粮一石七斗五升
　　　嘉慶十一年十二月二十①日立　分析宰題八旬有三

立分析人三子劉瑶,因爲家不合,情愿分居。應分庄子地在庄北地寬活三間,上有樓房一間,中有樓房二間、大房二間,厦房在北面五間、再補一間,磚瓦木頭具全無人娶當,又有門外厦子場房四間,劉家河房二間,地土不氈,在外應分田地八十畝,又分綻家灣地八畝,粮隨地傳,分馬一匹、驢二頭、牛一對,再無異言。恐後無憑,立分析存用。

上原孔家堐頭地二十畝　　劉憲地十六畝
歪子地五畝　　　　　　　或元地四畝
劉簡、劉憲地六畝　　　　對或文倉地六畝
恊邊頭十四畝　　　　　　酒房上面地五畝
下面地三畝　　　　　　　紅溝頭嘴地一畝
一共土粮一石四斗九升七合
　　　嘉慶十一年十二月二十四日立　分析宰題八旬有三

------

① 其他三張分析合同落款俱爲"嘉慶十一年十二月二十四日"。

立分析人大子劉琚，因爲家不合，情愿分居。應分庄基地寬活三間，地方在庄北面，而應分庄北樓房二間，在中北樓一間、大房二間，共房五間，又有劉家河房二間，地土不毡，庄北厦房五間，再補一間，磚瓦木頭俱全無人阻擋，應分酒房四間，地土八十畝，又分水毛灣地二畝、分西溝門地五畝，共地七畝，應分馬一匹、騾子一頭、牛二頭。恐后無憑，立分析存用。

　　對劉通枕頭地四畝　　軍地六畝

　　劉敬、劉通地一十九畝　劉生花地一十八畝

　　覇口下面地二畝五分　　種種地四畝

　　鞋底板嘴地三畝　　　　元口子劉憲地二畝

　　劉通地一畝五分　　　　場邊頭地十四畝

　　對劉緒地六畝

　　一共土粮一石四斗二升九合

　　　　嘉慶十一年十二月二十四日立　分析人宰題八旬有三

此嘉慶十一年十二月劉琳兄弟四人分析合同也。四紙之内，每人俱分有劉家河房二間，又劉琚名下分有酒房四間，訊悉劉瑶等修造新屋，係將劉家河八間、酒房四間拆卸，將磚瓦木料運用等供，現在查驗此項劉家河房及酒房俱已無存，其爲早經拆卸，又屬瞭然。現在劉瑶所居新屋既係將公産拆卸新修，則新屋確係公業，此屋既屬公業，則老屋與新屋相互抵换之處，更無疑義。

道光二十年三月初二日
山西稷山縣民韓四子具控郿民劉吉等再許嫁女案

道光二十年三月初二日，審得山西稷山縣民韓四子具控〔郿民〕[73]劉吉等一案。緣韓四子籍隸山西，前來咸陽，在於段永讓舖內學習生理。段永讓之母舅呂莪住居郿縣，于道光十三年同媒呂朝清，代韓四子聘定同邑民人劉吉之女翠女子爲妻，三次付過財禮錢四十串又耳環一對。聘定之後，韓四子囬到原籍，並未來郡。道光十八年，郿民蔡正凡曾囑喬玉代其子蔡榮作媒，喬玉訪聞劉吉有女在室，前往説合，劉吉應允，得受財禮錢二十串。十一月，呂莪赴縣呈控，未經傳訊，蔡正凡即行迎娶。新令到任，韓四子赴縣具控。該縣斷令翠女子仍歸蔡榮爲妻，令劉吉退還財禮錢三十六串完案。縣斷之後，劉吉並未清交，韓四子赴府復控。

提集人証，查訊劉吉，實因翠女年已十九，且訪聞韓四子在外病故，是以另行許配。詰問喬玉，亦實不知此女曾已聯婚，伊于説合之後經呂朝清告知前事，伊即往告蔡正〔凡〕[74]，囑令不可訂親。而蔡正凡一聞此言，不惟不肯止息，且黑夜即將翠女迎娶歸來。是此案劉吉與喬玉，一則悞聽傳聞，一則不知前事，均可有所藉口。惟蔡正凡則肆無忌憚，既聞喬玉阻止之言，胆敢連夜搶娶，實屬此案罪〔魁〕[75]。若按律定斷，翠女子本應離異，①第婦人之義從一而終，名節〔所關〕[76]，無分貴賤。該縣斷令仍歸蔡榮之處，本屬允恊。第現在查訊劉吉係屬赤貧，今經本府酌斷，劉吉退還錢二十串，蔡榮出錢四十串，共錢六十串給韓四子具領，以便另行訂婚。取具遵結附卷。此判。

---

① 《大清律例》卷十《户律·婚姻》"男女婚姻"律："若再許他人……女歸前夫。"載《大清律例》，田濤、鄭秦點校，法律出版社1999年版，第203頁。

校勘記

[1] 國圖本“遲”字模糊，據密歇根大學本、北京大學本補。

[2] 國圖本“地”字模糊，據密歇根大學本、北京大學本補。

[3] 國圖本“籽”字模糊，據北京大學本補。

[4] 國圖本“恠”字模糊，據密歇根大學本、北京大學本補。

[5] 國圖本“劉承”二字及“人承買事屬”五字模糊，據北京大學本補。

[6] 國圖本“時曾囑”三字模糊，據北京大學本補。

[7] 國圖本“高”字模糊，據密歇根大學本、北京大學本補。

[8] 國圖本“承”字模糊，據密歇根大學本、北京大學本補。

[9] 國圖本“之”字模糊，據密歇根大學本、北京大學本補。

[10] 國圖本“来”字模糊，據密歇根大學本、北京大學本補。

[11] 國圖本“交”字模糊，據北京大學本補。

[12] 國圖本“告”字模糊，據北京大學本補。

[13] 國圖本“永”字模糊，據密歇根大學本、北京大學本補。

[14] 國圖本“百”字模糊，據密歇根大學本、北京大學本補。

[15] 國圖本“永昶”二字模糊，據密歇根大學本、北京大學本補。

[16] 國圖本“應”字模糊，據北京大學本補。

[17] 國圖本“本利”二字模糊，據密歇根大學本、北京大學本補。

[18] 國圖本“業一且”三字模糊，據密歇根大學本、北京大學本補。

[19] 國圖本“盛”字模糊，據密歇根大學本補。

[20] “南”與下文不符，當作“蘭”。

[21] 該字脱落，據上下文年份補入。

[22] 國圖本“敢”字模糊，據北京大學本補。

[23] 國圖本“號”字模糊，據北京大學本補。

[24] 國圖本“息”字模糊，據北京大學本補。

[25] 國圖本“毫”字模糊，據北京大學本補，下同。

[26] 國圖本“有”字模糊，據北京大學本補。

[27] 國圖本“賬”字模糊，據密歇根大學本、北京大學本補。

[28] “儿”文義不通，據下文契約及文義，改作“北”字。

[29] 國圖本"北"字模糊,據北京大學本補。

[30] 國圖本"買賈"二字模糊,據北京大學本補。

[31] 國圖本"買楊"二字模糊,據北京大學本補。

[32] 國圖本"一斗"二字模糊,據北京大學本補。

[33] 國圖本"每畝"二字模糊,據北京大學本補。

[34] 國圖本"二"字模糊,據北京大學本補。

[35] 國圖本"買馬際昌"及"分坐落雙柿樹"共十字模糊,據北京大學本補。

[36] "西"文義不通,據北京大學本及上文契約,改作"面"字。

[37] 國圖本"車"字模糊,據北京大學本補。

[38] 國圖本"坐埕"文義不通,據密歇根大學本、北京大學本當作"生理"。

[39] 國圖本"卑"字脱落,據密歇根大學本、北京大學本補。

[40] 國圖本"風縣"二字模糊,據密歇根大學本、北京大學本補。

[41] 國圖本"約"字模糊,據密歇根大學本、北京大學本補。

[42] 國圖本"緇"字模糊,據密歇根大學本、北京大學本補。

[43] 國圖本"公"字模糊,據密歇根大學本、北京大學本補。

[44] 國圖本"李"字模糊,據密歇根大學本、北京大學本補。

[45] 國圖本"屢"字模糊,據密歇根大學本、北京大學本補。

[46] 國圖本"外出"二字模糊,據密歇根大學本、北京大學本補。

[47] 國圖本"未"字模糊,據密歇根大學本、北京大學本補。

[48] 國圖本"玉"字模糊,據密歇根大學本、北京大學本補。

[49] 國圖本"作"字模糊,據密歇根大學本、北京大學本補。

[50] 該字模糊,據文義補入。

[51] 據前後契約改。

[52] "不"文義不通,據前後契約及文義,改作"下"字。

[53] 國圖本"地"字模糊,據密歇根大學本、北京大學本補。

[54] 國圖本"程"字模糊,據密歇根大學本、北京大學本補。

[55] 國圖本"此"字模糊,據密歇根大學本、北京大學本補。

[56] "正月"二字模糊,據北京大學本補。

[57] 國圖本"程自"二字模糊,據密歇根大學本、北京大學本補。

[58] 國圖本"即於二十九日關門"八字模糊,據密歇根大學本、北京大學本補。

[59] 國圖本"爾於"二字模糊,據北京大學本補。

［60］國圖本"挾"字模糊，據密歇根大學本補。

［61］國圖本"銀"字模糊，據密歇根大學本、北京大學本補。

［62］國圖本"債挾"二字模糊，據密歇根大學本、北京大學本補。

［63］國圖本"可想見矣"四字模糊，據北京大學本補。

［64］國圖本"鋪借爾債"四字模糊，據北京大學本補。

［65］國圖本"領本夥計凡"五字模糊，據北京大學本補。

［66］國圖本"既"字模糊，據密歇根大學本、北京大學本補。

［67］國圖本"石兆林又向"五字模糊，據密歇根大學本、北京大學本補。

［68］國圖本"程擁至三合麻店以"八字模糊，據密歇根大學本、北京大學本補。

［69］國圖本"戀"字模糊，據密歇根大學本、北京大學本補。

［70］據文義改。

［71］國圖本"現"字模糊，據密歇根大學本、北京大學本補。

［72］國圖本寫作"惠"，據密歇根大學本、北京大學本改作"專"。

［73］國圖本"鄜民"二字模糊，據密歇根大學本、北京大學本補。

［74］國圖本"凡"字模糊，據密歇根大學本、北京大學本補。

［75］國圖本"魁"字模糊，據北京大學本補。

［76］國圖本"所關"二字模糊，據北京大學本補。

卷四

道光二十年三月初三日
鳳翔縣民鄭萬和具控李九功等相鄰糾紛案

　　道光二十年三月初三日,審得鳳翔縣民鄭萬和具控李九功等一案。撿查縣卷,李九功籍隸該縣風伯里,東鄰爲鄭萬和,北鄰爲趙文選。李九功住居崖下,趙文選住居崖上,崖上兩邊舊有水道,水從東西兩邊分走,東邊舊有車路,其水即從車路流出。道光十六年,趙文選之弟趙文學將地連車路賣給鄭萬和之父鄭元斌爲業,鄭元斌修築垣墻,擋住車水兩路,其水由東赴西,從李九功崖背經過。十九年七月,雨大勢猛,崖下窑①院被水浸灌,衝壞土窑。李九功等往向趙文選理論,(被)〔彼〕此互控,該縣初次斷令趙文選在於崖上修路。李九功聲稱窑背有伊護窑地一分六釐,又復争控,該縣斷令鄭萬和仍舊將車路留出,以利水行,李九功護窑之地,飭鄉保常敬等另行找查完案。

　　本年二月,鄭萬和赴府具控,本府因鄭萬和築墻擋水,致崖下窑隻被水衝損,該縣斷令照舊留路,甚屬平允,何以仍不輸服? 隨提到人証,查訊李九(成)〔功〕等,始悉李九功住宅之東尚係李生桂之地,地東爲路,路東始係鄭萬和之地,是此路顯係公地,何以鄭萬和擅敢築墻擋水? 隨查驗趙文學賣給鄭萬和地約,載明"東至買主、西至李生桂"字樣,如果此路係屬公地,則約内即應載明西界車路,何得跨越此路,直抵路西李生桂之地,指爲西界? 且此契詢係李九功所書,更不得藉稱他人糢混書寫。本府詰訊李九功,俯首無詞,惟稱寫約之時偶不撿點,遂將此路包入界内,實屬錯悞等供。

　　查房地以文約爲憑,此案地契雖明知秉筆偶誤,但鄭萬和執有左

---

① 同"窰"。

証,若一概抹殺,逕令開路作爲公業,究不足折服其心。然東邊之水歷來流向東邊,若復仍由崖背行走,將來崖下居民必受水患,又不能因鄭萬和執有契約,任聽擋水,致滋後患。隨斷令鄭萬和在於舊處仍留水路,以利水行。查得築墙以來,人畜俱在西路行走,數載皆然,應仍其舊,令鄭萬和不必在於水路之外另開車路,以昭平允。至李九功一分六釐護窰之地,伊既有窰隻在下,當挖窰之時,此窰頂必係伊家私業,鄰居人等始肯任其挖土,其理甚明,所有窰背應聽留地,作爲護窰,趙文選等毋得挖損。鄭萬和買契發還。兩造悅服,取具遵结存卷。此判。

道光二十年三月初三日
鳳翔縣武生彭毓靈具控武生彭應陽錢債、口角案

　　道光二十年三月初三日，審得鳳翔縣武生彭毓靈具控武生彭應[①]陽一案。撿查縣卷，武生彭毓靈與彭毓彰係從兄弟，毓彰之子映陽曾經彭毓靈教習弓馬，得入武庠。道光十四年，彭毓彰曾託彭毓靈向蔡可智轉借錢二十串，二分行息，期至一年歸還。十五年將利錢如數清還，又向蔡可智換寫新約，至十六年又將利錢還清。厥後彭毓彰因家道貧乏，未能依期還債，彭毓靈屢次往討，與彭映陽口角，遂致控縣，并稱彭映陽有毆辱情事。

　　本年二月，彭毓靈復行控府。提集人証，查驗蔡可智借約，係彭毓靈出名，毓彰作保。詰訊蔡可智，與彭毓彰素不認識，此債亦不知是何人所借，但兩次利錢俱經毓彰一手承還。隨訊據彭毓彰供稱，并未託毓靈轉借，所有前項利錢實係素欠彭毓靈之項，彭毓靈兌還該舖。查訊彭映陽，實只與彭毓靈口角，并無毆辱情事。

　　查賬債以文約爲憑，如果毓靈代毓彰轉借，則立約之日即應令毓彰出名，立約交毓靈收執，以便後來各清各欠。今查蔡可智執有毓靈之約，而毓靈更無毓彰之券，是所稱代借之處，不足爲憑。但毓靈與映陽既係叔姪，又係師徒，映陽胆敢與尊屬口角忿爭，殊屬不合。據彭映陽願將此項向蔡可智償還，限本年麥收後交清，應聽其便。所有利錢前已交還兩年，餘着蔡可智讓去。兩造悦服，取具遵結存卷。此判。

[①] 後文該人名均作"映"。

道光二十年三月初五日
寶雞縣民李添土具控符仁義、符從靈、
王世祥等占種地畝案

　　道光二十年三月初五日,審得寶雞縣民李添土具控符仁義、符從靈、王世祥等一案。撿查縣卷,該縣民人李添土於道光十八年呈稱,伊祖李修曾於康熙五十六年在該縣中巖山開墾地畝,報縣鈐印。厥後伊家供職京華,誤將印約收存箱篋,未獲照約管業,地被符、王、田三姓佔種等情。經該縣前令查訊符仁義等,供稱本族之地係屬水蒿川,并不知中巖山坐落何處。該縣查驗李添土地約,并無四址,且疑係假印,將地斷歸符姓管業。尹令到任,李添土復控,該縣查照原斷,批駁在案。

　　去年十一月,李添土赴府復控。本府札委鳳翔徐縣丞前往履勘,行至該處,因冰河阻滯,禀請春融另行往勘。本年二月,河水雖釋,山路崎嶇,輿馬難進,非芒鞋竹杖,不能深入其境。隨諭屯書姚永福帶同兩造前徃,會同鄉地履勘水蒿川坐落何處,而玉皇山是否即中巖山,并有無碑記之處,繪圖貼說,明白禀覆。二月二十九日,隨據玉皇山會首民人白菊、劉榮等呈稱,玉皇山古名香巖山,現有(宏)〔弘〕[1]治年間碑記,內開載"此廟地畝坐落熟禾川,一名水蒿川,其界東止瓦廟溝、西止熟禾山、南止走馬嶺、北止秦嶺"字樣。并據白菊供稱,玉皇山之前,其東爲東熟禾川,西爲西熟禾川,二川以河爲界。沿流而北爲杏樹溝門,再東北爲杏樹溝,杏樹溝之西北爲榆樹溝,二溝俱屬中巖山所包,自熟(河)〔禾〕川至此爲玉皇山北境,俱係符姓所佔。其南境東爲謝字崖,西爲石頭灣,此二地在於玉皇山之南,走馬嶺又

在其南，均爲田、王二姓佔種等語。

隨查訊，符仁義之先祖符三德於乾隆四十一年與田、王二姓争地涉訟，由縣控府，斷令玉皇山之南謝字崖、石頭灣俱歸田、王二姓，玉皇山之北熟禾川一帶俱歸符姓在案。據符姓呈出乾隆四十一年文約，開載"符姓之地坐落西熟禾川，東界東熟禾川，西界西熟禾，南界鐵鑪坪，北界秦嶺"字樣。本府查驗玉皇山（宏）〔弘〕治年間碑文，載明熟禾川爲本山香火，東界瓦廟溝，西界熟禾山，南界走馬嶺，北界秦嶺。若據此碑論斷，則符、王、田、李四姓之地皆包在此碑四址之中。且據白菊供稱，此山屬涼泉里，并未承糧，而符姓文約亦稱明末以來，户口逃亡，此山荒癈。可見百餘年來，并無墾土承糧之人，何以符姓約載納糧三石有奇，而王、田二姓亦稱承種軍地，完納軍糧？

本府細加查勘，始悉符姓一族住居底店里，距此百里之遥，彼處合族有地不下十〔頃〕，俱〔在渭〕[2]河之北。查一畝之地，納糧五升，則千畝應納糧五十石，何以現在符姓承糧只有二十八石？即納糧有多少之異，亦不應若此懸殊，顯係所納係底店民地之糧，只因乾隆年間侵佔玉皇山山地，〔是〕[3]以將底店之糧撥出三石有奇，以便影射此地，殊不思計畝攤糧，則底店已屬地多糧少，況又多佔此數百畝山地，則地愈多而〔糧〕[4]愈少，情獘顯然。至王、田二姓，本屬軍户，其承糧軍地俱在渭河之南，厥後灘地淹没無存，遂將此項山地冒充灘地，將無主山糧指作軍糧。

查軍户之地盡在南灘，而荒山之中何來灘地？據王世祥供稱，所種係符黑狗絶户軍地，并呈出斜坡營軍地清冊，載明"符黑狗軍地坐落水蒿川"字樣。姑勿論山地并無荒灘，即專就冊内所載水蒿川論之，亦只應與符姓共争水蒿川之地，何以田、王二姓現在又舍却水蒿川，而逕在相距五里之謝字崖、石頭灣兩處佔種，其爲藉糧佔地，又屬無疑。

此案符、王、田三姓之地罅漏重叠，惜爾時縣、府控俱未推勘（宏）〔弘〕治之碑，又未查驗三姓渭河南北之地，亦未清查軍、民二户，地非此山之地，糧非此山之糧，以致草草定案，七十年來以訛傳訛。若非細心推勘，洞悉本原，鮮不受欺於古人者。至查驗李添土印冊，係康熙五十六年所給，又李修承買楊受禮印契一紙，俱鈐有寶雞縣印。據李添土供稱，該縣前令疑此印有僞。本府細驗此印，較近時爲小，其清文係屬正書。查雍正六年以後，大小印章始行改用清字篆文，其尺寸亦較前時爲大，此印確係雍正六年以前所頒，尚無假僞。但兩契均無四址，雖白菊供稱杏樹、榆樹二溝俱係中岩山所包，然無徵不信，若遽行斷給，則符、王、田三姓轉得有所藉口。況此二契俱在康熙中年，揆情度理，似此廟此山，兵燹之餘，無人管領，凡附近居民，佔踞原場，惟力是視。伊等四姓父祖等游憩茲山，見其翳薈蘢蔥，心生衍羨，彼時并未批讀勝國孝廟之碑，遂欲誅茅墾萊，詒厥孫謀，而不虞數百年之前，凡茲山左右前後早屬琳宮香火也。

本府將此案情節逐查駁詰，奈此事俱係伊等父祖所爲，伊等亦未能深悉，隨將罅漏向伊等詳明開導，該民人等俱無可置辯。隨斷令所有玉皇山地畝俱應查丈（宏）〔弘〕治年間碑文，按照四址，歸給本山管業，以息爭端。由該處民人選擇妥人經理，符、王、田、李四姓俱不得有所覬覦。所有符仁義底店里六甲糧三石二斗，王世祥、田發義二人承納符黑狗名下軍糧二石六斗八升五合，坐落水蒿川，此二項糧石本係伊等將他處地畝移在茲山，以便影射，今既將地畝歸公，本不應准其帶糧。但伊等冒充地主，幾及七十年，歷係藉糧佔地，此時若仍令伊等完糧，本府又不爲已甚，着與李添土宣明里一甲糧一斗三升，一并過於玉皇山下，另立糧名。除飭該縣撥正外，李添土印約一冊、印約一紙、符仁義約二約存卷備查。此判。

李添土中巖山印契：

寶雞之南有中條，中條之中有中巖，以其巖立羣山之中，羣昂而中低，羣矗而中秀，邑人李修往返，欲廬於其巔。其山四至，東至東山峻崖,絶壁無土,南至南山山澗,流水噴出,滙而爲河,惟西有西山之坂,上至山頂,北至山頭,面東向陽之方可墾可藝之地。第山係公物,人人採掇,往來樵牧,無可如何。因與山林逸老城廓諸事籌畫,嘀議輸納公賦一斗,則物自有主,取自有制,人心由此安分,草木得以暢茂。茲特具冊公堂,仰瞻准批坐落自有印信主人憑爲永遠。

寶雞縣印批

康熙五十六年十二月二十二日印批

符仁義碑記一紙:

底店里六甲符姓闔族有祖遺山庄一所,坐落西熟禾川,東至東熟川,西界西熟禾,南至鐵坪,北至秦嶺,地内該糧三石二斗有零,於明末流賊作亂,人民逃竄,土地荒蕪,從斯失守。於康熙年間,四方康靖,有人開墾,田、王二姓冒作地東,錢糧之事被二家冒取。後因行糧差役計算地畝,賦地不均,内有餘糧如數,有符三德等細尋冊籍,始知山庄情由。自此與二姓興詞具控到縣,公斷給我。二姓不遵,返復上控,與本府田大老爺始定其案。今特勒石以誌不朽云。

乾隆四十一年梅月吉(且)〔旦〕

符仁義捨約一紙:

立寫施捨常住地基文字人(符三德、符良、王效吉、田豐年)①三户人等,情合義合,俱立合通,各守各業。三户人等公議,情願將玉皇山所種常住地上下一所情願捨於山上,一做香火之資,並無價值,永遠爲業,日後永無葛藤。如有外人異説者,三户

---

① 括號内人名爲叠寫,下同。

人等承認其地內有糧多少，並不與常住相干。其地坐落玉皇山，東至西水河崖，西至走馬灘，南至念子灘，北至鐵瓦殿，四止分明，上下金石土木相連。對中言明，價值軍需糧草並不與常住相干。恐後人心難保，故永斬葛藤，文約存照。

乾隆四十年五月二十八日

立約人(符三德、符良、王效吉、田豐年)水蒿川捨約

重修普明香巖山碑記：

弘治元年戊申三月重修大殿立石

廟內有熟禾川即水蒿川山地一所，東止瓦廟嶺洞山爲界，南止走馬嶺坡下爲界，西止熟禾山爲界，北至秦嶺爲界，四止分明，古立地界於石。

上古之世，山不在高，有神則名，水不在深，有龍則靈。茲者寶雞縣之南山一百餘里，俗呼玉皇山，乃富國鄉八廟里禱雨之神路，下止廟溝河，山上止玉皇大山頂。玉皇上帝修道之所，因而熟禾感應如嚮。

弘治十七年甲子仲春立石

道光二十年三月初八日
鳳翔縣民李萬康具控李譚氏歸支分析案

道光二十年三月初八日，審得鳳翔縣民李萬康具控李譚氏一案。緣李萬康自幼過繼與胞叔李鳴鶴爲子。嘉慶元年，將家産按照四門分析，李鳴鶴分得地二十五畝。鳴鶴前妻既没，繼妻譚氏生子萬程，李鳴鶴代萬康聘定王氏之女爲妻。因萬康素不務正，曾於嘉慶二十一年憑族衆李延槐及萬康胞兄李萬吉、萬鎰等將萬康帶産歸支，撥給厦房三間，並王氏嫁粧給萬康承領，立有杜絶合同。萬康歸支之後，又過繼與族叔李述柏爲子，述柏早已物故，其孀李陳氏孀居，萬康與之同度。厥後家業彫零，李萬康因曾經繼與鳴鶴，遂捏稱譚氏掯勒分單，未照原議分結，於十六年四月間具控縣案。該縣批示"忙後傳訊"，遂致延擱。

本年二月，李萬康赴府申訴。提集人証，據李譚氏呈出合同，驗得李述柄、李述善、李萬吉、李萬鎰係屬中証。查訊述善、述柄，供稱未預其事。研訊再三，始據同供，雖未身親作中，但李萬康歸支之事，素所稔悉，其繼與述柏一層，亦屬實情。惟李萬鎰則供稱在場親預，後來帶有厦房嫁裝，最後又繼與述柏，曾與述柏之孀李陳氏同度屬實。惟李萬康則堅稱李鳴鶴先於分析之日，曾經分地二十五畝，係專給萬康分受之業，後來繼母譚氏藏匿分析，不將此項分給。

查李鳴鶴兄弟分析在嘉慶二十一年，彼時萬程尚未生育，是以分析載有萬康之名，厥後既生萬程，是以令萬康帶産歸支。彼時鳴鶴尚在，家務是其主持，其分撥房屋，出自鳴鶴之意，即非萬康所得抗争。況歸支之後又經承繼他房，更不得希冀再分萬程祖産，隨斷令李萬程產業,李萬康毋得控爭。至李譚氏所稱從前李鳴鶴將街房當與劉榮先,得受當價銀六十兩,錢三十串,後來李萬鎰等串通李萬選、李兆祥等七人將房出賣,受價錢一百九十串,除去當價一百零五串,只給過李萬程十五串,餘錢七十串係伊等七人分用等情。訊據李萬鎰供稱係屬公業,李譚氏並無券據,斷令勿得再爭。兩造悅服,取具遵結存卷。此判。

道光二十年三月初八日
扶風縣民樊朋具控王九禄等合夥賬目糾紛案

　　道光二十年三月初八日，審得扶風縣民樊朋具控王九禄等一案。檢查縣卷，樊朋于道光十八年與王九禄合夥生理，王九禄出錢三百五十串，樊朋出錢一百五十串，共錢五百串，樊朋一人承領，議明得利均分，書立合同，各執一紙。十九年春間，王九禄之子王兆元、王耀德疑樊朋賬項不清，將生意歇業，同鄉約任義隆、李會等清算，簿內出入賬項均屬相合，惟多收王兆元錢一百千文之項，數目不符。據樊朋供稱係王兆元在舖管賬，私行添入，王耀德堅稱伊兄王兆元並非管賬，委無捏添情事，實係舖夥張英書寫。兩造各執一詞，飭令差傳張英、王兆元到案，再行質訊。此該縣初次所斷也。

　　厥後傳到張英，而王兆元並未到案。該縣訊得十九年生意歇業之後，經鄉約任義隆、李會查算出入賬項不符，未經管處而散。三月二十八日，又邀楊茂春、張桐、高建魁、高殿魁查算，共折本錢五十餘串，處令舖內利害與樊朋無干，惟開張時漏入王耀德本錢一百串，算賬後經王耀德查知不依，樊朋與王兆元令舖夥張英將所漏一百串執筆補入簿內。後經親友調處，議明不必窮究，有無漏交，着兩人分認，樊朋認錢三十串，王耀德認錢七十串，抽銷合同，樊朋將所分家具、貨物、衣服暫存舖內。十二〔月〕[5]十七日，樊朋私討高言欠錢八串，王耀德查知控縣。傳訊樊朋，〔供〕[6]稱因王兆元、張英出外，心存狡賴，混供一百串之項，係王兆元私添。茲張英供認係王兆元、樊朋眼仝令伊執筆，于簿內補寫入"王兆元錢一百串"等語。該縣因簿賬供証明白，斷令樊朋交還王耀德錢二十串，並私討賬八串，共錢二十八串完案。此該縣二次所斷也。

本年二月,樊朋赴府具控。本府查,兩造所爭在所入一百串之項。王耀德所稱張英添寫之處,雖據張英在縣供認屬實,但彼時漏未當堂比對筆跡。且樊朋堅稱張英只係在舖學習,職供奔走,並未干預賬目。所有舖內管賬係王兆祥,而秉筆係王兆元,此項實係王兆元書寫,是以屢次避匿,不肯到案等語。是二人所供俱屬不可爲信。

隨研訊二人出錢作本,此錢係取之何人?據樊朋供稱,二人初議,雖合成五百串之數,後來在聚義合號兌錢,二月初間,初次付錢一百串係王兆元所入之本,二次付錢一百五十串係樊朋所入之本,是以賬簿第一欵將聚義號兩次之項寫作"出錢二百五十串",即于次行書寫"樊朋入本一百五十串、王兆元入本一百串"。到二月十二日,王兆元又收高柱還錢五十串入于舖內,又于三月初七日兌來聚義合號錢一百五十串,亦係王兆元所入之本。以上通共王兆元三次入本,只有三百串,伊身入本一百五十串,共計四百五十串。後來王兆元將高柱所還之五十串寫作一百五十串,是以賬目有一百串不符等語。本府查驗王耀德所呈簿賬,開手一欵,出聚義合號二百五十串,即接寫"樊朋錢一百五十串、收王兆元錢一百串"。又三月初七日,出聚義合號一百五十串、收王九祿錢一百五十串。此四欵出入之數俱屬相符。惟二月十二日,收王九祿一百五十串,此一欵並無聚義合所兌之錢,詢係王九祿在高柱處索來欠項,只有五十串,而王兆元添寫至一百五十串。本府詰問王耀德:所有舖內兌來聚義號之四百串俱有出項可憑,高柱還爾之五十串亦有人名可指,爾多寄此一百串之項係將何項收入?王耀德無言可對。

本府細〔加〕[7]查核,王兆元不惟于三百五十串之本少交五十串,且于五十〔串〕[8]之外又虛添一百串,是以當日任義隆算賬,即稱有一百串數目不符。而現在查核賬簿所登欵目,樊朋、王九祿共入錢四百五十串,而聚義合號只出錢四百串,合之王九祿收回高柱借錢五十串,亦共四百五十串,出入之數俱屬吻合,是樊朋所稱添寫一百串,係屬實情。但任義隆等原算賬目據稱多錢一百串，今逐欵清算，照原賬只多錢一十三千有奇。詢悉賬簿係王耀德收存，顯係詰訟之後，又私有增改，是以較任義隆等算賬之日，又有參差。但所兌義合號之錢，則王兆元始終不敢增添，是以仍係原數，必合之收回高柱五十串，始有四百五十串之數。一經有心人細加推勘，遂不禁破綻畢露耳。至樊朋此時所呈並無賬簿，只有貨單一二紙，驗係無關緊要之件，訊據樊朋供稱並不識字，是賬簿、賬單久爲王耀德等竄改，又屬顯然。所有合同二紙，現據張桐呈出，供稱伊等處和之日，議明清賬抽銷，此時合同尚存張桐處，可見賬目實未算明。

　　查樊朋貲本一百五十串，又應分半息六十串，共計二百一十串，除兌過貨錢五十餘串，又用過三十餘串，又兌過高言等外欠錢八串、高登霄七千、高林二串、王仁二串，通共收過一百串。斷令王耀德找錢一百一十串，給樊朋具領。其所兌高言錢文，即將欠約交給樊朋，以便往討歸欵。合同二紙塗銷。王耀德等朦混算賬，本有不合，姑念俯首認罪，將欠項如數清交，免其深究。取具遵結存卷。此判。

　　三月十二日提到張英，據供伊在舖學習生理，專司關門掃地，並不敢執筆登記賬目，從前實無寫過"王兆元入錢一百串"之事。本府令其當堂寫字，與王耀德呈出賬簿筆跡迥殊，王耀德無可抵賴，隨于本日繳錢一百一十串，給樊朋具領訖。

道光二十年三月初八日
寶雞縣民婦王羅氏呈控王錫魁等爭產爭毆案

　　道光二十年三月初八日，審得寶雞縣民婦王羅氏呈控王錫魁等一案。緣王羅氏之夫王殿魁與夫兄王錫魁係同胞兄弟，與王守魁等係同祖兄弟。伊家於嘉慶二十二年按照老門將家產作四分分析，所有場園一所給王殿魁之父名下管業，王錫魁與其胞弟殿魁分析時，將此項場園議明撥給王殿魁，令其填還外欠。又有從前出當溝邊埈地及路西地畝，一併給殿魁管業，立有合同爲據。王殿魁曾將場園一半當給傅姓，得錢二十串。殿魁物故，道光十八年，其妻羅氏將此項場園一半重當與郭天良，定價三十串，議明先交十串，留二十串向傅姓贖地。十九年春間，王羅氏向傅姓求讓典價一串，經郭天良將錢十九串向傅姓贖回地畝，又將錢一串找清羅氏典價。王羅氏懇祈續價，王錫魁、王守魁等私向郭天良阻擋，聲稱園係公業，希冀瓜分贖地之價，以致郭天良不肯找價。王羅氏向王錫魁理論，被王錫魁、王守魁、王五等口角忿爭。

　　王羅氏控縣，王錫魁等抗不到案，該氏赴府具控。提集人証，查得此項場園地畝如實係王殿魁分受之業，則弔驗分關，立〔剖〕[9]虛實，何至任令王錫魁等捏詞抵賴，逼令郭天良不肯找價，致伊等同室操戈。堂訊之下，諭令王羅氏將分析合同并場園買契呈出，細加勘驗，實係嘉慶二十二年分給王殿魁之業，更無疑義。王錫魁等見場園地畝業經本府審出確鑿証據，該王錫魁兄弟等不敢抵賴，隨供稱伊等從前并無互爭場園之事，王羅氏只因郭天良不允續價，心疑伊等阻撓，是以捏情具控，伊等實無爭毆情事。詰問郭天良，亦供稱王羅氏意欲續價二十七串,伊因貧困,不能如數付給,以致王羅氏捏控等供。

　　查王錫魁等若非從前有爭產之意,何至向郭天良阻撓?既無阻撓情事,又何至王羅氏爭控?但此時伊等僉供場園地畝實係王羅氏私業,其畏罪輸情已屬顯然,其由爭產以致爭毆之處,經王羅氏懇求,加恩免究。斷令郭天良續價二十串給王羅氏具領,并于當約內註明"永不增添"字樣。王羅氏分析及買契,照抄二紙。取具遵結附卷。此判。

　　　　立寫分析文字人王錫魁、王殿魁並姪喜慶,因家事不合,不願同居,情願將家產照數均分,各自過日。所有北原大坡西邊地一段,計地三畝,應分王錫魁名下;又北原地三段,東邊一段計地一畝五分,應分喜慶名下;西邊二段計地二畝五分,應分王殿魁名下。又有溝道埈東邊地二畝,路西地三畝,同〔居時〕[10]已經出當。又有場園一所,理應三分均分,因欠外賬債一百八十串有零,一同商議,着王殿魁一面承認,日後賬債並不與王錫魁、喜慶二人相干,俱情願將場園與王殿魁一人承受居住。再將出當溝道埈地二畝、路西地三畝亦着王殿魁任其贖賣,亦不與王錫魁、喜慶相干。惟有堡內住宅樓房一間、厦房一間,應地方窄小難以分住,尚在官中,均皆有分。自此以後,永不得出有異言。恐後無憑,故立分析爲証。

　　　　　　　　　　　　　道光二年正月二十七日立
　　　　　　　　　　　　　中見房親人　王御中
　　　　　　　　　　　　　　　　　　　王乃文
　　　　　　　　　　　　　代書人　宇文平〔西〕[11]

道光二十年三月初八日
鳳翔縣民婦李王氏具控邵登福等
合夥賬目糾紛案

　　道光二十年三月初八日，審得鳳翔縣民婦李王氏具控〔邵登福〕[12]等一案。緣李王氏夫翁李成陵於嘉慶年間出資與邵登福〔之叔〕[13]合夥生理。嘉慶十八年，邵登福陸續借過錢一百七十串，道光〔十〕[14]年二月，又陸續借麥五石，用過豬五口，又兩次借錢八十五串，〔四〕[15]項共合錢三百一十串，開有賬單。十一年李成陵患病之日，其子李升出外，李成陵將賬單交給李王氏收執，並邀同李向辰、王良、武生許啟來家，將賬目付觀。隨遣人往尋邵登福，避匿不來。十一年李成陵物故，李升託李潤、姚世傑向邵登福索取欠賬，經邵登福還錢二十串，李升旋亦物故。自此以後，邵登福意圖賴賬，以致該氏控縣。差役管德傳喚不力，致該氏赴府復控。

　　提集人証，〔查〕[16]訊許啟供稱，從前李成陵曾約伊與李向辰、王良到家看賬，囑爲〔照〕[17]料，並遣人往喚，邵登福匿避不來。日前王氏具控之後，邵登福曾私許送給該武生錢二十串，囑令代爲包含一切等供。隨又向徐乃登研訊：嘉慶十八年，邵登福借過李成林錢文，爾代伊算賬，〔曾〕[18]否將此項算入？據徐乃登供稱，曾於嘉慶十六年代爲算過賬〔目〕[19]一次，十六年以後之事，並未預聞。旋據邵登福供稱，伊家與李成林於道光十年正月分夥，寫有算賬分單，並呈出分單二紙，稱係徐乃登所書。質之徐乃登，忽又翻異前言，供稱道光十年係伊代爲書寫分單，是其游移惝怳、前後矛盾而不自知，情獘顯然。又據李潤、姚克勤供稱，從前李升託伊等向邵登福取錢，並未言及索欠,亦未言及告助,惟憶邵登福給過王氏錢二十串,未審確係還賬與否。查還債之與告幫,其情詞大不相侔,該李潤等既經代爲致意,豈有不知底裏之理?其詞與徐乃登之供顯有賄串情獎。〔而〕[20]邵登福亦堅稱此二十串係屬幫項,並非還債,與李王氏各執一詞。

查邵登福既執有道光十年以前分賬清單,若斥爲不足取信,未免涉於臆斷。然李王氏亦執有確鑿簿據,又未便指爲無稽。〔惟〕[21]於兩家所執簿據,折衷定斷,庶得愜乎情理之平。隨勘得李王氏所呈簿據,邵登福於嘉慶十八年,曾經借過錢一百七十串,雖有賬目可憑,然已在道光十年截算舖賬之前,若斷令邵登福承〔還〕[22],不足折服其心,應毋庸置議。自十年正月算賬之後,其借用〔錢文〕[23]與麥石、猪隻俱在是年二月,既在截算賬目之後,則此項〔賬目自〕[24]應不在還過各賬之中。況許啟以八十老翁,從前面受李〔成林之囑,既可〕[25]按籍參稽,後來堅却①邵登福之〔賄,又〕[26]復當〔堂對勘,該民人更〕[27]無可抵賴。隨斷令此一百四十串,除還過二十串,再讓二十串,只還給該氏錢一百串,以昭平允。李王氏呈出賬簿,邵登福呈出分單賬簿,當堂發還。取具遵結存卷。此判。

---

① 同"却"。

道光二十年三月初八日
岐山縣民婦蘇鄭氏具控蘇芳等争繼案

　　道光二十年三月初八日，審得岐山縣民婦蘇鄭氏具控蘇芳等一案。緣蘇鄭氏之夫蘇普霖兄弟三人，普霖無子，將其胞長兄蘇權之次子蘇喜順過繼爲子。恐將來族人争繼，曾於道光十一年邀同親友人等書立嗣單，交蘇鄭氏收執，以杜日後争端。十九年十月，普霖物故，有遠族蘇芳强將伊子蘇喜兒過繼與普霖爲子，鄭氏不允，蘇芳率同伊妻并伊子來喜屢在鄭氏家騷鬧。蘇鄭氏控縣，蘇芳父子抗不到案，致該氏赴府具控。

　　提集人証，訊悉前情。查蘇喜順於普霖夫婦係屬胞姪，又爲素所鍾愛，無論早年曾經寫立嗣約，即專就目下情形而論，蘇喜順既係親房，又係垂愛，其過繼之處，例准自擇，并非他人所得而争，況查驗嗣單，亦屬確鑿。蘇芳以疏遠房族，覬覦産業，希圖奪繼，已屬不合，乃因不遂所欲之故，胆敢尋釁忿争，更屬可惡，本應責懲，隨據蘇鄭氏代爲哀懇，聲稱蘇芳父子素號橫强，若因争繼之事身受法責，則異日孤孀必遭陷害，只求將蘇喜順承繼之處，代爲主持批准立案，於心已足，更不願結怨小人，冀免將來報復等語。該氏以鄉愚婦女，乃能思患預防，不修小怨，應俯如所請，姑免責處，俾知愧懼。斷令將蘇喜順過繼爲子，合族人等不得争論。所有呈出嗣單，當堂發〔還。兩〕[28]造悦服，取具遵結存卷。此判。

道光二十年三月初十日
寶雞縣民婦蒲蔣氏具控蒲先春等家產分析案

道光二十年三月初十日，審得寶雞縣民婦蒲蔣氏具控蒲先春等一案。檢查縣卷，蒲蔣氏之夫蒲盛春、其兄蒲先春俱係二房蒲輈之子，其大房蒲輔、三房蒲輅、四房蒲轔、五房蒲轍，俱無子嗣，以蒲先春兼承蒲輅、蒲轍并本房蒲輈之嗣，以蒲盛春兼承蒲輔、蒲轔之嗣，於嘉慶九年將家產分析，並未立約。

其家祖遺舊有水磨，每月輪用十日，先春、盛春析產時將此項水磨於十日之中，各分五日。嘉慶十一年，蒲盛春將本身分得之水磨五日，賣與先春，議明每日十三串五百文，共價錢六十七串五百文。盛春交磨之後，先春只給錢二十七串文，聲稱伊等祖父於乾隆二十八年曾將水磨當與韓、屈二姓，受價七十六串五百文，經嗣父蒲輅、蒲轍贖回，用過贖價七十七串五百文，今扣去一半贖價三十八串五百文，只給盛春賣磨錢二十七串。

道光十四年十月，盛春之妻蔣氏赴縣具控，批交鄉保秉公理飭。十五、六等年，該氏迭控，俱經批駁。十七年二、六等月復控，該縣訊得，水磨係先春嗣父贖出，今扣回贖價并無不合，斷令該氏毋得爭執。十八年六月十八、二十三等日，該氏赴府具控，批駁不准。六月復控，批飭該縣，提到抱告，嚴究詳辦。九月該氏復控，批經該縣訊明照原斷完結，將蒲盛春掌責示懲。本年二月，該氏赴府復控。

提集人証，查得此案詰訟七年，屢經翻控，俱因此項水磨係盛春之嗣父於乾隆年間出當，後經蒲先春之嗣父輅、轍備價贖回，是以該縣斷令蒲先春扣回一半當價，甚屬公允。但細加推勘，其中罅漏甚屬顯然，特定讞者忽不加察，遂致留此破綻。緣此項水磨如果確係蒲輅、蒲轍備價贖回，則當兄弟析産之日，即應議明將此項水磨專歸三、五房經管，須俟大、二、四房繳出一半當價再議均分，此係必然之理。今先春、盛春兄弟析産，既已將水磨均分，自必早已交清贖價，否則此項當價係屬公財，兩者之中必居其一，是以蒲盛春始能公然與先春均分五日之磨，其理甚明。伊等既經均分，則從前贖價并無不清，已可概見，何以直至賣磨之日，始行抵扣贖價？而盛春未曾賣磨之先，爲先春者，何以又不催令找給？倘使盛春竟不賣磨，則此項贖價先春又應向何人找扣耶？總之目下既已均分，則從前必係公業，倘從前有私財取贖之處，即不應彼此均分，更不應指名出賣。今既已公然均分矣，均分而又已公然出賣矣，顧猶指爲從前贖價未清，有是理乎？此等關鍵，近在目睫，最爲明顯，何以屢次推敲，竟未一言齒及？遂致數載以來以訛承訛，殊屬疏漏，無恠蒲蔣氏心有不甘也。

現在研訊蒲先春：伊之嗣父蒲輅、蒲轍贖此水磨，有何憑據？據蒲先春供稱，從前蒲輅、蒲轍欲贖水磨，因錢文不敷，遂將地畝兩次典錢九十串，以作贖磨之資，隨呈出典地文約二紙，驗係乾隆四十五年正月二十一日所書之券。又據蒲盛春供稱，伊家老五房於乾隆四十五年分家，此項水磨係分與大房蒲輔名下之業，呈出分析一紙，果係載明"水磨分與蒲輔五日"字樣，係乾隆四十五年十一月所立之約。查蒲先春所稱典地贖磨之說，不過欲坐實此項水磨確係嗣父贖回，然贖磨在四十五年初春，而析産在四十五年季冬，相距幾及三百日，是贖磨在先而析産在後。如果蒲輅、蒲轍贖磨屬實，則贖回之後，即應據爲私業，必須蒲輔將贖價交清，始應將此磨歸入公産，再議均分。況四十五年初春，五門兄弟均未析産，即有贖磨之事，亦應出自公財，豈宜獨令蒲輅、蒲轍據爲已有？是其罅漏顯然，不待智者而決。

據理定斷，此項水磨自伊祖當出之後，伊等諸父輩費用公財贖回，是以蒲輔得與諸弟均分。而後來先春、盛春兄弟析産，亦得將此磨按照兩門，於十日之中各分五日。只因從前贖磨之後，收回當約，存放公所,被先春竊據,私爲己有,又因此磨早已均分,是以不敢公然向盛春找收贖價,直至盛春將此磨出賣,而先春欣然得計,始聲稱係嗣父私財贖取,以便向盛春抵扣。蓋找價於均分之後,則人人知其必無是理,若扣價於出賣之餘,則人人不免爲其所惑。天下有仝一事理,而正言喻言,其明昧判若天淵,殆此類也。

本府將此項情節逐層駁詰,蒲先春無可置辯,并據陳廣、陳淡等同稱悅服。此磨前經陳廣等處和,令蒲蔣氏退還錢二十七串給蒲先春收受,將水磨仍退給蒲蔣氏,尚無偏倚。但先春、盛春多年詰訟,此時若再令同財,難免不另起爭端。隨斷令蒲先春找給蒲蔣氏磨價四十串五百文,連前給過之二十七串,共成六十七串五百文,以符原賣之數。至蒲蔣氏供稱先春侵佔房基一層,據陳廣等供稱,蒲蔣氏庄房東邊五釐六毫,西邊一分六釐六毫,先春於西邊多佔八釐三毫,前經評令先春出給錢十二串,訊明錢已付清,應毋庸議。又該氏供稱,舊有灘地田畝二分,係屬公業,被先春侵佔二畝一分,應令退給蒲盛春管業。兩造悅服,取具遵結,并照抄蒲先春呈出典磨文約一紙、典地文約二紙,又蒲盛春呈出乾隆四十五年蒲輔等分析一紙,粘存府縣卷備查。此判。

立寫死價活約文字人蒲世執、蒲世守因不便,將焦家廟上磨有日于十天,情願當於韓、巨二人名下爲業。同中言明,當價銀六十兩錢一十八千文,日後再無葛藤。如磨有損壞,大動工力,一切費用銀錢準於價內,至於小費,不與磨主相干。恐後無憑,立約存用。

中見人　韓敬周
乾隆二十八年三月二十八日立

立當白地文字人蒲轍有應分巷子地四畝,情願當於王名下耕種爲業,同中作當價錢五十千文整。該糧二斗三升二合,當年過於當主名下,以便輸納。無論年遠日近,錢到地糧一齊歸同。

恐後無憑，此照。

同兄蒲轔、蒲輔、蒲輈
中見並書楊作哲
乾隆四十五年正月二十八日立

立當白地文字人蒲輡有應分巷子地四畝，情願當於王名下耕種爲業，仝中作當價錢四十千文整。該糧二斗二升二合，當年過於當主名下，以便輸納。無論年遠日近，錢到地糧一齊歸回。恐後無憑，此照。

同兄弟蒲轔、蒲輔、蒲輈
中見並書楊作哲
乾隆四十五年正月二十八日立

立分單文字人蒲輔、蒲轔因不合，同中計定，家產於後，輔應分磨五日，河南水地三畝、焦家廟地二畝，因爲任賬，故獨占之。又應分巷子地南面四畝，北城後地東南地面三畝五分，崖下地東面二畝二分五釐，原上賬目一十五串四百文，中間庭半，不與轔相干。轔應分巷子地北面四畝，崖下西面二畝二分半，原上賬目不占，樓房間半，廈房三間，菸房本錢、木匠鋪本錢，不與輔相干。恐後無憑，立字存用。

中人　方三元　王　佐　陳王前
乾隆四十五年十一月二十八日立
輡、輈、轍

上當地文約二紙，其錢專爲贖磨，係乾隆四十五年正月二十八日之事，而蒲輔等兄弟析產，在是年十一月二十八日，細勘文約，是贖磨在先，分磨在後。如係私財贖磨，則此磨即不應均分，既已將磨均分與蒲輔管業，則此磨必係用公財同贖，更無疑義。

道光二十年三月初十日
鳳翔縣民劉芳義控劉玉、劉淪等家產分析案

　　道光二十年三月初十日，審得鳳翔縣民劉芳義控劉玉、劉淪等一案。檢查縣卷，劉芳義胞兄弟五人，長劉芳梅，生子劉玉，四劉芳義，五劉芳惠，生子劉淪。乾隆三十九年，劉芳梅前往鳳縣，領到世興江號白姓資本，開舖生理，嘉慶二十二年病故。劉芳義亦於是年在鳳縣領到黎姓資本二百串，開設大興隆號生理。劉玉先在該舖學習，後來另自開舖生理。劉芳義等於道光六年將家產憑劉芳忠等分析，立有合同，係劉芳蘭代書。劉芳義陸續置地十八畝，十九年自鳳縣回郡，因此項十八畝之地及所分公地六畝，俱經劉芳惠當賣，芳惠邀請劉三畏、劉芳信、劉彥等向劉芳義求讓，劉芳義應允，憑衆寫立議約，將此二十四畝讓與劉淪兄弟，白瑶〔代〕[29]書。

　　厥後劉玉、劉淪因劉芳義鳳縣生意旺盛，積有資本，遂聲稱劉芳義隱匿公財，並有公產未曾分析，捏情控縣。該縣訊得劉鶴〔鳴等，俱〕[30]稱劉氏兄弟並無六年分析之事，諭令鄉保等秉公查明，劉芳義分家有無不公，據實禀覆。其鳳縣生意，令劉玉自往鳳縣查訊劉芳義與黎姓是否合夥出資營運。

　　劉芳義被責，赴府具控。提集人証，研詰劉玉等，堅供實無分析之事，是以伊等並無分關，從前劉芳義在鳳縣生理，每年所分分金俱係寄來，供應一家之用，獨劉芳義意圖自肥，每年畜積俱係私置地畝等情。查劉氏分析一層，現在呈有分關，並在場之劉芳忠可証，後來讓地，又有族長劉三畏、劉芳信在場，白瑶代爲書約，如果未曾分析，則劉芳惠當賣地畝係屬公產，何以只承劉芳義一人之讓，而約內又載

明"已經分居各炊"字樣。是所稱分析之處，尚屬可信。其鳳縣生理，實係承領黎姓資本，辛勤營運，並非祖遺錢財，不宜議令再分。縱使從前劉芳梅果有兄弟同財不分畛畷之事，然只能聽其自便，不能一律相繩。劉淪等希冀分潤，曉曉置辯，殊屬多事，應毋庸議。劉玉供稱崖上地二畝四分，早經劉芳惠出當，查驗劉芳義分單，此地係劉玉所分，早被劉芳惠出當，斷令其子劉淪贖取，給劉玉管業。至六年分析合同，只據劉芳義呈出本身一紙，而劉玉、劉淪俱稱未經分析，並未收執合同，顯係有意隱匿，留爲翻控地步。此時縱加刑嚇，必不肯邊行呈出，適墮其拖延之計。現在二人抗不具結，情殊刁狡。案已訊明，未便懸宕莫結，致滋拖累。飭房照抄劉芳義合同一紙，並讓單各一紙，附卷備查。此判。

立分關人劉芳春、芳義、芳卉同侄子玉娃父子，因家不閡，央族長、鄰人分炊，將田產土業議處四分均分。玉娃應分樓房一間半，庄西官路地二畝五分，溝到地一畝一分，南崖上下地二畝四分；芳春應分樓房一間半，尖角地五畝；芳義應分房三間半，嘴上地三段計六畝；芳卉應分房三間半，庄西路北地四畝，所有當於別人地畝以抵外債；（房）〔芳〕義應分地六畝，交與芳卉祀奉祭奠先祖門差事用。自分之後，各守各業。恐後無憑，立分關爲証。

　　　　　　　　　　　族長　劉清茂、劉釦
　　　　　　　　　　　戶親　劉芳蘭並代書、劉芳忠
道光六年二月十三日立　分關人劉芳春、劉芳義、劉芳卉同侄玉娃立

立寫承讓文字人劉淪、劉澈兄弟二人，因先年已父在世之日同胞伯芳義各居另炊，胞伯所有應分老業地六畝、已身另置買地一十八畝，共地二十四畝，劉淪、劉澈兄弟二人邀請親房戶族鄰佑人等，念其劉淪、劉澈母子寡婦幼子衣食不足，同衆商議將芳

義應分並已置買田地二十四畝相讓於胞姪二人度託，日後永遠爲業。此契兩造情願，並無逼勒等獘。恐後無憑，立字存照。

道光十七年三月初三日立
時同人　族長劉三畏
親房劉芳蘭、劉芳忠、劉芳信
鄰人白瑶並書

道光二十年三月初十日
扶風縣民竇時清具控竇良佐、竇貞等欠債案

　　道光二十年三月初十日，審得扶風縣民竇時清具控竇良佐、竇貞等一案。緣竇時清於嘉慶五年將銀五十兩借與竇良佐開舖，放賬生理，因係交好，未立約券，竇良佐陸續置買地畝，交給息麥。嘉慶十六年，竇時清前往算賬，竇良佐給地四畝，并錢二十串，約俟得暇再算。道光十一年，竇良佐物故，其子竇貞延未清算。竇時清之弟時憲及姪竇應斌等常向竇貞等索賬。竇貞於十八年邀同竇時清、竇時憲、竇應吉、竇應福、竇應斌、竇應中等叔姪六人，憑竇時雍、竇儉中、竇振邦等付錢九十六串，經竇時憲親書杜絕合同爲據。

　　十九年十月，竇時清控縣，未及審訊，本年二月，竇時清赴府復控。提集人証，查得竇時清當初交銀之時，既無借券，而開舖之後又無簿籍，雖供曾經得地四畝，係竇良佐出名承賣之項，但此時業已售出，將賣契一并轉交，無從查驗。竇良佐當日果否將地畝抵算借項，且良佐之弟良佑及子竇貞供稱，良佐未歿之前，其一切賬目，伊等俱未經手，其曾否清償之處，無從知悉，是此項賬債，大屬懸虛。但伊等既稱從前還過九十六串，立有合同，是又覺借賬之說尚屬有因。查此賬係竇時清一人出借，何以竇時憲等六人仝時往索？查驗合同，借債在嘉慶五年，而時清兄弟等分析訊悉在嘉慶二十二年，顯係竇時憲等因出借在先、分析在後，此項銀兩係屬公財，兄弟叔姪人等均得自居債主，紛紛向竇貞取索。竇貞不勝紛擾，是以約同竇氏兄弟叔姪六人，給錢均分，并令寫立合同，以杜後患，係屬實情。

　　第此項在當初，係竇時清一人出借，理宜專交時清之手，今竇貞

等欲杜後患,竟將還項散給衆人均分,致竇時清有所藉口,姑念竇時清年老貧困,斷令竇貞再還錢十千給伊收受。查現在市價白金五十兩,值錢八十六七串,若以一本一利計算,應得錢一百七十餘串。今斷還竇時清十串,合之從前得過之數,共只一百零六串。竇貞等亦尚無喫①虧之處。兩造悦服,取具遵結,照抄合同一紙存卷。此判。

---

① 同"吃"。

道光二十年三月十二日
扶風縣民王青選具控董緒成欠債案

　　道光二十年三月十二日，審得扶風縣民王青選具控董緒成一案。撿查縣卷，董振玉於嘉慶十八年憑中楊君相等，借過王青選本錢一百串，一分二厘行息，並未拖欠。二十三年，董振玉在崇正鎮仍以原中之名，向王青選另換一百串，借約一紙，一分行息，約至二十四年交還。至期無償，王青選之兄屢向索討，董振玉推緩。道光十二年，董振玉物故，董緒成與董振玉繼嗣，王青選之兄王廷選又向董緒成及其兄董建魁索討。王廷選去年病故，伊因向討，董緒成捏稱并不認識，將伊毆傷，以致控縣。

　　堂訊之下，董緒成堅供董振玉並非伊父，亦未與董振玉過繼，(玉)〔王〕青選並不認識，亦不欠伊錢文。質之中人楊君相、孫繼祿，均稱嘉慶十八年董振玉央伊作中，向王青選借錢一百串，一分二厘行息，二十三年他們換約，伊不知情，亦不知董振玉有無兒子，董振玉曾否過繼。兩造各執一詞，礙難懸斷，飭將該鎮鄉地並族長等添質另訊。此初次縣斷也。隨據董振玉之妻董喬氏詞稱，伊夫所欠錢文於二十五年如數與王廷選交清，未抽欠約，董緒成亦未與該氏過繼，並據地方袁行寬，亦稱查無過繼情事。

　　本年二月，王青選赴府具控。提集人証，查訊族長董萬有、董悅福，始猶狡稱董振玉並無嗣子。再三研詰，現在喬氏尚係與董緒成同居，豈有白頭老婦而其姪等不爲立議承繼、任聽滅絕之理？始據董萬有供稱，董緒成曾經過繼與董振玉爲子，只因董振玉負欠外債三百餘金，是以董緒成不敢頂門，恐人索賬。研訊董緒成並其兄董建魁，始亦狡不承認,隨令董萬有等與之質對,始據供吐承繼属實。至董喬氏詞稱從前曾經還清,并未抽約,係其夫臨歿叮囑之言。查王青選現執有文約,則喬氏之言,其爲捏詞搪塞,更屬顯然。

訊悉董緒成負有〔外欠〕[31],家非豐裕,若全行償還,未免力有不給,斷令還錢五十申給王青選具領。此案董緒成與地方袁行寬等扶同捏飭,情殊刁狡,各予掌責。取具遵結附卷。此判。

道光二十年三月十三日
鳳翔縣民賈增文、薛世榮具控楊秀林炭廠股分糾紛案

　　道光二十年三月十三日，審得鳳翔縣民賈增文、薛世榮具控楊秀林一案。緣金遵道籍隸江南，在於郡城開設海菜舖，賈增文、薛世榮係其夥計。先是郡人楊秀林於道光十四年在隴州白楊林炭廠入本與人夥仝生理，金遵道於十五年曾向楊秀林借錢二十串，自添錢十三串，共三十三串，交給楊秀林，令其入於炭廠作本，并托代爲照料，將來獲利，二人均分。道光十六年，金遵道物故，其妻其子相繼而亡，遺有兒媳鍾氏。維時有鳳翔府吳經廳、沈縣丞并阮副榜係金遵道仝鄉，代爲經理後事，將衣服貨物及外欠開具清單，議明仍令賈增文、薛世榮辦理舖事，令鍾氏之父鍾義賢將鍾氏搬往仝居。賈增文等每月給鍾氏錢三串，資助火食，所有白楊林炭廠生意，仍令楊秀林經管，收獲利息代金遵道暫行收存，俟江南金姓親房來陝搬柩，再行付給，以資路費。炭廠自十六年至十九年分賬，每股應分錢二百五十六串。楊秀林聲稱，依照金遵道原議，與之均分，賈增文與楊秀林各分得一百三十二串五百文，楊秀林又於賈增文所分之內扣去借錢二十串。

　　賈增文因此項二百五十六串係金遵道應分之股數，楊秀林不應平分一半，已懷不服，又欲將金遵道炭山股分賣去，楊秀林不允，賈增文因而控縣。該縣斷令日後炭山股分不與賈增文相干，仍令楊秀林經管，均分利錢，立簿登記，陸續存積，俟金姓親屬來鳳清算交給，以作搬柩之資。如無親屬前來，俟鍾義賢之女塋埋三棺之時，當面清算，以作埋塋之費，在案。

賈增文仍不輸服，赴府具控。提集人証，據賈增文等供稱，此項炭廠利息，當初議明收取回來，代金遵道清還外欠之項，今被楊秀林吞去一半，現在舖內欠有外債四五百串，被人逼索等供。訊據鍾義賢供稱，金遵道舖內貲本貨物已被賈增文透取一空，將舖門關閉，不給女兒鍾氏用度，并托伊等將炭廠股分賣去，被伊等阻撓，以致懷嫌捏控等情。隨呈出金遵道衣物資本清單，據稱係十六年眼仝衆人等逐欵開造，并據賈增文等呈出領本合仝，亦係十八年金遵道身故之後，經衆算明舖內資本外欠，寫給此約，以憑開舖生理。

本府查核，合同内開載金遵道現在存錢一百零九串，又張姓欠本舖錢一百五十串，共計二百六十串，舖內欠有外賬八十九串，三項欵目，與鍾義賢呈出簿賬所載相符。是金遵道身故之日，除去欠人外賬八十九串，舖內尚應存錢一百六十餘串。彼時衆人代爲調處，應將舖內資本貨物及外欠之賬通盤計算，除去還過若干，實在應存若干，將此餘剩之項公議存貯妥當之處，將舖關閉，不必再開，以免開舖之人日後藉口生意虧折，致將資本侵蝕。其所餘炭廠生意，仍給楊秀林經管，除貼補鍾氏衣食外，存爲將來搬柩之資，方爲上策。奈彼時未曾熟慮及此，遽將舖內資本悮付匪人，令其執掌，現在除資本一百六十餘串，又現在分錢一百三十六千，全歸烏有，據稱尚欠人四五百串，是賈增文吞貲捏債，情獘顯然。

查楊秀林承領金遵道本錢三十串，自道光十六年至十九年，共獲利二百六十五串，除楊秀林分去一半，計金遵道尚分錢一百三十二串有奇，其獲利不爲不厚。賈增文同一領本之夥，所領不下一百六十餘串，數年以來本利全虧，仍欠人四五百串之賬。兩人相較，其賢不肖，相去天淵。而賈增文方且慾壑難填，捏情上控，必欲楊秀林將所獲半分之利全歸本己名下，貪得無厭，殊可痛恨。查鍾義賢呈出清單，賈增文付過鍾氏錢共九十餘串，又還過當初欠項共八十九串，二項共計一百八十餘串。據賈增文供稱，從前外欠一百五十串，只收囘七十串，其八十串歸於無著，合之舖存資本一百零九串，共一百八十串，與鍾氏收過之項、舖内還人之項,尚足相抵。此時賈增文又分過一百三十二串有奇,據稱現欠人錢四五百串。

　　查金遵道出資給伊營運,數年以來,并無分文利息,尚欲捏稱賬項,希圖將炭廠餘息代爲填償,實屬貪狡。隨斷令鍾義賢等眼同鄉地,將金遵道貨物家具查明,開寫清単,代爲存貯,以後舖内利害,不與金遵道相干。所有賈增文指稱欠賬之處,令其自行償還,并令賈增文於炭廠息錢内退錢二十串、楊秀林退出錢二十串共四十串交鍾義賢代爲覓地,將金氏三棺入土安瘞,刻碑載明。所有炭廠生意,仍交楊秀林經管,立簿開載,陸續積存,俟金氏親屬來鳳,算明交給,以爲搬柩之資。倘日久無耗,或鍾氏立志守節,即代爲擇繼,將此項積存息錢付給以資用度。楊秀林毋得以多報少,日後查出,加倍論罰。兩造悦服,取具遵結存卷。此判。

道光二十年三月十二日
扶風縣民田作喜具控張起孔捏約圖賴案

　　道光二十年三月十二日，審得扶風縣民田作喜具控張起孔一案。撿查縣卷，緣田作喜之次子田百順娶妻白氏，於道光十八年十一月初六日，因縫韈遲緩，經田百順理斥，白氏遽萌短見，投井身死。白氏之父白登明率領族人等前往理論，欲行控告，經張起孔等處和，令田作喜給白登明孝布二十五疋，並與白氏誦經，厚爲棺殮。白登明在縣呈請攔驗，經該縣查驗白氏實因不遵伊夫訓飭，輒萌短見，與人無尤，批准免驗在案。

　　十九年八月，張起孔向田作喜索取欠賬，聲稱去歲白氏投井之後，田作喜辦理喪葬並開給白登明孝布，無處設措，遣伊子田狗娃進城央懇張起孔代爲借錢開銷一切。張起孔因係親誼，隨在元泰春號出名代借錢五十五千，有田作喜之族姪田潤承保代還，並鄉約陳善治眼同在場，將錢親交，請劉姓代筆寫立約據，係張起孔出名立約。後來元泰春號向張起孔索債，張起孔向田作喜轉索，田作喜不肯承認央懇代借之事。張起孔控縣，該縣斷令田作喜於二十日內照數清償。此該縣初次所斷也。厥後田作喜無錢，經鄉約任義隆等處和，令田作喜將地四畝作錢五十串當給張起孔耕種。張起孔因此項本利共錢七十餘串，今只作當價五十串，未免過少，隨復具控。該縣斷令作價六十串，將地四畝當與張起孔在案。此二次該縣所斷也。

　　本年二月，田作喜赴府復控。提集人証，據田作喜堅供，伊媳白氏初六投井之後，經張起孔處令給白登明孝布二十五疋，內有三疋係家中所存，其餘二十二疋係向田潤布擔上賒取，並於初七日將錢五千八百文交託田大訓代買棺木,其衣服等件,除家中添補外,用過錢六串添買應用,俱係在十一月初十以後,開有賬單。此項錢文俱係十九年六、七月始行清還,並無向張起孔央懇代借之事。研訊張起孔,堅供借錢之時有田潤承保,又有陳善治在塲作中等供。兩造各執一詞。

　　本府查,賬債以文約爲憑,如果張起孔代田作喜向元泰春號承借,即應令田作喜轉立借約,交張起孔收執,以便彼此憑券索債,何以元泰春號有張起孔之票,而張起孔更無田作喜之約,已属不可取信。隨詰問張起孔約係何人所寫,據稱係劉姓代筆,而張起孔本月十一日投遞訴詞又指稱陳善治代爲書約,是其前後已属自相矛盾。隨訊問陳善治果否在塲作中,據稱白氏初六日投井,伊於初九日報縣,該縣怒其遲報,將伊管押,此數日中並未干預外事,實未見有代爲借錢之事。至本身並不識字,更無從代爲書券等供。研訊之下,張起孔神情恍惚,言語支離,顯有假造借券情獘。隨令陳善治與之質對,張起孔無可置辯,俯首認罪,隨斷令退出當地四畒,給田作喜收囘管業。張起孔捏約圖頼,殊属不合,杖責示懲。當借二約塗銷附卷。取具遵結存卷。此判。

道光二十年三月十三日
鳳翔縣民宋槤具控趙槤等埋墳占地案

　　道光二十年三月十三日，審得鳳翔縣民宋槤具控趙槤等一案。撿查縣卷，趙槤於道光十八年將地三段（買）〔賣〕與宋槤管業，每畝作價三串三百文，內有何家灣地一段共二畝，議明將來趙槤在此地內塟墳，佔地三分，其地或在東、或在西、或在中，取其方正，稍有侵佔買主之處，買主宋槤不得阻擋，凴鍾茂時作中，立約稅契。自賣之後，趙槤在此地之南，宋槤地內埋塟伊父、伊妻二柩。宋槤查知不依，具控縣案，該縣查驗賣契，載明塟墳之日，在東、在西、在中聽其自擇，并有不禁侵佔之語，顯係宋槤不遵原契，妄行具控，薄予掌責。斷令趙槤仍舊埋墳，宋槤不得爭阻在案。
　　本年二月，宋槤赴府具控。本府查，宋槤買地之日，既有任聽自擇、不禁侵佔之議，何以頓食前言，希圖翻異？若非細為推勘，不足平兩造之爭。集訊之下，查得宋槤有地數段，一段在北，再南為趙槤何家灣之地，再南為宋喜春之地，再南始為宋槤長青坡之地。現在所買趙槤何家灣之地與本身長青坡之地，其中尚有宋喜春地畝，隔斷南北。趙槤賣地之日，原議在於何家灣二畝之中留地三分，預俻安墳，其所稱或西、或東、或中係專指二畝之內聽其自擇。至不禁侵佔一層，原因趙槤當日聲稱欲求方正，則不免墳角侵入宋界，議明不得爭阻。今趙槤拋却何家灣二畝之地，而竟跨越宋喜春在於宋槤長青坡之地，黑夜之中，私行埋墳，顯係藉契圖賴。現據趙槤供稱，賣地之日議明將何家灣三分之地與宋槤別地兌換等供，查伊等如有成議，即應在於契內載明，今查驗契內並無兌換之說。訊據宋槤供稱，趙槤未曾賣地之前，曾經懇求在於長青坡兑讓地畝,宋榿未允,是以趙榿續有賣地之請。

揆情察理,是趙榿處心積慮,圖謀吉壤,已非一朝一夕,是以轉將已地賣出,以便在於賣契之中含混書寫,藉爲跨佔地步,殊屬險狡。質之中人鍾茂時,亦供賣地之日並不聞有兑地之議,是趙榿藉兑换之名,行盜踞之實,已無疑義。查訊趙榿所塋二墳,俱在宋榿長青坡老地之中,並將地内菜蔬全行蹂躪,實屬可惡①。除薄責示懲外,斷令趙榿仍照原議在於何家灣二畝地内擇地,具限遵例移塋,毋得抗延。取具遵結存卷,此判。

〔判語序事明晰,瞭如指掌。第恐人或忽而不察,因附繪地圖於下,庶兩斷之是非,一目了然,無可翻異矣。〕[32]

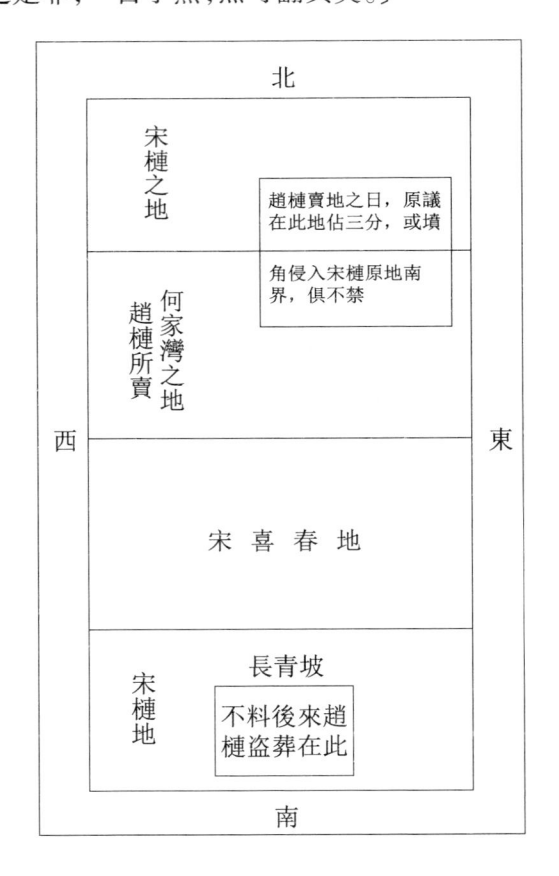

	北	
宋榿之地	趙榿賣地之日,原議在此地佔三分,或墳角侵入宋榿原地南界,俱不禁	
	何家灣之地趙榿所賣	
西		東
	宋喜春地	
	宋榿地　長青坡 不料後來趙榿盜葬在此	
	南	

① 同"惡"。

道光二十年三月十三日
寶雞縣民董雙喜具控吳騰雲等承繼遺業糾紛案

　　道光二十年三月十三日，審得寶雞縣民董雙喜具控吳騰雲等一案。緣吳騰雲之父繼娶張氏，帶有前夫之子董克榮，并祖遺地畝。張氏生子吳騰雲、吳騰蛟，厥後張氏孀居，其子董克榮與吳騰雲兄弟等仝度，董克榮經理家務，續置產業，三分均分。道光十四年，董克榮物故，其族人董建業、董三畏與吳騰雲等爭繼興訟。該縣斷令異姓不得亂宗，着董三畏繼與董克榮爲子，承受遺業。經衆處令，董三畏將場園四分、土窰一隻送給吳騰雲兄弟，以了其事。

　　此案完結已久，本年三月，董三畏之子董雙喜欲將此項場園爭回，捏詞具控。提集人証，查吳騰雲兄弟與董克榮雖係異姓，然係屬同母，但董克榮自幼在吳姓撫養，至于成立，母子相依數十年，其恩義不可謂不篤，是以董克榮在日，與吳騰雲三分析產，等于兄弟。董克榮身歿之後，雖吳騰雲等不得異姓亂宗，然查訊董氏門中尚有董克明，其人係克榮從兄，彼時克明有子，儘可爲克榮之嗣。而董三畏者，既係克榮疎遠房族，年長于董克榮數歲，又係爭繼興訟之人，本不應准其承繼，坐享厚貲，實屬非分。現在董雙喜于其父讓出之產，心存覬覦，藉舊時分闊爲今日翻控，殊屬貪狡，本應代爲釐正，令董克明之子爲克榮承繼，苐[①]念董三畏父子盤踞已久，若遽令失業，情有可憫，應毋庸置議。據吳騰雲等供，舊有崖上地四畝有奇，本係伊等公業，今亦被雙喜獨佔，斷令吳騰雲等收回管業，所有舊分場科四分、土窰一隻，應仍其舊，董雙喜不得爭執。兩造悅服，取具遵結存卷。此判。

---

① 同"第"。

道光二十年三月十三日
沔陽縣民孫進倉具控孫待時等霸地并捏姦案

　　道光二十年三月十三日，審得沔陽縣民孫進倉具控孫待時等一案。緣孫進倉之祖孫得花與孫待時、孫玉時係兩門分支，孫得花於乾隆、嘉慶年間陸續將地四十三畝出當，無力歸贖，孫待時用價贖回。道光十六年，孫進倉用錢二百七十串，憑中呂登堂等向孫待時將地取贖，言明現交地二十畝，其二十三畝因種麥禾，限至麥後再行收回。延今四載，孫待時霸地不捨，孫進倉邀同中人前往理論。孫待時於去年二月捏稱孫進倉與孫胡氏行奸，被胡氏之夫孫萬銀撞遇，孫進倉走脫等情，在縣控告，被差役趙升索去錢文，延不換訊。孫進倉赴府具控。

　　提集人証，查驗孫進倉呈出抽回當約六張，共地四十畝，共價一百四十四串一百文，計少地四畝，計多用價一百二十餘串，顯有匿地捏價情獘。查訊孫玉時供稱，從前兩門之地，係屬平分，經兩門之祖陸續當出，後經伊等贖回。十六年孫進倉備價二百七十串向伊等取贖，此內有兩門公地，具當約係兩門出名，不便存留，隨即銷燬。現在孫進倉所呈之當約，只係進倉一人私地，共計四十畝，已交過孫進倉三十畝，其餘十畝係當與羅姓之地，尚未贖取等供。查現在當約，共有四十畝，俱經孫進倉贖取，何以仍有羅姓之地未贖？是四十畝之約已有十畝係屬偽契。且孫進倉費過贖價二百七十串，現在當約寫價只有一百四十四串，此外雖有公地，其當價應兩門均攤，何以又專令孫進倉一人出錢取贖？是其捏添當價，又屬顯然。研訊之下，孫玉時無可抵賴。

至孫玉時具控孫進倉通奸胡氏一層,撿查縣卷,據孫萬銀詞稱,撞遇其妻與進倉行奸,孫進倉走脫,伊將草帽手巾奪獲。而孫胡氏亦赴縣具控與孫進倉行奸,被其夫拿獲之後,經衆人調處,給孫胡氏皮襖錢八千文,孫進倉事後不肯交付等語。披閱之下,不勝愕異。查指奸勿論,律有明條。孫萬銀既當場捉獲伊妻奸情,何以不將伊妻究治,又何以任聽胡氏自稱憑衆調處,幫給皮襖錢文?是胡氏忘廉鮮恥,不惜以身餌利,已屬顯然,又何憚於揑指奸情,希圖訛索?堂訊之下,俯首無詞。

此案孫玉時等揑添典價,並虛指地畝,本應全行交出,第念此錢入手業已花費,無力償還,姑免著追。斷令孫待時將地十畝即行取贖,交孫進倉管業。其揑奸首告,亦属不合,杖責示懲。趙升等胆敢得受飯食錢文,杖責飭縣革役。取具遵結存卷。此判。

卷四　321

道光二十年三月十五日
鳳翔縣民周豐控告張賓抗不謄房案

　　道光二十年三月十五日，審得鳳翔縣民周豐①控告張賓一案。此案前經范遵箴控告周懷將房園重典與張賓、何連，經本府訊明，斷令退給范遵箴管業在案。范遵箴又將房園典與周豐，因周豐勒扣典價，范遵箴復控，斷令周豐找出當價給范遵箴具領亦在案。此項塲園，前經張賓偷典，蓋有厦房三間。周豐承典之後，議明張賓出給佃錢，並將周豐所典之樓房、厦房如數謄交。詎張賓抗不謄房，亦不交佃，致周豐赴府具控。

　　訊據張賓供稱，此內厦房三間，係周懷之業，伊向周懷承典，並不在范遵箴所典之內等供。查范遵箴所典之塲園係西半面，現在張賓厦房實在西邊，其地基自包在范遵箴所典之中，因范遵箴承典在先，張賓修屋在後，是以范遵箴當契並無此厦房三間名目。張賓意圖朦混，遂指稱此房地基不在范遵箴所典之內。試思范、張所典，同係周懷園西半面，是周豐未典以前，不得謂張賓之地不全在西半面之中，迨周豐承典以來，更不得謂西半面之中尚另有張賓之地，其所供實屬取巧。

　　隨斷令張賓每年給周豐地基佃錢一串。所有周豐承典北面厦房二間半、南面厦房二間、樓房半間，着張賓即行謄出，與周豐交清，不得抗延干比。取具遵結存卷。此判。

---

① 同"豐"。

道光二十年三月十五日
鳳翔縣民段棠華具控監生賈永裕等欠債案

道光二十年三月十五日，審得鳳翔縣民段棠華具控監生賈永裕等一案。緣賈永裕籍隸山西襄陵縣，向在鳳郡東關紙舖生理。道光十九年七月，出貲本九百兩令曲沃人杜得順承領，開設永順山貨店，覓劉克閏在舖管賬。賈永裕食銀分三分五厘，杜得順食人分一分二厘，劉克閏每年工價銀一十六兩，從未算過賬目。

十九年賈永裕患病，杜得順於四月攜眷潛回山西，七月復來。賈永裕清算賬目，杜得順偷使銀三百二十九兩、錢三百三十八串，劉克閏偷使錢一百三十五串。迨後劉克閏出外不回，突於十月初三日回店，手執廚刀，與杜得順嚷鬧。賈永裕控縣，該縣訊悉店內貨本及貨賬俱被杜得順拏去，又櫃子賬一本，亦被劉克閏偷去，諭令將賬呈出，眼仝鄉約周建常、喬呈祥等(情)〔清〕算。此初次縣斷也。

十一月三十日，隨經周建常等眼仝賈永裕與杜得順、劉克閏將賬算明，杜得順實欠舖內銀五百三十餘兩、錢二百一十串有奇，劉克閏實欠錢一百八十餘串。又有杜得順已身挪欠世興統號銀三十兩、錢五十串，又永盛恒號五十餘兩，實係已身所用，自願認還，與賈永裕無干。該縣斷令除劉克閏欠項已由原荐之解姓承認交還外，杜得順限於半月內交還賈永裕銀三十兩、錢一十串，其餘所欠銀兩錢文，分作三年流期歸還。所有杜得順已身使用世興統號銀三十兩、錢五十串，又永盛恒號五十兩，訊係杜得順使用，自願認還，與賈永裕無干；并令周建常等再將杜得順所欠此二項銀兩錢文，協仝賈永裕，再行質對明確，由杜得順承認交還，稟覆銷案。此該縣二次所斷也。

自斷之後,世興統號自認向杜得順取討,惟永盛恒號不肯遵依,必欲令貲東賈永裕承還,彼此爭執。本年三月,據永盛恒號之舖夥段棠華赴府具控。提集人証,訊據段棠華供稱,伊舖與永順店交易,其銀錢俱係本店使用,理應着落貲東賈永裕承還。查此項銀兩,如實係永順號使用,自應該舖貲東認還。但查訊周建常清算賬目之時,據稱永順店各項出入用賬,俱開載賬簿之中,伊等憑簿清算。惟世興統號及永盛恒號此二欸,遍查永順號賬簿,並無此項欸目,詢係杜得順自用,是以不敢登記簿內。本府隨向段棠華詰問:爾舖既將銀兩交給杜得順,何不眼看杜得順將此項登入簿內,以便後來與東家清算?當時杜得順既不將此項登簿,其爲私賬,已屬確鑿。現據杜得順供稱,四月內携眷回晉,係將此項作爲路費,顯係杜得順指舖挪用。而段棠華因杜得順貧乏,不如賈永裕家道殷實,堅〔欲〕[33]賈永裕承認清還,殊属取巧。隨斷令杜得順於五日內交銀二十兩給段棠華具領,餘銀限八月內清還。取具遵結存卷。此判。

道光二十年三月十五日
汧陽縣民齊重具控胞侄齊興娃等家産分析糾紛案

道光二十年三月十五日,審得汧陽縣民齊重具控胞姪齊興娃[①]、齊苟娃、齊銀定等一案。緣齊重胞兄弟三人,齊貞居長,齊祥居次,三即齊重。從前伊父等分析,係將地畝等項配搭停勻,憑親族等封固,按照長幼次序拈鬮[②],伊等三人早已分居另爨,惟有山地一頃,可撒糧一石二斗,其地未分。道光十八年,齊貞兄弟三人將此地自行配搭三分,邀請族人齊映、齊發、齊攀瀛,憑齊兆熊寫成三鬮,由齊貞、齊祥、齊重挨次拈取,齊貞拈得地五段,齊祥、齊重各拈得三段,其齊重三段之中,一段爲尖角地,一段爲魏家山,一段爲尖角路北。

齊貞之子齊興財、齊苟娃、齊銀定因其父齊貞所分不如齊重之多,心懷不服,遂於齊重赴地工作之時前往阻攔,并與齊重口角爭吵。齊重具控,該縣將齊銀定責處,斷令照鬮各管各業,并令將未分之莊基一并均分。先是伊等公地,有坐落大小一段,從前鬮分之時,因此地種有麥石,不便均分,議明收畢麥石再行分段。既經縣斷之後,憑族衆將此項亦按三分分析,齊興財不允齊重栽界,致將地畝拋荒。

齊重赴府具控,提集人証,訊悉前情。查齊貞所分地畝係伊兄弟等會同親族均勻配搭,且係齊貞先拈,自不能致疑齊重有所獎混。齊興財等胆敢前往阻耕,迨經縣斷之後,仍復不允栽界,并與齊重有爭吵情事,實属頑劣。除將齊苟娃、齊銀定各予掌責,齊貞兄弟三人仍照原拈紙鬮各管各業,齊興財等倘敢再阻,即行按律究辦。齊興財現在避匿,并未到案,除飭縣傳到責處外,取具遵結存卷。此判。

---

① 下文均爲"齊興財",整理時保留原文。
② 同"鬮"。

道光二十年三月十七日
岐山縣民楊萬財具控梁維清毆傷案

　　道光二十年三月十七日，審得岐山縣民楊萬財具控梁維清一案。撿查縣卷，楊萬財住居該縣之安家庄，距城五里，於十九年六月二十四日控稱，本年二十二日同村人王廷瑚往蔡家鎮趕集，午後回家，行至半途，距家里許，見村人梁維清在高粱地內潛藏。楊萬財行至地邊，梁維清即持庫刀札來，被王廷瑚、王廷成將刀掣奪。楊萬財回家後，梁維清復登門叫罵。

　　楊萬財控縣，經鄉地侯錫蒲、楊壽呈稱，查悉楊萬財與梁維清同村居住，梁貴在梁維清家傭工多年，梁貴長使工錢，遽行辭工，楊萬財見其閑居，雇伊種地。梁維清因梁貴私自辭工，尚未算賬，疑楊萬財有唆使辭退情事，隨向理論，斥其攪雇，致相爭吵。適梁維清因攜帶鉄挑，在地看守禾苗，爭論之頃，未將鉄矛撩地，王廷成奪矛勸散。經伊等查明，於七月二十四日稟懇銷案。

　　二十年正月二十日，楊萬財之母楊張氏復行控縣。據稱處息之後，於本月二十日，楊萬財在門首閑坐，梁維清喚使伊子梁成兒偽與楊萬財對面說話，梁維清持鉄鍬在楊萬財身後挖毆倒地，用力過猛，鍬刃穿透皮馬（掛）〔褂〕并棉襖、夾襖，脊背受傷，經田茂將鉄鍬奪去，控縣驗明傷痕在案。據侯錫蒲等稟稱，已同庄頭王喜娃，鄰人梁建、梁欽將梁維清拏獲，旋即逃逸。二月二十五日，隨據梁維清之妻梁白氏呈稱，伊夫係屬鄉約，里民因伊正直，欲爲懸掛木牌，楊萬財肆行詆毀，遂致成仇。旋據王鳳、侯凝、侯嚴、田順、楊春、楊猪娃、楊清林等衆口一詞，與梁白氏所呈略同，該縣批候集案并訊。

楊萬財赴府具控，提集人証，訊悉楊萬財與梁維清對門居住，素好無嫌。道光十八年，梁維清向楊萬財借錢九串，後來楊萬財娶親，將錢索回，梁維清續借未允，遂謀陷害。迨經處息之後，復肆兇毆，實屬怙惡，當將梁維清枷杖示懲，交鄉保、巡役嚴加管束。倘再滋事，即行按律究辦。此判。

道光二十年三月十七日
鳳翔縣民景福具控馬良等指抵欠債、平空失地案

　　道光二十年三月十七日，審得鳳翔縣民景福具控馬良、景發等一案。撿查縣卷，景福於道光十一年與胞弟景蔚分析，其時父故母存，有地一十四畝，景福將此地畝全給景蔚耕種，議明俟養老送終之後，剩地均分。十二年景蔚物故，馬良、景發等因景福堂弟景喜兒欠有債項，將喜兒之地折典，旋又捏稱景喜兒所欠之債係景蔚所欠。維時景福之堂兄景旭主唆馬良將喜兒地畝退囘爲業，另將景蔚之地強種三畝，以抵欠項。景發、景旭又向馬良指地復錢。景福屢向馬良要地，馬良霸佔不給，屢受凌辱，具控縣案。該縣因呈內情詞轇轕不清，且未遵式，批駁不准。

　　景福赴府具控，提集人証，據景福供稱，伊等係三門分析，景旭、景喜兒各分地一十四畝，景福、景玉共分地一十四畝，所有私債，係各人自行認還。計景喜兒認還借過馬良四串、景發八串，景蔚認還高姓十串、陳姓八串，惟景旭外出，并無認還之債。現在景旭、景發等串同一氣，將景喜兒所欠之賬移作景蔚所欠，致將景蔚所分地畝抵當等供。查訊景旭、景喜兒、景鼎等，僉供道光九年以前，伊等俱未分另，係景喜兒當家，在外挪借供應合家之用。景喜[①]於九年將地畝當給伊等，後來分析時，將所欠景發、馬良之賬撥在景蔚名下，理應景蔚認還。

　　本府查驗九年當地文約，係景喜出名。彼時家產未分，所有公用之錢，理應三門出名公認，豈有專累一人出名之理？且景旭係三門之

---

①　原文該人名或爲"景喜兒"，或爲"景喜"，整理時保留原文。

一，如果實係公用，則景旭雖外出生理，而眷口仍係同居，其日用等項仍係公中取給，何以三人之中，惟景旭一人獨不攤認？是景喜與景蔚二人所欠俱係私債，更無疑義。顯係景喜、景旭等扶同一氣，欺景蔚已死，其兄景福愚懦無能，將伊地畝代抵債項，殊属貪狡。研訊之下，伊等無可置喙，俯首認罪。

查景福此項三畝之地，被景喜等指抵欠債，景福平空失地，顆粒無收，已及十年，即以一畝歲收二斗五升計之，爲數已七石五斗有奇，約錢三四十串。一介貧氓，豈堪受此重累？姑念景喜力亦不給，酌斷出錢六串。景發、馬良扶同欺懦，利己損人，亦有不合，斷令各出錢二千，并將所當之地一并交給景福具領，毋得延抗。馬良、景發呈出當約塗銷。取具遵結存卷。此判。

道光二十年三月十七日
盩厔縣民宼十萬具控鄠縣民楊天貴等
重利盤剝並毆辱案

  道光二十年三月十七日,審得盩厔縣民宼[①]十萬具控鄠縣民楊天貴等一案。檢查縣卷,宼十萬先年借欠仁盛合號楊天貴舖內麥石無償,十八年十一月間,經鄉約馮倉説合,着宼十萬將山坡地一段立約當給楊天貴舖內管業,共作當價二十五千,除宼十萬借過麥石,作價二十二串,下欠地價三串。楊天貴找給宼十萬包穀八斗,合錢二千四百文,並將先年借錢六百文一並清銷。楊天貴隨將所典地畝仍給宼十萬租種,立有租約,每年收取租籽。宼十萬抗償,王親賢向討,宼十萬捏稱先年當價,尚未交清,具控到縣。該縣訊得宼十萬抗租狡賴,殊属不合,本應責處,姑念鄉愚,從寬免究。斷令楊天貴將今歲宼十萬所欠租麥概行情讓,並將宼十萬所種坡地即行收回,另覓佃人在案。

  本年二月,宼十萬赴府具控。提集人証,訊悉宼十萬之父宼學成籍隸盩厔,早年寄居鄠邑務農,當有馬春山地一段,用價五十四串。道光十二年八月,借過楊天貴麥種一石六斗,六分行息,堆算利麥九斗六升,本利共合麥兩石五斗六升,立有兩石五斗六升約據。十三年麥後,宼學成還過麥一石七斗,因楊天貴之斗小出大入,只有一石五斗,下欠本麥一斗、利麥九斗六升。十四年夏秋歉收,十月間算賬,宼學成共欠本利麥一石六升,楊天貴又添算利麥一石二升,令宼學成將原約抽回,另寫借麥二石八升文約一紙,將宼學成所當馬姓之地寫入

---
  ① 同"宼"。

約内,以地作保。十八年之冬,冦學成物故,其子冦十萬將當與馬姓之地憑中作價二十五串,立約當與楊天貴。楊天貴給冦十萬包穀八斗,作錢二串四百文,又扣收從前舊欠六百文,餘價二十二千。楊天貴聲稱冦十萬從前共欠利麥兩石八升,數年以來應欠利麥六石二斗,經鄉約馮倉説合,作麥四石,每石五千五百文,共錢二十二串,將此項麥價扣收當價。冦十萬控縣,鄉約馮倉等捏禀楊天貴已將當價交清,致該縣斷令王親賢將地收回,另行招佃。

查楊天貴借給冦學成麥石六分行息,已属違禁,復將利麥歷年滾算,增至二十餘串,更属不合,且以賬債滾利作本折典地畝,更干例禁。但楊天貴奸狡異常,堅供係道光十四年借麥二石八斗,並無十二年借過麥石之事。顯因十二年所借本麥一石六斗業已還過,其十四年所寫二石八斗之券,係属堆利作本,是以將初次所借隱匿不吐。本府訊悉道光十六年所立借麥之券早經冦十萬抽回,諭令冦十萬當堂呈出,確係十二年所借,六分行息,駭勘属實,並令代筆人周成章與楊天貴質對。楊天貴無可抵賴,研訊之下,奸僞畢露。

查冦十萬借欠楊天貴本麥一石六斗,道光十二年十一月至十三年夏間已還過本麥一石六斗,爲時不過半年。即以二分計利,亦不過一斗九升二合,按時價每石合錢五串,不過值錢九百六十文之數。又收過楊天貴包谷錢二千四百文,又舊欠錢六百文,通計冦十萬共欠楊天貴錢不滿四串。查訊冦十萬及中人馮倉、周成章等,僉供楊天貴將地折典之後,冦十萬向楊天貴索抽原立借約,楊天貴抗不交給,顯係留此爲異日重索地步,實属貪狡。

此案楊天貴重利盤剝,並堆利滾算,折典地畝,且將借約扣留,抗不抽還,並令王廷賢等將冦十萬毆辱,種種不合,應令將滾算之錢一並扣除。據楊天貴供稱,願將地退還冦十萬管業,再帮給粮錢六串,所有原立借約,據楊天貴堅供並未收存,顯係此時畏罪不敢呈出。斷令當堂寫立收復文約給冦十萬收執,以斷葛籐。冦十萬呈出初次借約及十八年當地文約塗銷。取具遵結存卷。此判。

道光二十年三月十九日
郿縣孀婦任王氏具控鍾萬鎰揑典作賣案

　　道光二十年三月十九日,審得郿縣孀婦任王氏具控鍾萬鎰一案。撿查府卷,緣該氏之翁任聚良於乾隆五十年將水地兩段共計十畝當與村民鍾建黃耕種,得價十八串,認粮四斗,短交粮二升四合九勺。後來任王氏俻價往贖,詎鍾建黃同子鍾靈秀揑書假契,賴稱係伊父子買到之業,將九畝三分之地作爲十畝賣與范守德之子范國彩爲業。該氏於道光(十)①二年具控縣案,批飭鄉保查明禀復。經鄉約侯夢蓮、張才評令范守德帮給該氏錢十串。道光三年,該氏控府,經前府廷批交該縣吊契,訊斷具報。該縣批交捕廳訊供。

　　該氏不服,旋於三月赴府復控,聲稱鍾建黃、范守德狡賴契當之地作伊承買之業,并揑稱契被火焚等情。復經前府批飭吊契訊斷,該縣詳稱該氏之翁任聚良於乾隆四十五年將灘地十畝受價十八串,賣與鍾建黃爲業,到五十三年轉賣與范國彩之故父范守德,受價三十五串。范守德開墾成熟,任王氏心存覬覦,揑稱任聚良在日,只係當與鍾姓耕種,并非出賣。道光二年七月,任王氏邀伊母族胞兄王春先協同鄉約侯夢蓮向鍾建黃討看原約,經王春先仝任王氏看明約内蓋有印信。八月間,鍾建黃家失火,約被焚燒,任王氏因所欲未遂,即以未及看明是〔當〕[34]是賣,揑詞具控。時屆年底,據鄉約侯夢蓮投遞息詞,因王氏貧〔乏〕[35],勸令范守德助給任王氏錢十串。三年二月,王氏復行喊禀,批飭王氏以故翁已賣三十餘年之地揑稱當業,向鍾建黃討看原契,又復冒昧具控,經鄉地處息之後,心猶未足,并以鍾建黃原

---

① 據下文,"十"當爲衍字。

契被焚,無可質証,藉端挾制,砌詞迭控,刁健已極。念女流無知,從寬免究。抱告王春先,聽從屢控,杖責示懲在案。此道光三年四月以前,該氏由縣控府,批縣訊詳之大畧也。

三年五月,該氏喊禀學憲轅下,批縣查案詳報。是年十月,該氏復赴藩轅具控,批府訊詳。四年四月,具控道轅,批縣集訊。六年七月,具控臬轅,批府復訊,將王氏掌責具結詳覆。十七年正月,該氏赴府迭控,批縣復訊,嚴究主唆之人并飭提該氏母子,照例究辦,該氏具悔銷案。此又道光十九年以前,該氏迭控道轅及藩臬各憲,批飭訊詳之大略也。

本年二月二十二日,該氏赴府復控。本府因此案詰訟一十九年,由縣而府,而府而道、而臬憲、而藩憲、而學憲,俱經查案詳覆,該氏仍復具控,若實係刁健,必應按律究辦,以儆刁風,倘實有屈抑,亦應代爲剖雪。此案喫緊之處,一在辨明從前任聚良是否典當,抑係出賣,一在辨明此地是否尚有遺粮。此二項既已辨明,則兩造争執之處,俱可渙然冰釋。

其是典是賣一層,任王氏屢次瀆控,原因契被火焚,無可質証,似乎藉端挾制。然細核縣卷,道光三年四月初五日該典史訊供時,任王氏同王春先、侯夢蓮等於七月到鍾家查看契約,任王氏及王春先供稱并不識字,而侯夢蓮亦稱原約未能查看明晰是當是賣。直至四月十五日復訊,該鄉約始供同王春先看過,係屬賣契,原有紅印,是其前後已属矛盾。又據鍾建黃聲稱,二年八月契被火焚。查伊等興訟在是年十月,是此契自詰訟以來,可知并未經官一驗。且伊等甫於七月看契,而八月即稱被火,又何其巧於相值? 再查三年三月十二日,鍾建黃赴縣訴稱,此項買契自賣地之後即被火焚,是此契被火應在乾隆末年,又與三年四月十五日鍾建黃所具之結,聲稱道光二年八月被火之說又属兩歧。推其隱情,實因鍾建黃既捏稱王氏等於道光二年七月看過賣約,自不得不將被燬之期移在是年八月,倘云自乾隆五十三年賣地之後,此契早已被焚,則道光二年七月王〔氏等〕[36]所見又係何契？是其游移惝恍，情詞支離，已可想見。

　　查典賣地〔畝〕[37]，專憑文約，今鍾建黃約據只憑口舌，并無証據。且查道光二年該氏興訟之後，鍾建黃於三年三月十二日訴稱，乾隆四十五年承買任聚良灘地，認粮四斗，後於乾隆五十三年轉賣與范國彩爲業，即經任王氏之夫兄任儉曾與范守德名下親過粮四斗，而監生范光裕即范守德在縣呈訴，亦稱該監生賣地之後隨即同任儉過粮四斗。本年二月，鍾萬鎰赴府具訴，亦稱此地賣與范姓之後，隨同任儉將粮四斗親過於范姓完納等語。查乾隆四十五年如果鍾姓承賣此地，即應將粮過於鍾姓名下，何以九年之久俱係將粮錢交給任姓完納，并未過粮，直至五十三年鍾姓將地賣與范姓，寫契之後，始隨同任儉將粮名過於范姓？可見乾隆五十三年以前，地係承典，是以粮名尚係任儉，直至賣與范姓，始將任儉粮名撥正。是四十五年之地，實係出典，已有確鑿証據，更無可疑矣。

　　至此地是否尚有遺粮一層，查稻粮之與雜粮，本属懸殊，現在查訊任王氏并未種有絲毫水田，自属地盡粮絕，何以任儉兄弟尚遺有稻粮二升四合九勺？其爲當初出典之時，鍾姓不肯多認粮錢，遂致遺此餘粮，又属顯然。

　　此案要領在此二端，其義最爲淺近，其理最爲確鑿。本府推勘及此，鍾萬鎰之子永亨、范守德之子先文無可置（辨）〔辯〕，俯首認罪。萬目環觀，亦同聲悅服。

　　又查得鍾建黃四十五年當地之日，本係二段，一段係九畝二分，一段係八分，共計十畝。鍾建黃將渠邊及埂上勒措不要，厥後賣與范姓之時，私將渠邊、埂上之地一并開入，是以只須一段，已有十畝之數。其一段八分之地，係鍾建黃隱匿，據爲己有。此又鍾建黃匿地肥己之大略也。

　　此案鍾建黃捏當作賣，搆訟多年，現已身故，應毋庸議。范守德承買之時并未索看原契，實属疎忽。但查訊此邦風俗，凡承買房地，概不索取老契，民間相沿，歷係如此，是以鍾建黃得售奸欺，而范守德尚無知情串買情事。斷令鍾元亨找錢二十串，范先文找錢十串，給任王氏具領，并飭該縣將粮二升四合九勺撥歸鍾萬鎰名下完納。所有道光三年鍾建黃、范光裕赴縣具訴呈詞二紙，俱稱五十三年鍾建黃將此地賣與范國彩，令任儉將粮過於范姓名下完納，乃此地是典非賣之鉄據，飭房照抄二紙，粘卷備查。兩造悅服，取具遵結存卷。此判。

計抄道光三年鍾建黃、范光裕呈詞二紙：

具訴狀人鍾加煌即鍾建黃，年七十八歲，係西磑里西鄉民，住石榴廟，距城三十里，爲違處翻控（訴）〔訴〕叩訊究事。緣任王氏於今二月二十日以情處無奈等事上控，小的等於府憲案下已蒙票喚訊，小的不得不據實訴明端因。

任王氏之翁任聚良在日，將灘地十畝，受價錢十八千文，於乾隆四十五年賣與小的爲業，照民粮科，則認粮四斗。迨後小的開墾成田，於五十三年因貧迫將此項地畝轉賣與范守德之故父范國彩爲業，受價錢三十五千文，隨即經任王氏之夫兄任儉曾與范守德名下親過粮四斗，有紅簿可查。迄今四十餘年，并無異言。至於小的買契，自賣地之後已經焚燬。

不意任王氏陡受何人主唆，於昨歲十月二十六日，以隱地遺粮等事具控小的等在案，蒙批：仰該管鄉保協同里書查明理處覆奪。經鄉約侯夢蓮等查明，小的轉賣與范守德之業實係原地原粮，並無隱遺情獘。是以處着小的與范守德念伊夫瓜子幼，帮錢十串文。現有伊所具遵結在案，并立"永斬葛藤"字樣可查。未經一載，伊又捏以吊驗當契，翻控府憲。小的實難支持，不得不據實訴叩大老爺訊究施行。

道光三年三月十二日

具訴狀人監生范光裕即范守德，年四十三歲，係勤□里西鄉民，住石榴廟，距城三十里，爲無辜牽控訴明叩究事。緣任王氏於今二月二十日以情處無奈等事，控鍾加煌等並生於府憲案下，已蒙票喚訊，生不得不據實詳訴端因。

　　鍾加煌於乾隆五十三年將伊所買任姓民地十畝賣與生爲業，契約柄據，隨即同任儉過粮四斗，迄今三十餘年，並無異言。不意昨歲十月二十六日，任王氏陡以隱地遺粮等情，控鍾加煌并生在案，蒙批：仰該管鄉保協同里書查明理處覆奪。經鄉約侯夢蓮等確切查明，生所買鍾加煌地畝實係原地原粮，并無隱遺情獎，現有伊所具遵結並所立"永斬葛藤"字樣可查。又經衆處，着生與鍾加煌憐王氏夫瓜子幼，帮錢十串。詎伊得錢枉法，反刁控府憲，生只得據實訴叩大老爺訊究施行。

　　　　　　　　　　　　　　道光三年三月十二日

　　此道光三年鍾建黃、范光裕在縣控詞也。如果鍾建黃於乾隆四十五年承買地畝，何以粮未過割，直至五十三年將地賣與范國彩，始將任儉之粮過於范國彩名下？可見此地在四十五年是當非買。是以鍾建黃將原契藏匿，忽稱五十三年賣地之後即被焚燒，忽稱道光二年七月任王氏見契之後即於八月被焚。其詞游移惝恍，前後自相矛盾，獎竇顯然。

道光二十年三月十九日
沔陽縣廩生喬第等具控李玉等土地糾紛案

道光二十年三月十九日,審得沔陽縣廩生喬第,民人喬洲、喬明遠①具控李玉、喬楠等一案。撿查縣卷,喬姓等合族係該縣尊敬里八甲,有同甲之鄧明、鄧純承粮一石,每年與喬、張二姓户首出幫貼錢一千三百文。十八年十二月,鄧純、鄧明將地得錢八百九十二串,帶粮一石,立契賣與七甲李玉爲業,將粮提入七甲輸納。喬第等撿出康熙四十八年鄧進禄典到喬天桂地約一紙,以爲鄧純所賣係此約內之地,據情控縣。該縣驗得喬第所執典契只註地一所,每年典銀二兩,并無土粮,坐落亦無四至、畝數,契內名字喬第等亦并不認識,足見此地與此契無涉。但八甲户口甚苦,每年短少幫費,則辦公必至竭蹶,久則無人接充。斷令土粮提入七甲,幫費仍留八甲,着李玉每年仍給八甲幫貼錢一千三百文,永不充當八甲户首在案。此喬姓在縣詰訟,該縣訊斷之大略也。

本年三月,廩生喬第,民人喬洲、喬鳴遠赴府具控。提集人証,查訊喬第等,供稱此地係伊族絕門之地,於康熙四十八年佃給鄧進禄耕種,每年佃銀二兩,直至雍正年間將粮撥歸鄧姓完納,此地只應鄧姓承種,不應鄧姓出賣。訊之鄧姓等,堅稱係伊等祖地,并不知係喬姓出佃,百餘年來,俱係鄧姓承粮,亦不知鄧進禄係鄧族何人等供。兩造各執一詞。

查驗喬第等呈出之約,開載"鄧進禄典到喬名下絕門地一所,每年典銀二兩,永遠爲業"字樣,既無土粮,坐落亦無四至、畝數,誠有如

---

① 下文亦爲"喬鳴遠",整理時保留原文。

縣斷所言。且約內疑竇甚多，如謂係屬典地，何以并未受價？如謂係屬佃地，何以永令管業？顯係百年以前民情樸拙，執筆之人不諳文理，遂致義不可通。但以八甲之人承典八甲之地，此地雖無四界可指，然可確信其地為八甲之地，人為八甲之人，現在八甲之中，鄧姓聚族而居，鄧純等雖欲不認鄧進禄為戶族而不可得。況銀錢價值今昔相左，現在每年帮錢一千三百文，既與約內二兩之數足以相抵，則此約不可遽斥為憑空結撰。

揆情察理，似因當日人烟稀少，地土荒蕪，為戶首者不得不招人承種，冀卸仔肩，是以民間多有舍地推粮之事，原與目下典當地畝情形不同。既然將地推給，即與出賣無異，自不能禁其子孫不復轉售。此固勢所必至，但此甲之地提入他甲，將來輾轉效尤，紛紛巧為規避，必致①有戶無粮。且查問喬楠曾得過錢二十七串，是此地確為喬姓所推，已可概見。

查訊鄧純、鄧明，實係赤貧，此時若令李玉退地，則鄧純等必無力償還。然鄧純即不將此地出賣，而喬姓人等每年本不能收租，是此地雖留，原與喬姓無益。隨斷令喬楠將得過之二十七串繳出，歸於喬姓合族充公，此地仍歸李玉承買，不准提入七甲，每年照舊出錢一串三百文，帮給八甲張、喬戶首，以資辦公。李玉永不充當八甲差使，以昭平允。除飭沔陽縣將李玉粮名歸入七甲外，兩造悅服，取具遵結存卷。此判。

---

① 同"致"。

道光二十年三月十九日
沔陽縣民鄭醇儒具控武舉魏貞祥等錢債糾紛案

　　道光二十年三月十九日，審得沔陽縣民鄭醇儒具控武舉魏貞祥、李維綱等一案。緣李正住沔陽之草碧鎮，魏貞祥與王邦清、楊芬同領李正錢文，開設三舖生理。道光十二年三月，鄭醇儒因先年陸續借過三號錢，本利一千零五十串。鄭醇儒無力交還，浼①聶望齡、蔡傑說合，將平坡地二十七段，未經丈量，約寫二頃零一畝，一契當于三號管業，每年魏貞祥等認糧錢四串五百文。其地仍給鄭醇儒耕種，魏貞祥等出給籽種，議明每歲夏秋均分糧食。十五年魏貞祥等因鄭醇儒分糧不公，議欲收地自種，鄭醇儒慮被收回，無地可耕，遂向他處借麥播種。

　　十六年夏收，先將麥撥還欠項，魏貞祥等前來分麥，鄭醇儒捏稱扣除籽種借項，剩麥九石，只應各分四石五斗，厥後並不分給，致魏貞祥等控縣。斷令鄭醇儒按照市價補交，將地丈清，再行交給。鄭醇儒兄弟夥種，另立佃約，載明實在畝數，以絕獎竇，厥後邀仝原中查丈，只有地二十六段，計一百七十畝，照原約少地三十餘畝。鄭醇儒不肯將短地退交，致魏貞祥赴府具控。批縣訊詳，經該縣詳稱，查得鄭醇儒委因年歲歉收，將夥種麥石除還過麥種外，其所剩九石亦已還債。魏貞祥等念其貧乏，願將應分麥石概行情讓，亦不要查丈不足之地，只要現丈一百七十畝，另行招佃耕種。鄭醇儒隨于十一月前赴道轅具控，飭提卷宗查核，仍照前斷完案。此鄭醇儒與魏貞祥詰訟，由縣控府、由府控道之原委也。

---

① 同"浼"，請託、以事託人之義。

同時有李維綱者，從前用錢九十四千於道光十二年典得鄭醇儒地二段，每年粮錢五百文。厥後李維綱亦拖欠魏貞祥號內錢五十五串，隨將此地立約，當與魏貞祥管耕。鄭醇儒查知控縣，該縣查得李維綱實因貧乏，轉當地畝，並無不合，斷令魏貞祥仍照當契管業，亦在案。

　　本年三月，鄭醇儒赴府，將二案牽控。提集人証，訊得鄭醇儒既曾少報麥石，又復短少地畝，該縣斷令魏貞祥概行讓給，只將原地收回另佃。其當與李維綱之地，訊悉出當之後，鄭醇儒承種一年即被李維綱收回自種，從前鄭醇儒得過當價九十四串，而李維綱只收五十五串，尚少原價三十九串，可見李維綱並非多貪當價。該縣斷令魏貞祥照約管耕，前後所斷，均屬平允。惟查訊自十六年詰訟以來，所有歷年粮錢，鄭醇儒並未接受。查二項粮錢，每年共錢五串，自十六年至二十年，共錢二十五串。念鄭醇儒數年之中挪墊此項，不無耗費，斷令魏貞祥取錢三十串給鄭醇儒具領，所典鄭醇儒及李維綱之地，日後鄭醇儒有錢，如價取贖。兩造悅服，取具遵結附卷。此判。

道光二十年三月十九日
寶雞縣民柳英控任憲等佃地糾紛案

道光二十年三月十九日，審得寶雞縣民柳英控任憲等一案。撿查縣卷，緣柳英、柳印、柳曾等有灘地一段，先年佃與全仁寬耕種。道光十七年，全仁寬退地不種，任憲、李爾信二人願向柳英等承佃，於十八年正月憑任謙等寫立佃單，議以十年爲滿，每年出佃錢四串。柳英等嫌其過少，議明每年外交白米二斗、酒錢四百文，此二項係續加之數，并未入約。李爾信於寫約之後，不願承佃，當即辭退，地歸任憲一人耕種。任憲將續許酒、米之數，不肯付給，柳英欲令退地。任憲於十九年二月赴縣具控。該縣批交鄉保中証，秉公理處。是年六月，任憲之兄捐職任道遠復控，該縣傳集人証，訊明任憲於佃地之後即預交三年佃錢十二串，其額外所許之白米、酒錢，詢之柳英等，并無左証。斷令任憲再種三年，再行交地在案。

本年二月，柳英赴府具控。提集人証，**據柳英供稱**，十八年正月任憲、李爾信佃地之時，約寫佃錢四串，伊因不敷每年完粮之數，是以未允。隨經原中高寅等勸令外加白米二斗、酒錢四百文，因係續加，是以未註約內。自春間立約之後，是年冬間收到任憲〔佃〕[38]錢四串，其酒、米并未付給。至任憲等所稱預支三年佃錢之處，實係狡賴。質之任謙、李爾信，**據任謙供**，惟知伊等寫約承佃，并未見付過錢文，亦不知另許酒、米之事。而李爾信則供，柳英從前實嫌價少，經伊與任憲議添錢米，立約之後，伊即辭退，并未與任憲夥種，亦未見任憲交錢。是二人之供，均係未見交過佃錢。詰訊任憲，則堅供眼仝王步①

---
① 同"步"。

青等交過佃錢十二串,實無另添錢米之事。兩造各執一詞,若非實有証**據**,不足折服其心。

隨查縣卷,十八年二月任憲具控之日,只稱歲佃四串,并未提及預支佃錢一字。直至是年六月,其弟任道遠挺身具控,始稱從前任憲立約之後,即交過三年佃錢十二串。倘使預支屬實,則任憲理直氣壯,自必於初次具控之時言之侃侃,何以待至一百二十日之後,始**據**其弟代爲申(訴)〔訴〕? 顯係任道遠捏詞誣頼。現在縣卷前後兩次原詞具在,試一一按日叅稽,無難立辨奸僞。至另許錢文一層,**據**李爾信堅供實有其事。查訊柳英,此地每年完粮七斗五升,約值錢四串有奇,是初次歲佃四串,原不敷歲賦之數,其所稱另添錢米,自屬可信。

任道遠恃符逞刁,設謀誣頼,實屬不安本分,姑念事逾兩載,免其深究。查伊等原議歲佃四串,加以酒、米二項,共合六串之數,斷令任憲出錢六串,補足十九年佃錢,再出錢十二串,將地承種両①年,另寫合同,自本年至道光二十一年爲滿,退地歸柳英另行招佃,以斷葛藤。両造悦服,取具遵結存卷,并飭抄縣卷十九年二月任憲、六月任道遠呈詞各一紙備查。柳英、任憲呈出佃地合同,塗銷附卷。此判。

　　告狀人任憲,年四十九歲,係永豐里,住紅崖堡,距城五里,爲違墨估奪陷害難已事。緣道光十八年,小的在柳英、柳增②、柳印三人名下佃退灘一所,經漫務稲,每年佃錢四串文。彼時同李爾信二人出名立約,註明限期十年,佃約審呈。迨後李爾信不願,小的出資苦力經漫成地,未收顆粒,今歲小的梨地安苗,柳英出頭阻擋,將小的牲畜卸退,聲稱伊要種地。小的邀同原中王步青、王倉持約理説,柳曾、柳印並未言語,柳英一人硬違約**據**,混口胡語,伊堅要種地畆。原中無如伊何,小的若不控案,陷小的花費人工錢

---

① 同"兩"。
② 上下文均有"柳曾"一名,似與"柳增"爲一人。

數十千文，情委難已，只得叩乞太老爺准究作主施行。

道光十九年二月十七日

呈狀人從九任道遠，年四十二歲，係永豐里，住南鄉紅崖堡，距城五里，爲恃强生變朋謀岐阻叩恩作主事。情因職胞兄任憲於道光十八年正月內，契佃柳英、柳增、（柳英、）①柳印、柳向榮戶內渭河邊退灘地一所，漫務稻苗。契內載明每年佃錢四千文，伊等支使三年，佃錢一十二千文，言明佃務十年爲滿，期滿之後，另議佃錢。職胞兄佃灘到手，經理雇人修渠，漫灘共花費工本錢五百餘串，今漫種一年，尚未成地。

今歲三月，職胞兄安務稻秧，被伊等恃强岐阻，聲言着職胞兄每年給伊等稻穀數石、酒肉數十觔，方肯着職兄漫種。況職兄漫務灘地，雇人花費工本甚多，邀請原中王倉、王步青理論，伊等滿口混支，不依理說。似此恃强生變，朋謀岐阻，迨職花費工本，血資難捨，只得哀鳴懇乞太老爺案下恩准作主施行。

佃約臨審呈驗。

道光十九年六月十八日

此道光十九年二月、六月任憲、任道遠先後赴縣具控之詞也。任憲二月詞內只稱議明歲佃四串，直至六月任道遠控詞，始有預支三年之説。如果預支屬實，則任憲理直氣壯，自必於初控之時即行申明，何以待至一百二十日之後，始攛其弟任道遠代爲申訴？顯係任道遠捏詞抵賴。參觀前後兩詞，奸僞立辨。

---

① 似爲衍文。

道光二十年三月十九日
寶雞縣民許倉控王錫玉姦拐其妻案

　　道光二十年三月十九日，審得寶雞縣民許倉控王錫玉一案。撿查縣卷，許倉於道光十六年十一月染病在床，其妻陳氏回歸母家，日久不回。許倉向陳家詢問，并不知情，隨挨門乞食，各處查找，於十九年七月十七日在鳳翔縣東關火星巷王錫玉家中找見，隨即詢問，向王錫玉爭毆，許倉喊稟縣案。隨據王錫玉訴稱，向在汧陽所屬之高崖鎮生理，道光十六年間，有寶雞底店鎮許彥保，同孔陽娃、李義春將伊孀嬸田氏馱來，央媒王三寅說合，買為妾室，言明財禮二十串，立有婚書。不意許倉前來，認明田氏是伊之妻，并稱許倉因道光十六年歲歉無度，叔姪等將妻嫁賣，希圖磕詐，誣稱奸拐等情。該縣當即具文關提許彥保等，批候關齊質訊察究。此許倉與王錫玉在縣互控，經縣行文關提許彥保等來郡質証之原委也。
　　本年二月，許倉赴府具控。王錫玉隨即投審，而許彥保等遠逃在外，弋獲無期，既不應仍聽許陳氏久居非偶之家，尤不宜令許倉長受施延之累。本府傳到王錫玉、許陳氏與許倉三面對質，據陳氏供稱，孔陽娃係許倉之甥，許彥保係許倉之姪。十六年間，許倉與孔陽娃、許彥保相商，將伊嫁賣，以便從中訛索等供。本府查，許倉如實有知情串賣、希圖訛索情事，自必急於前往王錫玉家，早晚磕詐，何暇待至三年之久，始行前來？即如去年九月岐山縣張王氏假稱其子張天讓在外病故，將其妻賣與魏成為妻，九月甫行過門，而張天讓即於十月聲稱從口外歸來，星夜前往魏成家中索詐。蓋此等牟利之事，急於收功，不暇久待，斷無遲至三年之理。至王錫玉現在執有婚約，其并非奸拐,亦屬易見。

　　本府揆測其情,應緣許陳氏平日與許彥保、孔陽娃等實有私通之事,受其奸拐,而許倉與王錫玉均無串買串賣情事,可以理決。應令許倉將許陳氏領回,王錫玉出錢買妾,并無不合,隨予省釋。所有許彥保、孔陽娃、李義春俟飭緝務獲,另行究辦。兩造悅服,取具遵結存卷。此判。

道光二十年三月十九日
沔陽縣民隆毓靈具控武生胡逢時荒地糾紛案

　　道光二十年三月十九日，審得沔陽縣民隆毓靈具控武生胡逢時一案。緣胡逢時有祖遺地一段，西連庄基，北至張姓坡邊，東至張姓塝下，南至隆德兒地基，隔塝隔坡平地，由胡逢時自種。其東邊坡向來有藺姓、盧姓開種，胡逢時之族祖葬在東畔塝邊，厥後盧姓遷居，藺姓亡故，其父子俱埋於東邊塝下。至道光十年，隆德兒越界開種荒坡一綹，指溝邊塝爲界。胡逢時因隆德兒素貧，并未爭校。十六年麥收，隆毓靈強奪隆德兒所開之地，并溝中荒地一齊開墾。胡逢時控縣，斷令溝東之地隆毓靈不得開種，飭胡逢時與隆毓靈退囬麥籽，地歸胡逢時經理。

　　十七年九月，隆毓靈赴府具控，批縣訊詳。該縣查得胡逢時湾里有東西畛地一段，東頭相連小溝荒坡一綹，隆德兒亦有東西畛地一段，東頭塝上亦相連小溝荒坡，先年盧德將小溝開挖種地，向胡姓說知，盧姓外出，隆德兒後將荒坡挖種，胡姓亦未聲言。厥後隆毓靈將小溝地并荒坡地一并開挖種麥，胡姓阻擋，隆毓靈不理，以致胡逢時控縣，斷歸胡逢時經管。隆毓靈因荒坡地畝兩姓相連，胡姓不應獨佔，隨赴府具控，批縣訊詳。斷令兩姓將荒坡地畝充作官荒，日後均不許開挖完案。此隆毓靈於訊結之案復行控府、批縣訊詳之大略也。

　　本年三月，隆毓靈赴府復控。提集人証，訊悉隆毓靈係屬長房，隆德兒係屬二房，長房所分之地去此甚遠，惟二房與胡逢時地界相連。是溝東之地，本與隆毓靈無干，然遽斷歸胡逢時，則隆毓靈必不輸服，適啓爭端。應如該縣所斷，將溝東西之地均作官荒，彼此不得開種，以杜覬覦而息爭端。兩造悅服，取具遵結存卷。此判。

道光二十年三月二十日
寶雞縣民陳大功具控楊生春、陳寅等意圖兼併地畝並毆辱案

道光二十年三月二十日，審得寶雞縣民陳大功具控楊生春、陳寅等一案。緣陳大功於陳寅係緦麻服姪，從前按照老四門分家，大房陳天眷之孫陳大仁、二房陳天樂之孫陳大亮、三房陳天理之子陳寅、四房陳天叙之孫陳大功各分有庄基一畝。

數十年來，陳寅與陳大亮、陳大仁等陸續賣與同村楊生春爲業，獨有陳大功本身之地不肯出賣。楊生春意圖兼併，遂唆使陳大仁等捏稱陳大功庄基多於三門，係屬從前分析不公。十九年三月，楊生春、陳寅、陳大仁、陳大亮等邀全保正夏生玉，村老陳全、夏庫等前往查丈，計陳大功有地一畝五分，較三門多地五分。陳大功聲稱此五分之地係分析之後，伊祖陳天叙於乾隆年間置買楊姓之地，現有買約可憑。夏生玉、陳寅、陳大仁、楊生春等前往看約，陳大仁將約交給夏生玉，轉給諸人看訖，仍交夏生玉之手，夏生玉將約置放棹①上，陳寅隨即將約搶取，聲稱文約買賣不明。陳大功屢向討索，陳寅藏匿不出。陳大功之弟陳大明赴縣迭控，楊生春、陳寅、陳大亮等前往陳大功家，將陳大明毆辱。陳大功控縣，楊生春等抗不赴案。

本年三月，陳大功赴府具控。提集人証，據夏生玉供稱，十九年三月同往看約，經陳大功將約交給伊手，付衆傳看，仍交伊手置放棹上，不料被陳寅奪去等供。據陳大仁供稱，五分之地係自身置買，呈出文約一紙，"買到場科地三分六厘"字樣。查伊等所爭之地，訊據保

---

① 同"桌"。

正夏生玉供稱係屬菜圃，自陳大功等祖父以來，耕種已七十餘年，并非場科，且畝數亦屬不符，顯與此契無涉。研訊陳寅并追究所搶文約，據陳寅呈出文約一紙，係陳天叙置買楊顯貴之業，契載"買地五分，東至陳天禮，西至賣主，南至陳天禮，北至陳天禮"字樣，是畝數尚屬相合。但查陳天禮爲陳寅之父，陳天禮所分庄基在諸人之北，再南爲陳大亮，再南爲陳大仁，再南爲陳大仁場科，場科之南尚隔一溝，始爲所爭五分之地，自此而南始爲陳大功分受之庄基。現在所爭之地係與陳大仁毘連，并不與陳天禮附近，何能跨越大仁、大亮而比，遙與陳天禮相接？且現在陳大功并無附近陳天禮之地，是此契所載，全屬子虛，顯係陳寅將原約藏匿，另寫假約，希圖制勝，已無可疑。

又據陳大功供稱，伊弟陳大明兩次控縣之後，隨即患病。楊生春、陳寅、陳大亮挾嫌，同到伊家將陳大明拖至床下，拳足交毆，幸有陳奉柱〔解勸〕[39]。質之陳奉柱，言語囁嚅，僅稱伊等爭鬪既畢，伊始到場勸散，顯係畏懼楊生春等懷（根）〔恨〕，事後報復，故不敢盡情吐露。是楊生春、陳寅等之兇橫，又可概見。

堂訊之下，伊等無可置（辨）〔辯〕，杖責示懲。諭令夏生玉等將此五分之地眼同栽立界石，寫明四址，另立文約給陳大功收執，以憑照約管業，陳大仁、陳寅、陳大亮、楊生春等均不得妄生覬覦。又據陳大明供稱，陳大仁將地侵（估）〔佔〕之後，并將樹木砍伐七株，斷令陳大仁賠還樹價五串，以昭平允。兩造悦服，并照抄陳大功五分地文約一紙，取具遵結存卷。此判。

道光二十年三月二十二日
扶風縣民王全智控王三仁地畝糾紛案

　　道光二十年三月二十二日，審得扶風縣民王全智控王三仁一案。撿查縣卷，王全智故祖白左寅，係已故王法外甥，王法乏嗣，將左寅爲之承嗣。王法故後，埋葬地內，其墳前後有王姓五塚，族人王萬成具控王全智將五塚挖毀，只存一塚。又，王全智之叔王順從前將地一段賣給王定邦，每年完粮二升五合，係王定邦轉交王全智完納。十九年王茂充當户首，查知王全智名下漏粮二升五合，每年俱係户首賠納。王萬成與王茂等先後控縣，王全智隨即赴縣，訴稱伊祖王法之墓在王瑄地內，又控稱王定邦遺漏粮名，王魁、王三仁阻伊葬母，訛索錢文，又王魁等登門叫罵，不許使用官物各等情。

　　該縣傳案，訊取兩造大概供詞，飭令書役先行勘明墳墓，繪圖呈核。檢查道光十九年王馬祥控王全智遺漏粮石卷宗，復加集訊，明確王全智所指王瑄地內墓塚，土色新鮮，可知非王法之墓，惟王全智地內王法六塚，今餘一塚，其平毀五塚無疑。又查道光十九年王馬祥控王全智遺粮，經人管處，王全智自認遺粮二升五合，有案可憑。着王全智在於地內即爲王法等留墳地三分三厘，補築墓五塚，以敷當日六塚之數。墳地四面栽立石椿，毋得再傷墳墓。并斷王全智認遺粮二升五合，與王定邦無干。王魁等訊無叫罵，不許王全智使用官物，應與并無遺粮之王定邦，均無庸議。此該縣民人等十九、二十兩年在縣興訟訊斷之大畧也。

　　本年三月，王全智赴府具控。提訊人証，訊據王全智供稱，伊等族人王三仁等屢次欺凌，去年王全智之母出殯，王三仁等聲稱伊係外姓,不准葬於祖山,隨訛去錢十千,交與王秉仁轉交王萬成等收受。伊叔王順當與王定邦之地係屬三畞五分,每畞攤粮五升,應完粮一斗七升五合。王定邦只認粮二升五合,餘粮俱係王全智代賠。後來王定邦將此項地賣與王秉仁二畞,賣與王萬林一畞五分,每畞攤粮五升,俱將王定邦本身之粮飛去,而此地所有之粮,仍係王全智每年代賠。隨據王定邦供稱,所買王順之地原只承粮二升五合,訊以有無契據,又稱契已遺失。研訊王茂,又稱曾經見過此契,及訊以此契下落,則又不能指出。揆情察理,此地只係王順出當,是以每年粮錢,俱交王順代納。厥後王定邦偷賣,是以不敢將此契呈出。

又,王法之墓向在王瑄地內,只因年來傾圮,新近用新土覆蓋,是以土色新鮮。現在王三仁所稱平毀五墓之地,坐落庄南,係嘉慶二十一年王思溫所賣,其內并無墳墓,只因從前王三仁等賴伊平毀祖墳,欲行控官,經任義隆等說合,令其演戲一台,在於地內修築一塚,以復舊觀,是以今日只有一塚等供。隨呈出嘉慶二十一年承賣王思溫地約一紙,驗明坐落寔在庄南,約內并無墳墓字樣。質之任義隆,供亦相符。

又據王全智稱,王萬成等登門叫罵,不容在官井取水等供。查訊王三仁等,無可抵賴,顯係伊等因王全智等係屬異姓,夥告夥証,屢肆欺凌,殊屬不法,杖責示懲。訊悉王定邦係屬貧乏,其從前遺粮已飛與王秉仁、王萬林,此刻王全智所遺之粮無可再撥。訊悉王全智尚有地一頃,力屬有餘,斷令將遺粮照舊完納,毋庸更張。所有代王定邦賠納粮錢數十年,酌斷王定邦還錢四千給王全智具領。兩造悅服,取具遵結存卷。此判。

道光二十年三月二十二日
扶風縣民人屈良臣具控强離中等賴租、捆毆、捏姦案

　　道光二十年三月二十二日，審得扶風縣民人屈良臣具控强離中等一案。緣强離中於道光十七年十一月央强玉才向屈良臣説合，佃種山地一頃，佃錢七串，每年租麥兩石二斗，秋粮一石四斗。兩年租籽顆粒未給，粮亦不完。去歲十月，屈良臣之子屈鋭前徃理論，强離中與姪强德娃誣賴屈鋭與德娃之妻羅氏有奸，將屈鋭尅毆有傷。屈良臣前徃理論，强離中同姪强六、强三等將屈良臣（梱）〔捆〕縛樹上，用冷水從頭淋足。强德娃希圖先癹①制人，將屈良臣控縣，其妻父羅萬化扛幫証訟，延未質訊。

　　屈良臣赴府具控。行提人証，訊據强德娃供稱，去年九月二十五日，屈鋭來伊家中，半月不肯回家。維時德娃外出傭工，有妻羅氏與母同度，其母身患癱疾，屈鋭乘機與羅氏成奸。德娃恐事敗露，有關顔面，屈鋭又於本月同屈良臣復來伊家藉討租爲名，意在傷伊夫婦之面，又將羅氏叫罵陵辱，致羅氏羞忿莫釋，手持剃刀，自抹咽喉等供。查指奸勿論，律有明條。如果屈鋭與羅氏通奸屬實，則强德娃即應將羅氏〔綑〕[40]縛究治，何以任聽安處室中，并無爭論？而屈鋭又何以同人前徃，反將羅氏陵辱，致羅氏自抹咽喉？種種均不近情。

　　研詰羅氏之父羅萬化，〔據供其〕[41]女并無通奸之事，顯係强離中藉此〔挾制〕[42]，希圖賴租。查强德娃等拖欠租穀，又復糾衆綑毆，捏奸控告，〔實屬〕[43]尅狡，杖責示懲，斷令將租穀粮錢如數清交。取具遵結存卷。此判。

---

① 同"發"。

道光二十年三月二十二日
鳳翔縣民鄧連璧控告鄧和璧家産分析案

〔道光二十年三月二十二日,審得鳳翔縣民鄧連璧控告鄧和璧一案。緣鄧英無子,將馮姓之子來喜自幼抱養爲子,取名連璧。鄧英存日,有鄧英堂弟鄧萬欲將其子和璧繼與鄧英,鄧英不允。十九年鄧英物故,鄧萬强將鄧和璧送與承繼,鄧英之妻鄧張氏不能阻擋,隨將連璧、和璧並立爲嗣。道光三年,鄧張氏將家産爲兩子分析,將地二十八畝、庄基厦房十二間、樓房三間半分與連璧,令其認還外賬;將地十五畝、窰庄一所分與和璧,立有合同。道光十一年,張氏物故。

十二年,鄧和璧希圖與連璧均分財産,勾串其〕[44]師張聯①升,扛幫興訟,捏稱張氏分析之日,留染坊生意三處,給張氏養老費用,是以張氏與連璧同度。今張氏既没,鄧連璧將樹三株賣給鄉約張三義,得錢十一千五百文,鄧和璧阻擋,並未砍伐,鄧連璧又將生意産業漸次花銷,現在田産不肯均分。該縣斷令鄧連璧具限一月將樹價繳出,除鄧連璧産業已花銷外,將現存田産、房間按照兩分均分,諭令生員張聯升經理其事。此十二年八月該縣初次所斷也。

鄧連璧不肯照斷分給,復行控縣,並呈出道光三年鄧張氏所立分析。該縣查驗連璧多分地畝、生意,原爲認還外債,並不與和璧相涉。斷令兩造照依分析,各管各業,至鄧連璧賣給張三義樹株,許張三義砍伐,鄧和璧不得阻擋。此該縣二次所斷也。

十三年,和璧勾串其叔鄧遷復行控縣。該縣王令訊得,鄧連璧並不安分,將伊嗣父田地生意扣收積存銀錢,不與伊弟鄧和璧均分,殊

---

① 同"聯"。

属不合,掌責示儆。斷令鄧連璧即將所有地畝、房屋,一切約據呈案,交給鄧和璧經管,並令連璧歸回本宗。此十三年四月該縣三次所斷也。

十四年,鄧連璧具控,批縣審訊。該縣詳稱,查鄧連璧本係馮姓,理應歸宗。如果安分,尚可聽其相依。今將未分之地當賣,只剩一畝八分,至於三處生意資本,均皆無存。雖私自積存一節鄧連璧未肯承認,惟將鄧姓之業盡花銷於馮姓之手,殊於情理不恊。隨斷令鄧連璧復還原姓,歸回本宗。所有現存地畝房屋,將契約均交與鄧和璧收管,以奉鄧姓煙祀,取結完案。此又該民人等由縣控府、批縣覆訊之大略也。

本年三月,鄧連璧復行控府,隨據鄧緒、鄧庚堯、王泰、李得年、王化貴等前後代鄧連璧申訴前來,批准行提。查此案該縣等前後審斷,大相懸殊,若非確有把握,難以(析)〔折〕衷定斷。隨查得鄧連璧雖係異姓,不得亂宗,但與鄧英夫婦相依數十年,生養死葬,恩義不爲不篤。鄧和璧承繼在鄧英既没之後,道光三年析産,俱係張氏主持,原因鄧連璧擔認外賬,是以多分地畝並各項生意。鄧和璧勾結匪人,屢次興訟,變亂是非,聲稱連璧多分地畝、生意俱係鄧張氏養老之需,致前縣王令誤斷均分。現在查驗分析,並無養老之説,其爲捏詞聳聽,已屬顯然。至異姓不得承繼一節,既已斷令歸宗,原不禁其帶産,若概將財産奪却,亦非情理之平。

現在查驗鄧連璧係屬瞽目,訊據鄧緒等供稱,伊自奪産之後,忿恨失明,殊勘憫惻。查訊鄧和璧有地三十餘畝,斷令鄧和璧幫錢十五串。又撥原分鄧連璧之地,短畝地四畝,並原分之庄基一所連場科一并退還鄧連璧,寫具清單,代爲批明,發給鄧連璧收執,以憑管業。即由該族人鄧緒、鄧庚堯,鄰人王泰、李得年、王化貴等會①同鄉保,將地畝、庄場交清,毋任延抗。取具遵結存卷。此判。

---

① 同"會"。

道光二十年三月二十二日
扶風縣生員黃登甲具控黃裕等聘娶糾紛案

　　道光二十年三月二十二日,審得扶風縣生員黃登甲具控黃裕等一案。撿查縣卷,黃裕兄弟五人,其四人均無子,惟五弟黃鰲有子萬慶。黃裕之母在日,令將萬慶承繼長房黃裕爲子,聘有妻室。去歲其四弟黃忠病故,黃裕復令嗣子萬慶與黃忠承祧。黃忠之妻王氏欲令萬慶及時完婚,并欲娶歸己家,以作陪伴。黃裕夫妻不允,央族人生員黃登甲調處,王氏亦復不允。黃裕隨赴縣具控,聲稱王氏既不遵母氏遺囑,又不合主使萬慶服中娶妻,并因黃登甲不爲調處,亦將黃登甲牽控在案。該縣訊明黃萬慶之妻本是黃裕聘定,黃王氏自應與其嗣子萬慶另娶妻室,以續四房煙祀。斷令將萬慶所娶之妻仍作長房之媳,黃王氏應俟黃忠服滿,再與萬慶另行聘娶。

　　該生員黃登甲因在縣被控時,鄉約安夢慶之子安靈德向索飯食錢文,彼此口角,疑係安夢慶主使,心懷不服,赴府具控。訊悉前情,查黃萬慶以一子而承兩門之祀,所有黃裕聘定之媳,王氏代爲迎娶,令其陪伴,係屬常情。惟黃裕所稱黃王氏不合主使其子服中娶親一層,查例載,一子承繼兩門,自當以大宗爲重。大宗服係三年,則旁房即係降服。①訊悉黃忠以十八年又四月物故,而萬慶完婚實在次歲初冬,相距一十九月,已屆服除,并無不合。至王氏迎娶子婦,雖係黃裕所定,然王氏原因孀居,欲圖娶媳作伴,其所娶之媳雖暫時與王氏作

---

① 《欽定禮部則例》:"嘉慶二十年奏准:嗣後凡獨子兩祧者,查明如係小宗獨子,兼承長房大宗,則大宗不可絕,應仍照向例,令於承祧父母丁憂三年,所生父母降服期年。其屬小宗而以獨子兼承兩祧,自當仍以所生爲重。"載[清]文孚等修纂:《欽定禮部則例》卷一六六,嘉慶二十五年(1820)刻本,第1頁b。

伴,而顧名思義,仍係長房之媳,黃裕夫婦無所用其爭執。緣一子雖繼兩門,而兩妻不得并立,將來萬慶只准買妾,以廣嗣育,不得另娶妻室。嗣後萬慶生子,總以長房先承大宗之祀,次子方繼四房之後,原係定禮。黃裕等不知大義,遂指稱王氏不遵母誡,且誤指萬慶冒喪娶妻,并指稱黃登甲越禮妄爲,遂致輾轉詰訟,殊屬錯悮。

本府將前後情節向鄉約任義隆等再三曉諭,伊等恍然開悟,深知黃裕爭控之非。至黃登甲所控安靈德索錢一層,訊屬子虛,應毋庸議。兩造悅服,取具遵結存卷。此判。

校勘記

［1］此處爲避諱，將"弘治"寫作"宏治"，下同。
［2］國圖本此處殘破，據北京大學本補。
［3］國圖本此處殘破，據北京大學本補。
［4］國圖本"糧"字模糊，據北京大學本補。
［5］國圖本"月"字模糊，據北京大學本補。
［6］國圖本"供"字模糊，據北京大學本補。
［7］國圖本"加"字模糊，據密歇根大學本、北京大學本補。
［8］國圖本"串"字模糊，據密歇根大學本、北京大學本補。
［9］國圖本"剖"字模糊，據北京大學本補。
［10］國圖本"居時"二字模糊，據密歇根大學本、北京大學本補。
［11］國圖本"西"字模糊，據北京大學本補。
［12］國圖本"邵登福"三字模糊，據密歇根大學本、北京大學本補。
［13］國圖本"之叔"二字模糊，據密歇根大學本、北京大學本補。
［14］國圖本"十"字模糊，據密歇根大學本、北京大學本補。
［15］國圖本"四"字模糊，據密歇根大學本、北京大學本補。
［16］國圖本"查"字模糊，據密歇根大學本、北京大學本補。
［17］國圖本"照"字模糊，據密歇根大學本、北京大學本補。
［18］國圖本"曾"字模糊，據密歇根大學本、北京大學本補。
［19］國圖本"目"字模糊，據密歇根大學本、北京大學本補。
［20］國圖本"而"字模糊，據密歇根大學本、北京大學本補。
［21］國圖本"惟"字模糊，據密歇根大學本、北京大學本補。
［22］國圖本"還"字模糊，據密歇根大學本、北京大學本補。
［23］國圖本"錢文"二字模糊，據密歇根大學本、北京大學本補。
［24］國圖本"賬目自"三字模糊，據密歇根大學本、北京大學本補。
［25］國圖本"成林之囑既可"六字模糊，據密歇根大學本、北京大學本補。
［26］國圖本"賄又"二字模糊，據密歇根大學本、北京大學本補。
［27］國圖本"堂對勘該民人更"七字模糊，據密歇根大學本、北京大學本補。
［28］國圖本"還兩"二字模糊，據密歇根大學本、北京大學本補。

［29］國圖本"代"字模糊,據密歇根大學本、北京大學本補。

［30］國圖本"鶴鳴等俱"四字模糊,據密歇根大學本、北京大學本補。

［31］國圖本"外欠"二字模糊,據密歇根大學本、北京大學本補。

［32］國圖本此段及后附地圖脱漏,據密歇根大學本、北京大學本補。

［33］國圖本"欲"字模糊,據密歇根大學本、北京大學本補。

［34］國圖本"當"字模糊,據密歇根大學本、北京大學本補。

［35］國圖本"乏"字模糊,據密歇根大學本、北京大學本補。

［36］國圖本"氏等"二字模糊,據密歇根大學本、北京大學本補。

［37］國圖本"畞"字模糊,據密歇根大學本、北京大學本補。

［38］"佃"字據前後文補。

［39］國圖本"解勸"二字模糊,據密歇根大學本、北京大學本補。

［40］國圖本"綱"字模糊,據北京大學本補。

［41］國圖本此處殘破,據密歇根大學本、北京大學本補。

［42］國圖本此處殘破,據密歇根大學本、北京大學本補。

［43］國圖本此處殘破,據密歇根大學本、北京大學本補。

［44］國圖本缺漏,據密歇根大學本、北京大學本補。

卷五

大荔縣民王萬同上控郃陽縣武舉曹振魁等錢債糾紛、強收麥禾案

　　審得大荔縣民王萬同上控郃陽縣武舉曹振魁等一案。緣王萬同同已故胞兄王萬年與連豐同領澄城縣民連思增本銀，開設放賬舖生理。道光八年十一月間，雷登雲央中雷青雲、魏世玉，約借伊舖銀二十兩，每月一分五厘行息，質地五畝。雷登雲給過一年利息，至十一年本利未還，雷登雲將地賣給連思增舖內管業。連思增將地佃給丁普正耕種收租，連思增納糧。至十九年間，曹振魁因雷青雲之子雷際太借錢無償，遂將丁普正地內麥禾強收。本年四月間，曹振魁復將地內麥禾收去。

　　王萬年查知，具控郃陽縣案。業經鍾令批准，差傳人証未齊，未及審訊卸事。曹振魁未候縣訊，輒行赴府具控，經前署任王牧批縣訊斷詳覆。曹振魁復赴臬轅具控，批飭前府吉守轉飭該縣訊詳，關提澄城縣民連思增等查訊。該縣票差李榮、馬興、方房、李春、李發、管家喜赴澄城時，連思增因事不能隨同該役等赴縣，以致兩相口角。連思增央耿起莊給過李榮等酒飯錢三千七百文，王萬同即赴郃陽投審。後因曹振魁躲避不案，守候拖累，王萬同氣忿，起意上控，捏稱差役李榮等詐去連思增錢十五千七百文，並控李榮等將伊兄王萬年押廳，因潮溼病故各情。控奉憲台批飭前府訊詳，業經吉守提齊人証，正在示審間，旋值卸事。

　　卑署府到任，接准移交，當即提齊人証，逐加研訊，各供前情不諱，案無遁飾。查王萬同呈出雷登雲借約，係道光八年曹振魁呈出雷登雲之子雷際太借約，係道光十年連思增文約在先，曹振魁文約在

後。曹振魁不應強收此地麦禾,卑署府當即斷令曹振魁每畒賠給麦籽四斗,共麦四石,當堂交出具領,地歸連思增管業,不與曹振魁相干。至雷際太所欠曹振魁錢文,飭令曹振魁自向清討。兩造遵依,均無異詞。

查訊差役馬興等,並無將王萬同押廂,因潮溼病故情事,惟奉票傳人,輒敢得受酒飯錢文,雖訊非索詐,究屬不合。馬興、管家喜、李發等除不枉法贓一兩以上杖七十,無禄人減一等杖六十,輕罪不議外,應與未到之差役李榮、方房、李春均請照不應重律杖八十,飭縣傳案,一並折責革役。所得連思增酒飯錢三千七百文,照追給領。

王萬同以伊賫東連思增送給差役酒飯錢文,揑情上控,本應照誣輕爲重律問擬,姑念據實供明,尚與始終誣執者有閒,應請從寬免議。武舉曹振魁強收雷際太所質地內麦禾,雖有不合,惟訊明並不知雷際太之父雷登雲先已將地質與連思增之故,尚無恃勢把持情事,情有可原。現據該武舉俯首輸誠,深知〔愧〕[1]悔,應請從寬免議。王萬年身死之處,業經訊明,實係在家因病身死,並無別故,應毋庸議。所有未到之連思增請免提質,以省拖累。除取具兩造遵依及繳領各結附卷、人証省釋外,緣奉飭審,所有訊擬緣由,是否允協,理合詳請批示。

  知情偷典,恃勢強穫,有一於此,即干重咎。因其悔罪輸誠,僅斷賠償,不究既往,此法外施仁之盛心也。彼非冥頑不靈,應深幸寬典,不可屢邀矣。

張其翰謹識

朝邑縣民齊宇慨上控白水縣民劉滿困兒等叠次糾搶案

審得朝邑縣民齊宇慨上控白水縣民劉滿困兒等叠次糾搶等情一案。緣齊宇慨、周三元籍隸朝邑縣,劉滿困兒等籍隸白水縣林臯村,周三元故父周百倉與劉滿困兒故父劉曰春先年在林臯村合夥開恒升益號雜貨舖生理,盈虧兩半分認。

道光十一年,劉曰春物故,周百倉經理舖事。至十六年,周百倉因生意無利,邀劉曰常、劉曰泰、劉嚴、劉生林、劉啟謨等,將舖內一切賬項與劉滿困兒之母劉叚氏拈鬮①兩半分清,央劉時周寫立分單,各執一紙。迨十八年,周百倉亦故,周三元仍在原舖另做生意,因舖中外欠未清,不便改換招牌,是以仍用本舖字號。劉叚氏見周三元生意興旺,伊家所分賬項收討不來,又因舖內並未改立字號,即同其子劉滿困兒向周三元要重分生意賬項,周三元不允,劉叚氏隨將借用周三元舖內騾頭未還,並具控縣案。

周三元在縣候審,舖夥齊宇慨於七月初八日用車載錢四十千文,被劉滿困兒阻擋口角,將錢四十千文起交鄉約劉受祿收存,并將舖內賬簿文約、紬捲布疋及甕內錢文邀同鄉約察點鎖存本舖小房內,意欲合周三元另行算賬。齊宇慨赴縣告知,周三元具控縣案,該縣斷令劉滿困兒將騾頭並鄉約劉受祿所存錢文交還周三元收領,飭令周三元呈賬查算。周三元並未囘舖查看,即令舖夥齊宇慨控府,批縣覆訊。齊宇慨並未囘縣候審,即赴憲轅上控,奉批提訊,當經前府行提人証未齊卸事,移交卑署府催提人卷到案。

---

① 同"鬮"。

查訊該舖一切賬項，已於道光十六年經劉嚴等眼同劉段氏之夫弟劉曰泰、劉曰常等，與劉滿困兒之母劉段氏兩半拈鬮，均分清楚。有劉時周寫立分單，各執一紙爲憑；又有舖内借欠該房東劉廷瑞賬項，撥歸周百倉承還，周三元節年償還利息，亦可爲証；且有丁振清、郭年太各借舖内錢二十千文，分還周三元、劉滿困兒收清，借約抽銷可據。其從前舖賬業已分剖明白，已属可信。至劉段氏所執分單，據供劉滿困兒年幼，該氏又不識字，不知失遺何處，隨當堂飭承照周三元所執分單，照抄一紙存卷。隨斷令劉滿困兒將借用周三元騾畜二頭及交鄉約收存錢四十千文，並舖内所存賬簿文約、紬捲布疋及甕内錢文，諭令鄉約劉受禄並劉廷瑞等回家，逐一交還周三元查收完案。至舖賬早已分清，確有証據，毋庸再議。兩造允服，均無異詞。

　　查原告齊宇慨因劉滿困兒阻擋車載錢文口角，赴縣告知周三元具控，並未到舖查明，輒疑劉滿困兒將錢物等項一(慨)〔概〕拿去，捏情妄控，殊属不合。姑念事出有因，且到案即據實供明，應請從寬免議。被告劉段氏、劉滿困兒因所分賬項討收不齊，輒向周三元欲重分生意，阻擋錢車，兩相口角，致起訟端，本應究處，姑念劉段氏係属婦女無知，劉滿困兒年尚幼稺，一經審訊即俯首認罪，情同自首，且將借用周三元騾頭等項自願一一退還，情尚可原，亦請從寬免議。被告劉曰常等並無聽從劉滿困兒搶拉周三元騾頭及舖内賬簿文約錢物，應與並無不合之劉嚴、武生李登第、監生劉廷瑞、劉時周等均請免其置議。案已訊明，未到人証，請免傳質，以省拖累。除取具各遵結附卷外，所有奉批訊斷議擬縁由，是否允協。

　　以婦女而敢勒要他人騾頭，阻擋他人錢車，强鎖他人舖内賬簿文約錢文，指令別行算賬者，一則仗地欺人，再則恃婦撒潑也。今查出當衆原立分單，又查出分認本舖原欠外賬與分收外欠本舖賬項抽銷借約兩項鉄據，分剖明白，毫無疑義，貪悍婆子何從置喙耶？！

張其翰謹識

大荔縣孀婦董黃氏具控楊王氏等
立繼、析産糾紛案

　　審得大荔縣孀婦董黃氏具控楊王氏等一案。緣楊王氏之故〔夫〕[2]楊道明籍隸河南河內縣，向在該縣城內開設刻字舖生理。楊〔道〕[3]明生前乏嗣，道光十八年間，邀憑苟全義、劉繼伯擇伊堂侄楊興林爲嗣，媒娶董黃氏之女爲妻。二十一年正月間，楊道明患病，因楊興林未能承順，欲行逐離，經張紹銘勸阻，楊道明旋即物故。至三月間，楊興林之胞叔楊道銀前來大荔，聲稱伊胞侄興林係屬單丁，未便出繼，隨與楊王氏邀同生員傅清銓等，寫立"永斷葛藤"字據，着楊王氏撥給楊興林地八畝，仍歸本支。

　　董黃氏因伊女夫婦無屋居住，即行控縣。經該鄉約曺普等查明，楊道明生前遺地四十餘畝，議將二十畝作爲還債之用，其二十畝着楊王氏與楊興林均分，連前撥之地共給楊興林地十畝，其庄基一院，議明楊王氏住後半節，其前半節撥與楊興林居住。該氏當時應允，追後該氏查明伊夫生前負欠外債銀三百餘兩，所撥地二十畝不敷還債，欲將庄基前半院湊還外債，不願與楊興林均分此屋。董黃氏又復控縣，經該縣常令訊斷，着該氏再撥給當地三畝，作楊興林買屋之費。楊王氏並未將地約持出，以致董黃氏又復具控到案。

　　隨提集原被，當堂訊悉前情，核與縣供（雞幾）〔無異〕[4]。查楊王氏〔還〕[5]債之地二十畝，僅係當業，其所稱不敷還債之處，係屬實情。而楊興林本係單丁，未便出繼，且又不得於所後之親，若仍着令同住，必致滋生事端，但伊夫婦帶産歸支，無屋居住，又未免向隅。該縣斷令於十畝之外再撥當業三畝與楊興林作爲屋價，所斷甚屬允協。

卷　五　365

隨諭令兩造仍照縣斷，着楊王氏將應交契約持出，同鄉約曺普交給楊興林收存，楊興林亦謄交庄基。至楊道林生前所欠一切外債，由楊王氏承還，不與楊興林相干。取具遵結附卷。此判。

  曲體人情，面面俱到。縣斷果允協，即仍照縣斷，先生豈好作翻案文字哉？求其心之安而已。

張其翰謹識

澄城縣客民張恒順上控楊志安等叠次欺詐案

　　審得澄城縣客民張恒順上控楊志安等一案。緣張恒順籍隸郃陽縣，向領澄城縣民劉士智貨本，在澄屬王庄鎮開設紬舖生理。道光十八年，張恒順價買楊效桂地一頃餘畝。十九、二十等年，張恒順先租給楊效桂、楊懷慶耕種，嗣因抗欠租麥，到二十年張恒順將地收回，自己合李重等分種。楊志安因張恒順作事薄情，聲稱張恒順係属客民，既買楊姓之地，仍給楊姓耕種，不應另給姓李之人耕種，今既租給別人，不許在伊村外行走麥車。又因張恒順拆搬所買楊效桂房屋，車由村門出入，楊志安需索買路錢，張恒順當給楊志安錢三千五百文，楊志安又令張恒順給村內窮人錢六千文，並稱以後種地仍要買路錢文，張恒順又同李正元給楊志安錢十千文。楊志安見張恒順軟弱易欺，仍嫌少不允，着張恒順再給錢一百千文，始准來往種地。張恒順恐地荒蕪，無奈應允，於二十一年五、六、七、八等月，陸續同李正元從縣城內復合祥號錢舖取給楊志安錢九十三千文，尚短七千文未交。

　　楊志安屢次尋閙，並欲再索錢一百千文，張恒順被欺無奈，即赴該縣。〔控〕[6]經張令差總役楊桂林、散役李興傳審，張恒順欲速結案，遂送給差役楊桂林飯食錢一千一百文、李興錢五百文。嗣因日久人未傳齊，張恒順氣忿，起意上控，慮恐情輕難准，遂將差役楊桂林等所得飯食錢一千六百文，寫作大數十六千文，妄指姬士會爲過付，同楊志安叠次欺詐各情，由府呈控憲轅批府提訊。前府行提人証，未到卸事，移交卑署府催提原被人卷到案。

　　訊悉前情，查被告楊志安除派令張恒順給村內窮人錢六千文，贓不入己外，共訛索錢一百零六千五百文之多。因要証復合祥號未到，恃無質証，任意狡賴，堅不供實。復經差提該錢舖趙有道攜帶賬簿到案,當堂質証,衆供確鑿,楊志安始行俯首認罪。

該犯欺壓鄉愚,屢次詐索擾害,實属目無法紀,若不按律詳辦,不足以懲兇暴而安善良。除將楊志安發交大荔縣嚴行管押,俟詳奉批示至日,發回澄城縣按律詳辦,並照追索詐之贓給主具領外,查原告張恒順所控楊志安叠次欺詐各情属實,尚非虛誣。惟將送給差役楊桂林等飯食錢文以小數作大數,所控殊属不實,本應按律坐誣,姑念所控尚非無因,應請從寬免議。過証李正元係從中管處説和,並無串詐分贓情事,應毋庸議。差役楊桂林、李興雖訊無勒詐情事,惟係在官人役,得受有事人錢文,究属不合,楊桂林得錢一千一百文,折合庫平銀一兩一錢,李興得錢五百文,折合庫平紋銀五錢,計贓均在一兩上下,應各照不枉法贓一兩以下杖六十,無禄人減一等。查楊桂林現在出緝未回,飭縣俟回時照擬分別折責革役,所得張恒順飯錢照追給還。楊九瑞、楊志廣等雖係楊志安同族,僅向張恒順求地耕種,其楊志安屢次向張恒順勒詐,據供實不知情,應免置議。無干省釋。案已訊明,未到人証,免提省累。除取各結附卷飭房辦詳,候示遵辦。此判。

　　罪狀鑿鑿,令人髮指。稍涉姑息,將弱肉强食、肆行無忌矣。除暴〔安良,彌〕[7]見慈祥愷惻也。

張其翰謹識

渭南縣民孟維邦上控蒲城縣武生郭廷桂等率衆搶奪案

審得渭南縣民孟維邦①上控蒲城縣武生郭廷桂等一案。緣孟維邦籍隸渭南縣，平素唱影戲營生，與蒲城縣民李保安即李福元素相熟識，武生郭廷桂係李保安親誼。郭廷桂家先年有影戲箱一副，於道光十一年賣與李保安管業，言定價銀五十兩，李保安當交銀十七兩，下欠銀三十三兩。郭廷桂屢討未給，李保安將買得戲箱給與渭南縣民孟維邦領唱，數年後將戲箱轉賣給別人，孟維邦即往別處謀生，臨行時未將約借李保安銀十五兩清還。迨至道光二十年十月內，孟維邦用車另載渭南縣劉姓戲箱赴蒲城縣地方演唱，道經李保安門首，被李保安瞥見，將其車輛、戲箱並騾、馬各一匹，攔當家中，欲令孟維邦備銀清給前欠，始行交還車騾。孟維邦不依，即同其班夥陳得貞先後赴蒲城縣具控。

經該縣朱令差役趙貴傳齊人証堂訊，因孟維邦語言頂撞，將其掌責，飭候覆訊。詎孟維邦被責不甘，又聞李保安將所拉伊之牲口寄喂其戚武生郭廷桂家中，心疑郭廷桂與李保安有主謀情事，慮恐復訊受責，一時氣忿，起意上告，慮難邀准，即揑砌武生郭廷桂窺愛走馬，率領李保安等持械搶奪，囑差趙貴私押辱毆及偷遞和息各情，控蒙藩憲批府提訊。茲經提齊原被人卷，逐加研訊，各供前情不諱。嚴詰李保安，堅供伊委因孟維邦抗欠不還，將其車箱牲口攔當，欲令措銀清償前欠，郭廷桂並無率人搶奪情事。各供不移，似無遁飾。

查原告孟維邦揑情上控，本有不合，惟念究因李保安攔當車箱，

---

① 同"邦"。

並將騾馬寄喂郭廷桂家，慮難回覆箱主，一時情急上告，所控尚非無因，未便即科以反坐之條。孟維邦應照不應輕律擬笞，所欠李保安銀十五兩，斷令即時措還，永斷葛藤。李保安即李福元因孟維邦欠項未償，並不善爲理討，輒恃強將車箱牲口硬行欄當，致滋訟端，亦有不合，應照不應重律擬杖，時值隆冬，應與孟維邦分別減折發落，所擋車箱牲口，斷令即行交還孟維邦收領。孟維邦所欠李保安銀十五兩、李保安所欠郭廷桂銀三十三兩，飭令二人趕緊措還，各清各債，以杜訟端。武生郭廷桂只受李保安寄喂騾馬，訊無率衆搶奪、囑差押辱及偷遞和息情事，應與訊無受囑之差役趙貴及在縣具控並無不合之陳得貞均各免其置議。無干省釋。案已訊明，未到人証，免提省累。取各遵結附卷。是否允協，除申詳藩憲候批示□遵外，此判。

　　覷定只爲索欠起見，頭緒分明，則支分節解，訟蔓自除矣。
　　　　　　　　　　　　　　　　　　張其翰謹識

朝邑縣監生李舒花上控雷聲純等錢債糾紛案

審得朝邑縣監生李舒花上控雷聲純等一案。緣雷聲照、雷聲純弟兄於道光二年間，領李舒花之故父李天培並已故宋正殷各本銀一千兩，在涇陽並甘肅環縣曲子鎮兩處設立興盛合號雜貨布舖生理。

迨至道光九年間，生意敗壞，共欠外債銀一萬六千四百餘兩。因舖內現存銀五千餘兩，不敷還欠，隨央雷廷烈、雷振鐸、高夢五、雷學詩等同李、宋二東將賬算明，擬以六折分還外債。處令李、宋二東除本外再認出銀四千二百五十兩，雷聲純認出銀一千二百兩，同舖存銀兩並舖底家具一概歸雷聲照弟兄收領分還外債，議明六折還賬。無論足與不足，此後利害俱不與李、宋二東相干，立有"永斷葛藤"字據。

迨後雷聲照並未將興盛合號所欠公盛福號共銀二千八百四十餘兩清還，嗣據公盛福號舖伙楊步瀛於十五年春間，屢控李舒花用興盛合號圖記，並零借伊公盛福號銀二千三百四十餘兩，並李舒花用自己世德堂名票借公盛福號銀五百兩等情到縣。經該縣董令斷，令雷聲照承還舖欠銀二千餘兩，其世德堂欠銀五百兩，斷令李舒花一年內分兩限交還。

李舒花復行具控，據供前曾還過銀五百兩，第二次又還過銀二百三十兩，係親交高雲際、雷聲純轉交公盛福號管賬之鄧紹智，向王有才舖內收去。該縣提訊屬實，因李舒花昔年兩次還銀，均未抽回原約，公盛福號將銀均收入興盛合號所欠賬內，隨斷令高雲際、雷聲純承還李舒花銀二百三十兩，李舒花承認楊步瀛銀五百兩在案。至期李舒花未曾交銀，楊步瀛隨於是年八、九兩月屢控到府。經前府福批准提訊，因兩造各執一詞，飭候另提原管人等復訊。

因屢提人証未到，延至道光二十年十二月間，楊步瀛之舖夥邊鎮

卷　五　371

西代催前來。前府吉因時值巂①門考試,並據大荔縣常令稟稱,現須因公赴省,尚有應辦要事,應請委員暫爲兼辦等情,前府吉即檄調朝邑縣姚令來郡代爲辦理,隨將此案人卷發交姚令審訊。因邊鎮西念興盛合號生意敗壞,情願以四折收賬,姚令隨斷令李舒花之兄李重光限二十日以四折交還邊鎮西銀一千四百一十六兩。李重光因從前立有"永斷葛藤"字據並前府、縣斷案有據,不甘還銀,即令伊侄李向辰上控,臬憲批飭前府録案詳奪。當經前府吉將李天培控吕萬順〔並姚〕[8]令審訊各情録詳,奉批前府提案覆訊,當經前府吉審訊,因雷聲照未到,隨照姚令斷案,令李重光先將邊鎮西銀兩清還,俟提雷聲照到案,再行查訊追還。李重光不甘,又因患病,隨令伊弟李舒花赴藩臬憲呈控,批府覆訊。

　　適值前府吉卸事,移交前來。本府隨檢察縣府原卷,調驗合同三紙,並集干証雷廷烈、雷振鐸等訊悉前情。惟雷聲純供稱,寫立合同之時,原議六折還賬,後來各賬主有肯聽六折者,亦有不願六折者,以致所找之銀不敷還債等供。查雷聲照係李、宋二東領本夥計,前因生意虧折,央懇雷廷烈等管處,令李、宋二東除本銀不計外,再找銀四千二百餘兩,原爲開銷逋欠,立有字據永斷葛藤。當未立合同之先,雷聲照等自必向各賬主商明六折還賬,已有成議,雷聲照始肯向李、宋二東央懇照六折算賬找銀。迨合同既立以後,原憑中人等將舖面、貨物、圖書等項推交雷聲照承管,議明六(扣)〔折〕還債,無論足與不足,此後利害俱有雷聲照承擔,並不與資東相干。合同開載甚爲明晰,豈宜聽其事後翻悔,托詞狡卸?試問雷聲照分夥以後,倘使生意興旺、積有餘利,亦肯聽李、宋二東垂涎攤分否?是以從前雷聲照與李、宋二東分夥以後,曾經吕萬順因興盛合號負有欠項,欲令李舒花承還,歷控該縣,經前任恒令、傅令、董令四任俱查照合同,斷令雷聲照承還欠項,更無異詞。嗣因吕萬順翻控到府,經前府福批據大荔縣王令審訊,斷令李天培清還吕萬順布價銀七百八十餘兩。李天培不

---

① 同"闈"。

甘，控蒙臬憲批經前府福訊明，仍斷令雷聲照等承還。原因當日合同甚爲明晰，不得不據以定斷。

此案興盛合號用本舖圖記向邊鎮西公盛福號賒欠銀二千三百餘兩，此項欠欵已在合同內原議六折之中，自有領本之雷聲照經手其事，擔認承還。況興盛合號資東係屬李、宋二姓，倘李舒花既經承還，何以宋正殷獨置身事外？且該號所欠外賬不一而足，數年以來圖書交雷聲照執掌，難保不捏造欠項，另啟奸謀。倘將邊鎮西銀賬斷令資東李舒花承還，則外欠聞風而起，人人競生覬覦，必致詰訟不休。惟有查照合同，仍令雷聲照承還，庶於情理兩協。

至李舒花用世德堂名借欠邊鎮西舖銀五百兩，雖亦係興盛合號圖記，但查訊李舒花供稱，實係本身所借，並非雷聲照私用圖記冒寫堂名，自應李舒花承還。惟查李舒花現供，曾於道光八年四月托雷聲純借楊步瀛舖內公盛福號銀五百兩，隨於是年十一月如數還過銀五百兩。因未曾抽約，後又經高雲際即高夢五等處和，着李舒花之父李天培照六折還銀三百兩，李天培照數交還，因退回低銀七十兩，當只收銀二百三十兩等供。

查李舒花兩次還銀，既未抽回原約，又未取有收條，今只空言申（訴）〔訴〕，未免無徵不信，不足折服邊鎮西之心。應仍查照原斷，令李舒花承還世德堂原借銀五百兩，以昭平允。其下欠銀兩，俱係興盛合號所欠從前經管，立有"利害不與李、宋相干，永斷葛藤"字據，自應雷聲照措還。查雷聲照現在避往四川，未曾回籍，應仍飭縣查明實在住址，關提到案，訊追給領結案。除借約塗銷，取具兩造遵結附卷，並照抄合同二紙，開具清摺賫呈藩憲、臬憲核閱外，餘二紙分粘府、縣卷備查。此判。

有"永斷葛藤"四字鐵據，南山可移，此約不可易矣。錢債者，詞訟之小者也。其紛紜輾轉非耐煩已不能清釐，若經手之人又加以獘混，巧於影射，則歧中有歧，枝外生枝。苟非窮本探源，

卷　五　373

爲之分條析理、抉破疑團,將紛紜轇轕,伊於何底,既不能轉斷葛藤,又何望帖然心服耶?

本案宋、李二姓,前後出本認賬共銀六千二百五十兩,亦只圖得此"永斷葛藤"四字耳。乃負心如雷聲純者,猶復糾纏狡混,則前此虧折其爲侵蝕也明甚,雷聲照之避往四川,其爲搬運也亦明甚。一經勘破罅隙,竟專在合同中搜出鐵據,不必另尋証佐,即以其人之道還治其人之身。

秦鏡高懸,魑魅何所施其伎倆耶!不追已往而就案結案,猶是不爲已甚之意也。

張其翰謹識

白水縣民李枝智呈控李日曇拒付租籽、妄圖霸地案

審得白水縣民李枝智呈控李日曇一案。緣李日曇係李枝智三胞弟之子，於嘉慶十六年間分居另炊，十九年李枝智憑中價買李茹珍地五畝四分。道光十一年，李枝智出外貿易，將原買地畝租給李日曇耕種。今歲四月，李枝智旋里，向李日曇收討租籽，李日曇捏稱此地係伊母在日價買，以致爭訟。該縣集訊賣地之李茹珍及中人李枝謙等，供稱曾經賣與李枝智屬實，而李日曇呈出地契①又確係李日曇承買。各執一詞，堅不輸服，碍難定斷，致李枝智赴府復控。

本府提集人証，查驗地契係嘉慶十九年李日曇承買，粘連道光年間契尾，並無年月。查此地如果係伊母早年承買，何以遲至二十餘年始行稅契？且伊等嘉慶十六年分居之時，其分單内開載只有"孤孫陛興"之名，並無李日曇其人。據李枝智供稱，"陛興"係李日曇小名，直至成人以後始改爲"日曇"。查嘉慶十六年至十九年爲日未久，彼時李日曇年只九歲，相沿呼爲"陛興"，見諸分單已有確據，何以遽有日曇之名？明係倒填年月，捏寫賣契，朦混投稅，預釀訟端，已無疑義。駁詰之下，始據供認捏改屬實。

又李枝智用價銀九十六兩承買伊兄李枝聰塌垣庄基，出門之時將前地之契同此項地契一並交給李日曇收存，亦經李日曇改寫己名，朦混投稅。查此地如果係李日曇承買，自必親自收藏契紙，何以此契竟歸李枝智之手？現經李枝智當堂呈出，自係李日曇改契之後，明欺李枝智老邁無能，是以將契暫給收存，以安具心，預計將來互爭之時，

---

① 同"契"。

倘李枝智呈出地契，自有傍人據契評論仍歸李日曇管業。此欲取姑與之術也。

其鬼蜮行踪，歷歷如繪，該縣未能勘破獎竇，致墮術中，懸案莫結。今經本府反覆研訊，李日曇俯首認罪。隨斷令退還李枝智原地五畝四分，將原契塗銷附卷，仍照抄一紙過硃，詳敘詰訟始末，批明此中委曲，發給李枝智收執，照約管業。并令李日曇交還李枝智塢垣庄基地價銀九十六兩，其塢垣庄基地畝印契三紙，令李日曇收執耕住。李日曇種種刁狡，胆敢將其胞伯迭肆欺侮，殊堪痛恨，本應按律問擬，姑念到案吐供實情，罪可末減，且經李枝智代爲乞恩，姑俯允所請，當堂掌責，以儆愚頑，俾知感懼而敦親睦。該民人務宜改過自新，毋負本府教戒兼施、曲賜保全之至意。干証李日育等概予省釋。所有未到人証，免提省累。取具兩造遵結領狀附卷。此判。

　　　　李日曇執有印契，又將另地捏寫己名，朦混投税，似乎確係業主，若不將獎竇指出，何以折服其心？此前人之所以碍難定斷也。今一經勘破，逐層指出獎竇，智珠在握，慧鏡當空，邪魅何所施其伎倆？披覽之下，想見伸紙疾書，得心應手，思如抽繭，筆如轉圜，尤曲盡行文之樂事，令人一讀一擊節。試思吾輩有此細心否？有此明眼否？有此筆力否？李舒花案妙在永斷葛藤，無使久訟滋蔓。此案既有橫生枝節，必須引繩批根，彼約真、此契僞也，而所以能辨其爲真爲僞，則又非筆舌所能罄矣。合觀兩案〔益人〕[9]□□不少。

　　　　　　　　　　　　　　　　　　　　張其翰謹識

蒲城縣民蔣添恩呈控劉振清等錢債糾紛案

　　審訊得蒲城縣民蔣添恩呈控劉振清等一案。緣道光八年間,蔣添恩之分居堂兄蔣生桂因借欠李周氏本利元銀二百兩,無力交還,隨央李周氏之婿劉振清並蔣世興等,向蔣添恩之父蔣世永說合,將蔣生桂庄基一院賣給蔣世永爲業,令蔣世永認還李周氏銀二百兩。蔣世永應允,當同蔣世興、周曰成等作中,立給劉振清銀文約一紙,約期次年三月内交還,曾言將來歸結時只還錢二百千文,了結其事。迨道光九年七月間,蔣世永同原管蔣世興、劉振清等還過李周氏錢一百九十八千文,李周氏因錢不敷數,不肯抽給借約。至十九年,劉振清向蔣世永索討下欠銀兩無償,在縣控稱所收之錢一百九十八千文係屬利錢。經該前縣審訊,斷令蔣世永再還劉振清本銀二百兩,以致蔣世永之子蔣添恩赴府具控。

　　前府未及審訊,本府催提人卷到案,逐加查訊,各供前情不諱。惟查驗蔣世永立給劉振清借券一紙,註明元銀二百兩,是蔣添恩所稱議明以錢易銀之說固屬虛談,而(卷)〔券〕内并未開載利息,則劉振清所稱扣收息錢之處亦属誣指。現據蔣天恩①供稱,伊父蔣世永從前除還過錢一百九十八千文外,又同原管周曰成補過個頭錢二十千文,質之劉振清之子劉正邦,供稱并〔無〕[10]其事,且周曰成已故,無徵不信。應斷令蔣添恩仍照彼時銀價,補還劉正邦個頭錢二十千文,永斷葛藤。兩造俱各欣允,惟蔣添恩又稱,蔣生桂將賣給伊家庄基轉賣與別人爲業,因其父蔣世永不依,蔣生桂復將薛彦蒿、屈立謙兩家借欠銀二百兩給伊收討。現在除薛彦蒿所欠銀八十兩係伊收討外,所有

---

① 其他處該人名爲"蔣添恩"。

屈立謙借欠銀一百二十兩,蔣生桂又經收去等情。研詰蔣生桂,供認屬實,應斷令蔣生桂照數交還蔣添恩銀一百二十兩,以息訟端。取具遵結交領各狀,并將借券及賣約塗銷附卷,照抄借券二紙分粘府縣卷備查。此判。

  劉振清以本作息之控虛,而確係元銀則實;蔣添恩以錢抵銀之説虛,而所還本錢則實。兩造虛實各半,稍不細心便有偏見矣,安能悦服?
  前案有印之契約不足憑,此案兑還之文約却可憑,讀者當合參。

張其翰謹識

華州民人何聞簡上控楊發雲盜買地畝、
威逼伊弟何聞成投井身死案

　　審得華州民人何聞簡上控楊發雲盜買地畝、威逼伊弟何聞成投井身死一案。緣何聞簡①與楊發雲等俱籍隸該州，同堡居住，素無嫌怨。何聞簡等分居，堂伯何京邦在日，娶楊氏爲妻。何京邦物故乏嗣，其妻楊氏復招贅華陰縣民王成在家爲夫，攜帶何京邦遺地數畝。嗣楊氏身故，王成續娶武氏爲妻，武氏隨帶前夫之子王金斗兒與王成之兄承繼。迨後王成亦故，王武氏與王金斗兒因貧無度，於道光二十一年三月內，央中王典元等説合，在於何京邦地內，將一畝三分議價錢三十八千文賣與楊發雲爲業。五月內何聞祥、何聞成等查知，控經該州傳訊，因王金斗兒畏審潛匿，致未結案。楊發雲又捏稱王金斗兒將何姓遺業一畝當給與伊，得價錢二十四千文，書立字據。九月初三日，何聞祥等瞥見楊發雲在何京邦遺地內種地，上前攔當，兩相争詈。是晚二更，楊發雲率領其子楊漢等，往尋何聞祥等理論滋鬧，何聞祥畏惡未面。詎何聞成氣忿莫釋，潛至楊發雲空院內，自行投井身死，報經該州驗訊詳報。何聞簡憶及楊發雲不應在王姓手內承買何姓遺業，伊弟何聞成投井殞命，未將楊發雲辦罪。控經前府批飭該州訊詳去後，何聞簡並未回州投案，兩控臬轅，將何聞簡押發該州審訊掌責。

　　何聞簡復赴臬轅翻控，奉批本府提訊詳辦。隨經行提全案人証到案，逐加研訊，各供前情不諱。撿查州卷，楊發雲呈出老契，一畝三分之地係康熙年間何輝祖所買，詢悉此約老名係何聞簡曾祖，其爲楊發雲知情故買，毫無疑義。楊發雲投稅印契，預計何聞簡日後控争，

---

① 同"簡"。

必然回贖,遂捏寫用價四十八千,何聞祥等控告之後,楊發雲又捏稱用價承當何姓一畝之地,書立假約,種種不合。迨九月初三日晚,楊發雲往向爭論,雖訊無威逼情狀,究屬肇衅釀命,照不應重律杖八十。斷令楊發雲將捏寫之三十四千文交出,同原買地畝及楊發雲捏當地畝,一并歸還何聞簡暫爲管業,俟何京邦承祀有人,再爲承受。中証何復盛扶同盜買,又不將實價供吐,掌責示儆。差役潘成、李興訊無受賄延案情事,應與并未威逼打架之楊發基、武生楊漢及未到之刑書王姓、差役蔡魁等均免置議。案已訊明,未到人証,免提省累。要被王金斗兒,飭令州役潘成等協同府差查拿到案再行覆訊,保領伊母王武氏歸家。其何聞成有無威逼投井身死正案,飭令該州〔再行確查覆訊議詳。取具各結附卷。此判。

　　　　捏寫地價、書立假約,其根皆出於知情故買。小人情態,歷歷如繪。

張其翰謹識〕[11]

蒲城縣孀婦楊唐氏具控楊蔚宗等搶奪並糾人持械尋鬧案

審得蒲城縣孀婦楊唐氏具控楊蔚宗等一案。緣楊唐氏係已故楊蔚秀之妾，楊蔚秀在日，與其胞弟楊蔚宗不睦，分居另炊。道光二十年四月內，楊蔚秀物故，楊蔚宗并其分居堂弟楊毓即楊蔚春因楊唐氏年幼子少，爭欲經管家事，楊唐氏恐其侵蝕，未允，楊蔚宗即將該氏家存木櫃搬入伊室，櫃內所貯賬簿、文約、衣物，俱被楊蔚宗把持。楊毓亦聲稱曾受到楊蔚秀臨終之託代爲管家，欠有債項，於十二月間，將該氏騾、牛拉去價賣，又拏去柏木枋板一具，并糾伊弟楊安定等搬其麦籽四十八石，又慮及該氏告發，遂將麦分給戴士昌十餘石，囑令承認楊蔚秀之故父楊森曾借士昌之項，將此麦石抵還。該氏屢被侵欺，念及其父唐廷輅住居東黨村，村中有楊蔚秀遺業，有屋可住，該氏因而避居。二月間，楊蔚宗、楊毓等糾人持械前往，逼令該氏坐車回家。該氏慮仍被欺，不敢允從，彼此爭鬧，經該鄉約曹鳳林及村人等將楊蔚宗等斥逐，奪獲器械，楊蔚宗隨即走散。

該氏歷控縣府，楊毓等供稱身受遺囑，代爲管家。楊蔚宗亦稱，該氏之父唐廷輅唆使楊唐氏不令楊蔚宗等管理家務，并將該氏搬往同住，侵蝕産財等語。戴士昌供稱，楊蔚秀之父楊森曾於嘉慶年間借伊父戴大傑銀兩，除陸續還過外，尚欠銀一百二十兩，曾於道光七年截算，寫有借約爲憑。彼此各執一詞，懸案未結。

本署府到任，經前府移交，提集人証，訊得楊蔚宗、楊毓、楊安定搶奪各物，并糾人持械前往尋鬧屬實，而楊蔚宗所稱唐廷輅侵蝕財産并無實據。惟據該氏供稱，楊蔚秀曾價當曹思善地畝，該氏因需錢孔,急令曺思善减價囘贖,係属自願,并非唐廷輅等愚弄等語。查楊毓等與楊蔚秀係同堂兄弟,即使受有遺囑代辦家務属實,然既已將牲畜抵債於前,何以又搶奪柏枋於後,且搶奪麦籽至四十餘石之多？而楊安定、楊蔚宗一則霸種地畝,一則搶奪賬簿文約,蓆捲而去,且有紏衆持械争鬧之事,是何居心？試問受人遺囑撫恤孤孀者,固應如是乎？其所稱受嘱之説,又尚勘憑信乎？

惟戴士昌則堅稱,楊蔚秀之父楊森借銀属實,并當堂呈出借約一紙,本府查驗無異,似戴士昌所收之麦即係欠項,而楊蔚宗等并無搶麦情事。隨堂訊楊唐氏,據供楊森存日,只借過戴慶雲銀一百兩,楊蔚秀兄弟於道光八年分家之日立有分单,曾將此項載入楊蔚秀分单之内,令楊蔚秀承還此項,并未欠有戴大傑銀兩之事等供。隨據楊唐氏當堂將帳单呈出,本府查閱分单,實只開載借戴慶雲銀一百兩,并無借有戴大傑字樣。查核戴士昌所呈借券,係道光七年所立,而楊唐氏所存分单,楊蔚秀兄弟分居係在道光八年,其寫立分单之時,必將伊父楊森生平積欠之項一并算明,兄弟均匀分認,開載分单,以免偏枯。如果借欠戴大傑銀兩属實,縱使楊蔚秀取巧,隱匿不肯載入分单,而伊弟杨蔚宗（赤）〔亦〕[12]必不肯依從,任聽遺漏。緣兄弟分家以後,伊父所有積逋一時偶漏,倘賬主他年執券徵逋,必向力能自給之家指名坐索,而置家業敗壞者於不問。此係常人之情,亦属必然之勢。當蔚秀、蔚宗分家之日,孰不願自此以後日就興隆。爲楊蔚宗者,顧肯使伊父負欠之項漏未分認,致他日獨受其累乎？此項既有楊蔚秀八年分单,係属鉄據,是戴士昌所稱楊姓[1]借銀之事,係属必無,而所呈借券確係虛捏。本府又查訊齊元、唐廷輅等,亦供稱楊毓等搶麦之時,并未見戴士昌在塲。經本府問戴士昌,反覆駁詰,無可置（辨）〔辯〕,始據供認券係虛捏。此項即係虛捏,則楊蔚宗等屢次欺侵之處,其罪狀益彰彰難掩[2]矣。

---

① 密歇根大學本、北京大學本作"楊森",亦通。
② 同"掩"。

查楊唐氏被欺上控,實属出於己意,并非伊父唐廷輅及杜元德唆使,應與伊父唐廷輅均免置議。被告楊蔚宗、楊毓即楊蔚春、楊安定因爭論家事,先後强搬楊唐氏櫃賬及牲畜、麦籽等項,均属不合,各照(理)〔不〕[13]應重律杖八十,分別折責,以示懲儆。斷令楊蔚宗交還搬去木(傾)〔櫃〕[14]賬約,楊毓、楊安定交還騾、牛及量去麦籽各十六石,楊安定退還地三畝給楊唐氏具領,以清訟蔓。監生戴士昌與楊唐氏之故夫楊蔚秀及楊蔚宗等誼属至親,不知從中善爲調處,乃敢聽從楊毓等分食楊唐氏麦籽,虛捏借約,代爲擔認,亦属非是,姑念到案吐認,情同自首,戒飭示儆,仍斷令退還楊唐氏麦籽十六石。差役齊元訊無詐錢情事,應與并未過付之捐職杜元德及東黨村鄉約曺鳳林等均各免置議。仍責成差役齊元同杜英押着楊蔚宗,將所搬木櫃、賬簿、文約、衣物送案候給楊唐氏具領。無干省釋。案已訊明,未到人証,免提省累。取具各遵依限狀附卷,並照抄戴士昌假約、楊蔚秀分單各一紙,分粘府縣卷備查。此判。

照抄戴士昌假約:

　　立寫借錢文字人楊思誠同子楊蔚秀因爲不便,今取到戴名下銀一百兩整,並無利息,恐後無憑,存証。
　　　　　　　　　　　　　　　中見人　　楊自强
　　　　　　　　　　　　　　　　　　　　楊自榮
　　　　　　　　　　　　　　　　　　　　楊自任
　　　　　　　　　　　　　　　道光七年十一月十九日立

查驗楊唐氏呈出分單,係道光八年所立,載明認欠戴慶雲銀一百兩,并無借欠戴大傑銀錢。今查此約係道光七年所立,何以不將此項寫入分單,令楊蔚秀分認償還?顯係戴士昌捏寫借約,已属確據。

照抄楊唐氏分单：

　　因奉父命，分到庄基東邊間半，正庭三間，前後厦房七間，前頭大門一閣，黑方棹一張，一切小物各製各用。認戴慶雲借銀一百兩整；當玉廷地三十五畝，身收價銀二百五十兩；當周姓地三十二畝，身收價銀一百兩；當自榮地四畝，收價銀四十兩；當步貴地六畝，收價銀十六兩；當次科地四畝半，收價銀十七兩。父親殁後七齋具葬，三週過事，并外甥女婿家中大小人孝衫孝衣，毓秀一人承辦。立分单存証。

中見人　楊自榮
韓克儉
楊開基
屈兆强
楊自强
道光八年五月十五日立

原分单發給楊唐氏收執。

　　既拉牲畜，又搶柏枋，或佔地畝，或奪米糧，垂涎遺產，諸楊若狂。哀此唐氏，煢①煢孤孀，燭照暗室，鏡懸虛堂，如見肺肝，剖析毫芒，情法兩協，天道斯彰。掩卷太息，彌夕徬徨。

張其翰謹識

---

① 同"煢"。

大荔縣民人劉金梁控告監生杜思明等欠債案

　　審得大荔縣民人劉金梁控告監生杜思明等一案。緣杜思明於道光九年八月十六日，憑中劉亨衢約借劉金梁之故父劉森紋[①]銀一百五十兩，杜之鶯同日亦約借劉森銀一百兩，俱係一分行息，均未清償。十年二月間劉森物故，其子劉金梁年幼無知，未曾向討。二十一年麥後，劉金梁之母因尋地畀，檢出二人借票，即同舖夥陶雲春向討，經杜汝南勸囘，應承處還。七月二十四日，劉金梁持票復向索討，陶雲春將約交給杜汝南同杜全興付同思明認還，詎杜思明意存欺騙，扣約不給，劉金梁在街嚷鬧，經杜春勸散。劉金梁之母因銀票兩空，心疑陶雲春串獎，逼令陶雲春於二十七日復往守討，被杜思明毆打頭頂等處受傷。

　　劉金梁與杜思明五控縣案。該縣常令堂訊，杜思明堅供并無欠項，鄉約杜含華供稱并無劉亨衢其人。該縣因此項并無中管，且事歷十年之久，未曾向討，疑其借票不真，遂未斷令還銀。

　　本署府到任，劉金梁赴府復控。本府因此案自縣控以來，中証劉亨衢從未到案，而縣卷杜含華供稱從未聞有此人，似劉亨衢係属詭名，而此券係属假造，當即嚴飭原差，勒令查傳，劉亨衢於十六日到案。隨即集訊，據劉亨衢供稱，道光九年八月曾經劉森、杜思明、杜之鶯央懇作中属實。本府查驗借約二紙，一紙係杜之鶯承借，一紙係杜思明承借，杜之鶯借約，訊係劉金梁在縣呈出，其杜思明一券，係杜思明控案後，經該縣常令追繳存卷。查訊杜汝南，供稱七月十二日曾與杜思明到過劉金梁家，約劉金梁七月二十四日持券到家還銀。而杜汝南、杜全興又供，七月二十四日劉金梁同陶雲春將此券交給杜汝

---

① 密歇根大學本、北京大學本作"本"，亦通。

南,汝南交給杜全興,轉付杜思明。杜思明收券之後,不肯還銀属實。

試思此券之真偽,杜思明必然深知,倘使果係偽物,則杜思明無所畏忌,儘可置之不理,何必央令杜全興等輾轉向劉金梁掣券?謂非設計誆取,誰其信之?迨劉金梁交券之後,又復扣留,不肯付還,直至縣控以後,始被常令追繳。是杜思明本心難昧,明知此券非誣,惟恐劉金梁執券坐索,難逃公論,是以誆取於前,以便扣留滅迹。其種種謀騙此券之意,無非重視此券之心,殊不知此券既如此可重,則此券之毫無詐偽,已可想見。即此一端,而杜思明之陰謀詭計不啻自吐供招矣。且也劉亨衢之名,並非假捏,而杜含華又係一村公直,代充鄉約,平日與劉亨衢同在隣近,豈不深知?何以供稱并無其人?窺其意實欲抹殺此券,故不欲指實此人。種種情節,顯有受賄徇隱情獘。現在杜含華到案取保之後,旋即逃匿,其爲情虛畏審,又已瞭然。但本府細核兩券,其紙幅之大小、行欵之高低、字數之多少俱属符合,自係同時同辦一事。查得杜之鶯、杜思明道光九年之時,年紀均只十六七歲,同在劉森村中讀書,有何急用而同日之間同借銀兩如許之多?必然另有情獘。研訊之下,據杜思明供認,與杜之鶯同在劉森家與不知姓名人同賭,故爾負有欠項等供。

第杜之鶯與劉森均已物故,而劉亨衢供稱,伊等立券之後始行央懇作中,實不知作何開銷,是此項之是否賭債,雖情有可疑,而事無佐証,姑免深究。斷令杜思明歸還劉金梁本銀一百一十兩,原約塗銷附卷。杜之鶯身故無子,俟將來承繼有人,劉金梁再行執券歸結可也。陶雲春被毆各傷,早已平復,且杜思明已經當堂戒責,應毋庸議。差役趙廣抗喚捏稟,本有不合,第案已訊結,從寬薄責以示懲儆。無干省釋。取具遵結交領各狀附卷。此判。

　　層出不窮,無微不到,準情酌理,寬嚴兩濟,而筆力尤爲矯健〔縈紆〕[15],直可作一則古文讀。

張其翰謹識

邵陽縣民人趙全盛上控趙佐清等錢債糾紛案

　　審得邵陽縣民人趙全盛上控趙佐清等一案。撿查縣卷，內開道光十三年七月間，該例貢趙佐清以霸業抗贖等情控，經前縣鍾令傳集兩造，審得例貢趙佐清曾於嘉慶二十三年，將己地十一畝立約出當該處馬王神會，得價銀一百一十兩，所當之地係趙全盛故祖趙繼文經管。道光四年，趙全盛立約，借使趙佐清銀四十五兩，言明每年二分行息。至十三年七月，趙佐清算該本利銀一百餘兩，欲將此銀作爲當價向趙全盛贖地，未允。趙佐清旋即控縣。該前縣鍾令訊據趙全盛供稱，於道光五年四月內從王康妥手內兌與趙佐清會銀五十六兩，趙佐清供稱並未得過此項，願與王康妥質①對。維時王康妥業已出門貿易，無從質訊，該縣斷令趙佐清出銀一百一十兩向馬王會內贖地，趙全盛還趙佐清本利銀九十兩，各清各欠。其趙佐清有無收過趙全盛會銀，斷令俟王康妥回家之時，伊等與王康妥質對。各具遵結完案。此十四年鍾令原斷也。

　　迨至十六年六月，趙全盛在外縣將王康妥換回到縣，與趙佐清質對。趙佐清得銀屬實，該縣鍾令仍斷令趙佐清出銀二十兩交給趙全盛，令趙全盛向馬王廟贖地，交還趙佐清管業，而置趙佐清得過王康妥銀五十六兩之項於不究。此十六年第二次所斷也。

　　趙全盛不肯輸服，復屢次赴府具控，批發該縣鍾令審訊。據趙佐清供稱，道光三年曾代趙全盛向王治國借過銀四十兩，道光四年趙全盛又借銀四十五兩，兩次共借銀八十五兩。前於道光五年收過王康妥銀五十六兩，只係抵過道光三年向王治國挪借四十兩之項，所有道

---

① 同"質"。

光四年趙全盛借欠之四十五兩并未歸還,現在尚存有趙全盛借約二紙等供。該縣查驗,趙佐清現在执持趙全盛借約二紙屬實,共計四十五兩,是以斷令趙全盛認還趙佐清本利銀九十兩,趙佐清備銀二十兩交趙全盛向馬王廟贖地完案。此趙全盛在府具控,批交該縣第三次所訊也。

　　二十一年十一月内趙全盛奔赴藩轅具控,批飭錄案覆奪,趙全盛復控藩轅,批飭本署府提訊。本署府飭提縣卷並趙佐清到案,細核情節,趙佐清供稱,趙全盛於道光三、四年借過銀八十五兩,而趙全盛則稱,實只於道光四年借過銀四十五兩,其道光三年借銀之處,係趙佐清誣賴等供。彼此各執一詞。隨據趙佐清呈出趙全盛借約二紙,共四十五兩,似從前趙全盛於道光三、四年三次借過趙佐清銀兩,其三年所借已將王康妥會銀抵過,惟四年兩次所借并未還銀,是以借約尚收存趙佐清手。但核閱十三年縣卷,趙佐清供稱并未收過王康妥會銀,愿與質對,即十四年屢次在縣興訟,趙佐清供詞亦尚無道光三年代趙全盛借銀之事,直至十六年王康妥到案質對之後,始據趙佐清供稱代借王治國銀兩。推原其故,趙佐清因既與王康妥質對,則不能不認收過會銀,既已認收會銀,則本利已属兩清,無可抵賴,是以又復供稱三年尚有代爲借過王治國銀兩之事,以便將收過王康妥之項作抵,希圖趙全盛重還四十五兩之項,其實趙佐清借與趙全盛銀兩只有道光四年四十五兩屬實,此外並無另有借欠。現有十三、十四、十六〔年〕縣卷口供前後兩(岐)〔歧〕,獎端畢露。但趙全盛既將王康妥會銀兌還借項,何以尚未抽約?隨訊據趙全盛供稱,因王康妥尾會係趙佐清承保,兌銀之時,趙佐清聲稱須俟會事了結,始允抽約,是以借約尚存趙佐清手中等供。

　　核其情節,証以十四年趙佐清口供,確係趙佐清揑約於前,因而揑添債項,希圖重索,實属貪狡。隨向趙佐清將原約二紙當堂追繳塗銷,斷令趙佐清自備銀兩向馬神廟贖地,毋得再向趙全盛索債。趙佐清揑債誣賴,罪有應得,姑念到案一經駁詰,即行俯首認罪,且雙目已罄,從寬免議。借約塗銷附卷。案已訊明,未到之王牛兒應免提質,以省拖累。除取具各結附卷外,抄錄趙佐清十四年在縣供詞及縣斷清摺具稟申覆。此判。

計錄十四年縣訊供斷:

據例貢趙佐清供,嘉慶二十三年,貢生將地十一畝八分當與趙維善之故父趙繼文爲業,當價銀一百一十兩,立有當約。至道光四年,貢生與趙維善之子趙全盛稱了四十五兩銀子,年裡二分行息,立有文約二紙呈驗。貢生并沒有從王康妥名下收過趙全盛會銀,貢生情願與王康妥質對。如今趙全盛不遵文約,與貢生親算銀兩地畝,也不容貢生回贖,所以告他的,求恩斷。

審得例貢趙佐清告趙全盛一案,訊明趙全盛之故祖父趙繼文存日,經管伊馬王神會事務,存有香貲銀兩,於嘉慶二十三年上當明趙佐清地十一畝零,當價銀一百一十兩,立有當約。至道光四年,趙全盛從趙佐清名下取銀四十五兩,每年二分行息,立有文約二紙。至去歲七月間,趙佐清本利算銀一百餘兩,意欲向趙全盛贖回伊地十一畝零,趙全盛不允。經趙佐清控案,訊據趙全盛供稱,趙佐清從王康妥名下收過伊應得會銀五十多兩,斷令着趙佐清出銀一百一十兩,向會內贖地管業,趙全盛還趙佐清本利銀九十兩。至趙佐清有無收過趙全盛會銀,着伊二人與王康妥質對,各自清算。兩造允服,各具遵完案。

二十一年縣詳:

訊明趙全盛之故祖經管馬王神會事務,存有香貲銀兩,於嘉慶二十三年當明趙佐清地十一畝零,當價銀一百一十兩,立有當約。至道光三年,趙全盛央趙佐清代借王治國銀四十兩,又於道光四年,趙全盛又借欠趙佐清銀四十五兩,每年二分行息,立有文約二紙。嗣趙全盛將所得王康妥會內銀五十六兩零抵還代借王治國銀兩,趙佐清欲將趙全盛另欠伊銀四十五兩本利算該銀一百餘兩,抵贖當會內之地,趙全盛不允,致控到案。隨斷令各清各欠,着趙佐清出銀一百一十兩向會內贖地,趙全盛所欠趙佐清銀四十五兩,本利斷還銀九十兩。取具遵結附卷。此判。

十四年縣訊供詞具在,只有借項四十五兩,所爭在趙全盛所收王康妥會銀曾否兌收耳。彼時如果有代借王治國銀四十兩之事,趙佐清安有不即向索,且必待十六年王康妥質明之後始行添出耶?乃恰有已還之約,巧被揞霤,遂捏添未借之銀,希圖重索。此三次縣斷之所以被欺也。然狡則狡矣,而堂前之神目如電,堂下之雙目先瞽。天道維彰,吁!可畏哉!

張其翰謹識

大荔縣民人梁鳳儀具控雷雙喜等買賣地畝糾紛案

審判得大荔縣民人梁鳳儀具控雷雙喜等一案。緣梁鳳儀與梁本庚等均係無服族人，道光十四年間，梁本庚因貧無度，隨央其堂叔梁殿鳳、梁元興等作中，將庄基一院出賣與梁鳳儀爲業，除梁鳳儀以庄基抵對外，實找給梁本庚銀四百七十兩，立契成交，兩相清楚。

迨後梁殿鳳因向梁鳳儀告貸未遂，即串囑已故雷雙喜之父雷起雲向梁鳳儀聲稱，是庄曾於道光六年，經梁本庚之父叔梁殿元、梁殿銓等質當伊名下，當價銀一千兩，今既承買，即應交還伊家當價。梁鳳儀聲稱從前出買庄基之時曾向原管梁元興、梁殿銓等問明，并無典當重買情事，不肯認還。雷起雲控縣，該前縣孫令審訊，因梁鳳儀以四百七十金而承買當價千兩之庄基，未免太獲便宜，斷令梁鳳儀具限補還雷起雲當價銀三百兩。梁鳳儀心懷不甘，又慮違限追比，是以潛避未案。至二十一年四月間，梁鳳儀因赴羌白鎮趕集，撞遇雷起雲之子雷雙喜，即扭禀該鎮縣丞衙門，飭差雷升看管，并未審理。梁鳳儀隨即保歸，慮恐雷雙喜催追銀兩，即赴府呈控。

茲經提集原被人卷到案，當堂查訊，并查驗雷雙喜呈案當約，係道光六年十二月內梁殿元、(梁梁殿)〔梁殿銓〕[16]所立，內載當價銀一千兩。查雷起雲以千金重價，而所當房屋僅止九間，貴賤懸殊，不足相抵，已不近情。訊據梁鳳儀供稱，梁殿元係道光四年出外，病故廣東，迄今尚未搬回。質之梁殿元之子梁本庚，供亦無異，則雷雙喜所呈道光六年梁殿元所立當約之真偽，不問可知矣。況雷雙喜供稱伊父雷起(雪)〔雲〕向開皮店生理，梁殿元、梁殿銓素販皮貨營生，拖欠貨銀，是此項庄基即果係雷起雲承當屬實，亦係賬債準折。且雷雙喜所質係屬當約，并非賣契，民間田產典當與人，并無不準出賣之理，梁鳳儀承買梁本庚庄基既經憑中議價，立契成交，已属永斷葛藤。其挪用賣價，不將當價填償，係属賣主之罪。而隱匿出當，朦混售賣，則賣主與中人均難逃重咎，而買主全無不合之處。至孫令致疑梁鳳儀賤價買業一層，無論買賣出自兩相情愿，不能限制價值之貴賤。且當日梁殿鳳等串同雷起雲假立當約，以千金之價承當九間之屋，原預留異日興訟地步，使聽訟者核閱當賣兩約，貴賤懸殊，必然斷令買主找價。若如孫令所斷，未免墮其術中。

所有該前縣斷令梁鳳儀找補銀三百兩之處，應毋庸議，本署府改斷此項銀兩，仍歸梁本庚、梁殿銓承還。惟梁元興、梁殿鳳既已朦混作中，咎無可辭，〔酌〕[17]斷梁殿銓歸還雷雙喜銀一百兩，梁本庚歸還銀一百八十兩，梁元興、梁殿鳳歸還銀各十兩，以清雷起雲賬項。兩造俱各允服。被告差役雷升等雖訊無押詐情事，但得受有事人錢財至十千之多，殊属不法，枷杖革役，原贓當堂發給梁鳳儀具領。取具遵結交領各狀附卷。無干省釋。此判。

  以四百七十兩而承買當價千金之產，看似便宜，不知以千金而承當僅止九間之屋，更不近情。刻舟求劍，便墮術中，即矛刺盾，灼知其偽矣。使不親提改斷，不特雷起雲等自鳴得意，將賣主之貧且狡者、續有嫌隙者、借貸未遂者皆蠢起效尤，而公堂之上詰訟不休矣！此先生之苦心也。

               張其翰謹識

邰陽縣生貢楊作舟具控王日新等抗債並毆傷案

訊得邰陽縣生貢楊作舟具控王日新等一案。緣楊作舟之父楊殿魁素在縣城開設歇店營生，與王日新熟識。道光十六年五月間，王日新因與伊胞叔王珍種地口角興訟，被王珍之子王日興控，經該前縣鍾令、票差孫升傳訊，將王日新之子王考祥喚案管押。王日新并未到案，後經楊殿魁、崔大林、王文賓、王日兆等向王日新稱，伊罵毆胞叔，赴縣必須重究，伊等情願與王日新管處。楊殿魁等令王日新與伊叔賠罪認非并餽送銀兩，王日新允從。彼時王日新畏審，因無銀兩花費，楊殿魁令王日新立約借給伊銀四十兩，質地十畝零五分，崔大林等作中，楊殿魁將銀兩交給原差孫升拿去赴縣銷案。至十八年，王日新逾期未償，楊殿魁向討，王日新因銀兩係孫升騙去，不肯認還。楊殿魁將所質地畝耕種，王日新向其阻擋，兩相口角打架。楊殿魁控，經鍾令、票差荊振等傳喚，未及審訊卸事。

初令涖任，傳集人証，訊問崔大林等交給孫升銀兩使於何項下落，令崔大林等查明稟覆。迨後崔大林等并未具稟，該縣將人証亦未傳齊，致未訊結。楊作舟因王日新抗債，捏稱王日新領人執持器械毆伊受傷，及刑書冦得運壓案舞獘等情控府，經前府批委澄城縣移提訊詳，該縣未及移解。嗣楊作舟復控，當經前府批准提訊，未及解到卸事。

本府到任，照案差提人卷到府，楊作舟屢次催審，惟崔大林未到。本府細核案情，楊作舟與崔大林顯有串同舞獘情事。楊作舟將崔大林隱匿，抗不交案，經本府當堂訓斥，楊作舟將崔大林始行交出。正在示審間，楊作舟慮恐審出實情，投遞悔詞前來。當即提齊人証，研訊此項銀兩，據供係差役孫升騙使，顯因該役身故，恃無質對，希圖謝罪。楊殿魁、崔大林等前此必有串同分肥之處,無難向二人研訊吐實,分別治罪。

現據楊殿魁自供,深知罪戾,情愿不復索欠。其曾否串同分肥一層,孫升已故,則該二人罪可末減,姑免深究。楊作舟所控本有不實,例應究辦,念於未審之先據其實具悔,情同自首,尚知畏法,今就案了案,僅據刻下悔詞論斷。楊殿魁未將銀兩交給王日新之手,竟交孫升騙使,致啟訟端,延宕數載,已屬不合,從寬薄予掌責。至王日新從前與伊叔口角起衅之處,實在六年以前,且只係王日興具控,而伊叔王珍并未自行首告,數年之間王日新已失去地租,又屢受拖累,恩予免究。刑書冦得運與并未得贓之差役等,均免置議。席亮聽從楊殿魁抗喚,本應重處,姑念案已訊明,事隔數任,從寬薄責示儆。

至道光十六年間,王日新除向楊殿魁質銀,又交給地契二張,一約買地六畝八分,一約買十畝五分,并託楊殿魁代爲赴縣稅契。楊殿魁將六畝八分地契稅出,存放伊家,其十畝零五分地契一紙,堅供今已遺失,無從呈繳。但恐事後執約控爭,希冀死灰復燃,隨斷令楊殿魁父子與王日新寫立照約管業字據三紙,同前約三張,共計六張,(鈐)〔鈐〕蓋府印,二張發交王考祥收存管業,二張發縣附卷,二張粘附府卷備查。取具各結附卷。人証當堂釋回。此判。

照抄王汝興賣地契約:

　　立賣地契人神原里七甲王汝興,今將自己下斜白地一段,東至王賢,西至王來章,南北至道,四至分明,計實地六畝八分,出賣與本甲王悦心爲業。中人言定每畝價銀七兩三錢,當日交足,字証。

立、執約人　王汝興、王悦心
管見人　王乃成、王照榮、王萬魁
道光十四年九月初四日立

照抄楊殿魁父子與王日新寫立管業字據：

　　立照約管業字據人王悅心，今買到王起恭名下斜地一段，係南北畛，東至王卿雲、西至王富春、南至路、北至王賢，四至分明，內計地十畝零五分。同中人言明，每畝價銀八兩三錢，共價銀八十七兩一錢五分。恐後無憑，立字存証。

　　　　　　　　　　　　　　代筆人　生員楊作舟
　　　　　　　　　　　　　　原中人　王來章、王汝會
　　　　　　　　　　　道光二十二年三月　日立

　　上地約二紙，一紙係十畝五分，一紙係六畝八分，俱係王日新置買之業，從前曾託楊殿魁代爲投稅，詎楊殿魁意存騙賴，捐約不交。迨兩造詰訟之後，經本府再三向楊殿魁追繳，楊殿魁稱當初并未收過地約，情願寫立字據，倘有隱匿原約情弊，甘心承罪。本府隨諭令其子楊作舟當堂寫立"照約管業"字據，兩地共六紙，將二紙粘存府卷，二紙粘發縣卷，其二紙（鈴）〔鈐〕蓋府印，給王日新收執管業。倘楊作舟事後持舊約希圖佔地，或竟將舊約轉賣他人，指使出頭，控爭到案之日，無論在府在縣，均得查閱粘存之約，燭照奸僞，專治楊殿魁父子匿約詐騙之罪，庶鄉愚小民免受豪強魚肉，似爲心安理得也。

　　　　　　　　　　　　道光二十二年三月日
　　　　　　　　　　　　府正堂邱　加批

　　此案情節委曲多端，伊等鬼蜮行踪。惟恃孫升既死，無可質對，一經明眼人勘破，楊殿魁、崔大林等顯有串同分肥情獘。孫升雖已物故，而崔大林尚存，堂訊之下，搜抉病根，着落楊殿魁將崔大林交出，則堅扃已破，獘端難掩。無怪乎楊氏父子胆落魂飛，哀懇息訟,不費發伏折奸,而洞窺肝膈,民之情偽盡知之矣!迨伊父子既知悔懼,自供不願索欠,亦即就案了案,寬其既往,不加深究,予以自新。是又哀矜勿喜、法外施仁之德意乎!加批一段,預防詐騙,苦輿分明。菩薩心腸,如是如是!

張其翰謹識

韓城縣武生王茂清控告捐貢王國典等爭繼案

審判得韓城縣武生王茂[①]清控告捐貢王國典等一案。緣王茂清之故父王永業同胞二人，永業居長，其弟昌業乏嗣，永業生有二子，長萬清，次茂清自幼過繼〔胞〕[18]叔昌業為嗣。道光十六年，王昌業因生有嫡子二人，隨邀同族〔長〕[19]王祥業等，議給王茂清地二十畝，令其帶產歸支。王萬清無子，商同其妻王高氏議著王茂清之子王士元為嗣，立有嗣單。王萬清物故，王高氏不願王士元繼嗣，撥給地二十畝，令其帶產歸支。隨取其從堂兄王國典之三子王振元為嗣子，振元旋即物故，復取王國典之次孫王起福為嗣孫，并未商同王茂清及該族長人等定議。先是，王萬清與孫廷蘭錢債涉訟，該縣斷令孫廷蘭繳銀，王國典於十九年十二月赴縣具領，與王茂清爭論，互控縣案。經前縣劉令審訊，因王高氏既不願王士元為子，而願取王起福為嗣孫，應聽其便。王士元於歸支之時既經王高氏撥給地二十畝，并未向隅，仍斷令王起福為嗣孫，王士元不得再生覬覦。結案後，王茂清因其父王永業所遺家產僅撥給王士元地二十畝，其餘皆係王高氏一人獨占，未蒙斷分，且王起福係屬以孫繼祖，於理非〔宜〕[20]，即赴府呈控。

本署府提集人卷，訊悉前情。查王國典等係王萬清從堂兄弟，王茂清係屬同胞弟兄，王萬清乏嗣，既取王士元為子，實屬昭穆相當。乃王高氏不願王士元繼嗣，隨取從堂服兄王國典之子王振元為嗣，旋於王振元物故之後，又取王國典之孫為嗣孫，本有未協，但王茂清現係爭訟之人，既不應令其子承繼。而查詢王士元一輩，又無昭穆相當之人，姑仍照該縣所斷，以王起福為嗣孫，以順輿情。惟王永業所遺

---

① 同"茂"。

財產一層,該前縣因王士元既已承受王高氏撥給之地,不應再議分給,殊不思王士元即不與其胞伯王萬清承祧,而王萬清所遺產業與王茂清係屬一父所遺,自應各半均分。只緣王茂清自幼過繼與胞叔王昌業爲子,其親父所有產業俱係胞兄王萬清一人承受,後來王茂清帶產歸支,遂不能與王萬清均分父業,本係向隅之事。厥後王萬清無子,過繼王茂清之子王士元爲嗣,又遭王國典奪繼佔業,遂代王高氏主謀,令其酌撥地畝分給王士元,名爲帶產歸支,而實預爲異日箝制王茂清之口,使其不能再議均分父業,殊屬貪狡。

本府衡情酌斷,令王茂清將從前王高氏撥給王士元二十畝之地退出,歸入公產。將王萬清所遺田產、房屋、地畝、生意,憑該族長王祥業等公同查明,開具清單,令王士元與王起福兩半均分,寫立分閱存卷,并照抄兩分,硃標給王高氏、王茂清收執,各管各業,以昭平允,而免向隅。至王高氏家務,嗣後應聽王高氏一人經理,王國典父子不得干預其事,致滋侵蝕,永息訟端。除取具兩造遵結附卷。無干省釋。此判。

計開王高氏等

　　共有庄房六院　田地八十餘畝　木廠生意二處

王高氏分

　　老庄房三院　　　　　　高門村三合順號木廠一處
　　燕家地九畝八分零　　　廟西遠兒地九畝四分零
　　橋兒路北地五畝二分零　墩台路南地一畝六分
　　塌地三畝九分零　　　　後廟地五畝零
　　西崖上地三畝六分零　　豐收坪地二畝零
　　稍門西邊路南糞場一方　大騾一頭、小牛一頭

家具什物量分清楚	共地四十畝零

王茂清分

村中西節路南庄房一院	村東中路南庄房一院
村東路北庄房一院	三合通號木廠一處
馮家靈地六畝零	村東路北地五畝
蠶菓樹東塇上地二段共八畝零	小道地五畝
車道路南地十畝	村東路北地三畝零
稍門外路東糞塲一方	大牛一頭、小騾一頭
家具什物量分清楚	共地四十畝

王高氏、王茂清各執一張，照紙管業。

　　嗣子一條，例得立賢立愛，而寡婦往往舍親立疎者，有夙嫌也。方其姙娌共爨，一有子、一無子，或有子者自鳴得意，而無子者掩泣吞聲，或無子者羨極妒生，而有子者反唇與校，或舅姑有左右之袒，或親串有炎涼之態，或婢媼有媒孽之奸，或外家有貧富貴賤之迹。加以旁支之謀繼者復從而搆煽挑撥，曲意逢迎，始而水火，漸若冠讐矣。寡婦素受謀繼者之餌，一旦立嗣，則謂之爲賢爲愛，皆許擇立，其實皆産爲之耳。果其富也，人盡子也，果其貧也，誰甘爲寠人子，誰肯謂他人母哉？

　　此案王萬清在日，商同其妻王高氏立胞侄士元爲嗣，而血肉未寒即奪帶産歸支之舊稿，背夫廢嗣，其爲王國典之謀繼何疑？殊不知彼固續生二子，例得歸支，此則非犯不孝，不應逐繼。爲士元者肯甘心耶？衡情酌斷，庶理得而心安也。

張其翰謹識

蒲城縣民人張貴卿呈控張得兒等
不肯找補地價及找完地糧案

　　審判得蒲城縣民人張貴卿呈控張得兒等一案。撿查縣卷,張貴卿之父張必友於嘉慶二十四年間,將地一段七畝二分,除墳地三分外,實地六畝九分,每畝隨粮四升二合,憑中張必灉出賣於張得兒之父張必修爲業。當同原中丈①量,只有地六畝六分,計短地三分。張必友告知張得兒,俟搜出之時再行過粮税契,屢邀東西地鄰,終未同往清丈。張得兒照六畝六分之數交價過割,其所短三分地粮仍歸張必(有)〔友〕[21]完納。迨至去歲正月間,張必修始同原中張必灉及地鄰人等,將其原賣之地丈量明白,并不短少,張得兒仍不肯找補地價及找完地粮。張必友控,經該縣朱令當堂諭飭原中、里書人等丈明,張得兒承買之地現短五厘,東隣李慶雲原地七畝,現短五分五厘,西隣李跟遇原地十四畝三分三厘,現短地四分,俱係有絀無贏,稟復在案。該縣斷令栽立界址,均各照舊管業。

　　結案之後,張必友心懷不甘,赴府具控。本府查驗張必友從前賣地紅契,實係七畝二分,除墳地三分,餘地六畝九分。此項地畝現係張必修全數承買,即有短少,亦應係東西兩隣侵佔。今據里書查丈,三家之地俱各短少,實屬理所必無之事。緣此地既非逼近河灘,無虞冲刷,何以三家均絀? 姑無論兩鄰有無侵佔,而今昔丈尺大小懸殊,不惟原中人等得以朦混丈量,而買主亦得借以隱匿,是此三分之地即在三家所種地畝之中,已無疑義。查訊張必友前後左右,并無本身〔地〕[22]畝,實係地盡粮絶,足徵確鑿。若仍令張必友空輸無地之粮,

---

① 同"丈"。

〔不足〕[23]折服其心,而情理亦有未協,且將來偶有遷徙逃亡,此糧即歸無着。

所有短地三分,應攤糧一升二合六勺,令張得兒過撥完納。張貴卿賠完多年糧錢並短交三分地價,酌斷張得兒如數給張貴卿具領,以歸核實而杜訟端。除飭該縣將此項三分地糧如數在於張必修名下過撥完納外,取具遵結附卷。此判。

今昔丈尺大小懸殊,即在三家均紃中參出極活動正〔極〕[24]確鑿也。疑團已破,信讞斯成,曷勝欽服。

張其翰謹識

卷 五 401

郃陽縣民人侯連陞上控監生雷鳴治
合夥賬目糾紛案

　　審得郃陽縣民人侯連陞上控監生雷鳴治一案。撿查縣卷，道光十六年，侯連陞同監生雷鳴治各出本銀五百兩，在縣城開設紬舖，又先後在縣屬地方夥開粟炭二行，其貨本均係侯連陞向人挪借。迨至十八年正月，侯連陞等算明粟炭生意虧折銀四千餘兩，兩人分認二千兩，議令雷鳴治寫立二千兩借約一紙給侯連陞收執。其粟炭行所欠外債，着落侯連陞承還，並議明以後粟炭行有無盈絀及欠人賬債，均不與雷鳴治相干，立有合同爲據。

　　十八年八月，雷鳴治將伊紬舖本銀五百兩陸續使完。是年十一月，侯連陞將紬舖殘貨及外債各賬，同中張景祥等作銀一千七百兩，給與雷鳴治、李凌雲營運，寫立領本一千兩文約給侯連陞收執，餘銀七百兩俟十九年交還。未請中人之先，雷鳴治預囑侯連陞，在衆人面前不可提及借欠侯連陞銀兩之事，且懇侯連陞假借舖內存雷鳴治銀五百五十兩文約一紙，以便虛裝門面，好向各舖挪借銀兩，則貨本更爲寬裕，俟衆人閱過此券之後，即行銷燬。侯連陞信以爲實，隨寫立借欠銀五百五十兩一紙，給雷鳴治收執。雷鳴治收約之後，并未付還。次年正月，侯連陞向雷鳴治索取七百兩之項，雷鳴治誑稱須俟驗約再行還銀，并稱現在字號"元盛"二字有干禁忌，必須另換名目，其領約亦必另換書法。侯連陞隨取借、領二約，一并交李凌雲手收存。次日，李凌雲將侯連陞喚至舖中取約，先是侯連陞所認欠項內有王天祥銀兩，李凌雲預約王天祥在舖守候，向侯連陞逼討銀兩，多端窘辱，不能脫身。忽有雷鳴治之親家屈耀先來舖，議令雷鳴治承還王天祥銀兩，并認還侯連陞外賬銀共一千兩，令侯連陞將舖貨抵給雷鳴治，侯連陞無奈允從。屈耀先持出永斷葛藤文稿，勒令侯連陞照謄，并將雷鳴治所借之二千兩，勒令侯連陞書寫收書各一紙，交給雷鳴治收執。

侯連陞書寫後，即以前情赴縣具控，并呈出屈耀先永斷葛藤底稿。經該縣訊，據監生雷鳴治供稱，侯連陞在舖抽使銀錢并欠有外賬，除將舖貨抵還外，侯連陞與伊立寫五百五十兩借約一紙，其粟炭行生意雷鳴治并未合夥，其虧折與雷鳴治無涉，并未立有借領文約情事。又據李凌雲供稱，侯連陞欠有外賬，願將舖貨及外欠賬項共作銀一千七百兩，折銀一千三百兩，同張景祥并伊等管说，將紬舖生意給雷鳴治經管，雷鳴治代爲清還外欠，侯連陞願將二千兩借約一紙、一千兩領約一紙，同〔衆〕[25]銷燬，立寫永無瓜葛字據。侯連陞堅供，己身并未欠有雷鳴治賬債，從前雷鳴治承借己身二千兩之項及所領貲本一千兩，其文約均被雷鳴治主使李凌雲騙去，所有第二次所開之舖雷鳴治還過各項，均係從前合夥時所欠，即在雷鳴治所欠二千兩之中，今雷鳴治等既將此項在一千本銀內扣除，又將從前二千兩借約掣去，心實不甘等供。該縣當即諭令刑書協同原管張景祥等清查舖賬，除代侯連陞還過欠項外，尚存銀七百八十六兩。此該縣初次所斷也。

雷鳴治不服，呈控縣案。該縣飭令屈耀先、李凌雲等清算。屈耀先開列清單，除兩次代侯連陞還過舖賬外，侯連陞所交之一千七百兩實無存剩分厘。侯連陞復又懇究，該縣仍諭原差雷定押令屈耀先、李凌雲協同四街鄉約清查，仍照原算禀覆。此該縣二、三次所斷也。侯連陞於上年九月內控經前府批縣，覆訊仍照原斷。

侯連陞兩控藩轅，初批飭縣，次批府訊，當即行提人卷到案。本府以此案情節支離、疑竇多端，據侯連陞所供如果屬實，則雷鳴治夥開粟炭行所有虧折四千兩議明二人分認，雷鳴治所認之項既已向侯連陞寫立借約，將此項歸於侯連陞承還，則第二次所開之紬舖係在清算賬目之後，即舖內欠有外賬，亦只係從前所欠，自必仍在四千兩之中。雷鳴治雖已代爲清還一千兩，只能於借欠二千兩之中除去一千，何以又在新開舖內將領本銀兩全行扣去，而二千兩之借券置之不論不議？是雷鳴治等顯有重扣之獎。但現在雷鳴治執有侯連陞五百五十兩借約，又執有還過侯連陞二千兩收約，更執有侯連陞寫立永斷葛藤字據。而侯連陞則既未存有借券，又未收有領約，雖供稱李凌雲掣騙，然口訴之詞，無徵不信，似雷鳴治十分理直而侯連陞不免訛騙矣。但此案實有確鑿証據近在目前，一經拈出，則兩造曲直，不辨自明。

查雷鳴治所恃者，執有侯連陞收書爲還過借項之據。殊不思既有收書，則侯連陞所稱二千兩之借券必非虛揑，此非虛揑，則從前合夥折本之事亦係真情。合夥折本之後清算賬目，雷鳴治方且向侯連陞寫立借約，是侯連陞必無轉欠雷鳴治之理，何以雷鳴治又執有侯連陞承借五百五十兩之約？則此約之來歷應如侯連陞在縣所供，已無可疑。是此項收書爲二千兩借約之確據，而疑竇之得以破露者，此其一也。

且也道光十七年，侯連陞與雷鳴治寫立合同，議明自此以後粟炭行有無盈絀及欠人外賬，均不與雷鳴治相干，立有文約爲據，是此字專爲分夥而設。既已分夥於後，自必合夥於前，不問而知矣。既已合夥，則從前因虧折而議分認，因分認而立借欠之處，又已和盤托出。既已向侯連陞立有借約，則賬必算清，而侯連陞第二次所開之舖，必無雷鳴治本錢在內，又屬顯而易見。是此項合同爲合夥折本之鐵據，而疑竇之得以破露者，此又其一也。

且也雷鳴治所恃者，執有永斷葛藤字據耳。查此字內開載侯連陞願將舖貨銀兩抵清外欠，以後所有從前粟炭行欠項，不與雷鳴治相干，第二次紬舖外欠，亦不與侯連陞相干等語。查侯連陞第二次所開紬舖，即使欠人賬項屬實，亦不過千兩之數，而舖內存有一千七百餘兩，還賬之外既係有餘，且可再向雷鳴治討還二千兩之項另立生意，何至以一千七百兩之舖，懇求雷鳴治代還一千兩之項，而又任聽雷鳴治置從前所欠二千兩於不問，甘心自爲認還，遽肯立約寫明不與雷鳴治相干？其爲不近情理,已属易見。且查驗底稿,確係屈耀先所書,核閲此項字據,其詞意全係偏徇,是屈耀先等串同陷害之處,又属確實。殊不思有此永斷葛藤之底稿,則疑竇轉得以破露,此又其一也。

此案收書合同,及永斷葛藤字據,及侯連陞五百五十兩借約,此四物均係雷鳴治所執爲鉄據而專恃以騙債者。殊不思此四項既真,則合夥折本、因折本而寫立借約之處,更属確鑿。是其所恃爲藏身之固者,適所以自取敗露耳。查此案闗健①,不在清算第二次開舖以後之賬,而在清查從前粟炭行之是否合夥,又在查核第二次所開之舖雷鳴治是否領貲,而尤以是否合夥爲扼要。今合夥□□簿雖被雷鳴治藏匿,然現有分夥合同爲憑,則種種疑竇,勢如破竹矣。

隨飭傳粟行夥計李日茂質訊。據供粟店生意係侯連陞、雷鳴治二人夥開,其所立領約經雷鳴治當堂呈出,隨飭李日茂辨認。據供原寫領到侯連陞、雷鳴治二人貲本,此時約内何以止有侯連陞一人？實非原約。本府研訊雷鳴治,既未在粟炭行同夥,何以收存粟行領約？隨據李凌雲供認,雷鳴治因生意虧累,囑伊改寫属實。詰訊雷鳴治,俯首無詞。隨向雷鳴治追繳借領各票,據供業已給付屈必成焚燬,至於合同、收書及葛藤字據,委係串同屈耀先勒令侯連陞書寫,所有呈稱侯連陞欠伊銀五百五十兩一事,亦係誑令侯連陞書寫等語。

查雷鳴治書立二千兩借約,原爲着落侯連陞承還粟炭行欠賬,後又領過侯連陞銀一千七百兩,共銀三千七百兩,除還一千三百兩之外,尚欠二千四百兩。今斷讓銀四百兩,雷鳴治還侯連陞銀二千兩,具限清交。其從前紬舖所欠外賬,仍令侯連陞認還。查雷鳴治拖欠侯連陞銀兩,不但不爲清交,且串夥李凌雲賺騙文約,給令屈必成焚燬,又串通李凌雲改寫李日茂領約,屈耀先無干作稿,勒令侯連陞書寫永斷葛藤及收書字據,并在縣隱算賬項,均属胆玩。雷鳴治係属監生,姑念自知錯悞,情愿繳還侯連陞銀兩,免予深究。李凌雲、屈耀先均各杖責,以儆刁玩。屈必成焚燬文約,罪有應得,此時雖未到案,侯

———————
① 同"鍵"。

奉批至日，飭縣究懲。案已訊明，未到人証，免提省累。詞内李日茂、中人張景祥等，概予省釋。雷鳴治於四月初七日，已將銀二千兩與侯連陞如數清交訖。除取具繳領各狀附卷具詳申覆外，此判。

照抄李日茂領約：

　　字寫領銀約文字人李日茂，今領到侯名下銀三百兩整，在同家庄開設天順粟店、紬舖生理，同中言明銀六分、人四分：李日茂一分五厘，侯連陞一分零，雷正君一分零。二年一算賬，銀人并無支使。恐後無憑，立領約爲証。
　　　　　　　　　　　　　　　　道光十五年十一月二十八日立
　　　　　　　　　　　　　　　　管見人　雷鳴治
　　　　　　　　　　　　　　　　　　　　李凌雲
　　　　　　　　　　　　　　　　　　　　康君曉

粟炭行係何字號？當是天順。紬店係何字號？當是先係元盛，後改永盛恒號。則雷鳴治之局騙也。

照抄侯連陞、雷鳴治立寫合同字據：

　　立寫合同文字人雷鳴治、侯連陞，因爲外庄生意，二心不同，從此之後辦舖外，外庄生理長錢短本多寡不與永盛恒號相干，若揹辦緒貨出票，以永盛圖章爲証。恐口無憑，立合同二張，各執一張爲憑。
　　　　　　　　　　　　　　　　中人　屈必誠
　　　　　　　　　　　　　　　　　　　魏秉恒
　　　　　　　　　　　　　　　　道光十七年十一月初十日立

照抄侯連陞因約失遺與雷鳴治立寫收書：

　　立寫收書人侯連陞，今收到雷鳴治元銀二千兩整。同中言明，因約失遺，立收書存証。

　　　　　　　　　　　　　　　中見人　魏士進
　　　　　　　　　　　　　　　　　　　魏秉恒
　　　　　　　　　　　　　　　　　　　張效騫
　　　　　　　　　　　道光十八年六月初一日立

照抄侯連陞與雷鳴治寫立永斷葛藤字據：

　　立寫永斷葛藤字據人侯連陞，情因道光十六年與雷鳴治合夥，各出本銀五百兩，同立永盛恒號生理，每人各占分頭一股。迨十八年七月間，雷鳴治窺侯連陞做事恍惚，不願一處合夥，着連陞一身承認，連陞亦出情願同△△等將號內賬行一概算清，應認應分同面言楚。下留本銀，連陞與鳴治立寫五百兩借約一紙，緩期三次交清。生意長折連陞一人承認，不與鳴治相干，亦有字據存照。

　　值此十九年正月內，連陞自知生意虧折，負債甚重，逼廹難支，告托無門，再三懇央△轉央△△等，呈情雷鳴治憐念及舊日交情，復將生意承認。號內所有現貨折銀百十兩，外賬共折銀若干，家具共銀若干，三股共該銀若干，舖內實欠外號貨銀　　借貨銀二股共該銀　　，兩相抵清，下虧銀連陞情願同管。與雷鳴治書立銀若干，借約一張，約緩期代前欠五百兩之數，對年之期，三年交還，自立字據，後連陞身下外事外賬不與鳴治相干，鳴治舖內外賬外欠亦不與連陞相干，兩家永遠毫無半占瓜葛。恐後無憑，永斷葛藤字據存照。

　　　　　　　　　　　　　　　　　　屈耀先稿

照抄初次書役原管算明賬単：

計開：

道光十八年七月二十四日，雷鳴治交侯連陞接做，所有外借、現貨、舖存家具並雷鳴治、侯連陞借支，共作現銀一千六百四十兩五錢一分。除抵還欠外，共銀九百四十兩三錢。同兩造核算，虧折銀二百九十九兩七錢九分，現存本錢七百兩二錢一分。

十八年十一月間，侯連陞出號，交李凌雲、雷鳴治接做，所存家具、現銀并存紬貨、外欠各賬，共銀一千六百八十七兩七錢五分。雷鳴治、李凌雲與侯連陞清還欠外號賬，并侯連陞陸續借使代還王三賬項共銀八百八十三兩九錢三分，共錢二十五千九百二十四文，以一千四百文共合銀一十八兩五錢二分。以上侯連陞共使銀九百一兩四錢五分，除使過舖內應有侯連陞銀七百八十六兩三錢。

二次屈耀先算明賬单

十八年十一月李凌雲接生意時賬項：

——宗舖内現貨，共算實銀七百四十六兩八錢七分（荒銀八百二十九兩八錢六分）①

　街鄉外欠貨銀五百六十四兩三錢四分實銀（荒銀七百零五兩四錢）

　外借賬銀三十九兩零八分實銀（荒銀四十八兩八錢五分）

　外欠會銀十五兩一錢九分

　家具共算銀三十兩

　雇身夥計長支使銀十二兩八錢一分

---

① 括號內爲小字附注，下同。

水牌現存銀八兩五錢

——上七宗,共算銀一千四百一十六兩七錢(俱係侯姓銀兩)

是年十二月李凌雲開銷街市賬項:

——宗付欠外號貨銀四百一十兩零九錢六分

下欠外號未開清貨銀一百二十九兩二錢二分

侯己身取貨,合銀五十八兩三錢五分

零使錢二十六千一百六十文,合銀一十九兩三錢四分

使用銀六十七兩四錢八分

號內費用錢十九千八百六十五文,合銀十四兩七錢五分

付房賃銀十兩零二錢五分(內有錢五百文)

欠外計放銀三十七兩七錢

——上六宗,共使銀七(十)〔百〕[26]四十八兩一錢,除使過下存銀六百六十八兩六錢七分(係侯姓銀兩)。

十九年正月雷鳴治接生意時

淨接侯連陞家具、貨銀六百六十八兩六錢七分

宗還給永盛德號銀二百一十二兩

認還雷大周銀三百二十一兩

認還雷大剛銀一百五十九兩

——上三宗俱係侯連陞名下己賬。

即以其人之道還治其人之身,菩薩心腸,聖賢作用,令讀者合掌皈依、心悅誠服。□自情節支離,疑竇多端,下抉摘四項文約自取敗露處,勢如破竹,筆如轉圜,直可當古文讀。緣古文佳處亦只是見得真、說得透也。

張其翰謹識

讀此判後,適奉委訊宜川縣武生王西魁上控里差不公一案。登查縣卷,王西魁於本年正月二十五日、二月初六日兩次在縣具控,俱以嘉慶二十年伊父王榮曾充里長,本年地方輪應王占元接充爲詞。經縣訊明,嘉慶二十年之里長輪應王榮充當,因其抗賴,經王占元之父代充,今歲地方又輪王榮應充,斷令王西魁之弟王西元認充在案。隨於三月二十九日,王西魁復控詞稱,嘉慶二十年王占元之父雖代充里長,伊親支曾幫給錢文。又經縣訊,酌令照舊幫貼完案。乃王西魁迭次府控,仍以嘉慶二十年伊父曾充里長捏瀆。初不思其三月二十九日一紙已自認誣鑿鑿也。從此詰問,俯首無詞,益知讀判益人不淺矣。

其翰又識

咸寧縣民人張彥隆上控郃陽縣民人黨起旺等誣姦訛詐案

訊得咸寧縣民人張彥隆①上控郃陽縣民人黨起旺等一案。緣張彥隆籍隸咸寧縣，販賣染靛生理，道光二十一年十二月十六日來郃陽貿易，借住染房高自創家。三更以後，有麻英等帶領數人叫門，聲稱韓城之張忠兒在店住宿，被張彥隆圖姦，在縣具控，立將張彥隆拉去，并詐錢十二千文，搶去兠②肚銀三十兩。該縣陳令因人証未齊，未及審訊。張彥隆因守候日久，赴府具控，并控奉臬憲批府提訊。

當經本府提集人証，訊得張彥隆于十六日始到高自創染房，是夜與工人李效銅住宿一炕，店內并未見過張忠兒之面，麻英等所詐之錢，係在高郎子舖內取去。禍起于道光十七年，郃陽縣黨起旺之父黨必鳳借欠張彥隆靛銀十四兩，屢討未償，至二十一年十二月十六日復向索討，黨起旺挾嫌，遂串同差役麻英、李來貴等申囑張忠兒裝點圖姦情事，歷歷如繪。查指姦勿論，律有明條，況十六日李效銅與張彥隆同炕住宿，店內并未見張忠兒之面，已據李效銅供吐明晰。查縣卷內張忠兒控詞，聲稱十六日住高自創店內，與張彥隆同宿，被其圖姦，顯係全虛。是張彥隆所控并無不實。

查黨起旺因張彥隆索債之故，胆敢串同麻英勾串張忠兒誣姦訛詐，殊屬可惡，應請照不應重律杖八十，折責發落。差役麻英、李來貴聽從黨起旺挾嫌誣姦，詐去張彥隆錢十二千文、銀三十兩，除將麻英發交大荔縣管押聽候，詳批至日，遞回郃陽縣同李來貴等一并按律詳

---

① 同"隆"。
② 同"兜"。

辦外,所得銀錢追出給張彥隆具領。高郎子借給張彥隆錢文屬實,訊無過錢情事,請免置議。過証高存兒等雖未到案,麻英業已當堂供認,請免提質,飭縣傳案責處發落。訊未勾串之高其升應毋庸議。案已訊明,未到人証,免提省累。除取具各遵結附卷,人証釋回。此判。

　　染房非繁雜歇店可比,販靛客商携有銀兩錢文,斷不容閒人同炕。張彥隆于十六日甫到該店,如果是夕即有姦宿張忠兒之事,則亦積慣賣姦、甘心俯就之頑童耳。指姦勿論,律有明條,正防此輩,况有鉄証之李效銅耶?黨起旺之挾嫌串誣,麻英等之藉端詐搶,均堪髮指。捧讀此判,令人痛快。

　　　　　　　　　　　　　　　　　　張其翰謹識

蒲城縣民人李元峰上控武生段振南知情偷典、鬥毆案

審得蒲城縣民人李元峰上控武生段振南等一案。緣李元峰之故祖胞弟兄四人：長房李升生子李必棟，必棟生子元坤、元峰；二房李進乏嗣，係長門次子李必愷承祧；三房李韶生子必會、必才；四房李培亦乏嗣，取三門次子李必才承祧。嘉慶九年，李元峰等弟兄同其叔李必愷等將家産按四老門均分，因伊曾祖母張氏尚存，公中撥出庒東地九畞、棗樹塔地七畞共十六畞，作爲養贍，言明張氏存日，誰家養贍，地給誰家耕種，俟張氏故後，地仍歸長門李元峰承受，以備一切喪具之費，立有分單爲憑。維時張氏常就養二、三兩門，是以李必愷種地九畞，李必會種地七畞。十三年張氏物故，所用衣衾、棺木皆係長門李元峰備辦，李必會當將七畞祭①田與李元峰退還，其李必愷所種祭田九畞并未交給。又查三門李必會因二門李進係其胞伯，家計維艱，撥給養贍地十二畞，言明李進故後，地仍歸三門承受。迨後李進物故，其嗣子李必愷將地三畞價賣，餘地九畞亦未與三門交還。

道光十三年，李必愷因拖欠段有威借貸本利共錢九十餘千文無償，遂將長、三兩門地各九畞，共計十八畞，立約質當與段有威管業，其地仍係李必愷租種，是以長、三兩門李元峰、李必會等均不知其偷當之事。十九年，段有威因李必愷連年拖欠租麥，將地奪回自種。二十年六月二十八日，段有威、段有恒及雇工張捉住等在地工作，經李元峰瞥見，即以地係伊家大房、三房老業，不與李必愷相干之言向其阻擋，段有威等未允，彼此角口，被段有威雇工李緝兒揪扭李元峰髮

---

① 同"祭"。

辯,段有威之子武生段振南用鉄鉏毆損李元峰左腿,段有恒又在旁將李元峰左腿扭傷。段振南等慮及告發治罪,即赴該縣搶先具控。經該前縣張令驗明李元峰傷痕,取幸醫治。經史文昇、李廷章等管給地畝、藥資錢文,李元峰未允,控府。經該府飭委大荔縣常令移提訊詳去後,旋據該令詳息批銷在案。

詎李元峰因管還錢文未曾全付,地畝亦未曾交給,心懷不甘,即以前情奔控藩憲,批經前府行提,未到卸事,移交本府。差提人証到案,訊悉前情。據李必愷當堂呈出分单,其内并未載有庒東及棗樹埝兩處地畝。查驗從前四門寫立分单,書寫庒東地九畝、棗樹埝地七畝作爲張氏養贍,俟張氏身故,仍歸大房作爲祭田,分单所載甚明。又查得嘉慶二十三年張氏身故之後,李進同妻劉氏曾于二十四年四月邀同三門必會、四門必才公寫議单,亦稱此項地畝限至五月以内交還大房元坤等語,現有文約可憑。種種鉄據,是庒東九畝與棗樹埝七畝之地,確應歸李元峰承受,而棗樹埝另地九畝,亦訊明確係李必會原業,毫無疑義。

現據李元峰供稱,李必愷原借段有威錢三十千文,後因滾利盤剥,磊至九十餘串,李必愷因被索無奈,始將前項地畝偷當等語。查段有威當李必愷質地之時,明知其家無多產且彼此近在咫尺,未有不訪查明白遽肯冒當,謂非知情偷典,誰其信之? 即或當時不知,而李元峰事後屢次向阻,輒復置若罔聞,竟似有所恃而不恐,情涉強橫。現經本府當堂嚴追當約,段有威供稱交給中人之手,研詰再三,堅不呈繳。夫當約既不肯呈,則約中之開載自有難於見人者。即此一端,其平日重利盤剥、謀業偷當之情,已覺欲蓋彌張矣。

再查其子段振南身係武生,自應恪守禮規,即使李元峰因阻種地畝與伊父鬥毆屬實,亦當善爲排解,乃敢恃符逞兇,用鉄鉏連毆李元峰左腿、左脚腕等處,重至骨損,并喝令李綢兒、段有恒一則揪採髮辮,一則扭傷左腿,其同惡相濟之狀,已自彰彰難掩。查李元峰現在行依雙拐,已成廢疾,自應以段振南當其重罪。其揪辮扭腿之李綢兒、段有恒雖係帮毆,傷有重輕,應同段有威等當堂先行薄責,俟詳奉批示至日,發回該縣分別按律懲辦。

仍斷令段振南帮給李元峰養傷藥資錢一百八十千文。段有威偷當李必愷二段共地十八畝,斷令段有威即時分別退還李必會、李元峰管業。其李必愷所當價,訊明本錢僅止三十餘串,餘數盡係磊算之利,且段有威已獲利多年,現在李必愷赤貧,免其追償。差役屈花奉票之後,遲延數月始將人証傳審,殊屬疲玩,應照不應重律杖八十,折責革役。段有成雖與其弟段有威同住,其家事訊係段有威經管,至偷當李必愷地畝,伊並不知情,亦無帮毆李元峰受傷情事,應免置議。無干省釋。案已訊明,未到人証,免提省累。取具遵甘各結附卷,并照抄李必愷分單及李進執照各一紙,粘卷備查。此判。

照抄李進分单：

　　立寫分書李進、李紹、李必動、李德兒,因爲家產四分均分,李進北圪塔八畝二分,天墖地四畝二分,東西珍地五畝五分,下斜地東邊一十五畝七分,庄基老靈後地四畝二分,庄基間半房九間,門前[地][27]二分一厘,長三分一厘。恐後無憑,分書存証。

分見人　李　琬

段貴成

張大智

嘉慶九年四月初九日立

此李進分單只有三十一畝四分,其内並無東庄地九畝、棗樹墖七畝之地。

照抄李進執照:

立寫執照人李進,弟妻劉氏,胞侄必會、必才,所有祭祖先地三段,今李進種庄東地一段九畝整,再必會種棗樹塔下地一段七畝整,同中言明五月以内長孫元坤爲業,所費衣物、銀兩、宰猪、寫戲,盡是元坤所辦,割收割麦内於必會,除靈地三分,三家并無反思。恐後無憑,立字存証。

李　進
劉　氏
元　坤

嘉慶二十四年四〔月〕[28]初十日立

中見人　鄉約李魁
　　　　段　超
　　　　黨　有
　　　　丕　粟
　　　　必　銓
　　　　必　修
　　　　必　莱

此李進等寫立執照,所有東庄及棗〔樹〕[29]塔地十六畝,俱係分給長房李元坤、李元峰承受。

段有威之磊利捲産、知情偷當,其子段振南之同惡相濟,恃袊逞兇,何處蔑有? 必如此懲創,乃足抑强暴而安善良。

張其翰謹識

大荔縣民人文本雲、孀婦文周氏先後上控蒲城縣民李雙元等姦拐糾搶案

審得大荔縣民人文本雲、孀婦文周氏先後上控蒲城縣民李雙元等一案。緣文本雲籍隸大荔縣，其分居堂叔文岍①在日，有妻周氏、妾王氏，于道光十九年正月内，雇蒲城縣民李雙元在家傭工，素無主僕名分，李雙元何時與王氏通姦，文岍同周氏均不知情。是年九月内，李雙元因與王氏戀姦情熱，乘空將王氏拐至北山一帶躲避，并竊去騾子一頭、衣物數件、元銀二十餘兩。文岍查知，追尋未獲，旋即病故。

二十年八月内，李雙元同王氏回至原籍蒲城縣居住，被同縣之王寶善窺破姦拐情事，于十二月二十八日率領腹黨井元順、楊芳等將王氏搶去作妾。維時（王）〔文〕[30]周氏探知王氏被拐在蒲，文本雲貿外不家，即央親誼孫德民即伊夫堂兄文孝即文跟志往蒲找尋。王寶善聞知，慮及告官治罪，即賄串文岍不同族之文升并楊芳等，捏寫文從照主婚賣約一紙，上註"媒人文孝、井元順、楊芳"字樣，冀圖到官搪塞。迨被文跟志等訪明，控經前任蒲城縣張令審訊，因人證未齊，將文跟志、孫德民等管押。嗣文本雲回家，查知前情，又因文跟志等被押不釋，即以拐奪串播等情控，蒙藩憲批經前府轉飭蒲城縣覈提詳訊，未到卸事。

本府到任，據文岍之妻文周氏以鳴冤愈冤、縣難訊詰等詞，呈墾提訊前來。本府以文周氏係屬女流，其所稱不能越境赴蒲質訊之處，係屬實情，隨親提原被人卷到案，逐加研訊，各供前情不諱。查驗婚約，媒人文孝實未代爲作媒，而文從照年愈八十，與文岍係屬遠房，亦

---

① 下文皆爲"文岍"，整理時保留原文。

不曾干預其事，惟被告王寶善自知難逃法網，避匿不案。現據衆供確鑿，李雙元、王寶善先後奸拐斜搶属實，且案內牽涉兩縣民人，毋庸押候待質，自應將李雙元等先行發縣按律究辦，仍飭嚴拿王寶善務獲，按律加等治罪外，查原告文本雲、文周氏，一係文岈堂侄，一係文岈髮妻，均係例應控究之人。據李雙元、井元順供稱，王氏現在王寶善家中，自應令文周氏回家，俟拿獲王寶善，着落將王氏交出，斷歸文周氏領回，聽其去留。李雙元竊去騾頭、衣物、銀兩，據供均皆變賣與王氏度用無存，且李雙元家貧如洗，免其追賠。被告文升受賄捏寫婚約，均属目無法紀，應飭縣闔拿務獲，同聽斜幫搶之井元順等分別懲辦，假約案結銷燬。詞內文跟志即婚約內註寫之媒人文孝，訊無媒合情事，應與聽從文周氏主使往蒲找尋王氏之孫德民等，均免置議。文從照既未主婚寫約，現據文周氏供稱年老多病，免其查傳。案已訊明，未到人証，免提省累。取具各遵結附卷。此判。

　　牛鏡堂前輩嘗謂：民間命盜案件，外有監司，內有部院，執法引（覼）〔規〕，故親民之官苟稍知自愛，斷無敢掉以輕心；至於詞訟如戶婚田土，則未免以細故置之，而錢債尤爲詞訟之至小，更視爲不足深論。然事雖至小而頭緒至繁，且垂涎之人却又至多，而關係之處却又至大，非勤慎不能耐煩，非精明不能清釐，能耐煩、能清釐而奪於可欲因以爲利者，固不足論矣。然或爲勢屈，或爲情干，則摸稜了事者有之，或畸輕畸重者又往往有之。近日公堂之上，其清操自矢者每遇錢債輒不耐煩勞，飭令鄉地清算，自以爲一塵不染矣，不知多一番飭算，即多一番訛詐，更多一番寃抑，甚至有不勝挫折而飲恨輕生者，其寃抑之氣日積月累，足干天地之和。諺云"財命相連"，司牧者信不容忽視也。倘遇賢有司，虛堂懸鏡爲之立剖曲直，省多少枝節，即省多少拖累，其造福吾民，豈淺鮮哉？

　　或又謂：司牧養先於教，首務農桑，而詞訟特其末事。然雀鼠之爭，間間常有，若遷延守候，受累實多，弱肉强食，含冤何極？不保身命，遑恤農桑。所賴司牧者，本乎公溥，濟以明通，而又矢以慎勤，日計不足，月計有餘，將見物無遁情、人有畏志，雖有睚眦之忿，亦必負荆私室，不煩待鞫。公廷從此羊無飲旦、犬不信宵，漸看洽比成風，庶可同安耕鑿矣。是故欲爲賢司牧，必先清理詞訟始要，非視民事如家事，則不足以語此。

　　鏡堂前輩述所聞於蔣礪堂先生，常諄諄告誡寅僚，余亦偹聆緒論。今觀先生此卷，體貼人情，曲盡事理，苦與分明。蓋關心痛癢，必不肯姑聽案情之是非顛倒，致有不獲之一夫也，其慈祥愷悌之意流溢行間，殆即礪堂先生所謂視民事如家事者乎？讀此判者，每遇一案，試先代爭訟者設境置身，測其情僞，復代聽訟者凝神渺慮，審其權衡①，而又參以先生所判，庶可領會誠求保赤、慘淡經營之盛心矣。全卷具在，願讀者（佑）〔作〕[31]如是觀。

　　　　　　　　　　　　　　　館晚生李星沅拜識

　　先生卷中每有就案了案者，固屬法外施仁、不爲已甚之意，亦緣前任既已論斷失平，積重難反，不得不權衡其（門）〔間〕[32]，權不欲炫己形人，致啓異日爭端，亦猶不爲已甚之意耳。

　　即如鳳翔民張相以一身而兼承六門之産，從前公堂論斷屢使其弟張芹向隅，未爲申理。先生勘破張相獎混之處，又稔悉張相父子兄弟等凶校異常，早經霸産，多年視爲固有，此時若斷令與張芹均分各産，使張相父子兄弟等一旦失業，豈肯甘心？彼雖忍氣于一時，必更洩忿于異日，以張芹之愚懦無能，不惟受害無窮，且將有身家不保之事，是福之而適禍之，竟致骨肉相殘也。且此案既經前任論斷，俱以張相爲理直而歸咎張芹之妄（訢）〔訴〕，數年之後始賴先生爲之申理。今先生又將卸篆，爲張相者其父子兄弟等傾家之後含恨滋深，即不陷害張芹，而助惡之親友

---

① 同"衡"。

等意在唆訟牟利,亦必堅執原斷作爲護符,控爭不息,已屬拖累難堪,更難保後任坐黃堂者必能與先生意見相同。既有水火之見,即啟門戶之爭,更非張芹所能甘受,不至破產輕生而不止。是即先生原判所謂以持平之舉激成奸異之爭,遂不恤盡反所爲以求勝也。今斷令張相仍舊管業,惟酌撥地畝貼補張芹,聊于不平之中稍示持平之意。彼張相父子兄弟等靦然人面,具有天良,能不傾心感服,默銷凶暴,永息爭端乎?先生料之熟而權之審,是以寬其既往,就案了案,俾知自保身家、永敦親睦。其化導凶頑、曲全良善之苦心,他案大率類此。

廻憶先生翔步木天,清華著望,四十餘年矣。余以菲質,悉躡後塵,自丙申出守秦中,深叨教益,三載之間,于役趨公,往來漢鳳,習聞先生口碑載道,咸嘖嘖稱道先生神于折獄,樂此不疲,莅[1]任以來從無内堂聽訟之時,每日正衙理事,洞啟重門,任民往聽,黃童白叟,習以爲常。先生從容判斷,五官并用,據案疾書,一堂而决,不煩再鞫,萬目環觀,爲之一快,因競稱爲"邱一堂"云。蓋乾隆年間,河督康公出守是郡,慈惠爲懷,凡案情小有過犯笞以三板爲率,民間稱爲"康三板",至是而先生復以明允見頌,故又稱爲"邱一堂",以與"康三板"作對,喜其後先輝映也。又前有某守在郡審斷詞訟未能允協,致其人當堂刎頸者凡二案,民間稱爲"二把刀",至是得先生而又稱爲"一面鏡",以與前後反對,亦可見是非之心,人皆有之矣。

館晚生李星沅拜[2]識

---

[1] 同"莅"。
[2] 該字模糊,似爲"拜"字。

德安縣旗丁屈必申等具控該縣革役范仲露把持擾害案

審得德安縣旗丁屈必申等具控該縣革役范仲露把持擾害等情一案。范仲露以已革人役身後辦事，將該丁等每年應領公欸任意剋扣，歷有証據，致該丁等忍氣吞聲，傾家破產，賠貲辦運。在該丁之顛連困苦，既可矜憐，而該犯之貪狡凶橫，又堪痛恨，應得嚴追贓欵分給原人。第念該犯狡獪異常，若仍發該縣比追，必然懸宕莫結，且該丁等頃刻開行，亦不能停船守候。訪得該犯廣置產業，原籍現有田土若干，俱係歷年剋扣之所積累，斷令當堂書契十張，註明四界，硃標（鈐）〔鈐〕印，分給屈必申等收執，赴縣上稅，粘連契尾，以憑永遠管業。

范仲露胆敢身後辦事，把持剋扣，擾害一方，實属目無法紀。若稍事姑息，遺害何窮？今立斃杖下，首領獲全，猶爲寬典。至屈必申等所得田產，較之剋扣之數僅属得半，然有此懲創，亦可以伸國法而快人心矣。通省糧差務宜革面革心，自求多福，倘有似此不法之徒，則前車可鑒、覆轍非遥，本道惟有執法從事耳。除飭該縣遵照存案外，此判。

附　記

先生于甲辰正月督運北上，舟泊漢江，頂飭運弁，催趲啟行。不料某弁卞急，未能區分勤惰而挨船〔概〕[33]予杖責，致丁舵水手等一夜之間紛紛走避，船爲一空。先生〔訪〕[34]知其事，不動聲色。適一日前有德安縣旗丁屈必申等具控〔該〕[35]縣革役范仲露把持剋扣一案。緣范仲露係德安縣糧差，前〔于〕[36]十三、十四等年,經該縣旗丁等先後赴都察院屢控該役剋〔扣〕[37]擾害等情,咨交制軍訊辦,將該役擬罪結案。詎范仲露兩次〔獲〕[38]罪,不知悔懼,猶復身後辦事,恣意剋扣,擾害通帮,致該旗丁〔屈〕[39]必申等復有此控。

先生訪悉范仲露背地把持,事事確實,現在跟帮前來,潜住漢口之觀音菴,因屏去人從,密傳幹役二人到艙面諭,并誡以:此係要犯,素與各衙書役聲息相通,本道已深悉其行踪住趾,爾等嚴密前往,務在必獲,自有重賞,倘徇情庇匿,致伊聞風遠颺,則尔等代伊頂罪,誠恐難保微軀。該役等素懾先生威望,令在必行,遂破除情面,設法將范仲露緝獲到案。

先生隨即傳集人証,嚴切跟究,將歷年把持剋扣之弊逐層駁詰,范仲露無可置喙,隨斷令罄産歸還。先生疾惡惟嚴,人所素悉,通帮運弁代爲伏地乞恩,冀貸一死,先生毅然不顧,竟將范仲露立斃杖下。維時公案露設船頭,該漢江沿岸軍民士商環視如堵,而昨夜走避之丁水人等亦厠其中,無不點頭伸舌,嘖嘖贊歎,以爲十餘年來范仲露凶横貪狡,雖京控兩番,仍然漏網,今則天道昭彰,立剖曲直,更與一方除害,如此恩威并用,誠爲心悦誠服云云。道途之間,互相播告,萬口同聲,鄂渚漢陽,一時傳誦。

是夜二更後,走避之丁水人等陸續歸船,不謀而合,頃刻齊集,先生仍若爲不知,惟密傳某弁到艙嚴加訓斥而已。盖丁水等之走避,固由某弁之卞急,然此時若遽責某弁,則通帮各員弁從此損重,若概咎丁水,姑無論沿街招徠不成事體,即一時并集而罰不及衆,又必致另釀事端。先生智珠在抱,處以鎮静,示以恩威,無慮不傾心畏服,俯首皈依也。

粮艘啟行之後,先生于水次接到龍江關監督來咨,爲新添過稅,飭令粮船赴關盤驗一事。先生以爲九江、蕪湖係收過稅,而龍江關則只收落地稅,盖過稅出自賣主,而落地稅出自買主,義各不同,若三關俱收過稅,則賣木之商力有不給。且龍江關既收過稅,又向買木之商征收落地稅,是爲稅外加稅,更覺事有窒碍。況粮船向由北岸行走,俱不由龍江關經過,若赴龍江關盤查,勢必改由南岍行走,不惟丁舵人等不習水性,且大江之中惟北風最猛,若猝遇北風,則船身必與南岍互相衝擊,貽悮非輕。再四圖維,惟有仍沿北岍行走,停船北岍,知會監督赴船盤查,如此略爲變通,以人就船,不必以船就人,庶爲兩全之道。稟商制軍,意見相同,批准遵行。殊料監督不肯赴船盤驗,經制軍參奏,將監督落職。監督奏(辨)〔辯〕,奉旨着兩人來京聽候查詢。先生娓娓敷陳,皇上洞鑒利弊,寬其違令之咎,恩予致仕,并諭以多一番盤驗,即多一番流弊,所有龍江關新添查驗之處,着即裁撤等因。

　　大哉皇言!不惟四省粮艘從此可利遄行,而四省數十萬丁商,亦均沾浩澤于無暨矣。該四省丁商感戴洪慈,因于江干建竪碑亭,敬刊綸音,以宣皇仁而垂永久,并爲先生建祠准壖往來尸祝,又于黃鶴樓懸額以表遺愛云:先生居恒仁恕宅衷,沖和接物而矢誠矢〔敬,動〕[40]協幾①宜,故能應變無方,囘天有力,本愷悌以化凌鬻,通下情而宣德意。彼不言之教,既曲賜矜全,而無盡之慈,又普相沾丐。蚩蚩者氓,天良具在,宜乎頌明允者,則服其執法準情,荷抨櫽者,則比于瞻父依母,亦可見直道而行,人心何必不三代也?即此二事,其幹濟已略見一斑,賢者固不可測乎?

館晚生李星沅拜識
時乙巳五月

---

①　同"幾"。

道光二十五年五月十五日奉撫憲
札開候補典史吳恒具控陝省驛務

　　道光二十五年五月十五日，奉撫憲札開候補典史吳恒具控陝省驛務一事，委令卑護道親赴泒定之渭南、臨潼、咸寧、長安、咸陽、興平、武功、永壽、乾州、醴泉、同官、耀州、三元等州縣，查驗驛馬是否足額，草豆果否取之于民，倒馬價銀有無浮冒，過往差使有無濫泒民間、從中苛歛，據實詳覆以憑核辦等因。奉此，卑護道遵即輕騎減從，馳赴渭南、臨潼、咸寧、長安、咸陽、興平、武功、永壽、乾州、醴泉各州縣，先將馬匹逐棚查驗其毛片、口齒、腠①分，悉與底冊相符，于額設之數并無短絀。

　　又查得該州縣等喂養馬匹，料豆草束俱係用價向民間購買。查驛馬每匹日支草豆例價銀八分五厘，縣馬每匹日支草豆例價銀六分，按照市價本屬不敷，且例載只有草豆而無麥麩，該州縣添購此項，其所用之價較之所領例價有贏無絀，亦屬顯而易見。又查得州縣驛馬，例許每歲于十成中開報倒斃二成。推原例意，原預防州縣虛捏，無從查核，是以定以限制，倘遇有倒斃過多之事，即須自行賠補。既不能于例准倒斃之外逾數開報，自不應于例准倒斃之中斥其虛捏，且驛馬一匹例價八兩，衝途州縣于緊急文〔報，或〕[41]日行五六百里不等，勢必重價購覓良馬，始能勝任。而東西兩路又添有水報一層，事關河防，責任匪輕，入夏經秋，常有五六百里文報，為日甚久。倘馬匹不能足額，足額而不精壯，勢必遺悞機宜。每買一馬，動需數馬之價，州縣雖照例開報倒斃，而所領例價實不敷買補，且開報倒斃又須呈繳皮臟

---

① 同"臕"。

銀兩，州縣亦何所希圖而必欲多報，是所稱開報倒斃亦復無關獎賞。

至該典史稟稱各州縣向民間濫派車馬一層，查得東西兩路衝途州縣額設驛馬，除遞送文報之外，遇有大差過境，本不敷用，不得不藉資民力，向係民間公舉殷實士民經理其事，其所用車馬俱係分里均派。即如（夫）〔去〕[42]歲，大兵數次過境，該里民等不待官爲督（貴）〔責〕[43]，俱已遵照舊章預備車馬應付前進，毫無遺悞，實緣該士民等二百年來食毛踐土，浹髓淪肌，遇有此等緊急軍務，自必踴躍爭先，情殷報効。惟溯查此事，不知始自何時，百餘年來俱係循照辦理，從無抗悞，伏念國家經費有常，當此軍務喫緊之時，方且勸諭閭閻量力捐輸，以濟度支之不足。今于民間此等急公之事，若如該典史之意，必欲明頒禁令，顯予革除，以此沽名非不甚美，但恐從此官民不能聯爲一體，未免呼應不靈。設遇大差過境，所需車輛、騾頭倉卒之間即欲重價雇覓，而奸民從中把持，藉口本境車馬不許應付本境官差，以杜將來派累之漸。斯時也，諭之則不從，激之則生變，必至交相束手，遺悞事機，甚非國家之利也。

竊以爲利獘互相倚伏，有一利必有一獘，固屬顯然。而剔獘過嚴則變本加厲，浸成偏勝，是一獘甫除，一獘旋增，又不可不防其漸。蓋良民協力急公，雖偶有挪派不均，其獘猶小；而奸民擁衆居奇，勢必至膜視軍情，其獘最大。即如鳳翔縣毗連寶雞縣邸店一站，只因嘉慶初年董撫憲經過其處，飭令民間不必協濟官差，該士民等立將店房拆毀，并刻碑載明此後凡有官差過境，不惟騾馬、車輛不准出雇，且房屋亦不准借住，即一棹、一椅、一杯、一盤亦不准出借，如有違約者照碑議罰等因。在伊等原屬杜漸防微之意，是以該縣等在彼處創建官房，數十年來，官差往來并不支應。即去年大兵過境，官房不敷住宿，大費經營，其騾馬車輛，亦俱向他處雇覓，而零星什物，亦俱從數十里外運往供給，〔其〕[44]時辦理，甚多掣肘。幸通省只此一處，尚易籌辦，不致遺悞〔耳，亦可〕[45]爲擁衆居奇，勢所必至之明証矣。昔人有言"利不百不興，獘不十不革"，該典史徒務剔獘之名，而不顧其流獘所底,是所謂知其一不知其二也。

卑護道愚見,惟在嚴飭各州縣激發忠愛,竭誠辦公,一聽民間公舉殷實公正紳耆董辦其事,自爲經理,而官人不得干預,既不没該士民急公踴躍之忱,又可杜官胥等染指分肥之患。倘查得該州縣實有假公濟私情事,即嚴行參辦,則人人知所儆畏,而于緊急公務亦可無虞遺悮,斯爲公私兩盡矣。

緣奉飭查,當即謹抒管見,將各州縣馬匹毛片、口齒、脿分及現存數目開造清册,出具切實印結具稟,呈賫憲鑒在案。兹奉道光二十二年六月　日,兵房承。

詳:撫憲奉委查驗過渭南等十州縣馹站馬匹毛、齒、脿分一案詳稿由①。

附　記

道光二十二年,陝省候補典史吳某因需次多年,急欲自見,遂赴都察院具控陝西各州縣驛務積弊,一係剋減例額,一係派累民間。中丞檄飭潼商、鳳邠、漢安、延榆四觀察分赴四路察勘。先生時護潼關道,親往東西路逐站挨查申覆,此其詳稿〔也〕[46]。合省自中丞以下咸服先生,才識卓越,通達治體,獨見其大。

厥後星使來秦,體察無異,流覽卷牘,爲之嘉歎,遂據以定案,入奏云:"今讀先生此稿,洒洒洋洋,曲盡事理,妙在據實直陳,毫無遁飾,不惟嘵嘵者氣平心死,而百世公私利賴,實先生之流澤孔長也。"雖然,此豈足以盡先生㢤②? 太阿斂芒甘沉埋,未遂飛騰驅風雷。大才小試,爲之扼腕!

館晚生李星沅拜識

---

① 此字模糊,據北京大學本,似爲"由"。
② 同"哉"。

上林制軍書(其一)

平定漢囘論(專指永昌之事)①

天下事有顧此則失彼者,其勢似易而實難,有一得則兩得者,其勢似難而實易。漢囘仇殺有日矣,罪皆有所應得。囘民京控,奉旨提訊,若以直予囘,治沈聚臣等擅殺之罪,則漢必不服,適中奸人之計;若以直予漢,獎沈聚臣等禦侮之勞,則囘必生心,又非撫綏之道,此兩難之勢也。今漢民又有抗提之事,則辦理更爲棘手。然管見則以爲,此正兩鮮之機,實屬可慶可慰。

兵法云"攻心爲上",此其時也,請得而申言之。古今來上下相維,惟名與義。漢囘衅起,仇殺在漢民,固儼然以忠義自許,即囘民亦不甘居叛逆也。從前爭鬧之時,國威所在,孰不震懾,爲地方官者理應奮不顧身,親往彈壓,剖斷曲直,治以應得之罪,則彼此懾服矣。若不能禁暴而反主使爲暴,是怙亂也。乃羅道心無卓見,輕聽人言,慮及囘民爲害,輒檄飭沈聚臣等黍夜襲殺一城囘民,靡有孑遺,教猱升木,職爲厲階,其誤在官而不在民。今若專責漢民擅殺,漢民固未心折,即專責其抗提,亦服漢而未能服囘也。惟有追究禍首,歸獄于主使之羅道等,並檄諭哨民:爾等以忠義爲心,遵檄行事,本無可罪,罪在聚衆抗提,反自限于不忠不義。今已明正羅道等主使之罪,除沈聚臣等自願投審,本無抗拒之心,不能坐以爲首之罪外,如有倡謀抗拒之人,則國法斷不可容。爾等惟有自行縛獻首惡,庶可明爾等悔罪之真意,亦不失爾等忠義之初心,云云。如此辦理,則名正言順,不惟漢

---

① 括號內爲小字。

民無可藉口,而回民仰蒙一視同仁,亦必心悦誠服,從此一定而永定,錫福蒼生,實無涯涘。莊生云:"在宥天下,未聞治天下也。"①斯真可謂"在宥"矣。

昔虞詡自任利罟,而晚年輒悔多殺,此物此志也。抑更有進者,從前漢回互殺之時,有漢民范某奉當事差遣,奮力爭殺後,此人竟擬罪受誅,此哨民所以疑懼而藉爲口實也。似宜量加區別,追論故入范某以罪之員,則遠邇漢回愈加心服,此實攻心之上策,所謂一舉而兩得,時不可失者也。或云:歸獄當事,得毋損國威乎?竊謂賞罰嚴明,正所以張國體也。此事之難,不在目前申威,而在後日折獄。盖申威以除暴,可以取快于一時,而折獄以平爭,可奠安民于數世,不可不先事預籌也。將來哨民輸誠縛獻首惡而定讞時,倘專責其抗提,并不明正主使擅殺者之罪,則嫌于歧視色目,草菅萬命,殊不足彰□天無私覆之仁。所謂僅能服漢而不能服回者,此也。彼時畦域〔未〕[47]化,難保不另滋事端,無論勦漢勦回,其塗毒生靈,所損最爲至大矣。一家哭何如一路哭耶?某衰朽餘生在陰滅影,何敢與人家國?

况我公經文緯武,措施裕如,又豈一知半解所能仰贊高深,衹以魯柝聞邾,安危與共,心忘恤緯,義附執戈,區區之忱不能自已。又以叨隸宇下數十餘年,久欽德量爲一代偉人,竊以爲泰山不讓土壤,河海不擇細流,能成天下之大事者,必實有容天下之大度,彼馬服能納許歷,孫子善用狂卒,特其小焉者耳。夫集思廣益,固大智所資,而急病讓夷,亦賢者所尚,大義所關,利害所不計也。倘道路悠悠之口斥其老誖干冒,則魯連尚蒙細黠之誚愚,獨何人敢求免謗耶?敬効〔蒭蕘,伏〕[48]□裁察。

---

① 原文爲:"聞在宥天下,不聞治天下也。"見《莊子·在宥》。

上林制軍書（其二）

本年迤西匪徒滋事，仰蒙大旆遄臨，恩威遠播，一舉廓清，兩省蒼黎，同登衽席。現值籌辦善後之時，或旌別淑慝以樹風聲，或簡任賢能以資撫馭，一切機宜，憲台自有權衡，愚賤何敢干冒？

第念回民絕產，歸官變賣，固應查禁外來回匪，設法購買，庶可湔滌舊染，無俾易種于茲新邑計誠便也。而某愚昧之見，竊更有請者，從前漢回衅起爭勝，并非謀逆，只因地方官意存偏袒，致回民等輾轉仇殺，釀成巨案，其所遺田房，現在地方人等競呼爲叛產，該回民等更爲不平。今既束身歸命，似宜滌除叛產之名，以激發其忠義之氣，并宣示德意，不奪其固有之利，以杜異日爭端。或撥入書院專充回民肄業膏火，又或撥充回民文武鄉會試卷資路費，除其凶頑而不利其土地，獎其俊秀而即養其天良，俾回民等共知大造無私，傾者覆而栽者培，禍福一視，其自取自必交相勸誡，革面革心，此數十年中可卜懷德畏威，不敢更萌他志矣。若徑議充公，在我只爲太倉一粟，恐適啟後日藉口之地。

溯查從前湖南及貴州苗疆曾有叛產入官之事，後來苗人生齒日繁，每有蠢動，輒藉稱索取舊物以爲衅端，此其前鑒也。叛產且猶有詞，而絕產何難置喙乎？此事不規一時之利，而貽數世之福。若據常情，必存揣摩之見，謂現值經費浩繁之會，宵旰憂勤，屢形文告，正可將此項稍籌津貼。若遽議裁損，恐未克當天心，殊不知治忽所關，間不容髮，少有遷就，頓失事機。惟在我公裁酌權宜，務其遠大，內斷于心，剴切敷陳，必蒙嘉允。

《詩》云"訏謨定命,遠猶辰告"①,"惟其有之,是以似之"②矣。至于常情所揣,未免猶有金注瓦注之見橫踞胸中,想難逃洞鑒也。惟數月以來,杜門却掃,毫無見聞,率臆直陳,恐于時事不無乖舛。伏惟垂察,不勝翹悚之至。

---

① 見《詩經·大雅·抑》。
② 原文爲:"維其有之,是以似之。"見《詩經·小雅·裳裳者華》。

校勘記

[1] 國圖本"愧"字模糊,據北京大學本補。
[2] 國圖本"夫"字模糊,據密歇根大學本、北京大學本補。
[3] 國圖本"道"字模糊,據密歇根大學本、北京大學本補。
[4] 國圖本作"雞幾",文義不通,據北京大學本改。
[5] 國圖本"還"字模糊,據密歇根大學本補。
[6] 國圖本"控"字模糊,據密歇根大學本、北京大學本補。
[7] 國圖本"安良彌"三字模糊,據密歇根大學本、北京大學本補。
[8] 國圖本"並姚"二字模糊,據密歇根大學本、北京大學本補。
[9] 國圖本"益人"二字模糊,據北京大學本補。
[10] 國圖本"無"字模糊,據密歇根大學本、北京大學本補。
[11] "再行確查覆訊議詳……張其翰謹識"部分,國圖本缺頁,據密歇根大學本、北京大學本補。
[12] "赤"文義不通,據北京大學本改作"亦"。
[13] 國圖本"理"字文義不通,據北京大學本及《大清律例》相關律名改作"不"。
[14] 國圖本作"傾",文義不通,據密歇根大學本、北京大學本改作"櫃"。
[15] 國圖本"縈紆"二字模糊,據密歇根大學本、北京大學本補。
[16] "梁梁殿"似誤,據前後文當作"梁殿銓"。
[17] 國圖本"酌"字模糊,據北京大學本補。
[18] 國圖本"胞"字模糊,據密歇根大學本、北京大學本補。
[19] 國圖本"長"字模糊,據密歇根大學本、北京大學本補。
[20] 國圖本"宜"字模糊,據密歇根大學本、北京大學本補。
[21] 據上下文改爲"友"。
[22] 國圖本"地"字模糊,據密歇根大學本、北京大學本補。
[23] 國圖本"不足"二字模糊,據密歇根大學本補。
[24] 國圖本"極"字模糊,據密歇根大學本、北京大學本補。
[25] 國圖本"衆"字模糊,據密歇根大學本、北京大學本補。
[26] "十"文義不通,當作"百"。
[27] 國圖本"地"字模糊,據密歇根大學本、北京大學本補。

［28］"月"字據文義補。

［29］"樹"字據文義補。

［30］據上下文改爲"文"。

［31］國圖本作"佑",文義不通,據密歇根大學本、北京大學本改作"作"。

［32］國圖本作"門",文義不通,據密歇根大學本、北京大學本改作"間"。

［33］國圖本"概"字模糊,據密歇根大學本、北京大學本補。

［34］國圖本"訪"字模糊,據密歇根大學本、北京大學本補。

［35］國圖本"該"字模糊,據密歇根大學本、北京大學本補。

［36］國圖本"于"字模糊,據密歇根大學本、北京大學本補。

［37］國圖本"扣"字模糊,據密歇根大學本、北京大學本補。

［38］國圖本"獲"字模糊,據密歇根大學本、北京大學本補。

［39］國圖本"屈"字模糊,據密歇根大學本、北京大學本補。

［40］國圖本"敬動"二字模糊,據密歇根大學本、北京大學本補。

［41］國圖本"報或"二字模糊,據密歇根大學本、北京大學本補。

［42］國圖本"夫",文義不通,據密歇根大學本、北京大學本改作"去"。

［43］國圖本"貴",文義不通,據密歇根大學本、北京大學本改作"責"。

［44］國圖本此處殘破,據密歇根大學本、北京大學本補。

［45］國圖本此處殘破,據密歇根大學本、北京大學本補。

［46］國圖本"也"字模糊,據密歇根大學本、北京大學本補。

［47］國圖本"未"字模糊,據北京大學本補。

［48］國圖本"葯蕘伏"三字模糊,據北京大學本補。

圖書在版編目（CIP）數據

府判録存／（清）邱煌著；謝晶，劉浩田點校．—北京：商務印書館，2023
（律例叢刊）
ISBN 978-7-100-22856-5

Ⅰ．①府… Ⅱ．①邱… ②謝… ③劉… Ⅲ．①審判—案例—彙編—中國—清代 Ⅳ．①D929.49

中國國家版本館CIP數據核字（2023）第162314號

權利保留，侵權必究。

律例叢刊
府判録存
［清］邱煌 著
謝晶 劉浩田 點校

商 務 印 書 館 出 版
（北京王府井大街36號 郵政編碼100710）
商 務 印 書 館 發 行
南京新洲印刷有限公司印刷
ISBN 978-7-100-22856-5

2023年11月第1版　　開本 700×1000 1/16
2023年11月第1次印刷　　印張 28¼
定價：98.00元